天一阁论坛2017

『中国传统文化中的审美观』国际学术研讨会论文集

ZHONGGUO CHUANTONG WENHUA ZHONG DE SHENMEIGUAN
GUOJI XUESHU YANTAOHUI LUNWENJI

宁波市天一阁博物馆
香港大学饶宗颐学术馆 编

广西师范大学出版社
GUANGXI NORMAL UNIVERSITY PRESS
·桂林·

图书在版编目（CIP）数据

天一阁论坛：2017：“中国传统文化中的审美观”国际学术研讨会论文集 / 宁波市天一阁博物馆，香港大学饶宗颐学术馆编．—桂林：广西师范大学出版社，2018.12
ISBN 978-7-5598-1256-8

Ⅰ．①天…　Ⅱ．①宁…　②香…　Ⅲ．①中华文化－审美－国际学术会议－文集　Ⅳ．①K203-53

中国版本图书馆 CIP 数据核字（2018）第 229976 号

广西师范大学出版社出版发行
（广西桂林市五里店路 9 号　邮政编码：541004
网址：http://www.bbtpress.com）
出版人：张艺兵
全国新华书店经销
广西广大印务有限责任公司印刷
（桂林市临桂区秧塘工业园西城大道北侧广西师范大学出版社集团有限公司创意产业园内　邮政编码：541100）
开本：787 mm × 1 092 mm　1/16
印张：22.25　　字数：400 千字
2018 年 12 月第 1 版　　2018 年 12 月第 1 次印刷
定价：68.00 元

本书编委会

主编：庄立臻　郑炜明
编委：郑薇薇　张亮　罗慧　屠建达
校对：罗慧　屠建达　孙沁

序

中国历来是个讲究美的国度。“有服装之美谓之华，有礼仪之大故称夏”，华夏即中国。“文化”之“文”，原是指各色交叉的纹理，即花纹。“花纹”是好看的，美的。由“文”组成的“文章”“文学”“文明”“文化”，也都有美的含义，都能让人产生美感。《礼记·少仪》云：“言语之美，穆穆皇皇；朝廷之美，济济翔翔；祭礼之美，齐齐皇皇；车马之美，匪匪翼翼；鸾和之美，肃肃雍雍。”《庄子·知北游》中说：“天地有大美而不言，四时有明法而不议，万物有成理而不说。”可以说，在中华五千年的文化传统之中，一直贯穿着、浸润着、充盈着自然之美、人文之美、艺术之美。

天一阁也是美的结晶。静谧玄妙的书楼，古朴典雅的珍籍，宛若天开的园林，无一不凝结着思想智慧之美、匠心独运之美，时光雕琢之美。

如何充分挖掘、弘扬这种中国文化之美，这一直是我们所思考和践行的，我们也希望能有更多的同道一起来探讨、来传播这种中华文化的审美精神和意趣。这一想法得到了香港大学饶宗颐学术馆副馆长郑炜明博士的认同和支持。炜明先生乃天一阁名誉馆长、一代宗师饶宗颐先生的嫡传弟子，数十年追随饶公，致力于中华传统文化的精研、传习和弘扬，并为中西方文化的交流与传播贡献良多。所以我们双方商议，借助2017年“天一阁论坛”的国际化平台，合作举办“中国传统文化中的审美观”国际学术研讨会。我们期待在西方文化无所不在的渗透和影响下，在多元文化流行、价值趋向歧出的当下，重新认识和探讨中华传统文化中的审美观及其蕴含的价值，这是我们永远不应忽视的珍贵的文化遗产。

2017年9月22日，第二届天一阁论坛“中国传统文化中的审美观”国际学术研讨会在宁波天一阁拉开帷幕。来自中国（包括香港、台湾地区）、德国、法国、西班牙、俄罗斯的60名专家学者汇聚一堂，坐而论美，分享了许多精彩又独到的研究成果,引起了各方的关注与共鸣。为了让更多的人领略学者们的思想风采,我们特将此次会议的论文编辑成册。相信读者阅后也会有一番启发和收获。

在此,要感谢所有专家学者的热忱参会和热心供稿。尤其要感谢郑炜明博士和他的团队。他们除了积极参会撰稿,还对论坛的筹备、议题的策划、嘉宾的邀请、交流的安排、论文集的出版校对尽心尽力,力求完美,令人心生敬意。此外,也要感谢天一阁同仁两年来付出的诸多努力,纵然好事多磨,却始终不改初心。同时,还要为广西师大出版社对此书的青睐致谢。总之,此书的顺利出版,诚可谓众人心齐玉始成!

是为序。

庄立臻

天一阁博物馆馆长

目录
CONTENTS

文学

艺术

主题讲演

中国文明中的文人园林

顾乃安(Antoine GOURNAY)
法国索邦大学考古艺术史系
李晓红[①] 译

直至二十世纪初叶,两千年来,中国文人在古代皇权社会中一直扮演着很重要的角色,特别是我今天要讲的中国园林艺术中的由文人而起的文化传播及各类造型艺术的综合载体。由于几千年尊崇文人的社会风气,中国的文人群体在这个社会有着特殊的地位。他们在皇权制度的保护下,也有人靠着家庭背景的关系,通过科举考试进入社会上层的皇权职场。这个群体饱读经书,背靠祖荫,不断地发展充实,通过招聘续职,增加新成员,在不断输送并发展着代表文人精神的文化意念的同时,完善了皇权社会的管理功能,与需要他们的这个社会背景形成了一个相互需要、相互依赖的社会关系,在中国社会长久存在着。

这些文人本身就是园林的创作者、使用者,甚至是美学批评家,他们创造了无数园林,这些园林寄托了他们的理想,或是为了逃避腐败的官场生活的麻烦,或是通过自己喜欢的园林来占据休闲时间。在那里,这些文人君子们可以通过实现自我的艺术实践而重新塑造自己,他们特别注重的就是在园林设计中表现诗、书、画相结合的设计理念水平。中国园林的“园”子是他们理想化的远离现实政治生活最好的去处,同时也是他们作为园林设计师、诗人、书法家和画家互相交流学习体会的场所。各个朝代都有这样文人中的佼佼者。例如东晋末年的田园诗人陶渊明(365—427),而唐代诗人兼画家王维(699—759 或 701—761)在洛阳城外就拥有自己的园林。司马光(1019—1086)创建了“独乐园”,他也阐述了自己创园的美学理念,和为什么他的“独乐园”应该如此建成。他的观点强调了不同的思想体系的基本元素:中国古代的宇宙观,阴阳五行以及风

① 译者李晓红:法国巴黎索邦大学远东研究院研究员。

水,儒、释、道三教合一的理念。这些文人雅士们制定了一个特殊的在世界上与生活密切结合的规则,他们用自己的定义去定义美学,用自己的审美观念去实施造园理念。我们将在此总结一下。

这种园林设计理念由中国文人几百年来不断地开发着、传播着,不仅丰富,而且跌宕起伏。他们在不同朝代,通过各种不同的理念,在不同的地区,并且用各种不同的方法去实施。这些造园的理念在不同的社会群体,皇室或富人那里,都不断地被接受或模仿,甚至被传播到整个汉字文化圈国家,并在其他艺术领域,特别是在中国画和装饰艺术领域里得到呼应。江南很多私人园林,尤其是苏州和杭州的园林都是用这类私家园林作为造园模本的。[①] 有些建于明代(1368—1644)和清代(1616—1911)的园林,经常还会因拥有更久远年代的园林遗迹而被保存下来,到现在为止都被认作是经典。但是,除了无数的变化风格之外,它们还拥有一些共通的特征,甚至可以当作是中国园林独一无二的特征。这就是为什么我们要回到园林发展的主要布局要素及其他使用功能,这些东西不需要从理论上由学者自己澄清,而用一些例子来说明就可以。

中国园林的主要特点,是在设计上并未明显与房子分开,而只是一个补充,一个简单的甚至暴露在室外的空间,在这里,建园者把它设计成植物覆盖的空间,其实可以说是一个园艺作品。相反,它的布局是做成一个空间,这里由一种特定的可以生活的空间的方式组成,其目的是使那里的人与宇宙间其他部分和谐相处。园林这一部分,对于住房来说,是一个"加"出来的部分,从心理学层面上来说,是创造了一个相对"高档"的部分,反映了一个与社会道德相通的部分。我们或许可以说"舒适度",或者是"更好地生活",在其他地方难以找到,这就

---

① 见 Yang Hongxun(杨鸿勋)《江南园林论》,上海:上海人民出版社,1994 年。我曾经在一系列文章中谈到过以江南园林为主题的课题:《Jardin chinois en France à la fin du XVIIIe siècle 中国园林在法国:十八世纪》,Bulletin de l'École Française d'Extrême-Orient,LXVIII,1991 年,第 259—271 页;《Jardins de Chine et du Japon,conception et organization de l'espace 中国和日本园林——谈它们的构成或理念和空间组合》,CNDP 出版社,巴黎,2000;《Chine:jardins du Lingnan à la fin de la dynastie des Qing 清末的中国岭南园林》Polia,revue de l'art des jardins 花园艺术杂志,n° 1,printemps 2004 年,第 63—78 页;《Jardins secrets des empereurs mandchous 满清王朝园林的秘密》,*in* Monique Crick(ed.),《Chine impériale. Splendeurs de la dynastie Qing 中国清帝国的辉煌》,1644—1911,Musée des arts d'Extrême-Orient-Fondation Baur 远东艺术博物馆基金会出版,日内瓦,2014 年,第 95—107 页。

是人们可以在那里休息或在那里居住的缘由。[1]

在中国的建筑体系中,住房在某种程度上说是很重要的。因为它是一个有遮盖的空间和户外空间的组合。四合院就是由这样一个长方形院落、四条边建筑的庭院组成,这样,人们可以经常见面。在中国北方,特别是在北京,到处都可以看到这样的四合院,但是在中国其他地方,会有某些变化的形式出现。四合院往往被认为是中国建筑最完善、最完美的形式之一,因为其中轴线、平衡性和对称性的原则表现得非常清楚。这种以中国木制框架为基础的基本模式可以随意扩大:越是重视房屋,按照相同原则构成的结构就越多,其中根据中轴线位置的先后来考虑秩序,南北朝向,大门朝南开(周朝以后门朝南开)。这种同类型的空间组织原则在寺庙、宫殿的建筑里可以找到。这类建筑一般都可称之为伟大的建筑。在这些庞大的建筑群中,庭院占据了总面积的很大一部分,庭院经常与建筑物交替。这种类型的地方安置方式是着重于以人的生活为目的的。一方面,人必须通过一个庭院穿越到另一个庭院,当然如果有被遮盖着的走廊的话,可以通过走廊走,那就很方便了。另一方面,庭院本身也就是事实上的房屋,每时每刻,或条件允许的情况下,这些房屋都矗立在那里,人们可以住在那里,在那里相遇,在那里找到对方:其实大院内家庭的大部分生活内容都在那里进行。这就是说,这种公共场合的类似栖息地的生活模式渐渐形成了共性的特征,它的内涵意味着互相分享,当然也有尴尬现象(指相处不好的人没有办法避免来往)。

此时,花园是解决问题最好的模式:院内有亭子,有阁楼,有时在高层的塔式阁楼上可以向远处眺望,人们可以采取多种多样的形式,在不同场地自由交谈,如果不需要,各种不同格局和风格的房子则又都是分置的。这样,不同的空间分布,通过不同的氛围,可以让不同职业的人在园内不同之处逗留。明代计成(1582—1642)《园冶》一书中对园林设计有独特的见解,他为同时期客户解读了高品味的材料和园林框架,而大部分论述却是用于建议建造不同风格的园林建筑。他认为建筑的协调和屋顶是中国园林建筑的基本要素,在园林中某些时候可以躲避掉恶劣的天气,在各个季节和不同气候中保持舒适的程度。但是园林还是区别于房屋的,因为它有露天的空间,它所使用的材料(植物、木材和石头)都需要与建房的结构相协调。

人们通过门、台阶或通道进入园林的不同部位,不断从露天移步到户外有

---

① 以上论述详见拙著:Antoine Gournay:*La maison chinoise*,中国民宅(Klincksieck,2016)。

覆盖之处,反之亦然。但是路途远并不是为了方便,而是设计者有意为之,让交通复杂化。园中桥、路径和长廊都是曲折转向的,园林建筑师们没有提供直通的路线。园林里有到处可见的墙壁和栏杆,长凳和小凳,固定的或是移动的,它们都可以随时邀人停步休息,或让您随时可以坐下。所有这些设备不仅使园林具有可居性,而且让人们流连忘返,设计者还在普通房子里增加一些让人感觉有一定舒适度的通风、照明和空调设备。所有框架的尺度,门、窗、隔板的给料或开口的尺度都与建筑物和庭院的通风程度有关。房屋的朝向、墙壁的高度以及屋顶的伸展度都保证了夏天最大幅度的避阴程度和冬天阳光的照射程度。这些园林建筑方面的避暑或避寒的设施还考虑到了结合植物、池塘、假山石和一些门或洞之类等的综合因素,这样有助于维持凉爽度、恒定的湿度,这些露天的蓬帐保障了天然调节器的优势。竹林,高大的针叶林树木(松树、柏树、柳树、银杏、国槐、梓树、梧桐等),藤本植物(葫芦、紫藤和金银花)的藤蔓挂在棚架上,调整了阴影,还过滤了阳光。太阳的热能或月亮的柔光投射在遮阳的藤蔓上或是其他邻近的房间等建筑上,再通过池塘水面的反射,会使水面显现波纹或倒影。可"调节"的自然界的"开口处"又可以让自然光在夜间变暗,补充夜间由照明灯具所给的或"固定"或摇动的光亮,自然光在风中摇曳,不至于担心熄灭。

正如住房的概念一样,园林在中国被视为封闭的但向心的世界,它与外界是分开的。那里面的人似乎可以说是形成了一个事实上的小区,他们可以很多人一起休闲,但也可以单独或者少数人在园中分布在各处的空间里休闲。根据其定义,它是在划定界限的墙或栏杆内,园林的内部空间经常被其他围绕在更小范围的小园子或是被一些墙壁隔开,成为"园林中的园林"。园林设计者有时会利用假山石来孤立或隔开园林中的某些地方。为了从园里分流人群,水面便被拱形的小桥或有意识铺在某个水面上的路桥(或桥路)切割开。蜿蜒的水道让人们行走或通过,它可以是从其中一地出发到另一地去,人们可以保持着距离,有时也会被小岛断隔,再通过拱形或狭窄桥的梁连接走到岸边。灌木或竹子形成了树丛状或窗帘般的垂挂体状,把园子分隔成或多或少的灌木丛呈现季节性的甚至是透明的板块效果,或是保持着一定常青类植物丛的效果。园林内各种模式的分区呈多样性和复杂性,它们有利于被隔离成更小的空间。在增加这些板块数量的同时,也同时改变着它们在地面或水面的形状。所有这些板块或小树丛林都具备把院子里的居民隔开的功能。因此,园林主人可以比在家里更容易选择按照自己的愿望独处,不跟他人来往,也可以在同一所住房里随意隔出小空间,加入新住户,建立一个能够大家相互理解融洽的大家庭,这个家除了家庭成员外，还包括他的佣人或者可能的新住户。

这些生活的空间，不仅从心理上和社会性上都让人感到很舒适，同时还向住在那里的人们提供了一个特别的“表演性”的舞台。道具是园内的“自然”元素，比如水、假山石、植物，甚至参与“表演”的动物，比如填充了树叶的鸟笼以及关在笼子里的鸟，还有鲤鱼和养在金鱼池里的“金鱼”。这个“表演”的“园丁”实际上动用了他所有的自然元素，有生命的，有惰性的，短暂的，长久的，家具或建筑，固定的或动力学的，这些自然类的元素（或道具）随着天气、时间和季节不停的变化而变化着。因为这些元素本身就具有转化的特性，所以它们变幻着、发展着，并且不断地更新着。这些“园丁”故意使用了一个有限的调色板，但都指向同一个具有象征意义的剧目。这些园林里都拥有很多文坛上常常表达的文学或绘画的题材，甚至每个园林本身也都在不断地创造自己的新的文学、艺术实例，主要是从哲学思想、宗教意识以及某种整体的宇宙概念上，特别是用风水观念规划并实践表达的一些概念。园林是浩瀚宇宙再现的一个缩影，按照它的比例缩小并再现这个宇宙的规模，其“园丁”表演的才能反映了园林内部所追求的和谐和完美程度的水平。①

“园丁”的表演除了呈现在我们眼前的园林里的印象或是好似万花筒里的无穷变化之外，就是精心安排的舞台设计——可以是一种依照事先确定了景物的舞台场景来设计，或者是彼此分开，按时间和空间的不同来考虑，看如何协调。文人园林所谈的最基本的，也许是最重要的一个元素，就是中国人所说的“山”，也就是利用所有的地形特点，隆起的或凹下去的。它们是大自然的元素，是使大地表面变得有生气的浮雕。这些都与风速和水流相结合。观山，其实是人们对“风水”的信仰和实践，好似人们看宇宙能量或气流如何表现。中国的园丁们经常在花园里摆弄着各种大大小小的假山石，把它们堆砌起来做成假山景式的人造山脉，有山峰和山谷，或溪流，里面还长满植物。文人工匠们的一种明显的偏好表现在这些假山石的形状上，因为有了空洞，表面上就有了破和残的表象。苏州西部太湖的岩溶石被认为是最好的标本。获得和“制作”它们的方法是把已经选定的各种有趣形状的湖泊岩石的底部沉浸在水中数年，并让水流冲击它们。明代计成认为石头和山是园林建设的重要组成部分，选择石头是最困难的：这个部分，如果是个业余的工匠，那么他的水平是远远不够的，我们必

① Rolf A. Stein, *Le Monde en petit: jardins en miniature et habitations dans la pensée religieuse d'Extrême-Orient* (Flammarion, 1987).

须求助于像专业工匠那样的专业人士的服务。这就是为什么计成在他论著最后一章总结时写道:“当一个人去建构一座假山,我们必须要努力献出最好的自我,这样才能让其他人表示钦佩:虽然这些石块石片实际上只是山石碎片,但它们必定有野气。”①正如在文人画的风景画中,这些山脉是由溪流、瀑布和池塘镶嵌而成的,这两个具象的因素结合起来就是宇宙的阴阳两相的具体体现。当山石被“唤进”园林之后,“园丁们”模拟出了许多自然中的石头的野性之相,唤起已经遥远的儒家圣人,冥想着生活在洞穴里的佛教高僧,或者隐士和神仙隐居生活的感觉。

水与假山石这样的物体组合通过加入某些植物来补充,在园林中重复出现,可以称做是中国园丁表演的经典之作。我们看到的是:松树、竹子还有牡丹。这在江南的文人园林里,都属于园丁们似乎有意限制性采用的植物,这些植物丰富的文学意味,以及相结合时产生的象征、典故和联想,都涉及到中国文学。比如象征四季的梅花、兰花、荷花和菊花,在熟悉的园林里,谁需要都可以高兴地随处找到它们。这些花不仅是园丁最喜欢栽培的,还是那些画家和文献中不断提到的诗人们所喜欢引用的,它们经常作为绘画和诗歌的代表题材影响着其他所有的艺术装饰。因此,在选择植物时,中国的园丁们寻求的不是创新,而是参照这个文化共同体去打造新园子。在花园里,经常遇到的几个诗书画和园林的要素结合起来,可见的比如有文化的观赏者喜好的题材“岁寒三友”(松、竹、梅),则反映文人雅士对待友谊和如何抗拒逆境的精神。

在园林的“舞台设施”中,我们可以区分那些表示固定思维的设备和那些可以移动的盆或者瓶。有些地方分别陈列着单独放的花瓶,或是托盘上的花盆(这些被称为盆景的盆内景观,字面上意思是“在盆里看到的风景”),它们是可以移动的,并且常常是测量好距离后按高度排列的。因此,中国园林设计师们常倾向于关注一个封闭的小世界,即微观的物品,往往是通过严格地控制植物生长后得到微型的形态。在中国传统中,所描写的东西总是保存着自然的本性:植物的生命在封闭的情况下继续寻求再生。这种孤立的但顽强的精神,使园林里的这类场景更让人感到封闭世界的不可侵犯性。而生命力的表现,尤其是以假山中的太湖石或树木的形象最为集中,反应也最为强烈,这种或冲突性或和谐性的美学现象常常引起与它们擦肩而过的游人的好奇,他们驻足观看,反复思考,因此对环境产生了很有益的影响。

---

① 计成著,陈植注释:《园冶注释》,北京:中国建筑工业出版社,1988年,第221页。

另一种类型的装置，可以说是“观看”，因为它的装置本身就决定了观看的方式，让人得以通过一个窗口（如“月门”、洞门或者是“窗”的镂空格），窗口的位置或形状被设计者巧妙地运用了。这些观点经常被命名或被评论：赋予它们诗意的名称，并由这些诗句构成了楹联，在园林里被书法家写成，镌刻于柱子上，或做成匾联挂在厅堂里，楹联比比皆是。这些联语给前来观赏的游客带来极大的兴趣，人们在阅读或猜测句子的诗意以及象征意义的同时，又显示了他们的文化修养。这促使了人们评论联语和书法，同时观者成为参与者，也成了表演者，通过其它创作来表现自己。现场还有一个值得一提的因素，就是“借景”，指一个在围墙外看到的宝塔或山。我们也可以把它收入我们的视线里，作为内景的外向延伸，都将包含在要“表演给观众看的”节目单里。有时候，被列举的场景目录就像是一种被发现的旅途中一步一步的节目，或像是一个绘画作品伴随着一卷丰富的带有诗歌意境的画卷缓缓铺开。

如果加入一定的散步的节奏，聚集或分离着居民，也许可以制造出一种感觉或图像，把它们放入现场，这些设施和想法都将会使园林成为另一种模式的居住地。园林设计师们可以打造一种新的生活方式：根据使用者的情绪和个人愿望，从理想的中国文人的梦幻世界里撤出，而且这样去设计是可以随意组合的。文人退休以后，很少会绝对孤独：他经常会在他的园林里，这位“隐士”将继续引领家庭的生活，但此刻，他却可以与同行人或同龄人分享这种“隐退的”情怀。许多私人花园都配备了相应的设施，准备接待这类短期的或长期的客人：有人也许只想去居住一个短暂的时间，有些人也许会被邀逗留时间长一些，他们在那里吃喝玩乐，悠闲地住上几天甚至几个月。这些人理想的愿望，连同那种雅士退隐的情绪，都将深深地影响文人园林，还会影响其他园林都去模仿这类的园林。

园林的生活应追求最佳的框架，或单独或有人陪伴进行各类文化活动：阅读或对话，创作诗歌，写书法或画画，或是玩音乐，演奏乐器或唱戏曲，或下中国棋。再就是园艺活动，养宠物找乐，鹦鹉、八哥甚至猿猴，或学捉蟋蟀，学习插花，甚至种花，弄盆景的装置和维修。用所有的时间去创造，比如刻印章或雕刻小玩意儿，尤其是竹子的雕刻，画像石的刻印，还有图书编目或是藏品研究，等等。这些艺术活动的实践，都可视为追求和发展人类社会“仁”的精神素质的重要方式，并且努力去协调那些实践和欣赏它们的人，使之与宇宙的其余部分和谐一致。在园林里，主人们配备了特别设计和装饰的房间：图书馆，打盹或休息的房间，举办社交活动的休息室或更小型的会议室，还有品茗、饮酒、听音乐的小亭子,或是准备简单小吃或小型宴会的地方。最理想的情况下,园艺工作者应该将这些艺术门类的准备工作、配套安置工作都让业余爱好者来实习,比如计成就是其中一位职业工作者。园林设计师们创造出的的园林是表达自己的个性(或个人风格)和内在素质的。他们的职业生涯条件给予了他们创造园林的便利和可能,因此,他们反馈给社会的是精致的作品,他们用自己的方式塑造了世界,也塑造了他们自己理想的生活方式。

(译者:感谢福建师范大学文学院欧明俊教授对本文的润色。)

北朝风尚与“词义贞刚，重乎气质”的形成

——对“以赋为诗”文体改革的反思

胡大雷
广西师范大学文学院

一、南朝尚文与北朝尚事功

东汉后期皇权衰落，兴起各种利益集团，除外戚与宦官轮流专政外，又有官僚世家、门阀士族，后者延续发展而构成中古门阀制度。士族自恃的是“文”，如晋时胡奋“家世将门”①，其女胡芳为晋武帝贵嫔，却曾被武帝骂为“此固将种也”②，这个事例是说，士庶实自天隔，“家世将门”也不能改变自己的身份而成为文化士族，更何况普通人。干宝称晋时门阀制度下的社会风气为“当官者以望空为高而笑勤恪”③，“勤恪”的意味之一即致力于事功政务，如《世说新语·政事》载：“王、刘与深公共看何骠骑，骠骑看文书不顾之。王谓何曰：‘我今故与深公来相看，望卿摆拨常务，应对玄言，那得方低头看此邪？’”④虽说遭到何骠骑有力的反驳，却表现了鄙视事功、崇尚清华的社会风气。南朝士族，多有凭家族身份做官者，自然没有实际本事，有谚语称其“上车不落则著作，体中何如则秘书”。南朝士族子弟更鄙视事功，所谓“无不熏衣剃面，傅粉施朱，驾长檐车，跟高齿屐，坐棋子方褥，凭斑丝隐囊，列器玩于左右，从容出入，望若神仙”⑤

---

① 房玄龄等：《晋书·胡奋传》，北京：中华书局，1974 年，第 1557 页。

② 房玄龄等：《晋书·后妃传》，北京：中华书局，1974 年，第 962 页。

③ 房玄龄等：《晋书》，北京：中华书局，1974 年，第 136 页。

④ 刘义庆撰，刘孝标注，余嘉锡笺疏：《世说新语笺疏》，上海：上海古籍出版社，1993 年，第 182 页。

⑤ 颜之推撰，王利器集解：《颜氏家训集解》，北京：中国社会科学出版社，1980 年，第 145 页。

之流。

北朝则尚武尚“立功”,尚事功政务。北方军功贵族占据统治地位,虽说经魏孝文帝改革,禁鲜卑语改说汉语,改鲜卑姓为汉姓,鼓励鲜卑人与汉人通婚,改胡服为汉服,仿南朝典则定官制朝仪,入洛的鲜卑士族日渐汉化且公卿化,失去原有的尚武刚毅,但家族与个人的权势是凭借武功事功达到的,这种观念根深蒂固。如宇文贵,“少从师受学,尝辍书叹曰:‘男儿当提剑汗马以取公侯,何能如先生为博士也!’”在解救夏州的战斗中,宇文贵“前后数十战,军中咸服其勇”;在与叱干麒麟、薛崇礼等的战斗中,宇文贵“每奋击,辄破之”;在与葛荣的战斗中,宇文贵“每縋而出战,贼莫敢当其锋”;曾任大将军,历大司徒,迁太保。① 所以,重“武”从政是普遍的。又如宇文庆,“沉深有器局,少以聪敏见知。周初,受业东观,颇涉经史。既而谓人曰:‘书足记姓名而已,安能久事笔砚,为腐儒之业!’”②当时文州民夷相聚为乱,宇文庆应募从征,后官拜左武卫将军,进位上柱国。又如李昶,“于太祖世已当枢要,兵马处分,专以委之,诏册文笔,皆昶所作也。及晋公护执政,委任如旧。昶常曰:‘文章之事,不足流于后世,经邦致治,庶及古人。’故所作文笔,了无稿草。唯留心政事而已”③。故颜之推从南方来到北方,就有人问难于他:“吾见强弩长戟,诛罪安民,以取公侯者有矣;文义习吏,匡时富国,以取卿相者有矣;学备古今,才兼文武,身无禄位,妻子饥寒者,不可胜数,安足贵学乎?”④称有“学”有“才”而不从事政务事功是没有出路的。

二、南朝尚“文”与北朝尚“笔”

南北朝时有“文笔之辨”。“文笔”大致有以下三点对举:一是有韵无韵,范晔《狱中与诸甥侄书》说“手笔差易,文不拘韵故也”⑤,刘勰发表了“今之常言,有文有笔;以为无韵者笔也,有韵者文也”的意见⑥。二是以范晔所云“吾思乃无定方,特能济难适轻重,所禀之分,犹当未尽。但多公家之言,少于事外远致,

---

① 令狐德棻等:《周书·宇文贵传》,北京:中华书局,1971年,第311—313页。

② 魏徵等:《隋书·宇文庆传》,北京:中华书局,1973年,第1313页。

③ 令狐德棻等:《周书·李昶传》,北京:中华书局,1971年,第687页。

④ 颜之推撰,王利器集解:《颜氏家训集解》,北京:中国社会科学出版社,1980年,第154页。

⑤ 《狱中与诸甥侄书》,沈约:《宋书》,北京:中华书局,1974年,第1830页。

⑥ 刘勰著,詹锳义证:《文心雕龙义证》,上海:上海古籍出版社,1989年,第1622页。

以此为恨，亦由无意于文名故也”[①]，称“笔”为“公家之言”，是实用性文字；称“事外远致”的诗、赋之类为“文”，是私人化情趣性文字。三是萧绎《金楼子·立言》的“文笔”区分：“至如不便为诗如阎纂，善为章奏如柏松，若此之流，泛谓之笔。吟咏风谣，流连哀思者，谓之文。……笔退则非谓成篇，进则不云取义，神其巧惠笔端而已。至如文者，惟须绮縠纷披，宫徵靡曼，唇吻遒会，情灵摇荡。”[②]这是“以制作的技巧，重为文笔定标准”[③]。

两晋时期高门士族把持文化主流，视“文”的撰作为高尚身份所独有，视“文”的品位高尚，视“笔”的撰作为文案小吏之行为。陈吏部尚书姚察曰：“魏正始及晋之中朝，时俗尚于玄虚，贵为放诞，尚书丞郎以上，簿领文案，不复经怀，皆成于令史。逮乎江左，此道弥扇。”[④]社会风气鄙弃“簿领文案”工作的例子很多，晋时秦秀评贾充为“文案小才，乃居伐国大任”[⑤]。又如史载刘宋王敬弘为尚书仆射“关署文案，初不省读；尝豫听讼，上问疑狱，敬弘不对”[⑥]，并理直气壮。另一例子是刘宋时王球“放恣”，本应“以法纠之”，而何尚之辩护曰：高门贵官“应以淡退求之，未可以文案责也”[⑦]。南齐王奂以“职司增广，众劳务倍，文案滋烦”而固让南蛮校尉。[⑧] 由这些南朝鄙弃“笔”类工作的例子，“笔”的地位则可想而知。

与东晋南朝重“文”的风气不同，北朝“文学”则重“笔”轻“文”。北魏自魏孝文帝时重视“文学”，“及太和在运，锐情文学，固以颉颃汉彻，跨蹑曹丕，气韵高远，艳藻独构。衣冠仰止，咸慕新风，律调颇殊，曲度遂改。”[⑨]但其“锐情文学”在于“笔”。《北齐书·魏收传》载：“（魏收）年十五，颇已属文。及随父赴边，好习骑射，欲以武艺自达。荥阳郑伯调之曰：‘魏郎弄戟多少？’收惭，遂折节读书。夏月坐板床，随树阴讽诵，积年，板床为之锐减，而精力不辍。以文华显。”魏收的“以文华显”在“笔”类文字：“自武定二年以后，国家大事诏命，军国

---

① 沈约：《宋书》，北京：中华书局，1974 年，第 1830 页。
② 萧绎撰，许逸民校笺：《金楼子校笺》，北京：中华书局，2011 年，第 966 页。
③ 逯钦立：《说文笔》，《逯钦立文存》，北京：中华书局，2010 年，第 555 页。
④ 姚思廉：《梁书》，北京：中华书局，1973 年，第 534 页。
⑤ 房玄龄等：《晋书·秦秀传》，北京：中华书局，1974 年，第 1405 页。
⑥ 李延寿：《南史·王敬弘传》，北京：中华书局，1975 年，第 650 页。
⑦ 沈约：《宋书》，北京：中华书局，1974 年，第 1595 页。
⑧ 萧子显：《南齐书·王奂传》，北京：中华书局，1972 年，第 848、851 页。
⑨ 李延寿：《北史·文苑传》，北京：中华书局，1974 年，第 2779 页。

文词,皆收所作。每有警急,受诏立成。或时中使催促,收笔下有同宿构,敏速之工,邢、温所不逮也。其参议典礼,与邢相埒。”①

北朝“锐情文学”,其作品水平,显然是“笔”高于“文”,从《北史》多载对“北地三才”其“笔”的称赞,即可见出。除前述魏收外,又如温子升:“补御史,时年二十二。台中弹文皆委焉。”为广阳王元深郎中,“黄门郎徐纥受四方表启,答之敏速”,但对来自元深的表启,沉思斟酌回复,其曰:“彼有温郎中,才藻可畏。”②邢邵,早年就有文名,“除奉朝请,迁著作佐郎,深为领军元叉所礼。叉新除迁尚书令,神俊与陈郡袁翻在席,叉令邵作谢表,须臾便就,以示诸宾。神俊曰:‘邢邵此表,足使袁公变色。’”“永安初,累迁中书侍郎。所作诏文体宏丽。”“每洛中贵人拜职,多凭邵为谢章表。”“博览坟籍,无不通晓。晚年尤以《五经》章句为意,穷其指要。吉凶礼仪,公私谘禀,质疑去惑,为世指南。每公卿会议,事关典故,邵援笔立成,证引该洽。帝命朝章,取定俄顷,词致宏远,独步当时。”③北朝文人,多为以“笔”成名者。

三、南朝尚诗与北朝尚赋

在“文”的撰作上,南朝尚诗而北朝尚赋。建安时代以来文人五言诗盛行,《文心雕龙·明诗》称“暨建安之初,五言腾踊,文帝陈思,纵辔以骋节;王徐应刘,望路而争驱”④。至南朝时,风气更盛,锺嵘《诗品》称:“故词人作者,罔不爱好。今之士俗,斯风炽矣。才能胜衣,甫就小学,必甘心而驰骛焉。于是庸音杂体,人各为容。至使膏腴子弟,耻文不逮,终朝点缀,分夜呻吟。”⑤

但北朝则以赋为重,重“笔”影响到北朝重“赋”的风气,所谓“或以抒下情而通讽谕,或以宣上德而尽忠孝”的赋,比起抒情言志的诗,自然更如“笔”的实用。北中国时局动荡,文学衰落,最早恢复振兴的是赋。赋是传统文学中最为宏大雄伟者,是正统文学的象征。当年魏太武帝拓跋焘统一北中国,以中原“天子”自居而讲究文治,太武帝的主要谋士崔浩撰录《赋集》八十三卷⑥,可以说是北魏力图以辞赋创作为文学振兴起点的标志。此后,北朝的赋作就多有出色

① 李延寿:《北史》,北京:中华书局,1974年,第2026、2035页。
② 李延寿:《北史》,北京:中华书局,1974年,第2783—2784页。
③ 李延寿:《北史》,北京:中华书局,1974年,第1588—1592页。
④ 刘勰著,詹锳义证:《文心雕龙义证》,上海:上海古籍出版社,1989年,第196页。
⑤ 曹旭:《诗品集注》,上海:上海古籍出版社,1994年,第54页。
⑥ 《隋书·经籍志四》著录,魏徵等:《隋书》,北京:中华书局,1973年,第1083页。

者，如高允的《代都赋》《鹿苑赋》；阳固“乃作《南、北二都赋》，称恒代田渔声乐侈靡之事，节以中京礼仪之式，因以讽谏”，以及“既无事役，遂阖门自守，著《演赜赋》，以明幽微通塞之事”，又作《刺谗疾嬖幸诗》二首①，也是长篇之作；李骞的《释情赋》《思归赋》；卢元明《剧鼠赋》、元顺《蝇赋》，乃至由南入北的庾信写下的《哀江南赋》等；这些赋具有宏大气魄与讽谏内容，表现当时的社会生活，都有相当的深度与厚度。

魏收是北朝作赋的大家，作有《南狩赋》《聘游赋》《皇居新殿台赋》《怀离赋》《庭竹赋》，今均亡佚。《北齐书 · 魏收传》中记载，魏收作这几篇时，有一些叙说，如：“孝武尝大发士卒，狩于嵩少之南，旬有六日。时寒，朝野嗟怨。帝与从官及诸妃主，奇伎异饰，多非礼度。收欲言则惧，欲默不能已，乃上《南狩赋》以讽焉。”“虽富言淫丽，而终归雅正。”而且，文风上追求的也是壮美而非小巧玲珑。又如魏收兼通直散骑常侍，“在途作《聘游赋》，辞甚美盛”；“三台成，文宣曰：‘台成须有赋。’”魏收上《皇居新殿台赋》，“其文甚壮丽”②。可以说，北朝辞赋还保留着汉魏正统文学的特色，切现实，有讽谏，尚铺叙，崇壮美。当日北朝文学家又是以辞赋创作为自傲自豪的，北地三才争雄，魏收小看温子升、邢邵，“以温子升全不作赋，邢虽有一两首，又非所长，尝云：‘会须作赋，始成大才士。唯以章表碑志自许，此外更同儿戏。’”③其所言“会须作赋，始成大才士”，成为北朝尚赋的标志性话语。

北朝文学的整体水平在提升，北朝文人也欲以自己的文学特点与南朝文学相抗衡。邢邵《萧仁祖集序》中说：“昔潘陆齐轨，不袭建安之风；颜谢同声，遂革太元之气。自汉逮晋，情赏犹自不谐；江北江南，意制本应相诡。”④邢邵认为文学以时代、地域的不同而不同，虽然邢邵在创作实践上整体学习甚或有模拟南朝之处，但既然认为北朝文学自有特点而与南朝“本应相诡”，那自然会向这方面努力，这也应该是北方文士共同的想法。联系魏收“会须作赋，始成大才士”的说法与作法，既是与温、邢争雄，又是与南朝文人争雄了。

四、南朝以诗为赋与北朝以赋为诗

在南朝尚诗与北朝尚赋的风气下，在“若无新变，不能争雄”的风气下，南朝

---

① 魏收：《魏书》，北京：中华书局，1974 年，第 1604、1605 页。

② 李延寿：《北史 · 魏收传》，北京：中华书局，1974 年，第 2026—2032 页。

③ 李延寿：《北史 · 魏收传》，北京：中华书局，1974 年，第 2034 页。

④ 严可均：《全上古三代秦汉三国六朝文》，北京：中华书局，1958 年，第 3842 页上。

的赋与北朝的赋各受到影响,各有诗、赋的文体改革。

诗歌盛行,南朝赋作受到诗歌影响,其表现之一就是赋作多诗句,即以诗为赋,后人注意到这种现象,如清人编选的《六朝文絜》所录之赋多为如此,萧绎《采莲赋》《荡妇秋思赋》与庾信《春赋》《镜赋》《灯赋》《对烛赋》等,或许这些赋并非通篇使用,但从中可看出其诗句的运用,讲究对仗,如庾信《春赋》:

> 宜春苑中春已归,披香殿里作春衣,新年鸟声千种啭,二月杨花满路飞,河阳一县并是花,金谷从来满园树,一丛香草足碍人,数尺游丝即横路。苔始绿而藏鱼,麦才青而覆雉,吹箫弄玉之台,鸣珮凌波之水,移戚里之家富,入新丰而酒美。石榴聊泛,蒲桃酦醅,芙蓉玉碗,莲子金杯,新芽竹笋,细核杨梅。绿珠捧琴至,文君送酒来,玉管初调,鸣弦暂抚。《阳春》《渌水》之曲,对凤回鸾之舞。更炙笙簧,还移筝柱,月入歌扇,花承节鼓,协律都尉,射雉中郎,停车小苑,连骑长杨,金鞍始被,柘弓新张。拂尘看马埒,分朋入射堂。马是天池之龙种,带乃荆山之玉梁。艳锦安天鹿,新绫织凤皇。三日曲水向河津,日晚河边多解神。树下流杯客,沙头度水人,镂薄窄衫袖,穿珠帖领巾。百丈山头日欲斜,三晡未醉莫还家,池中水影悬胜镜,屋里衣香不如花。①

四言、五言、六言、七言,既整齐排列,又交叉错落,或如数首诗作合并成赋;而其以咏物为抒情的写法,更是从诗作移植而来。这些赋作,与继承传统写法的北朝赋作有着截然不同的审美风尚,有时竟难以相信这些作品与上述的北朝赋是同一种文体。

北朝文学既向南朝学习,又要与南朝争雄,也是从“赋”起步的。就文体而言,辞赋可谓“体兼众制,文备多方”②,能够给与各种文体以影响,辞赋对北朝文学的标本与榜样作用,还在对其诗歌创作的影响。南朝永明体的特点之一,即篇幅由长趋短,先是十四句到十句,后比较固定在八句;而北朝,一方面也在学习或模仿南朝诗歌,另一方面则反永明体之道而行之,更加钟爱长篇巨制,可以说,北朝诗风独特性的显示,首先便是对长篇巨制的崇尚,是从诗作体量开始的,是从铺叙开始的,是从向辞赋学习开始的,即所谓以赋为诗。

---

① 欧阳询:《艺文类聚》,上海:上海古籍出版社,1982 年,第 45 页。

② 姚思廉:《梁书·萧子显传》,北京:中华书局,1973 年,第 512 页。

北朝早期亦有长篇诗作，北魏孝文帝时郑道昭《于莱城东十里与诸门徒登青阳岭太基山上四面及中嵿扫石置仙坛诗》，五言三十句；《与道俗十人出莱城东南九里登云峰山论经书诗》，五言四十八句。又有以连章形式的诗篇相赠，东晋初年盛行，北朝承袭有作，如北魏宗钦《赠高允诗》十二章与高允《答宗钦诗》十三章、段承根《赠李宝诗》七章。赠答长篇还有以后入隋的虞世基《秋日赠王中舍诗》，五言八十八句；刘斌《和许给事伤牛尚书诗》，五言二十四句。高允还有《咏贞妇彭城刘氏诗》，四言八章，章八句。但此类连章，南朝末年早已绝迹。论述以赋为诗，一般称其源头本在晋时的“以骚体制歌”，如夏侯湛的《春可乐》《秋夕哀》之类，以后又有南朝沈约《八咏》，或称以赋为诗，或有直称为赋者。在南朝时，以赋为诗被宫体诗所淹没；而北朝创作长篇鸿制，在时段上集中在北朝后期，数量较多，作者面较广，诗人对创作长篇鸿制有共同的爱好，多有唱和。有邢邵《冬夜酬魏少傅直史馆诗》，五言三十句；其又有《冬日伤志篇》，前六句写昔时“惰游”生活，“繁华夙昔改”以下八句写今日身体的“衰病”及风光的“衰病”，末四句从个体的“衰病”写到时代“衰病”。全诗五言，共十八句，篇幅不能算长，但也不短，有铺叙，但不那么铺张扬厉。此后篇幅更变本加厉，此处单叙二十句以上者，如孙万寿《远戍江南寄京邑亲友》，诗为五言，长四十二句。史载：孙万寿“坐衣冠不整，配防江南。行军总管宇文述召典军书。万寿本自书生，从容文雅，一旦从军，郁郁不得志，为五言诗赠京邑知友曰（文略）”，诗中既有远戍情景的叙述，又有对昔日生活的怀顾，最终落脚到互通音讯、恳求援助。“此诗至京，盛为当时之所吟诵，天下好事者多书壁而玩之。”[①]孙万寿还有《答杨世子诗》，五言，三十二句长篇。

南朝时边塞诗作很盛，但多数作者并无从军塞外的生活体验，其诗中出现北方边境地名、绝域荒凉景物，或抄诸史书，或听之传闻。隋代情况有所不同，杨素有《出塞》之作，薛道衡、虞世基各有和作。杨素本人是征讨突厥战功卓著的大将；薛道衡也曾从征突厥，掌管军中文书。字面上看，他们的作品写的是汉代远征匈奴的事迹，但实际上具有隋与突厥战争的实录性质。《隋书·杨素传》载：“素尝以五言诗七百字赠番州刺史薛道衡，词气宏拔，风韵秀上，亦为一时盛作。”[②]全诗十四章，章十句，五言。诗从开天辟地的混沌之时写起，直写到隋文帝杨坚统一天下，革新政治；以后才写到与薛道衡的友谊。从宇宙到个人，从人

---

① 魏徵等：《隋书》，北京：中华书局，1973年，第1735—1736页。

② 魏徵等：《隋书·薛道衡传》，北京：中华书局，1973年，第1292页。

生到政治,气魄宏大。卢思道《仰赠特进阳休之》,全诗四言七章,章八句,也是从"幽求遂古"写起,末章则写"余实肤陋"。

卢思道《从军行》,全诗写出征,征人征战、边塞景物一一叙来,写到"流水本自断人肠,坚冰旧来伤马骨"的边塞艰苦,写到"庭中奇树已堪攀,塞外征人殊未还"的内地与边塞的对比,写到"白雪初下天山外,浮云直上五原间"的边塞景物。薛道衡《豫章行》,前一部分写江南景色,中间部分写思妇思念,末部分写思妇怨情。此二长篇为乐府古题,又是七言新体,都以骈俪整齐之言,抒发出流畅豪迈之情,毫无沉滞之感;所见北方特色,在于以建功立业与怨情对举。薛道衡的著名作品还有《昔昔盐》,写闺怨,"暗牖悬蛛网,空梁落燕泥",创造了新的诗歌意象;末句以"一去无消息,那能惜马蹄"写思妇对征人之怨。薛道衡还有《和许给事善心戏场转韵诗》,五言六十句,叙写戏场演出,前部分写观众,中间部分写演出节目状况,末写散场,一一尽显铺叙之能事。

还有卢思道等数人《听蝉鸣篇》。《北史·卢思道传》载:"周武帝平齐,授仪同三司,追赴长安。与同辈阳休之等数人作《听蝉鸣篇》。思道所为,词意清切,为时人所重。新野庾信遍览诸同作者,而深叹美之。"①前半以蝉鸣酸楚抒情,后半评及官场,捭阖纵横。稍前有梁人萧综由南入北后,作《听钟鸣》《悲落叶》,对卢思道等数人有直接影响。

五、以赋为诗与"词义贞刚,重乎气质"

《北史·文苑传》论南北文风云:"暨永明、天监之际,太和、天保之间,洛阳、江左,文雅尤盛,彼此好尚,互有异同。江左宫商发越,贵于清绮;河朔词义贞刚,重乎气质。气质则理胜其词,清绮则文过其意。理深者便于时用,文华者宜于咏歌。此其南北词人得失之大较也。"②文学史研究者认为,其中"词义贞刚,重乎气质"最为贴切地说出了北方文学的特点。

上述以赋为诗的作品,起码从这么几个方面显示出"词义贞刚,重乎气质"。

其一,宏大的篇幅,已有对读者的震慑;而铺叙手法的普遍运用,令人应接不暇;有序的篇章布局,显现出作品厚重的气象。这些都非宫体诗纤巧格局、秾丽词藻可比。扬雄称赋的文体特征为"必推类而言,极丽靡之辞,闳侈巨衍,竞

---

① 李延寿:《北史》,北京:中华书局,1974年,第1076页。

② 李延寿:《北史》,北京:中华书局,1974年,第2781—2782页。

于使人不能加也”[①]。刘勰说“赋者，铺也。铺采摛文”及“极声貌以穷文”[②]，以赋的写作手法作诗，真可谓一“巨（鉅）”二“极”，眼界宏大，意境宽广。即如前述诗作多以连章形式展开者，便是对长篇巨幅的叙写内容的刻意安排，如杨素《赠薛番州》其十四：“衔悲向南浦，寒色黯沉沉。风起洞庭险，烟生云梦深。独飞时慕侣，寡和乍孤音。木落悲时暮，时暮感离心。离心多苦调，讵假雍门琴。”作为连章的最后一章，以铺叙“悲”情结束全诗，充分显示了诗人有殊勋而受猜忌的恐惧与忧虑的心情，即如其每语其弟杨约曰：“我岂须更活耶？”薛道衡评价此诗，叹曰：“人之将死，其言也善，岂若是乎！”[③]

其二，当称赋为“兴废继绝，润色鸿业”，称赋为“或以抒下情而通讽谕，或以宣上德而尽忠孝，雍容揄扬，著于后嗣，抑亦雅颂之亚”[④]，于是，赋的讽谏深入人心，北朝文人以赋为诗亦多有如此的自觉意识，如阳固有《刺谗疾嬖幸》二诗，承袭汉末赵壹《刺世疾邪赋》而来。又如从写法上来看，孙万寿《远戍江南寄京邑亲友》，首起以“贾谊长沙国，屈平湘水滨，江南瘴疠地，从来多逐臣”，把自己的“远戍江南”与贾谊、屈平相提并论；又称“粤余非巧宦，少小拙谋身”，“如何载笔士，翻作负戈人”，指出自己的文人身份，二者都有指向社会不公之意。即便是叙写闺情，也往往要与建功立业联系在一起，如前述卢思道《从军行》，诗末落脚在“从军行，军行万里出龙庭，单于渭桥今已拜，将军何处觅功名”的对功名的渴望，万里从军总要有个结果才行。薛道衡《豫章行》，“不畏将军成久别，只恐封侯心更移”，他人之作写情有所移在人，此处写情有所移在“封侯”，翻进一层；正是对个人立功“封侯”的反思与讽喻。

其三，自觉的“实录”意识与实践。左思《三都赋序》称赋的写实：“其山川城邑，则稽之地图；其鸟兽草木，则验之方志。风谣歌舞，各附其俗，魁梧长者，莫非其旧。”[⑤]如前述的“出塞”“从军”之作，表面是写汉与匈奴之战，实则是对当日战争战场的“实录”，如杨素《出塞》其二“荒塞空千里，孤城绝四邻。树寒偏易古，草衰恒不春”及“雁飞南入汉，水流西咽秦”等。南朝诗人写景常为空灵之语，如王籍《入若耶溪》诗云“蝉噪林逾静，鸟鸣山更幽”，“江南以为文外断绝，物无异议。简文吟咏，不能忘之，孝元讽味，以为不可复得”，而邺下才俊范

---

① 班固：《汉书·扬雄传》，北京：中华书局，1962年，第3575页。
② 刘勰著，詹锳义证：《文心雕龙义证》，上海：上海古籍出版社，1989年，第270、277页。
③ 魏徵等：《隋书·杨素传》，北京：中华书局，1973年，第1292页。
④ 萧统编，李善注：《文选》，北京：中华书局，1977年，第21页下—22页上。
⑤ 萧统编，李善注：《文选》，北京：中华书局，1977年，第74页下。

阳卢询祖乃言:"此不成语,何事于能?""魏收亦然其论。"①北朝人称怎能这样来写,因为"蝉噪"林则不静,"鸟鸣"山则不幽嘛。而北朝诗人的写景,如邢邵《冬日伤志篇》"天高日色浅,林劲鸟声哀","天高"则阳光暗淡,寒风劲吹则"鸟声哀",叙说的是直接的因果关系。

"词义贞刚,重乎气质"的形成,当然不仅仅只是"以赋为诗"的因素,但北朝"以赋为诗"为其涂上浓墨重彩的一笔,则是肯定的。

六、对"以赋为诗"文体改革的反思

"以赋为诗",从根本上说具有文体改革的意味;"以赋为诗"在当时受到欢迎,也对唐代文学产生了相当大的影响,如明代胡应麟《诗薮·内编卷三》云:"六朝歌行可入初唐者,卢思道《从军行》、薛道衡《豫章行》,音响格调,咸自停匀,体气丰神,尤为焕发。"②张玉谷评《听蝉鸣篇》曰:"此种七言,骈丽中尚饶逸气,的是王、杨、卢、骆之源。"③"以赋为诗"的文体改革成功了。

但北朝的文体改革,也有过失败的经历与教训。在文章撰作上,北朝前期是学习甚或模仿南朝,《北史·文苑传》曰:所谓"咸慕新风"即"慕"南朝之风。如史载北朝文人魏收与邢邵的相互指责,魏收"每议陋邢文。(邢)邵又云:'江南任昉,文体本疏,魏收非直模拟,亦大偷窃。'收闻乃曰:'伊常于沈约集中作贼,何意道我偷任。'任、沈俱有重名,邢、魏各有所好。"④但到北朝后期,与南朝在文化上有所争雄,成为北朝文人的一大心结。如何有所成就?北朝文人把注意力放在文体改革上。在北朝学习甚或模仿的过程中,有人对受到南朝文风的影响提出批评,这种批评首先是对文体而言的,如李谔"以属文之家,体尚轻薄,递相师效,流宕忘反"而上书,其中的提出一点就是谈到"尚轻薄"的文体就是"唯务吟咏",就是五言诗,其曰:"魏之三祖,更尚文词,忽君人之大道,好雕虫之小艺。下之从上,有同影响,竞骋文华,遂成风俗。江左齐、梁,其弊弥甚,贵贱贤愚,唯务吟咏。遂复遗理存异,寻虚逐微,竞一韵之奇,争一字之巧。连篇累牍,不出月露之形,积案盈箱,唯是风云之状。世俗以此相高,朝廷据兹擢士。

---

① 颜之推撰,王利器集解:《颜氏家训集解》,北京:中国社会科学出版社,1980年,第273页。

② 胡应麟:《诗薮》,上海:上海古籍出版社,1979年,第47页。

③ 张玉谷:《古诗赏析》,上海:上海古籍出版社,2000年,第523页。

④ 李延寿:《北史》,北京:中华书局,1974年,第2034页。

禄利之路既开，爱尚之情愈笃。”而其认为产生的恶果就是：“于是闾里童昏，贵游总丱，未窥六甲，先制五言。”“以傲诞为清虚，以缘情为勋绩，指儒素为古拙，用词赋为君子。”显然，其矛头直指“未窥六甲，先制五言”及“以缘情为勋绩”、“用词赋为君子”，既指影响了文体实用性功能的展开，又指扰乱了人们的思想，总之是扰乱了朝政，且越演越烈。李谔则进而指斥“用词赋为君子”的现象。李谔接着说：“开皇四年，普诏天下，公私文翰，并宜实录。其年九月，泗州刺史司马幼之文表华艳，付所司推罪。自是公卿大臣感知正道，莫不钻仰坟素，弃绝华绮，择先王之令典，行大道于兹世。”引朝廷开皇四年“屏黜浮词，遏止华伪”的做法对“唯务吟咏”展开批判，对“公私文翰”“华艳”“华绮”的批判，其应对就是“屏黜浮词，遏止华伪”，甚至“付所司推罪”，“上以谔前后所奏颁示天下，四海靡然向风，深革其弊”。[①]《隋书·文学传》称：“高祖初统万机，每念斫雕为朴，发号施令，咸去浮华。然时俗词藻，犹多淫丽，故宪台执法，屡飞霜简。”[②]《周书·苏绰传》载：“自有晋之季，文章竞为浮华，遂成风俗。太祖欲革其弊，因魏帝祭庙，群臣毕至，乃命绰为大诰，奏行之。其词曰（文略）。”[③]命令以后的朝廷“文笔”皆依大诰。但是，苏绰倡导下的文体改革未获成功，究其原因，就在于文体改革的榜样与办法的失误，其主张文体宪章《尚书》，“笔”体复古至“大诰”，逆文体发展的时代潮流，不合实用；实用性文体不合实用，当然不行，北朝“笔”体改革的失败，更主要的原因就在于选错了标本、选错了榜样文体，《周书·王褒庾信传论》评论曰：“然绰建言务存质朴，遂糠粃魏、晋，宪章虞、夏。虽属词有师古之美，矫枉非适时之用，故莫能常行焉。”[④]

从“以赋为诗”的成功与“以大诰为笔”的失败，可知文体改革的成败在于是否“适时之用”、是否“能常行焉”，还有一个重要的原因在于是否选对了标本、选对了榜样文体。赋，既为朝廷上层所认可，又本是各种文体的学习榜样，程千帆即称：“两京之文，若符命、论说、哀吊以及箴、铭、颂、赞之作，凡挟铺张扬厉之气者，莫不与赋相通。”[⑤]南朝时，又有刘勰选用赋的几大特点，以赋力倡骈文。[⑥] 因此，以赋为文体改革的样板是具有可行性的，且“以赋为诗”在南朝文

---

① 魏徵等：《隋书·李谔传》，北京：中华书局，1973年，第1544—1545页。

② 魏徵等：《隋书》，北京：中华书局，1973年，第1730页。

③ 令狐德棻等：《周书》，北京：中华书局，1971年，第391页。

④ 令狐德棻等：《周书》，北京：中华书局，1971年，第744页。

⑤ 程千帆：《赋之隆盛与旁衍》，载《闲堂文薮》，济南：齐鲁书社，1984年，第148页。

⑥ 详见拙文《从“诗笔之辨”到文体三分》，《文学遗产》2015年第2期。

人已先有所尝试,加上北朝文人天纵英资,“以赋为诗”成功了。北朝的诗歌创作,因为选对了标本与榜样文本而建立起自己的特点,成为北朝文学最辉煌的一抹彩霞;“以赋为诗”的诗体,不仅仅本身就具有可延续性,使其成为唐代诗歌大家庭中的成员,为唐代诗歌的繁荣贡献出一份力量;而且,其所支持起的“词义贞刚,重乎气质”审美观,因其为南北诗风的融和提供了“半边天”而在文学史上光辉永存!

饶学

论饶宗颐先生的古典诗词艺术美研究

欧明俊
福建师范大学文学院

饶宗颐先生的古典诗词艺术美研究有许多真知灼见,非常值得我们学习和研究。兹进行初步梳理和阐发,求教于饶先生和学界同仁。

一

饶先生认为,古典诗词的艺术美特性是由汉字的特性决定的。《汉字与诗学》一文强调指出,汉字不仅重形,同样亦重声,形声字本身属形文和声文两者的联结,形声字的形符与声符形成对称美,形主视觉,声主听觉,同时产生不同的美感,形与音引起情感上的反应,连带生出情文。只有汉文字才有在文字形态上构成的美感。① 严羽《沧浪诗话》认为诗法有五个要点:体制、格力、气象、兴趣、音节,而诗的极致是入神。饶先生认为,"五法"之中,以音节为最重要,因为诗歌如果没有音节,便不成诗。②

饶先生欣赏古典诗歌的音乐美。《汉字与诗学》一文指出,古典诗歌的叠字用得最多,作连环性的安排,技巧崭新,叠字叠词在诗法是一种技巧。汉诗因为字句齐整,一字一音,每一句的字数亦一致,重叠用字更有它的独特之美妙。汉字的韵律是声、韵、声调三位一体,每个字都具备这三个要素,由于一字一音,汉诗的构成,字句总是很有规律的。及五言、七言兴起,字数既齐整,对偶又工丽,为使字与字之间,异音能相随(和),同声可相应(韵),这样来构成诗的旋律,必在平仄上取得调协。饶先生强调,律诗中工整的丽句,是诗的警策动人的部分,有如人的一双眼睛。③ 古典诗词讲究对偶与声调,重音律、韵律,音律美,声

① 饶宗颐:《文辙——文学史论集》(上),台北:台湾学生书局,1991年,第67页。
② 参见陈韩曦《与饶宗颐先生谈"琴诗书画"》,《传记文学》2013年第10期。
③ 饶宗颐:《文辙——文学史论集》(上),台北:台湾学生书局,1991年,第72—74页。

韵美。

饶先生重视诗词的趣味美。诗词怎样才能生动并吸引人？饶先生认为诗词创作，纯理则质木，得趣则有韵致；理上加趣，成为最节省的艺术手法。加入典故能增加趣味，胡适提倡白话文，主张不用典故，饶先生批评说，如果诗完全不使用典故，则不易生动，因典故可以增加趣味。[①]

饶先生重视诗词的自然美。《论杜甫夔州诗》引黄庭坚《与王观复书》：

> 好作奇语，自是文章病，但当以理为主，理安而辞顺，文章自然出群拔萃。观杜子美到夔州后诗，韩退之自潮州还朝后文章，皆不烦绳削而自合矣。

《与王观复书》又曰：

> 所寄诗多佳句，犹恨雕琢功多耳。但熟观杜子美到夔州后古、律诗，便得句法，简易而大巧出焉。平淡而山高水深，似欲不可企及，文章成就，更无斧凿痕，乃为佳作耳。

饶先生引后指出，杜甫极多无意之作，毫无机心，或极浅易者，何曾不闲淡？朱熹只未细心读之。且朱熹所看重者是诗之清处淡处，但诗尚有其深处、厚处、重处、大处，故朱熹观点实不免有所偏。饶先生以晚清词论家端木埰、王鹏运、况周颐的"重""拙""大"理论移来论杜诗风格，批评朱熹论杜甫诗时忽略了"重""拙""大"一面。[②] 词论与诗论会通，是创见。

饶先生认为，学到相当造诣，仍是有意作诗，求巧求工，没有自家面目，则未算能迈进一境。山谷以老杜夔州以后诗教人，正在使由格律渐至自然，由有法而臻于无法，由无规模而自立规模，由有意为诗而达到无意为诗，以至无不可为诗。天地与"诗"并生，万物与"诗"为一。饶先生十分赞赏杜甫夔州以后诗歌达到艺术最高境界。黄庭坚《大雅堂记》曰："子美诗妙处乃在无意于文。夫无意而意已至，非广之以《国风》《雅》《颂》，深之以《离骚》《九歌》，安能咀嚼其意味，闯然入其门耶？故使后生辈自求之，则得之深矣。使后之登大雅堂者，能以

---

① 参见陈韩曦《与饶宗颐先生谈"琴诗书画"》，《传记文学》2013 年第 10 期。

② 饶宗颐：《文辙——文学史论集》(下)，台北：台湾学生书局，1991 年，第 498—501 页。

余说而求之，则思半矣。”饶先生认为：“此即杜公深造自得之诗境，非居之安而资之深，孰能致之？”①

饶先生崇尚古典诗词的曲折跌宕之美。杜甫《观公孙大娘弟子舞剑器行序》曰：“见临颍李十二娘舞剑器，壮其蔚跂，问其所师，曰：余，公孙大娘弟子也。……记于郾城观公孙氏舞剑器浑脱，浏漓顿挫，独出冠时……既辩其由来，知波澜莫二，抚事慷慨，聊为《剑器行》。”方东树《昭昧詹言》卷八云：“杜公诗境尽于自序公孙剑器数语，学者于此求之，思过半矣。”②饶先生赞同方东树观点，认为序中所揭要诀，状剑舞曰“蔚跂”，又赞其“波澜莫二”，斯二语最堪研味。蔚跂者，“蔚”谓风姿之茂密，“跂”谓骨力之高骞。《教坊记》：剑器乃健舞也。若以诗论，公诗亦“健”诗也，与剑舞如出一辙。杜诗七古雄浑雅健，以“蔚跂”二字评之，亦甚得当。③

饶先生接着说：

> 波澜者，杜诗每言之，如“毫发无遗憾，波澜独老成”，“文章曹植波澜阔”。波澜即杜所谓“掣鲸鱼于碧海中”者。张旭于舞法悟出草书之理，杜公亦于舞法悟出作诗之理。其状舞之动作曰“浏漓顿挫”。《剑器行》中言舞之状有四：曰“㸌如”“矫如”“来如”“罢如”，开阖疾迟，纯用大气脉变化驱使。有时戛然而止，即顿挫之妙。孙过庭论书云：“动速者超逸之机，迟留者赏会之致。”动疾必出于淹留，非动疾则神不能行，无淹留则笔不能到。此法于剑舞草书及长古做法，俱出一理。杜公七古能开今古未有之局，不可谓非得力于此。④

饶先生指出，“波澜”二字，杜公提出后，宋世诗人亦屡言之。山谷《与王庠周彦书》，评其诗文“波澜枝叶，不若古人”。曾几《东莱先生诗集跋》引吕氏云：“诗卷熟读，治择工夫已胜，而波澜尚未阔。欲波澜之阔，须令规模宏放，以涵养吾气而后可。规模既大，波澜自阔，少加治择，功已倍于古矣。”吕祖谦评诗主波澜欲阔，规模能大，饶先生十分赞同。姜白石《诗说》云：“波澜开阖，如在江湖

---

① 饶宗颐：《文辙——文学史论集》（下），台北：台湾学生书局，1991年，第502页。
② 方东树：《昭昧詹言》卷八，光绪十七年重刻本。
③ 饶宗颐：《文辙——文学史论集》（下），台北：台湾学生书局，1991年，第512—513页。
④ 饶宗颐：《文辙——文学史论集》（下），台北：台湾学生书局，1991年，第513页。

中,一波未平,一波已作,如兵家之阵,方以为正,又复是奇,忽复是正,出入变化,不可纪极,而法度不可乱。”饶先生引后认为,“纵横变化,波澜开阖,较之法度,更迈进一步”①。饶先生拈出“蔚跂”“波澜”“浏漓顿挫”来赞赏杜诗风姿茂密、骨力高骞、波澜自阔、雄浑雅健、纵横变化、规模宏放之美。

二

饶先生强调词贵轻婉,讲究“哀而不伤”。王国维《人间词话》推崇尼采文学“以血书”理论,盛赞李煜、赵佶后期感慨国破家亡之词。饶先生不赞同王国维推崇的“血书”之词,认为“以血书”反伤了词的特质,故词人作词多言“泪”而不喜“血”字。饶先生还详细列举了伤春之泪、伤别之泪、亡国之泪、怀旧思乡之泪、徒唤奈何之泪、荡气回肠之泪、起顽立懦之泪,等等,认为词人以“泪”抒情,淋漓尽致,已足以感人,倘若以“血”代之,则会过犹不及,反伤其美。②

饶先生崇尚“清水出芙蓉,天然去雕饰”的自然美,同时也承认并欣赏雕镂工巧之美。《〈人间词话〉平议》说:“一切文学之进化,先真朴而后趋工巧。观汉魏诗之高浑,下逮宋齐,则以雕镂为美,斯其比也。”又说:“其间各以特色,而难分高下。即词而言,由北宋以入南宋,初无畛域之限,其由自然而臻于巧练,由清泚而入于秾挚,乃文学演化必然之势,无庸强为轩轾。”③他不认同王国维将“自然”作为判断文学美与价值的最高尺度。

饶先生还以画论词,欣赏词的绘画美。《〈人间词话〉平议》说:“王氏论境,有造境及写境,即理想与写实二派之别,其说颇韪。试以画喻,写境如写生画,造境如文人画。”④饶先生《姜白石词管窥》论姜夔词和吴文英词之别:“姜意密而笔疏,吴则意疏而笔密。”“白石如大痴,梦窗则如黄鹤山樵。”⑤黄公望(1269—1354),号大痴道人,其画自成一家,注重师法造化,晚年水墨画运以书法中草籀笔法,皴笔不多,简远逸迈,苍劲高旷。元末画家王蒙(1308—1385),号黄鹤山樵,山水画师法董源、巨然,集诸家之长,以繁密见胜,重峦叠嶂,长松茂树,气势充沛,变化多端,寄秀润清新于厚重浑穆之中。

徐渭《答许口北》曰:“试取所选者读之,果能如冷水浇背,陡然一惊,便是兴

---

① 饶宗颐:《文辙——文学史论集》(下),台北:台湾学生书局,1991年,第513页。
② 饶宗颐:《〈人间词话〉平议》,《人生》杂志第10卷第7期,1955年。
③ 饶宗颐:《〈人间词话〉平议》,《人生》杂志第10卷第7期,1955年。
④ 饶宗颐:《〈人间词话〉平议》,《人生》杂志第10卷第7期,1955年。
⑤ 饶宗颐:《文辙——文学史论集》(下),台北:台湾学生书局,1991年,第647页。

观群怨之品,如其不然,便不是矣。"[①]认为"如冷水浇背,陡然一惊",便是好诗。美国女诗人埃米莉·狄肯森(Emily Dickinson)论及诗的艺术感染力时,也说:"要是我读一本书,果能使我全身冰冷,无论烤什么火都不觉得暖和,我便知道这就是诗。"[②]饶先生《〈人间词话〉平议》引刘体仁《七颂堂词绎》"陡然一惊,正是词中妙境",说:"夫以文学度人,何异棒喝?离合悲欢,均可使人精神进另一境地,恍若有所警悟也。冷水浇背,自是妙喻。"[③]饶先生欣赏"如冷水浇背,陡然一惊"的审美快感。

王国维《人间词话》分"造境"与"写境",即理想与现实。饶先生《〈人间词话〉平议》提出"创境"概念,他说:"故造境、写境之外,又贵能创境。创境者,谓空所倚傍,别开生面。耆卿、美成,阐变于声情;东坡、稼轩,肆奇于议论。若斯之伦,并其翘楚。然此一代不过数人,非大家不能办到矣!"[④]

三

王国维《人间词话》以"隔"与"不隔"论诗词:"美成《苏幕遮》词:'叶上初阳干宿雨。水面清圆,一一风荷举。'此真能得荷之神理者。觉白石《念奴娇》《惜红衣》二词,犹有隔雾看花之恨。"[⑤]王国维又说:

> 白石写景之作,如"二十四桥仍在,波心荡、冷月无声","数峰清苦,商略黄昏雨","高树晚蝉,说西风消息",虽格韵高绝,然如雾里看花,终隔一层。梅溪、梦窗诸家写景之病,皆在一"隔"字。北宋风流,渡江遂绝,抑真有运会存乎其间耶?
>
> 问"隔"与"不隔"之别,曰:陶谢之诗不隔,延年则稍隔矣。东坡之诗不隔,山谷则稍隔矣。"池塘生春草""空梁落燕泥"等二句,妙处唯在不隔。词亦如是。即以一人一词论,如欧阳公《少年游·咏春草》上半阕云:"阑干十二独凭春,晴碧远连云。二月,千里万里,三月,行色苦愁人。"语语都在目前,便是不隔。至云"谢家池上,江淹浦畔",则隔矣。白石《翠楼

---

① 徐渭:《徐文长集》卷十七,《文渊阁四库全书》本。

② X.J. Kennedy:《诗歌引论》(An Introduction to Poetry)引,Boston:little, Brown,1966 年第 4 版,第 298 页。

③ 饶宗颐:《〈人间词话〉平议》,《人生》杂志第 10 卷第 7 期,1955 年。

④ 饶宗颐:《〈人间词话〉平议》,《人生》杂志第 10 卷第 7 期,1955 年。

⑤ 唐圭璋:《词话丛编》(第五册),北京:中华书局,1986 年,第 4247 页。

吟》"此地。宜有词仙,拥素云黄鹤,与君游戏。玉梯凝望久,叹芳草、萋萋千里。"便是不隔。至"酒祓清愁,花消英气",则隔矣。然南宋词虽不隔处,比之前人,自有浅深厚薄之别。

"生年不满百,常怀千岁忧。昼短苦夜长,何不秉烛游。""服食求神仙,多为药所误。不如饮美酒,被服纨与素。"写情如此,方为不隔。"采菊东篱下,悠然见南山。山气日夕佳,飞鸟相与还。""天似穹庐,笼盖四野。天苍苍。野茫茫。风吹草低见牛羊。"写景如此,方为不隔。①

所谓"隔",指立意模糊,意象朦胧,语言雕饰晦涩。王国维根据言情、写景"隔"与"不隔"来衡量词作优劣高下,周邦彦词"言情体物,穷极工巧,故不失为第一流作者"②,而姜夔词则因为"隔",他"故觉无言外之味,弦外之响,终不能与于第一流之作者也"③。王国维把"语语都在目前"看作"不隔"的标志,似锺嵘《诗品序》中的"即目直寻",主张不假借用典用事。实际上,姜夔词的"隔",深情隐于词中,含蓄蕴藉,词笔虚活,空际传神,韵味独特,也是一种美。

王国维的"隔"与"不隔",不只是清晰与朦胧之别,更是自然真切与矫揉造作之别,"不隔"的深浅厚薄,就是真切的程度。他极力褒扬"不隔"而贬低"隔"。据王国维《人间词话手稿》,其中"问'隔'与'不隔'之别"句,原作是"问'真'与'隔'之别"。王国维认为,不隔即真,隔即不真,诗人须持真切之心,对创作有真切的体验。他特别欣赏纳兰性德"以自然之眼观物,以自然之舌言情,此由初入中原,未染汉人风气,故能真切如此"④。"大家之作,其言情也必沁人心脾,其写景也必豁人耳目,其辞脱口而出,无矫揉妆束之态。以其所见者真,所知者深也。"⑤《人间词话删稿》曰:"词人之忠实,不独对人事宜然,即对一草一木,亦须有忠实之意。"⑥词人写景、言情,必须有真切感受,真性情自然流露,并能抓住感动的一刹那,表达自然、鲜明、生动,读者能明晰、真切感受到,直观把握,便是"不隔"。王国维推崇直抒胸臆,主张用"真切"的"直语",如"明月照积雪""大江流日夜""长河落日圆",等等。

---

① 唐圭璋:《词话丛编》(第五册),北京:中华书局,1986年,第4248—4249页。
② 唐圭璋:《词话丛编》(第五册),北京:中华书局,1986年,第4246页。
③ 唐圭璋:《词话丛编》(第五册),北京:中华书局,1986年,第4249页。
④ 唐圭璋:《词话丛编》(第五册),北京:中华书局,1986年,第4251页。
⑤ 唐圭璋:《词话丛编》(第五册),北京:中华书局,1986年,第4252页。
⑥ 唐圭璋:《词话丛编》(第五册),北京:中华书局,1986年,第4266页。

王国维《人间词话手稿》中,“白石写景之作”一段最后,还有句“皆未得五代、北宋人自然之妙”。他引用的姜夔词,皆采用“通感”写法,如“冷月无声”用触觉和听觉,但王国维认为不自然,破坏了视觉形象的直观性,明晰的图画反而变得模糊不清,因此未得“自然之妙”。叶嘉莹先生说:“如果在一篇作品中,作者果然有真切之感受,且能做真切之表达,使读者亦可获致同样真切之感受,如此便是‘不隔’。反之,如果作者根本没有真切之感受,或者虽有真切之感受但不能予以真切之表达,而只是因袭陈言或雕饰造作,使读者不能获致真切之感受,如此便是‘隔’。”①

明谢榛《四溟诗话》卷三曰:“凡作诗,不宜逼真,如朝行远望,青山佳色,隐然可爱,其烟霞变幻,难于名状;及登临,非复奇观,唯片石数树而已。远近所见不同,妙在含糊,方见作手。”②所谓“妙在含糊”,即是说,诗写景不一定要显,含糊朦胧也是一种美。

早在20世纪30年代,朱光潜《诗的隐与显——关于王静安先生的〈人间词话〉的几点意见》一文即对王国维的“隔与不隔说”提出批评:

> 王先生论“隔与不隔”的分别,说隔“如雾里看花”,不隔为“语语都在目前”,也嫌不很妥当。因为诗原来有“显”和“隐”的分别,王先生的话,偏重显了。“显”与“隐”的功用不同,我们不能要一切诗都“显”。说概括一点,写景的诗要“显”,言情的诗要“隐”。梅圣俞说诗“状难写之景如在目前,含不尽之意见于言外”,就是看到写景宜显、写情宜隐的道理。写景不宜隐,隐易流于晦;写情不宜显,显易流于浅。③

朱光潜认为“写情宜隐”,情感必须借意象传达出来,不应直接表露。

唐圭璋《评〈人间词话〉》从“赋比兴”角度解读“隔与不隔”,他说:“推王氏之意,则专赏赋体,而以白描为主;故举‘池塘生春草’‘采菊东篱下’为不隔之例。主赋体白描,固是一法。然不能谓除此一法外,即无他法也。比兴亦是一法,用来言近旨远,有含蓄,有寄托,香草美人,致慨遥深,固不能斥为隔也。”④批

---

① 叶嘉莹:《王国维及其文学批评》,北京:北京大学出版社,2008年,第207页。

② 丁福保辑:《历代诗话续编》,北京:中华书局,1983年,第1184页。

③ 朱光潜:《诗的隐与显——关于王静安先生的〈人间词话〉的几点意见》,《人世间》第1期,1934年4月。

④ 唐圭璋:《评〈人间词话〉》,《斯文》第1卷,第21—22合期,1941年8月。

评王国维仅仅看重直露之美,不理解“比兴”含蓄之妙。

饶先生《〈人间词话〉平议》说:

王氏论词,标“隔”与“不隔”,以定词之优劣,屡讥白石之词有“隔雾看花”之恨。又云“梅溪、梦窗诸家写景之病,皆在一‘隔’字”。予谓“美人如花隔云端”,不特未损其美,反益彰其美,故“隔”不足为词之病。宋玉《神女赋》“时容与以微动兮,若将来而复旋”,词之言近旨远,缠绵跌宕,感人至深,正类乎此。①

饶先生又说:

《文心雕龙·隐秀篇》:“文之英蕤,有秀有隐。隐者,文外之重旨;秀者,篇中之独拔。隐以复志为工,秀以卓绝为巧。”移以论词,最为切当。词者,意内而言外,以隐胜,不以显胜。寓意于景,而非见意于景。盖词义有双重:有表义,有蕴义。表义,即字面之所指;蕴义,即寄托之所在,所谓重旨复意者是也。“高树晚蝉,说西风消息”,“波心荡,冷月无声”。言外别有许多意思,读者不徒体味其凄苦之词境,尤当默会其所以构此凄苦之境之词心。此其妙处,正在于隔。彦和云:“情立词外曰隐,状溢目前曰秀”。王氏论词,有见于秀(引《人间词话》原文略),而无见于隐,故反以隔为病,非笃论也。词之性质,“深文隐蔚,秘响旁通”,故以曲为妙,以复见长,不能单凭直觉,以景证境。吾故谓王氏之说,殊伤质直,有乖“意内言外”之旨。若夫“晦塞为深,虽奥非隐”,如斯方为词之疵累。质言之,词之病,不在于隔而在于晦。(与观堂同时之况蕙风,亦论词境。其说云:“词有穆之一境,静而兼厚重大也。”又云:“词境以深静为至。此中有人,如隔蓬山,思之思之,遂由浅而见深。盖写景与言情,非二事也。善言情者,但写景而情在其中。此等境界,唯北宋人词往往有之”。此诚深造自得之言。我心写兮,言不尽意,而百世之下,读者之于我心,或契或否,如人饮水,冷暖自知。由浅见深,未始不以“隔”为妙。)②

---

① 饶宗颐:《〈人间词话〉平议》,《人生》杂志第 10 卷第 7 期,1955 年。

② 饶宗颐:《〈人间词话〉平议》,《人生》杂志第 10 卷第 7 期,1955 年。

饶先生认为,王国维以“境界”论词,标举“不隔”,未免伤于质直,太过直露浅白,与词“意内而言外”特质相背离。清田兰芳《叙袁仲方甲子秋冬诗》云:“仲方病其质直,少唐人婉蓄。”[①]饶先生强调词婉而意微,“以曲为妙”,幽微隐曲,词体的艺术特质是“以隐胜,不以显胜”,肯定并欣赏“隔”的美。饶先生欣赏“词之言近旨远,缠绵跌宕”,表达的是中国传统诗学“言近旨远”的审美观。

饶先生特别欣赏诗词的朦胧美,《〈人间词话〉平议》说:“词之妙处,烟水迷离,非雾非花,盖言外别有意在。”[②]白居易的《花非花》:“花非花,雾非雾。夜半来,天明去。来如春梦几多时?去似朝云无觅处。”美丽却稍纵即逝的意象,是典型的朦胧美。刘熙载《艺概》卷四《词曲概》曰:“词之妙,莫妙于以不言言之,非不言也,寄言也。”[③]正道出朦胧美的妙处。朦胧美,如雾霭笼罩,烟水苍茫,若隐若现,扑朔迷离,模糊不清,宛转幽深,蕴藉隽永,余韵不尽。暗示,不说破,不直露浅近,意在言外,言有尽而意无穷。朦胧美是一种隐约、含蓄的美,一种独特的美,令人遐想,使人神往,有“韵外之致”,给读者留下想象空间。

结论

饶先生欣赏古典诗歌的音乐美、趣味美;他以晚清词论中的“重”“拙”“大”来论杜诗风格;他欣赏曲折跌宕之美,赞赏杜诗的风姿茂密、骨力高骞、波澜自阔、雄浑雅健、纵横变化、规模宏放。他崇尚“清水出芙蓉,天然去雕饰”的自然美,同时也承认并欣赏雕镂工巧之美。饶先生还以画论词,欣赏词的绘画美。他欣赏“如冷水浇背,陡然一惊”的审美快感。他不满王国维之论,肯定并欣赏诗词“隔”的美、朦胧美。饶先生通过评论古典诗词表明自己的审美宗尚,崇尚古典美,他的审美观主要是传统诗学范畴。他不迷信权威,敢于并善于提出自己观点。他善于将诗词与音乐、绘画贯通,揭示古典诗词的独特艺术魅力,学术视野宏阔。

---

① 田兰芳:《逸德轩遗诗》卷上,清康熙刻本。

② 饶宗颐:《〈人间词话〉平议》,《人生》杂志第10卷第7期,1955年。

③ 刘熙载:《艺概》,上海:上海古籍出版社,1978年,第121页。

“选堂气象”及其艺术表现
——以《偶作示诸生》的文本释读为中心①

赵松元
韩山师范学院文学与新闻传播学院

一、导言

对饶公诗词艺术之特色和成就,钱仲联、季羡林、苏文擢、罗忼烈、夏书枚、刘梦芙、杨子怡等诸多专家学者都作了深刻阐述和高度评价,都是深中肯綮之论,令人信服。本人亦曾作文数篇,对饶公诗词艺术做了粗浅的论述。近年来,越读饶公的著述,越品饶公的书画,就越感觉到饶公的诗格、书格、画格之高风绝尘,卓荦不凡,其与饶公高贵之学术品格交相辉映,自在呈现着一种充盈浩然的精神气度。对这一精神气度,过去虽有所感触,但没能展开探析,一直心有憾焉。在此,拟提出“选堂气象”这一命题,并以解读饶公传诵颇广的五律名作《偶作示诸生》其二为中心,对“选堂气象”做一粗浅的探讨。

“气象”一词,含义颇为丰富。从诗学视野来看,“气象”或可用以形容创作主体的精神气韵,或可用以指某一时代、流派的艺术风格及其审美特质,或可用以指构成文艺作品的艺术美的基本要素,或可用以指文艺作品所创造的一种特定的审美形态与艺术境界②,而浑厚、雄阔、壮美,则应是“气象”所具有一个根本性的审美特质。如学界常以“盛唐气象”来表述盛唐诗歌的审美风范,认为盛唐气象是盛唐蓬勃向上、昂扬奋进的时代精神和雄大魄力与雄浑深厚、刚健明朗的艺术审美风貌的呈现。另外,在中国学术文化史上,宋儒曾提出“圣贤气象”,用以形容尧、舜、禹、汤、周文王、周武王、孔子、颜回、曾子、子思、孟子、周敦

---

① 此文为广东省高校人文社会科学重点研究基地重大项目“饶宗颐研究”(2014WZDXM038)的阶段性成果。

② 参考傅璇琮、许逸民、王学泰、董乃斌、吴小林主编《中国诗学大辞典》,杭州:浙江教育出版社,1999 年,第 24 页。

颐、程颢、程颐、张载十五位圣贤的风度、风范。这些对本文提出"选堂气象"的命题有所启发。

在中国文化语境中,无论是读书做学问、吟诗作赋还是点染丹青,都与生命存在、心灵安顿有关。清沈德潜《说诗晬语》云:"有第一等襟抱,第一等学识,斯有第一等真诗。"选堂诗歌之所以格高神远,独步天下,就是因为他有由第一等襟抱、第一等学识融会而成的正大、清旷、高迈、独立的人格风范和精神气韵,创造出清奇雄迈的审美特质,这种超卓非凡的风范气韵与独特的审美形态,即是我们所说的"选堂气象"。窃以为,这一"选堂气象",无论在当代诗界、艺界还是学界,均具有重要的典范性意义。而《偶作示诸生》其二,作为饶公五律最负盛名的作品,其艺术审美价值就在于集中地抒写了饶公的"选堂气象"。

二、"选堂气象"的诗学呈现:《偶作示诸生》其二的文本释读

更试为君唱,云山韶濩音。芳洲搴杜若,幽涧浴胎禽。万古不磨意,中流自在心。天风吹海雨,欲鼓伯牙琴。

《偶作示诸生》共二首,收在《选堂诗词集·羁旅集》中,此为第二首。兹录第一首如下:"一雨消残暑,行歌杂醉醒。浮云欺白发,沧海有玄亭。诗与裁狂简,心随入渺冥。要令参造化,何事苦穷经。"这两首五律诗,是饶宗颐1956年任教于香港大学中文系时,与学生游于海上,弹琴而作。当时饶公四十岁。孔子曰"四十而不惑"。所谓"知者不惑",孔子"十有五而志于学",在"三十而立"之后,经十年之学,又上层楼,到四十岁掌握了丰富的知识,有了深刻的识见和理性的精神,因而抵达了不惑不迷清澄独立的境界。四十岁的饶公亦已抵达"不惑之境"——通过这首诗,饶公抒写了自己的学术文化追求和对学生的殷殷期望,展现了他的大智慧、大境界,表现了他高迈独立、正大清旷的精神气象,从而生动诠释了四十而有不惑之智的真义,与此同时,也艺术地呈现了选堂诗歌独特的艺术风貌。

首联"更试为君唱,云山韶濩音",这起始二句,承第一首而来,点明示诸生之意,而气格高古不凡。"更试"句,言再一次向诸位学生敞露心扉。本来是"讲",是"说",但饶公这里用一个"唱"字,这固然是与弹琴有关,但更是一种艺术化的表达方式,富有诗意。而由这一"唱"字,就很自然地引发出"云山韶濩

音"句。这一句化用元好问《欸乃曲》"停桡静听曲中意,好似云山韶濩音"的诗句。"云山",江淹《萧被侍中敦劝表》:"臣不能遵烟洲而谢支伯,迎云山而揖许由。"故知"云山"寓有高蹈出尘,远离世俗之意。饶公此处以"云山"修饰"韶濩音",寄托了高迈出尘、超越世俗的情怀,同时也突显了"韶濩音"的高亢和美好。

"韶濩",指汤乐,泛指雅正之乐。或以为指舜乐和汤乐,误。汤是商朝开国君主,汤建国后,吸取夏朝灭亡的经验教训作《汤诰》,要求其臣属"有功于民,勤力乃事"。对那些亡国的夏民,则仍保留"夏社",并封其后人。汤注意"以宽治民",因此在他统治期间,阶级矛盾较为缓和,政权较为稳定,国力也日益强盛。因而历史上有"成汤之治"的说法,汤也被称为"圣人"。《春秋左传正义》卷三十九《襄公二十九年》:

……见舞《大武》者,曰:"美哉!周之盛也,其若此乎!"见舞《韶濩》者,曰:"圣人之弘也,而犹有惭德(按:汤入夏宫,有惭德),圣人之难也。"见舞《大夏》者,曰:"美哉!勤而不德,非禹其谁能修之?……"

可见,《韶濩》是赞美成汤之贤的音乐。

在这里,饶宗颐化用元好问"好似云山韶濩音"句,表明他想要宣示给学生、传授给学生的,是最雅正的高古不凡的中国优秀传统文化。由此二句,我们可以见出饶公传承与弘扬中华文化传统的责任感、使命感,并能感受到饶公心灵世界中洋溢着的一股正大、高古之气。

颔联承上而展开。"杜若"句出自于屈原《九歌·湘夫人》:"搴汀洲兮杜若,将以遗兮远者。"《古诗十九首》之"涉江采芙蓉,兰泽多芳草。采之欲遗谁,所思在远道"亦是从此二句化出。杜若是经常在屈原作品中出现的香草之一。在《离骚》等作品中,屈原歌咏了江离、辟芷、秋兰、木兰、宿莽、秋菊、薜荔、菌桂、芙蓉等等二十多种香草香花,缤缤纷纷,芳芳菲菲。诗人或采以为佩饰,或制以为衣裳,或朝饮花瓣之坠露,或夕餐秋菊之落英。甚至遭遇挫折,失意退守的时候,也要"复修吾初服",保持自身的芳馨香洁。在屈原作品中,香草意象作为一种独立的象征物,它一方面指品德和人格的高洁,另一方面和恶草相对,象征着政治斗争的忠奸双方。在此诗中,"杜若"更多地是象喻中国优秀传统文化所弘扬的高洁人格。饶公化用楚辞意象,字里行间飘逸着一种骚雅芳洁之气,这真是饶公之"深得骚学"的生动呈现。

胎禽是鹤的别称,古代鹤有仙禽之称,又相传胎生,故又称"胎禽"。在中国文化语境中,白鹤是具有丰富象征内涵的文学意象。首先,白鹤的鸣叫之声象征君子才华之杰出。《诗经·小雅·鹤鸣》云:"鹤鸣于九皋,声闻于野。"诗以白鹤高亢的鸣叫之声,比喻君子才华。汉代以后诗歌中,常以"鸣鹤"或"鹤鸣"喻君子,如陆云《鸣鹤诗序》云:"鸣鹤,美君子也。"因而,古人常用"鹤鸣之士"象征修身洁行而有令名时誉的君子。其次,白鹤的洁白羽毛也能喻指君子人格之高洁。再者,白鹤性喜游憩于远离尘嚣的深谷或洲渚。山林水泽之灵气孕育了白鹤的优雅和高贵,这也能象喻君子特立独行的品性。最后,白鹤有特殊的飞翔能力,"飞则一举千里",自由自在,不受拘束。这也可以象喻追求自由、高飞远举的人生理想。总之,白鹤汇集了古代文人士大夫的精神追求与价值取向,是他们高洁脱俗特立独行精神人格的化身。《周易·遁卦》云"遁世无闷",意谓远离世俗而心无烦忧。"幽涧浴胎禽"一句,描绘出白鹤在远离尘俗的、幽寂宁静的山涧沐浴洗涤的纯美画面,隐然有士君子绝去凡俗、自持自修、淬炼人格之意,正是秉承中国诗性文化精神而凝炼出的动人诗句。

此联借助杜若和白鹤这两个传统的意象,渲染一种清奇旷远的境界,既象征性地写出饶公自己精神追求之崇高美好,同时也寄寓了饶公对学生涵养芳馨高洁性情的期望,而这,正是饶公清旷芳馨、高洁不凡的人格气象的诗学表现。

颈联"万古不磨意,中流自在心",是饶公的名句。这两句气魄沉雄浩大,境界雄浑高迈,可以说是饶公自信、自在、自由、自足的学问境界、生命境界的夫子自道。如果说前一联是得清奇之趣,那么这一联则有雄迈之美。关于"万古不磨",饶公自己曾解释说:"'万古不磨'意指'不朽'。"是怎样的"意"才能不朽呢?饶公又解释说:

> 中国人讲"三不朽",即立德、立功、立言。……中国人讲德,这是世界上没有的。"德"很重要,"德"第一,然后立功、立言。①

"万古"包含过去、现在、将来,是一个指涉永恒的时间概念。饶公认为,真正能够万古不朽的是中国传统的"三不朽"思想,而最重要的是"立德"。"德"是中华传统的礼乐文明的核心。《周易·系辞》云:"地势坤,君子以厚德载物。""德"涵盖了诚信、仁义等一切美好品行的道德范畴。孔子曰:"志于道,据于德,

---

① 转引自《万古不磨意,中流自在心——饶宗颐谈国学》,采访人:王辛,转引自《潮人在线》http://www.chaoren.com/news/chaoxun/view/2013-11-19/88602.html.

依于仁,游于艺。”《礼记·大学》曰:“大学之道在明明德,在亲民,在止于至善。”“德”堪称中国伦理的核心概念,中华民族文化的核心概念。显然,饶公之重“德”,这与中国传统文化精神是一脉相承的。在这里,饶公鲜明地揭示出自己卓尔不凡的人生追求,同时也是表达了对学生的期望——希望学生追求“不朽”,在立功、立言的同时,更注重立德,锤炼出清澄、高迈的德性和操守,表现了饶公所持守的价值理念及其对伟大的理想人格的希慕和追求。这种德性和操守,其精神实质就是一种天地间的浩然正气,饶公曾在27岁(1944年)时创作的《囚城赋》中写道:“日月可以韬晦兮,苍穹可以颓圮。肝脑可以涂地兮,金铁可以销毁。惟天地之劲气兮,历鸿蒙而终始。”显然,“万古不磨意”,从某种程度来说,正是对这几句的高度凝练,显示出饶公对德性与操守高度重视。总之,“万古不磨意”这一句,承前而来,既与首联之正大高迈气息相通,又是以清旷芳馨、高洁不凡的人格精神为内涵,着意标举了一种“历鸿蒙而终始”的浩然正气和伟大德性。

再看“中流自在心”句,“中流”指水流的中央。舟行水流之中,任风急浪高,但我有我的定力,我有我的坚忍,我有我的智慧,因此我与别人不同,我自能保持一种自在心,我自能平平常常地稳稳当当地面对一切、超越一切。对此句,饶公自己亦有解释:

> 这个“自在”,是佛教的话。我写《心经简林》,第一句就是“观自在菩萨”,“自在”,就是观世音一样。……“自在”,就是佛的状态。像观世音的心态;“中流”,在水的一半,说明那种状态有定力,有智慧,有忍耐,有六个波罗蜜(按:即布施、持戒、忍辱、精进、禅定、智慧,佛教认为行到达彼岸的无上法门),就是“我”同别人不一样,“我”保持一种自在的心,是一种境界啊!①

这一饶公的自我言说,表征着饶公在文化和精神上的自我承受和担当,很能帮助我们理解他写作“中流自在心”的本意,亦足以见出饶公心灵世界中深植着佛禅智慧,表明40岁时的饶公,即已养成了不惑之智,在心性修养上已接近

---

① 见《万古不磨意,中流自在心——饶宗颐谈国学》,采访人:王辛,采访时间,2007年。转引自《潮人在线 http://www.chaoren.com/news/chaoxun/view/2013-11-19/88602.html.

甚至达到了大自在、大自由、大平常的生命境界。而特别值得注意的是，对于“中流自在心”所指涉的精神境界，在 2008 年 11 月 9 日的凤凰卫视“文化大观园”《国学大师饶宗颐》中，饶公在与主持人的对话中又有补充：“在不朽中找你自己的自在。这自在就是今天讲，用现在的话讲可以说是这种独立的精神。……自己站得住的，独立的精神，做艺术，做学问，这是重要条件。”饶公说这一段话时，已 92 岁，距《偶作示诸生》之写作，已有 52 年，在历半个世纪的人生沧桑后，饶公特别强调这样一种砥柱中流而自在自由的生命精神，这不是偶然的，可以说，独立、自在的品格，与清澄、高迈的操守，是饶公从小就开始淬炼、修养并贯串他整个一生的精神追求，并融会在他的学术研究、诗文写作和艺术创作之中，恢弘出一种高古不凡的“选堂气象”，其为学、为文、为艺，之所以有清气，有逸格，根本原因在此焉。这“万古不磨意，中流自在心”二句，短短的十个字，给我们带来的早已不仅仅是清净之境的诗意美的享受，诵读之际，更让我们感受到一种撼动人心的人格力量。那是一种特立于宇宙间永不磨灭的凛然浩大的清正之气，是一种任时间的洪流如何冲刷、任人世间如何沧桑变化都依然无法使之迁移的清高伟岸的人格。①

尾联“天风吹海雨，欲鼓伯牙琴”，这两句，与首联照应，又关合海上弹琴事，见出饶公为诗立意布局之高妙。“天风吹海雨”，这里诗人是用天风海雨的意象形容一种恢弘阔大的境界。“伯牙”是春秋时人，以精于琴艺闻名，他和知音锺子期的故事广为流传。此二句暗用《二香琴谱》的一个典故：“伯牙学琴于成连先生，三年而不成。成连云：‘我师方子春在东海中，能移人情。’乃与俱至海上，成连刺船而去，旬时不返。伯牙延望无人，但闻海水汹涌，林岫杳冥，萃鸟啁啾。悄然而悲曰：‘先生移我情哉！’援琴而作水仙之曲，遂为天下妙。”饶宗颐欲于“天风吹海雨”的阔大壮美的境界之中来鼓伯牙琴（亦可如此理解：饶公欲将“天风海雨”的宏大壮美气象融入琴音之中），表现出他清朗高旷的人格气象，亦如当年成连授琴于伯牙一样，是勉励和希望诸生能养成大胸襟、大境界，将高雅的中国文化传承下去，将学问“接着做”，薪火相传，发扬光大。

有学者认为，饶公于诗，“大抵以古风及绝句为其所长，又以长篇之歌行及

---

① 参见赵松元、陈洁雯、林钰《“清”：选堂诗词艺术魅力之审美解读》，载台湾《国文天地》第 29 卷第 9 期、第 30 卷第 10 期。

七绝为最优”[①]。此一评论有一定道理。但饶公的律诗成就亦不可忽视。像这首五律,围绕示诸生之意旨展开,化用韶濩、芳洲、杜若、幽涧、万古、中流、天风、海雨、伯牙琴等一系列文学意象抒情写意,兴象高妙,蕴藉深厚。全诗立意布局,颇见匠心。首联振起,开宗明义,高唱入云,显得宏阔、高远,见其正大高迈之性;颔联承上而来,言锤炼人格,一片幽洁芳馨,有清奇旷远之趣;颈联为转,转出一片新天地,吐露怀抱,追求万古不磨,表现出清澄、高迈之德性、操守与自在、独立的精神气韵。尾联照应首联,再点出自我期许和勉励学生之意,以清朗高旷、宏大壮美之意象,关合全诗,而余音绕梁。全诗首尾照应,起承转合,章法井然。另外,诗歌语言清雅而兼有雄健之美,善于用典,自然妥帖;至于对仗则能于奇崛中见工稳,精警不凡,等等,这些无不显示出这首五律的不同凡响。

而特别值得我们关注的是饶公在四十字的尺幅和五律体式严整的平仄格律之中,表现出酣畅恢弘的气势,呈现出清奇雄迈的审美风格,生动形象地表现了饶公选堂的正大、清旷、高迈、独立的胸襟气度与人生境界,从而令我们可以生动体认“选堂气象”。这一“选堂气象”中,有诗意的情怀和独特的艺术个性,也有哲学的智慧和宗教的精神,生动活泼而内蕴丰厚。它既是二十世纪诗学的一个重要的审美范型,更堪称现当代学术文化史上的人格典范,堪与古之圣贤气象相映生辉。艺术地表现出这一“选堂气象”,则正是这首诗最大的审美价值之所在。

而必须说明的是,这种“选堂气象”之诗学表现,不是孤立现象,它贯穿在饶公选堂整个诗词创作之中,构成选堂诗学的一个共同的审美特质。试举例如下:

平居思九子,志节较区区。亦复嗤二曲,土室署病夫。丈夫贵特立,坦荡养真吾。(《瑶人宅中陪瑞征丈饮酒》

亭亭盘石山,娲皇昔所捐。其下临清流,独立得天全。(《登盘石山同巨赞上人》)

二作见写于抗战时期的《瑶山集》中。前者诗人以“平居思九子”与“亦复嗤二曲”相对,并以“丈夫贵特立,坦荡养真吾”的精警之句,鲜明表达出据德守志、独

① 郑炜明:《饶宗颐教授在中国文学上之成就》,载郭伟川编《饶宗颐的文学与艺术》,香港:天地图书有限公司,2002年,第216页。

立超卓的精神气度。后者之对盘石山的生命感发，亦正是选堂精神品格的象征性表现。

> 风霜正与炼朱颜，异域山川剪取还。看击鲲鹏三万里，可无咳唾落人间。

此诗写于1976年，为当时诗人于《西海集》编录之后的自题七绝。充分显露了选堂的创作追求、胸襟气度和审美取向。

> 高楼俯大荒，浮云任变化。隐几万卷书，亦足藏天下。茗搜文字肠，浩宫守智舍。浩歌送北风，俛焉俟来者。(《选堂晚兴》其一)

这首五言古体，与《偶作示诸生》作于同年。诗人立足高楼，这一“高楼”，实则是用比兴之法，点出诗人自己在人生、社会和宇宙之中已经拥有一个精神的思想的制高点，站在这一精神高度上，以“书”自足，以“智”自守，俯瞰大荒，任浮云变化，任北风凌冽。胡晓明教授指出，“这正是饶氏以知性主体的心灵超越尘世的一帧写照”①。再如《论画再次履川风字韵》：

> 待从宗炳振玄风，昆阆尽纳方寸中。旷怀直追千载上，懒将恒岱较雌雄。坐究八荒生百态，心花竞放浅深红。山川贲华终待汝，光悬日月何熊熊。兴来手补乾坤缺，乘桴欲谒扶桑公。寸缣苍莽露崖崿，人天凑泊非凿空。

此为七古，为论画之诗，饶公在此，酣畅淋漓地抒写了自己高旷、雄奇、超迈之胸襟气魄，格高意远，境界雄阔，气象万千，诵之令人拍案叫绝！

姜伯勤教授指出：“对自在心的追求，对大智慧的追求，对超越精神的追求，贯穿在诗人的许多诗篇中。”②这一断语颇有眼力！以上我们仅仅从饶公1000多首诗中，随手拈出几首，或为五绝、七绝，或为五古、七古，尽管体式各异，题材

---

① 胡晓明：《饶宗颐学记》，香港：香港教育图书公司，1996年，第12页。

② 姜伯勤：《灵薪神火：选堂先生的诗心——读选堂诗词集》，转引自郭伟川编《饶宗颐的文学与艺术》，香港：天地图书有限公司，2002年，第183页。

不同,但都与五律《偶作示诸生》一样,表现出饶公丰满充盈高迈独立的精神生命和雄浑清逸的艺术风貌。表明在饶公诗学世界中,“选堂气象”不是偶然流露的,她显然是饶公诗歌的一个特别突出的审美特质。只不过,《偶作示诸生》表现得更集中、更典型而已。其实,不独诗歌有“选堂气象”,饶公的词、赋、书、画乃至学术研究,也无不表现出“选堂气象”,“选堂气象”确乎已成为选堂饶公在近现代直至当代文学史、艺术史和学术史上的一个独一无二的审美范型和人格范型。

三、“选堂气象”的形成原因

上文我们通过对《偶作示诸生》其二的审美解读,大致明确了“选堂气象”及其审美特质。

那么,饶公的这一“选堂气象”是如何养成的呢?

1.“选堂气象”之养成原因,在于饶公对中华文化的深厚感情,在于饶公担荷着弘扬中华文化精神的自觉意识与使命意识。

从学术史角度来看,中国自近代到现代的学人对中华文化命运都抱有一种深厚的人文情怀和历史的使命感。饶公亦是如此。他对中华民族之文化所持有之感情,极真切、极深厚、极突出,同时,他以“弘毅”之心,自觉地肩负着一份厚重的责任。只要稍稍对饶公其人、其学、其诗、其文、其书、其画以及琴道等有所了解,我们都能充分感受到饶公以传承和弘扬中华优秀文化为己任的担当精神,正是这种感情之深厚,这份担当之厚重,这种抱负之宏大,使他能登高望远,举首高歌,使他能一心问道,超拔流俗,卓荦不凡。郭伟川先生曾在论及饶公取得巨大学术成就和艺术成就的原因时,指出“这首先是导源于其对中国文化艺术深厚的感情和自觉的历史使命感”①,此语颇为精当。正是从这深厚感情和使命意识出发,饶公全部的学术研究,作为一个分割不开的整体,始终贯穿着饶公对民族文化深厚的感情及其对华夏文化精神的执着探究。饶公 1991 年出版有文学史论集《文辙》,在小引中,饶公标明此论集为“中国精神史探究之一”,其言曰:

一九七九年,余编次史学论文,命名曰《选堂集林》。其它有关文学、书

---

① 郭伟川:《论饶宗颐教授的旧体诗文创作》,载郭伟川编《饶宗颐的文学与艺术》,香港:天地图书有限公司,2002 年,第 27 页。

画、音乐、宗教等论著,亦吾国精神史之重要对象,将次第整理,继为文林、艺林等之辑,而卒卒未暇。……念平生为学,喜以文化史方法,钩沉探赜,原始要终,上下求索,而力图其贯通……

这一段话,言虽短,而气象极博大,饶公道出了自己治学之根本精神,这对于我们理解饶公学术与选堂气象之内蕴十分重要。

中国优秀传统文化之精髓主要就蕴藏在传世的经典之中,所以饶公对民族文化经典高度重视。2001 年,在北大百年纪念论坛上,85 岁的饶公发表了题为《新经学的提出——预期的文艺复兴工作》的演讲,关于经典的重要意义,他有一个表述:

经书是我们的文化精华的宝库,是国民的思想模式、知识涵蕴的基础;亦是先哲道德关怀与睿智的核心精义,不废江河的论著。

在演讲中,在传统的求真求善求美的基础上,饶公创造性地提出了"求真""求正""求是"的新"三求",并以其为追求的三大高远目标:

我们的价值判断似乎应该建立于"自觉""自尊""自信"三者结合的互联网上,而以"求是""求真""求正"三大广阔目标的追求,去完成我们的任务。

此后,饶公在多次访谈中都强调做学问"求是""求真""求正"。直到 2016 年 3 月 2 日,年届 100 岁的饶公在香港大学饶宗颐学术馆接受中国孔子基金会《儒风大家》杂志采访,还特别为中国孔子基金会《儒风大家》杂志题词"求是,求真,求正",并同意担任中国孔子基金会学术顾问。他说了这样一番话:

季羡林先生是我的老朋友,中国孔子基金会承办了季羡林研究所,我很欣慰。季老为《儒风大家》题词"传承经典,经世致用",我看很好,在具体落实上,我也送你们几个字,做杂志,弘扬中华文化,一定要做到"求是,求真,求正",这个最重要了。尤其是要做到"正"。"正"就是不要拐弯抹角,要弘扬正气,秉持正直,坚持正义。不正的人,或许他们有自己的独到想法,但一个人,只有求"正",才能永远立足于世。

联系以上这些材料,读这首诗,可以更加清晰地看出饶公的学问世界与生命精神之蕴蓄与中国传统文化之间的深厚关系及其传道、弘道的自觉意识与使命意识。胡晓明曾指出,饶公的诗歌,“俨然是二十世纪中国文化的‘华严楼阁’,俨然而为宝相庄严的文化世界”,其“次韵的诗学,以及选堂一切绘画、书法、音乐与文章创作中强烈的摹古精神。正是与历代诗人画家相呼吸相依承,共同维持高贵的精神品质,求其文化世界之悠长而久大”①。这一把握堪称中肯。这首五律,一开始说“更试为君唱,云山韶濩音”,到最后说“天风吹海雨,欲鼓伯牙琴”,正是饶公传承与弘扬中华文化传统的责任感、使命感,与心灵世界中正大、高古之气的自在流露。

2.“选堂气象”之养成原因,在于饶公树立了“三不朽”的学术理想,及其恢弘博大的气魄所激发出的旺健的创新精神。

饶公与同时代学人相比,门庭要轩敞,格局要宏大。2003年台湾新文丰出版股份有限公司出版《饶宗颐二十世纪学术文集》繁体字版;2009年,中国人民大学出版社又出版《饶宗颐二十世纪学术文集》的简体字版。全书共14卷20大册,总字数达104.77万,收入著作80种,译注1种,论文520篇,诗词1400余首,散文、骈文、赋约400篇。涉及史学、目录学、甲骨学、简帛学、敦煌学、宗教学、中外关系史、经术、礼乐、文学、诗词学、艺术学、潮学等,由饶宗颐先生亲自校订,集其主要著作之大成,几乎涵盖国学研究的所有领域。饶公学术研究之广度和规模,与其宏大壮伟之胸襟怀抱相契合相辉映,在二十世纪学人中罕有所及。从前文的文本释读中,我们已知悉饶公有高迈、独立的人格精神,并以追求“立德、立功、立言”为其学术理想,这种独立人格、学术理想与其强盛的学术原创力相激发,使饶公之学术研究,总是焕发着一种充沛的活力、首创之精神和博大之气象,因此,饶公屡屡创新,取得卓越之学术成就,有力推动了二十世纪学术文化的发展。

首先,饶公以宏大之气魄和创新之精神,加上其锐敏的学术触觉,在学术研究中,勇于探索,随时接受新东西,不断发现新问题,不断开辟新领域。

《饶宗颐二十世纪学术文集·小引》中,饶公自述云:

> 当代学术之显学,以甲骨、简帛、敦煌研究之者成就最高,收获丰富,影

① 胡晓明:《序:风雪夜行人》,《选堂诗词论稿》,合肥:黄山书社,2009年,第3页。

> 响至为深远,余皆有幸参预其事。他若楚辞学之恢弘、滋大,而垂绝复兴之赋学与文选学,余皆致其力,不无推动之绩。至于所开拓之新业,如潮学,比较史前文字学与悉昙之学,则亦薄著微劳。①

在这里,饶公简略概括了自己的学术作为,说得特别谦虚,但亦充满自信与自尊。饶公治学,博古通今,中西融贯,既有中国传统学问的深厚修养,又旁通西学之门径,特别是还富有旺盛的原创力,故能得"预流果",置身于时代潮流的最前列,置身于敦煌学、甲骨学、简帛学、中外关系史等二十世纪世界显学之中,走在学术的最前沿,取得了令人瞩目的新成果,有力推动了二十世纪学术的发展,成为树立中国学术自尊心的一个辉煌典范。因此,能在诸多学术领域先人着鞭,处处体现一种首创精神。

在目录学上,率先编出词学目录《词籍考》;率先编写《楚辞书录》,首先提出建立"楚辞学"的倡议。在宗教史上,是最早研究敦煌本《老子想尔注》的人;是最早论述南诏禅灯系统的人。在考古学上,最早研究《日书》,最早研究楚帛书,最早从汉简中整理出唐勒的佚文,1980 年发布于日本九州。在金石学上,首次编录星马华文碑刻,开海外金石学之先河;首次系统介绍和利用法国所藏唐宋碑刻墓志。在敦煌学上,率先开展对敦煌白画的研究;系统研究敦煌书法,出版《敦煌书法丛刊》(共 29 册,日本东京),这是第一次将敦煌书法系统整理编辑出版;首次将敦煌写本《文心雕龙》公诸于世,并撰写第一篇研究论文。在文学研究中,首倡"发问文学"概念;首次辑《全明词》;首次提出刘勰文艺思想受佛教影响;首次在古代文学理论研究中揭出"势"的范畴;首次研究陆机《文赋》与音乐的关系;首次从文献根据上揭示韩愈诗歌受佛经文体的影响。此外,饶公首次提出"海上丝绸之路"的概念,在中国学人中,第一个翻译、介绍和研究西亚《近东开辟史诗》;第一个把印度河谷图形文字介绍到中国;最早系统研究殷代贞卜人物,率先编著《殷代贞卜人物通考》;首次利用日本石刻证明中日书法交流源自唐代;首次撰写宋金元琴史;等等。② 填补学术史空白处,不胜枚举。皆

---

① 《饶宗颐二十世纪学术文集·小引》第一册一卷,台北:新文丰出版股份有限公司,2003 年,第 36 页。

② 以上罗列,参见姜伯勤《从学术源流论饶宗颐先生的治学风格》,载郑炜明编《论饶宗颐》,香港:三联书店,1995 年。周少川:《江山代有才人出——饶宗颐教授学术成就管窥》,载《阴山学刊》1996 年第 1 期。胡晓明:《饶宗颐学记》,香港:香港教育图书公司,1996 年。

足以见出饶公学术规模之大,学术成就之高。而且,饶公不仅是大学者,还是杰出的诗家、赋家、书家、画家、琴家,在文学艺术各个领域皆取得卓越成就。由此足以见出饶公生命力之强盛、创造力之旺健。

其次,饶公治学精神之卓异,还表现在自尊自信的精神意志和不盲从、不苟同、不媚俗的独立品格上。

在《与彭袭明论画书》中,选堂有这样一段精彩的论述:

> 媚俗之念,切宜捐弃。一艺之成,求之在我;我有所立,人必趋之。毕加索即能把握此点,往往杜门数月,敢蹈洪荒蚕丛之境,遂尽创辟嶄新之能事。作品一出,而天下震骇。画道变化无方,良由才大足以振奇而不顾流俗,永不求悦于人,而敢以己折人,此其所以独绝也。

窃以为,这一席话虽为论画之语,而实可作论诗、论学看,它既贯穿着选堂宏大的气魄、独立的精神和创新的意识,可以视其为“中流自在心”的一个“补注”。不管是学术研究还是诗词书画的创作,都要有“中流自在”的气魄、精神,敢于“蹈洪荒蚕丛之境”,才能“尽创辟崭新之能事”,并由此进入“独绝”的境界。在《华学·发刊词》中,饶公说了这么一段话:

> 从洋务运动以来,国人对自己的传统文化已失去信心,外来的冲击,使得许多知识分子不惜放弃本位文化,向外追逐驰鹜,久已深深动摇了国本。“知彼”的工作还没有做好,“知己”的功夫却甘自抛弃。现在,应该是反求诸己、回头是岸的时候了。

这一段话,可谓语重心长,在指出近世学术史问题的同时,鲜明地表现了饶公自在独立的学术精神。在学术研究中,饶公一方面高度重视传承,重视前人的学术成果,另一方面,则又不为贤者讳,一就是一,二就是二,建基于细密之考证,敢于匡正前人的误判,而时有精警之论。如在法京世界文字会议上,饶公发表《汉字与诗学》的论文,纠正 H. Poud 对汉字偏重象形的错误,真知灼见,令人折服。陈寅恪先生论王国维之学术,概括归纳为三个方面:“一曰取地下之实物与纸上之遗文互相释证”;“二曰取异族之故书与吾国之旧籍互相补正”;“三曰取外来之观念,与固有之材料互相参证”。二重证据法被认为是二十世纪中国考古学和考据学的重大革新。季羡林先生在《饶宗颐诗学论著选序》一文中,曾借用这一“二重证据法”,来评价选堂治学的特点,十分确切。饶公之治学,确实在很多方面继承了王国维、陈寅恪两位史学大师的风格。譬如他用马王堆帛书考订《易经》,用战国铁器和马王堆丝绸论证楚文化,用出土汉简结合《汉书·艺文志》辑补唐勒散佚的赋作,等等,都是如此。在其背后,表现出来的是饶公通大义、持正论之独立不移的人格精神。曾宪通先生指出:“先生治学严谨而不拘泥,渊博而虚怀若谷,著作宏富而又汲汲于求新,故能高蹈独步,无往而不利。”[①]诚哉斯言!

姜伯勤对饶公的学术精神有一通达之论:

> 近世以来吾国许多著名学者和诗人,都有一种弘扬中华文化精神的强烈使命感。但由于历史和个性的原因,一些近世大学问家的人生及其学术作品中,也时而笼罩着一层悲凉之雾。我们回顾饶宗颐先生近数十年来追寻中华文化精神的轨辙,除了同样赋有弘扬中华文化的强烈使命感外,还有一种清明豁达的气象。饶先生诗云:“万古不磨意,中流自在心。”在这两句诗的多层涵意中,我们或许可以理解为:宗颐先生以多年的探求找到了中华文化在人类文明中的位置,因而得“大自在”。[②]

这一段高议,既总结出饶公学术精神之特质,又生动地传达出对“万古不磨意,中流自在心”二句之丰富内蕴的审美体认。

要之,饶公巨大的学术成就与其勇于创新的学术精神、科学严谨的治学态度有着紧密的联系,其所焕发出来的是一种高远宏阔、独立自在的人格气象。以此参读《偶作示诸生》其二全诗,我们更能深切感悟到清旷高迈、独立自在的“选堂气象”。

3.“选堂气象”之养成,来源于饶公养心立德、淬炼超卓人格的自觉追求。

对饶公精神人格之淬炼,我们主要可以从如下几个方面进行观照:

其一,潮州深厚的人文历史传统与独特的自然环境的熏陶,加上优良家学

---

① 曾宪通:《选堂访古留影与饶学管窥》,广州:花城出版社,2013 年,第 98 页。

② 姜伯勤:《从学术源流论饶宗颐先生的治学风格》,复旦大学中文系编:《选堂文史论苑——饶宗颐先生任复旦大学顾问教授纪念文集》,上海:上海古籍出版社,1994 年,第 19 页。

的培育、杰出的天赋条件,使饶公从小就养成了清净、独立的个性气质。他六岁开始读古典小说,尤其喜欢武侠神怪之书,并随师习练书法;九岁即能阅读《通鉴纲目》《纪事本末》,并通读《通鉴辑览》;十岁能诵多篇《史记》,阅览经史子集,对古代诗文词赋尤多浏览;十二岁从师学习绘画,临写了一百一十余幅任伯年作品。饶宗颐尝自述道:"我六七岁时,image 非常多,非常活跃。……我的这种气质小时候就很明显。就是不管外面的世界、人家的事情,只做自己的事,而且全神贯注地做好。""我那时书读得很杂。道家的书、医书,都看,也涉猎了不少佛书。我非常向往一个清净的世界。"①由此可见,饶公在少年时期,即已学识与诗心并具,养成清高、虚静、独立、专注的精神气质。这种精神气质,从青年到中年、晚年,在其人生的各个阶段,一以贯之,并且越来越充盈,越来越高迈。②

其二,以好学之品性,广泛涉猎人类文化知识,并把学问之道与人生之道相融贯。一切之学问、修养、成就,都当由"学"开始。孔子"十有五而志于学",经近六十年之学,而抵达"从心所欲不逾矩"之境,成就圣人气象。饶公亦自幼即倾心于学,并凝结成"好学"的品性。在八十多岁时,有人曾问他:您取得这么大的成就,根本原因是什么?饶公答曰:我没有什么了不起的,我之所以有一点成就,就是好学而已。此语足可与孔子之"十室之邑,必有忠信如丘者焉,不如丘之好学也"(《论语·公冶长第五》)对读。"好学"是美质之士最终成为圣贤的极其重要的原因,孔子在此乃是以自己亲身的经验道出了"好学"对于一个人成才的决定性意义。圣人之学,是学文、学艺与学道三大方面的融贯,饶公之学,亦是如此。在其学术人生中,他始终是把学问、艺术与人格之锤炼结合起来的,学问之道、艺术之道与人生之道的融贯,这是饶公的一大特质。1993 年,七十六岁的饶公说过这么一番话:

> 五十年间事,真如一梦!自问学无所成,何足挂齿!只有一颗敢于缒幽凿险的童心和勇气,虽逾古稀之年,一谈起学问来,仍然兴致勃勃,可能是"不认老"的表现。我一向喜欢用哲学的心态,深入考索,而从上向下来看问题。所谓"问题点"基本是周遭的因缘网交织围绕着,必须像剥茧一般逐层加以解开,蕴藏在底面的核心才有呈现的机会。超出问题以外,蠡测管窥来干寻宝的傻事,往往劳而无功,但有时亦会谈言微中。在治学上我

---

① 胡晓明:《饶宗颐学记》,香港:香港教育图书公司,1996 年,第 8—9 页。

② 参见赵松元《论饶宗颐的生命精神》,载《汕头大学学报》2006 年第 2 期。

主张要用"忍"的功夫,借佛家的语言来说,六波罗都可派上用场,没有"安忍",便不能"精进","知慧"也许在这知识的苗圃茁长,这样逐渐培养出精神上的"自在"。不管别人的讪笑或称誉,独来独往,我行我素。有些人问我如何去做学问?何以对学问死缠不放?我谨以上述数句作为回答。[①]

这一番饶公的"自我言说",与其少年时期即已养成的清静、独立、专注的精神气质遥相呼应,对于我们解读饶公的学术世界和文化心灵意义重大。要之,饶公之治学,始终是与精神人格的陶冶与培植紧紧结合在一起的,在为学的同时,饶公特别注重养心立德,培养自在、独立的人格。

第三,广泛涉猎人类文化知识,并善于对人生、社会、历史、宇宙问题进行思考,从而养成了高度的生命哲学智慧。

选堂在其学术研究和人格完善的追求中,吸收了中外文化的精华,熔铸了宗教性的智慧和情感。选堂游学五洲,学识广大,视野开阔。故其学问世界中,既有中国传统文化的深厚学养,又接受了西方文化的影响,尤其是像海绵一样吸纳了但丁、歌德、济慈、尼采、巴斯加等巨人的思想营养。如他曾在富兰克福旧居感悟了歌德的"我既为一切,我当捐小我"以及教人"从高处着眼"的思想,从而写下了"小我焉足存,众色分纤丽。着眼不妨高,内美事非细。瞩目无穷期,繁华瞬间逝。持尔向上心,帝所终安憩"(《西海集·富兰克福歌德旧居用东坡迁居韵》)的深蕴哲思的诗句,表现了对生命终极意义的深刻感悟。除西方文化的洗礼外,选堂还对中东阿拉伯文化有深刻了解。他写有散文《金字塔外——死与蜜糖》,在文中,他从埃及文化的代表《死书》中,引发出这样的思考:"要追问何处有神的提撕?甚么才是这真正的秩序和至善?在人心的天平上,怎样取得死神最后的审判?"他从波斯诗人把死看作蜜糖的比喻中,引起对中国文化缺陷的思考:"死在中国人心里没有重要的地位,终以造成过于看重现实只顾眼前极端可怕的流弊。"从学术思想的角度看,选堂这些关于生死问题的深刻思悟,实际上是从哲学的层面解决了学术如何才能纯粹的问题。[②]

总之,选堂先生以其广博的学术修养,参酌了古今中外的哲学和宗教,于是中西文化乃至中东阿拉伯文化都被他融会贯通,释藏和道藏的哲学智慧和宗教

① 饶宗颐:《论饶宗颐·跋》,载郑炜明编《论饶宗颐》,香港:三联书店,1995年,第368页。

② 参见赵松元《论饶宗颐的生命精神》,载《汕头大学学报》2006年第2期。

性的情感体验被他吸纳到心灵之海中,使他对人生、社会、历史、宇宙的观照充满了睿智,从而真正找到了安顿精神的方法,并油然养成了充盈澄澈、自由独立的人格。

第四,饶公精神人格之淬炼,常常与宗教性体验相结合。选堂在十几岁时即开始学习各种胸式、腹式与道、释的静坐法,学着每天打坐,并成为一生的坚持,选堂又通儒、通佛、通道,对佛教典籍和道家典籍有透彻了解,故能经常把佛道打通来进行精神境界的修养。

1963 年,饶公 47 岁的时候,应印度班达伽东方研究所的邀请,前往天竺梵文研究中心作学术研究,先后从白春晖父子攻治婆罗门经典,重点研习了《梨俱吠陀》。与此同时,他还漫游了天竺南北,亲身体察和了解到印度修持瑜伽者的苦行。这一段研习经历,对饶公的影响是深远的,饶公后来将其书斋命名为"梨俱室",即是明证。在研习结束后,饶公并在归途之中,又有两个月的时间,游历了锡兰、缅甸、柬埔寨和泰国。这一番游历,是游学,同时又是精神的历练。用饶公自己的话来说,"皆足荡胸襟而抒志气"(《佛国集·序》)。因此,我们有理由认为,饶公生命精神中融入了佛教的智慧。这种佛教的智慧之光,不仅烛照了其《佛国集》的创作,而且其与儒道二家的思想智慧交融在一起,烛照着饶公此后的学术生涯、艺术生涯和文学生涯。

选堂曾将印度修持瑜伽者的苦行与中国道家的修炼方法进行比较,从而找出了安顿精神生命的途径。饶公说,用瑜伽"逆"(如逆行式、倒栽式)的方法固然可以作深层次的精神锻炼,但自己"宁愿采取道家的用'顺'的途径,来安顿精神的宁静境界——即所谓'撄宁',同样亦可收到'精神与天地相往来'的效果。《庄子》一书谈到的精神修养理论,和印度瑜伽思想非常吻合"。他又指出:"一般人都患'得'患'失',因此而神志不宁。庄子很懂得精神上的自我控制,他能'外物',摆脱外界事物的约束,认为'得'是时机缘遇所造成;'失'亦是理所当然,应当泰然处之。这样,在情绪上没有哀与乐各种激情的刺激,就好像倒悬的人,获得解救。庄子可以能无动于中不为得与失所干扰,完全得力于一个'顺'字,安于时而居其顺,自能得到精神上的宁静,至于那些不能够自我控制则是外物的羁束,使他无法排除。所以庄子又提出'撄宁'一吃紧语。他说,'撄宁也者,撄而后成者也'。撄训'有所系者',撄是系缚,撄而能够宁静,说明在束缚中自我获得解放。他主张修养境界能够'外物(质)'、'外生(命)'之后,所得到的精神上的愉快感受是'朝彻'(好像朝阳初升时的洞彻明白)、'见独'(体会到一个整体),然后入于不死、不生的阶段;这时候,虽然接触到外界事物的纠缠、牵扰,心中仍然得到大安宁,那就叫做撄宁。"选堂不仅体认到"撄宁"境界,而且也确乎达到了这一境界。①

以上,我们从四个方面阐述了"选堂气象"得以养成的原因。

另外,还要看到的是,饶公以文学植根,游憩于艺术世界之中,诗词文赋书画琴艺全方位多向性展开,作为其精神文化生命的艺术伸展,开拓出一个广大阔远的艺术天地,呈现出灵觉、超逸、清旷、高迈的胸襟气度,与其恢弘的学术气象交相辉映。

四、结语

"选堂气象"及其所蕴含的学术境界、艺术境界与生命境界对于当代的精神文化建设是富有启发意义的。当今之世,不仅中国,甚至整个世界都在向物质倾斜,在现代科学技术高度发展的过程中,实用的、工具性的理性追求悄然而深刻地影响着当今时代的社会人心,信仰性、审美性的精神诉求越来越弱化。清气不彰,浊气横溢。面对当代精神领域中出现的种种扭曲和裂变,我们一方面要传承和发扬优秀的传统文化精神,从文化经典中吸取精华,另一方面,也要提炼与阐扬现当代文化巨匠的思想智慧。就像饶公一样,以"清"养气,以"清"润心,致力于培养具有超越性的独立人格,有所为,也有所不为。我想,我们阅读饶公的学术文章,感悟饶公的生命精神,这也应是其重要意义之所在。"选堂气象"中蕴含的高迈人格和清逸诗格,为我们提供了富有启迪意义的人生范式和审美范式。仅仅从此一视角,我们就能了解"选堂气象"所具有的重要的时代文化意义。

从诗学视野来看,"选堂气象"及其艺术表现,充分显示着选堂诗学意义之丰沛。选堂以正大、清旷、超迈、独立的恢弘气象,"指出向上一路",创作出清醇高远、清朗明觉的诗词华章,创造出清奇雄迈的诗歌风格,具有极高的审美价值。胡晓明认为:"选堂诗学,是二十世纪中国诗学一个非常重要的现象,也是不可重复、空前绝后的诗学经验。"②因此我们可以断言:饶宗颐诗词作品可视为中国传统诗词乃至文化生命在当代的创造性延续,是中国文化艺术宝库中不可或缺的精神财富。

---

① 参见赵松元《论饶宗颐的生命精神》,载《汕头大学学报》2006年第2期。

② 胡晓明:《序:风雪夜行人》,《选堂诗词论稿》,合肥:黄山书社,2009年,第8页。

论饶宗颐诗学的审美与生命精神

关健英
黑龙江大学国学院

作为一代学术巨擘,饶宗颐先生为二十世纪的中国学术史演绎出一个百年的文化传奇,被誉为国学大师、汉学泰斗、“东方文化的坐标”。饶宗颐先生在敦煌学、甲骨学、考古学、史学、简帛学、目录学、宗教史等方面卓有建树,其学术广大精微,无所不窥,涉及文、史、哲、艺诸领域。他不但是一个学问家、书画家,也是一个诗人,一个诗评家。在古体诗创作的同时,其诗学思想亦有发明创制,并成为饶学的重要部分。本人虽不识诗之平仄、体制,但仰慕诗人的诗心与气象,故不揣浅陋,撷取饶宗颐诗学几个命题而窥其大美,分享学习心得,并就教于各位方家。

一、“辞藻与辞心”

饶宗颐认为,“盖情者文之经,而艺者辞之纬”。综其二者而成“情采”(刘勰语),即发乎情而工于艺,此乃“诗之道”。以文被质固不免流于绮靡,质而胜文则走向另一端,诗沦为陈事之辞。故诗不可不工,句不可不琢。他说:“深讳绮靡,快意直写,质而无华,去诗之道弥远矣。”①饶老引杜甫《春日忆李白》之颔联“清新庾开府,俊逸鲍参军”,以庾信的清新、鲍照的俊逸来说明李白诗的风格,“清新指有佳句,俊逸谓能行气。前者谓富辞采,多新意;后者谓有骨气,饶风力”②。饶老认为,李白于鲍照得其俊健慷慨之气,于庾信学其琢句的功夫,兼此二者,双轨并进,形成了李白诗歌出神入化的独特语言风格。

---

① 《两晋诗论序》,《饶宗颐二十世纪学术文集》卷十四,北京:中国人民大学出版社,2009年,第119页。

② 《唐诗漫话》,《饶宗颐二十世纪学术文集》卷十二,北京:中国人民大学出版社,2009年,第93页。

人有妍媸,诗亦如此。一首好诗不仅要富有文采、佳句迭出,且须辞藻讲究,字字揣摩得来。比如用字要"活"、要"响",如杜诗"返照入江翻石壁,归云拥树失山村"的"翻"字"失"字,即为活字、响字,历来为诗评家所津津乐道。饶老认为,杜诗之妙,既在于"响",亦在于"拙",有时故意用沉重之笔,更见其深厚的琢句功夫。[①] 雕琢至于极致,则归于行云流水,了无痕迹。饶老引杜甫"江月去人只数尺,风灯照夜欲三更。沙头宿鹭联拳静,船尾跳鱼拨剌鸣",该诗一句一景,自然漫成,率意而生动。饶老认为此诗"只是写当前所见,毫不经意","不着不染,自然高妙",一如"丹青不知老将至,富贵于我如浮云"的名句,可见杜诗琢句之精湛已臻火候纯熟的境界。[②]

饶宗颐诗论重琢句重辞藻,但他反对"仅有得于辞藻",而主张要有"辞心"。饶宗颐尤爱阮籍的诗,二十世纪六十年代初,他曾于五日之中尽和阮诗八十余首。饶老的和阮诗,非效其体,乃步其韵;非偏好其辞藻,而钦慕其风神;非摹其情貌,而感悟其忧患之心。《晋书·阮籍传》记载,阮籍凭吊楚汉相争的古战场时,曾发出"时无英雄,使竖子成名"的感叹,可见其心怀济世之志。但他处在魏晋代嬗之际,"天下多故,名士少有全者"。为求自保,只能韬光隐晦,不与世事,率性任诞。他心中郁结的块垒,须以酒浇之,亦须以诗疏解排遣。饶老说,"阮公语多隐避,归趣难求"。论及当时的和阮之作,饶老认为有些诗作"摹情拟貌,摭阮之艳采",是"仅有得于辞藻而无裨于辞心"。而阮诗的精髓就是其忧患之心,"此阮公诗心之所系者也"。饶老谦言自己的和阮诗,"和阮而非阮,即于阮公之辞藻亦偶用其一二,仅效其使气之术,依其韵而已",不在辞藻上用力,辞心则"不无类阮公忧患之心,故敢有和阮之作"[③],恰得阮诗的神韵与精髓。

《尚书》云"诗言志",司马迁言"诗以达意"。汉代人训"诗"为"持",也有诗之"三训"(承、志、持)说,即"承君政之善恶,述己志而作诗,为诗所以持人之行,使不失坠"(《毛诗正义·诗谱序》)。人之心志有所郁结而不得通其道,故述往事而思来者,以言其志,以达其意,以持人行。写诗既是抒发心志,同时又

---

① 《论杜甫夔州诗》,《饶宗颐二十世纪学术文集》卷十二,北京:中国人民大学出版社,2009年,第70页。

② 《论杜甫夔州诗》,《饶宗颐二十世纪学术文集》卷十二,北京:中国人民大学出版社,2009年,第79页。

③ 《与友论阮嗣宗诗书》,《饶宗颐二十世纪学术文集》卷十二,北京:中国人民大学出版社,2009年,第34页。

具有承载价值、导人向善、教化人心的功能。饶老认为,无论是抒情诗、咏怀诗或者感兴诗,中国古代诗歌的传统是“一以道德立场为本”①。这个道德立场是汉人所说的“诗者持也”之“持”(使不失坠之心),是作《易》者的“忧患”之心,是饶老在其诗学中多次论及的“辞心”“诗心”。在《论杜甫夔州诗》一篇,饶老不仅推崇杜诗琢句的深厚功力,更推崇辞藻背后的“辞心”。杜诗有句云“斯文忧患余,圣哲垂彖系”。杜甫逢安史之乱,颠沛陇蜀,对个人遭际的感怆,对民生艰辛的同情,郁结在心底,毕陈于纸上。情之所系,不平而鸣,被时人号为“诗史”。饶老认为,杜甫此句“隐然以圣自况。作《易》者其有忧患乎?《诗》三百篇,大抵贤圣发愤之所为作也;老杜毕生为诗,亦其忧患发愤之作”。

饶宗颐如此推崇杜诗,亦是夫子自道。他的诗,诗中有史,何尝不是饱含着深沉爱国情怀的忧患发愤之作,何尝不是中华民族坚强不屈的精神史诗。抗战时期,饶宗颐流寓粤西,两度入大瑶山,“窜迹荒村。托微命于芦中,类寄食于漂渚。……干戈未息,忧患方滋”②,当此之时,中华大地几沦于日寇铁蹄之下。青年饶宗颐愤懑凝于笔端,发言为诗,遂成《瑶山集》。有的描写流离他乡思念故土,如“故乡不可望,泪与浮云浮(疑为‘游’之误)。亦知非吾土,日日强登楼”;有的痛惜山河破碎满目疮痍,“破碎河山揽一围,极天零雨之霏微。坐怜壮士秋风里,九月天寒未授衣”;也有的诗催人奋起,立志收复失土,“放翁犹堪绝大漠,祖生微闻渡黄河。丘山会有万牛挽,莫伤只手无斧柯”;表达抗战胜利日本投降的喜悦之情,则有“举杯同祝中兴日,甲午而来恨始平。一事令人堪莞尔,楼船兼作受降城”。正如论者所指出的那样,这些诗作,“乃先生与民族共呼吸、与大众共患难的抗战诗篇,是时代精神的反映”③,“体现出青年饶宗颐深沉博大的爱国情怀和卓越人格”④。也正是在这个意义上,《瑶山集》被称之为“忧患诗心杜少陵”⑤,可堪担“诗史”之誉。

---

① 《论中国诗的情景与理趣》,《饶宗颐二十世纪学术文集》卷十二,北京:中国人民大学出版社,2009年,第120页。

② 《瑶山集·自序》,《饶宗颐二十世纪学术文集》卷十四,北京:中国人民大学出版社,2009年,第428页。

③ 郭伟川:《略论〈瑶山集〉之时代精神与风骨》,载郭伟川编《饶宗颐的文学与艺术》,香港:天地图书有限公司,2002年,第221页。

④ 陈韩曦:《饶宗颐:东方文化坐标》,广州:花城出版社,2015年,第239页。

⑤ 《选堂诗存·跋》,《饶宗颐二十世纪学术文集》卷十四,北京:中国人民大学出版社,2009年,第448页。

二、“有法与无法”

诗歌之美，既在于形式，也在于内容，二者均不可偏废。《沧浪诗话》以五法言诗，“曰体制，曰格力，曰气象，曰兴趣，曰音节”；王渔洋以“典远谐则”四字论诗。古人谈诗法都是兼论诗的形式与内容的和谐之美，认为诗不外音节声律，要有特有的体制，要用典，要说理，要有神韵。饶宗颐继承古人的诗学思想，他认为，音节（谐）是诗法中最重要的，因为它是诗歌审美最基础的要件，没有音节声律，诗便不成其为诗。除此，饶老把“事、景、情、理”四者概括为中国诗的四个要素，认为离此四者则无诗。饶老关于诗的四要素说，可以概括为“因事寄兴，以景造端”“触景生情，情景交融”“理入情景，有理有趣”，集中体现在《谈中国诗的情景与理趣》一文。

因事寄兴，以景造端。饶宗颐认为，在四要素中，“中国诗特别重视写景，历来的诗词大都朝着这个方向发展，不离风、花、雪、月”。《诗经》奠定了以景造端的传统，比如“杲杲出日”“杨柳依依”等兴诗均属此类。《楚辞》继承这一传统，大量采取写景手法，因物起兴，取材自然界的风花雪月等景物。东晋南朝山水诗崛起是中国诗重视风物景色传统的延续。比如山水诗开山者谢灵运的诗，摹写山水，尽显工妙。其有诗云，“猿鸣诚知曙，谷幽光未显。岩下云方合，花上露犹泫”①，猿鸣山谷，晨光幽而未明，山岩云头涌动，山花露重欲滴。四句勾勒出生动的山中晓景，远近、明晦、浓淡、动静呼之欲出，活脱一幅中国山水画。饶老认为，谢灵运的工于写景，也言情和理。但景和情往往是分开的，开篇摹景，继而转为说情说理，这种组织安排不免伤于刻划，流于机械，在元嘉以后不甚受欢迎。

触景生情，情景交融。饶宗颐认为，中国诗歌的发展，乃以情为主。诗虽要描写风物景色，但其目的是要由外在环境引出内在感情，而不是仅仅是状物。因此，小谢的山水诗比谢灵运则更进步，对唐诗风格的影响也更大。谢朓的诗为时论所重，梁武帝曾说“不读谢诗三日觉口臭”。小谢诗风俊逸，在描写景物的同时，能够融情入景，激发人的情感共鸣，达到情景交融的境界。饶老认为，王渔阳论诗提倡神韵，主张不要讲得太近，所以渔洋的四字诗法中有“远”字，这个“远”即言虽是写景，但利用物色以激发人的情感，情在景中，意在言外。饶老

① 谢灵运：《从斤竹涧越岭溪行》，《汉魏六朝诗选》，北京：人民文学出版社，1978 年，第 207 页。

有一首《睡起》,诗云:“心花开到落梅前,清梦深藏五百年。蝴蝶何曾迷远近,眼中历历是山川。”作者小睡醒来,见庭中落梅缤纷,若有所思,心绪万千。昔者庄周梦为蝴蝶,是否作者这一梦也经历人间五百年?此诗既是写景,也是抒情;似梦非梦,若实若虚;给人以大梦初觉、今世何世之感。可说是意境深远、哲思无限而富有神韵的佳作。

理入情景,有理有趣。饶宗颐认为,诗障有两种,一为事障,一为理障。所谓事障,指堆砌古事,用典太多,过于写实等。比如与大谢同时的颜延之(延年)和唐代有“獭祭鱼”之称的李义山;再如很多大学问家的诗作,却往往乏善可陈,因其“过于求实,反乏空灵之致”,清代的阮元即属此类。[①] 关于理障,综合饶老所说,所谓理障有三:一是指“质而无文”,呆板无变化,毫无生气,端坐说理,比如汉班固的说理诗;二是指“注解老庄”,既无景,又无情,淡而无味,空谈玄理,代表是晋宋时的玄言诗;三是指“情景分开”,开始说景,拘于状物,转而正面说理,代表是大谢的山水诗。饶老认为,欲救此病,“则可将理融入情、景之中,或写理于景,或以物色拟理,或独言物而不讲理,将理消融在物色里面”。二十世纪九十年代末进一步提出“形上诗”的观点。[②] 饶老认为,在山水物色之外,诗要有令人细味回环之处,这就是“理趣”。纯理则质木,得趣则有韵致。理上加趣,是最节省的艺术手法。诗如何才能有理亦有趣?饶老认为可以使用典故。用典太多以至于堆砌,此为“事障”,即“獭祭事类太多”,但如果完全不用典故,则不易生动,缺乏理趣。饶老由趣而谈用典,与王渔洋四字诗法之“典”相契合。

写诗必有所法。比如唐代的律诗讲究字必对偶,声必平仄。宋代严羽讲体制、格力、气象、兴趣、音节。清代王渔洋讲典、远、谐、则。饶老的四要素也是讲诗法,是对中国传统诗学理论的继承和发展。饶老同时认为,写诗固有法,但要从“有法”而至于“无法”。

饶宗颐说:“文章之事,有所法而后能,有所变而后大。”[③]这一思想是他对朱熹和黄山谷两家之说的持平之论。朱熹意在“有法”,主张遵守旧格,揣摩选体;山谷意在“无法”,主张求得自家规模,有所创制。饶老认为,朱子之说适用

① 《选堂诗存·跋》,《饶宗颐二十世纪学术文集》卷十四,北京:中国人民大学出版社,2009年,第448页。

② 施议对:《饶宗颐形上词访谈录》,《饶宗颐二十世纪学术文集》卷十二,北京:中国人民大学出版社,2009年,第299页。

③ 《论杜甫夔州诗》,《饶宗颐二十世纪学术文集》卷十二,北京:中国人民大学出版社,2009年,第71页。

于未成熟者,是入门之法;山谷之说是指点如何做到成熟之工夫和开拓境界,是讲如何精进。从学诗之过程而言,二说相反相成,“分明是两个阶段,相反而不相妨”。饶老以杜甫的夔州诗为例,认为若以从容自然的境界而言,黄山谷的“无法”说较朱子“有法”说更为合理,“正在使由格律而渐至自然,由有法而臻于无法,由无规模而自立规模,由于有意为诗而达到无意为诗,以至无不可为诗”①。

在诗歌创作上,饶宗颐在“有法”与“无法”其间游刃有余。朱子宗选,主张以选体为法。饶老亦嗜《昭明文选》,对《文选》有精深的研究,在香港、新加坡和欧美国家讲授《文选》历三十年之久。饶老认为自己与“选”字有缘并以“选堂”自号②,可作为他关于古诗“有法”的佐证。但同时,饶老诗作又不拘于诗法,亦“无意”于作诗。1963年,饶宗颐游学印度,步苏东坡七古韵,“行乎所不得不行,止于所不得不止”,“非敢谓密于学,但期拓于境”③,而成《佛国集》。此外,饶老于阿尔卑斯山和大谢,于长洲岛和阮籍,于西班牙和韩愈,“但取韵律,而遗其形貌”,“瓶则为旧,酒乃惟新”④,兴之所至,纵笔发言,步古人之韵,为今人之诗,较好地处理了诗的内容与形式之间的关系,无意作诗而成上乘之作。正如季羡林先生所言,“以最纯正之古典形式,表最真挚之今人感情,水乳交融,天衣无缝”⑤。

三、“宇宙与生命精神”

饶宗颐先生说过,学人往往很难成为一个好的诗人。比如班固的诗,注重说理而无余味;邵雍的诗,通篇言天地性命之理,陷入理障,走了歪路;阮元的诗,过于求实刻板,缺乏空灵之气。究其根本,是因为中国诗歌史上说理诗一向不发达,没有处理好性情与理的关系。有两个表现,一为重情文而轻理文。中

---

① 《论杜甫夔州诗》,《饶宗颐二十世纪学术文集》卷十二,北京:中国人民大学出版社,2009年,第71页。

② 《选堂字说》,《饶宗颐二十世纪学术文集》卷十四,北京:中国人民大学出版社,2009年,第143页。

③ 《佛国集·自序》,《饶宗颐二十世纪学术文集》卷十四,北京:中国人民大学出版社,2009年,第302页。

④ 《选堂诗存·跋》,《饶宗颐二十世纪学术文集》卷十四,北京:中国人民大学出版社,2009年,第448页。

⑤ 季羡林:《〈清晖集〉序》,《饶宗颐二十世纪学术文集》卷十四,北京:中国人民大学出版社,2009年,第301页。

国诗歌都是以情为主,比如《文心雕龙》提倡“情文”而无“理文”。二是不会讲理,把诗变成玄学和理学,没有艺术感染力,读之令人生厌。他很推崇龚自珍的诗,认为《己亥杂诗》不仅构思独特,才气纵横,更是讲了“宇宙人生问题”,乃千古无有。

饶宗颐先生会通文史哲艺,集学人、诗人、书画家三重身份于一身,既是一个大学问家,又是一个大诗人。其诗虽不免为学所掩,但被收入《选堂诗词集》的凡 1134 首古体诗,触目皆如琳琅珠玉。这些诗中所表达的形上之思,读后令人若有所悟。可见饶老不仅于诗学寝馈既深,哲学素养也极为深厚。于他而言,写诗已进乎“技”而臻于“道”,到达一种超越的境界,即凡即圣,天人合一,形成了关于诗的哲学——“对于宇宙人生的思考及感悟”①。

《易 · 系辞上》曰:“形而上者谓之道,形而下者谓之器。”人在宇宙天地间,总是要追问现象背后的本体、具体背后的抽象。故《庄子》中有“天之苍苍,其正色邪”,屈子问天“明明暗暗,惟时何为;阴阳三合,何本何化”,司马迁立志“究天人之际”。探究人与宇宙自然的关系,思考人在宇宙中的位置,目的是安顿人生,确立人生的意义和价值。所谓诗,是人在宇宙中,仰观于天,俯察于地,歌咏自然变化的神妙,抒发内心的情志,体悟人与自然合一的境界,而后发言而成诗。饶宗颐说,“宇宙一切气象,应由诗担当之,视诗为己分内事。诗,充塞宇宙之间,……此时此际万物森然于方寸之间,充心而发,充塞宇宙者,无非诗材”②。饶老此语,固然是言诗歌题材可以无限拓展,无物不可入诗,无题不可为诗,也是说诗心即是宇宙,宇宙即是诗心。诗心充塞宇宙,诗人应追问宇宙之理、担当宇宙之事。饶老《诗心》其四云:“长夜悄然逝,林表丽朝暾。如彼溘死人,忽得见阳春。豹变此其时,游魂抑归魂。寥寥天壤间,待与智者论。”诗中说,长夜过去,朝阳升起,一派生机盎然。昼夜的更迭是如此奇妙,如同将死之人忽而复生,只有洞悉天地之理的智者,才能说清楚自然的神妙变化。可是这个智者又在哪里呢?《易》言有天地然后有万物,庄子说物物者不物,郭象认为万有是独化,饶诗与古代这些哲人的形上追问一样,同样是在追问现象背后的所以然。是上帝?是道?抑或是物块然而自生?作者并没有回答,却启发了读者对“形

---

① 施议对:《饶宗颐形上词访谈录》,《饶宗颐二十世纪学术文集》卷十二,北京:中国人民大学出版社,2009 年,第 303 页。

② 《论杜甫夔州诗》,《饶宗颐二十世纪学术文集》卷十二,北京:中国人民大学出版社,2009 年,第 72 页。

而上者”的“形上之思”。

古人认为，道不远人。《易·文言》云：“夫大人者，与天地合其德，与日月合其明，与四时合其序，与鬼神合其吉凶。”天与人本不相分，天人合一是中国传统文化的基本精神。饶宗颐先生认为，这种“天人合一”的境界不是“行动境界”，而是“精神境界”，是冯友兰先生所言“天地境界”，是庄子“与天地相往来”的逍遥境界，也是饶老自己每天打坐入定时所觉解体认到的境界。于艺术创造而言，“每个艺术家都应该有这么一个心态，就是‘天人合一’的境界”①。饶老有两句诗云，“山深草浅饶萧瑟，相对一峰问起居”。诗中说，我与山峰相对而坐，山峰问候我的起居。饶老的外国友人读后非常吃惊，认为人怎么能与青山平起平坐。饶老说，人与青山、人与自然合而为一，西方人不理解，这完全是中国的文化观念，就是天人合一。

饶宗颐先生认为，“天人合一”的境界是“真人境界”。“真人”是道家的理想人格，是《庄子·大宗师》中的概念。真人认为天与人不相胜，真人具有独特的禀赋，真人之息以踵，其寝不梦，其觉无忧，入水不濡，入火不热，不知悦生，不知恶死。饶老认为，他说的真人境界“里头有些是道家的”②。饶老推崇道家思想，他的诗作中随处可见庄子的痕迹。《瑶人宅中陪瑞征丈饮酒》诗中有“大道在稊稗，乾坤入酒壶”句，用《知北游》“道在蝼蚁，在稊稗，在瓦甓，在屎溺”，阐发了大道无所不在的观点。这首诗写于抗战中饶老流寓大瑶山之时。庄子达观的人生态度给予他强大的精神力量，令他在食不果腹的艰难生活中，仍然保持积极乐观的心境。在《赠琴师容翁心言》诗中，饶老言自己“至乐忘年义，不觉垂八十”，“忘年忘义”是《齐物论》讲的修养境界，指忘记得失，忘记是非，抛开外物的干扰，摆脱生死的羁绊。饶老对于庄子的推崇不仅是学理上的，更是把庄子引为心意契合的知己，把庄子思想作为生命的滋养，从人生观上破除了倒悬之焦虑，颐养天年，既寿且康。

饶宗颐先生说：“一个人在世上，如何正确安顿好自己，这是十分要紧的。”③他说的“安顿”，是指安顿身体，更是指安顿人的精神生命，在宇宙人生中

① 《天人互益——在香港中文大学庆祝饶宗颐九十华诞晚宴上的讲话》，《饶宗颐集》，广州：花城出版社，2011年，第64页。

② 施议对：《饶宗颐形上词访谈录》，《饶宗颐二十世纪学术文集》卷十二，北京：中国人民大学出版社，2009年，第303页。

③ 施议对：《饶宗颐形上词访谈录》，《饶宗颐二十世纪学术文集》卷十二，北京：中国人民大学出版社，2009年，第303页。

去找寻自我。饶宗颐推崇道家,但他对人的精神生命的理解,对人的身心安顿的理解,不独是道家,而是融通儒释道三家,审美与伦理合一的生命大智慧。

1963年秋,饶老与友人汪德迈等冒雨游伽利佛洞,有诗云:“……乍悟虚空山嶷然,尚喜雷风心不动。窟中佛像百丈高,气象俨与天地共。……江花微含春山笑,归路又劳秋霖送。身外西邻即彼岸,悟处东风初解冻。可有言泉天半落,顿觉慧日云间涌。”佛像庄严,江花含笑,情景交融,禅意无限。2002年,饶老在香港大屿山创作木刻《心经》简林,以悲悯之心为现代人开启智慧。他《偶作示诸生·二首选一》诗云:“更试为君唱,云山韶濩音。芳洲搴杜若,幽涧浴胎禽。万古不磨意,中流自在心。天风吹海雨,欲鼓伯牙琴。”作者与友出海,鼓琴于海上,天风海雨中,琴音隐约,宛若天籁。作者以香草白鹤喻高洁人格,既是赞美友情,也是饶老自况,并以“万古不磨意,中流自在心”表明心迹。饶老说,“自在”是佛家概念。现代人太困于物欲,人如同处在水的“中流”,若是没有定力,就会随波逐流,因此要学会超脱物欲,要有智慧,有定力,保持一种境界。所谓“万古不磨意”则是儒家思想,是《左传》所言“立德”“立功”“立言”的“三不朽”,也是横渠四句所言“为天地立心,为生民立命,为往圣继绝学,为万世开太平”的天下情怀。这种万古不磨的价值观,是中国传统知识分子的济世情怀,在饶老推崇的杜甫、顾炎武、龚自珍的诗中都有体现。比如饶老评价顾炎武的诗,主张读顾诗要“诗外求诗”,因为如果仅从诗本身讲,亭林诗作并无突出的诗才、独到的诗力和创新的诗样,其贡献在于“记政事,哀民生,乐道人善”,贡献在于纯正的“诗旨”,在于他“保持着传统的诗的精神”①。这种精神,已超越一己小我,把个人与国家、与民族、与天下紧紧联系在一起,它是中华民族精神的重要体现。这种精神,诠释了个体应如何在宇宙中安顿自己,诠释了生命的意义何在。饶宗颐先生正是秉持着这种道德理想,以国家民族为己任,倡导“中华文化之学”②,弘毅、自在、逍遥,熔铸了他作为一个学问家、一个书画家、一个诗人的博大的生命气象,为中国、为世界创造了一个百年的文化传奇。

---

① 《论顾亭林诗》,《饶宗颐二十世纪学术文集》卷十二,北京:中国人民大学出版社,2009年,第116页。

② 饶宗颐:《求真 求是 求正——寄语中华文化之学》,载《人民日报》2017年8月16日24版(郑炜明教授笔录整理)。

"古雅":饶锷先生的文化心态与审美境界

闵定庆
华南师范大学

钱仲联教授读饶宗颐的《固庵文录》,喟然叹曰:"此并世之容甫与观堂也,抑又有进者。"进而认为饶宗颐已臻于"无所不包,峻不可攀,河汉无极"的"广大教主"之境。① 胡晓明《饶宗颐学记》亦言:"饶宗颐与同时代的学人相比较,有一个极突出的特点,即门庭轩敞、格局规模大。"②并将其治学历程划分为三个阶段,特别提到第一阶段,"饶氏少年著述,即整理辑录乡邦文献,这一学问之根,真而且正,故其学问之大树,柯叶俊茂",准确地把握住了乃父饶锷对少年饶宗颐的人生选择与学术取向所起的关键性影响。饶宗颐也曾自述道:"我终于还是成了一个学者,其中很重要的一个原因,是我父亲的影响。"③因此,在很大程度上讲,研究饶锷应是深入研究饶宗颐的先行课题之一。毋庸置言,作为潮州的富商、文物收藏家、藏书家、学者、作家及社会活动家,饶锷毕生致力于保存国粹,振兴国学,一方面勤于著述,著作等身,创获极多,填补了不少学术空白,另一方面,积极办刊、出书、结社,团结潮汕学人,凝聚了一个时代特色、地域特色鲜明的"古学"群体,为保存与弘扬中华传统文化作出了积极贡献。这一系列"国故学"活动,蕴涵着顾炎武式的"学术经世"的入世弘愿,散发着"古雅"的审美气息。饶锷努力实现社会身份与文化身份的转型,试图从中国古典学术的创造性精神层面赓续传统,以回应西学的挑战,充分体现了近代转型时期本土知识分子特有的精神气质与美学深度。

---

① 钱仲联:《固庵文录·序》,《饶宗颐二十世纪学术文集》之卷十四《文录·诗词》,台北:新文丰出版股份有限公司,2003年,第14页。

② 胡晓明:《饶宗颐学记》,香港:商务印书馆,1996年,第45页。

③ 陈贤武、黄继澍整理:《饶锷文集》,香港:天马出版有限公司,2010年,第3页。

(一)传统“四民”观念语境中的身份焦虑

饶锷几乎是在其人生巅峰状态遽然辞世的。1932 年,饶锷去世,年仅四十二岁,尽管留下了若干未了心愿,但奠定其潮州学术大家、文坛领袖的几项学术工程或已编竣,或已接近完工。于是,饶锷那叠合了勤勉的考据学者、国故学传承者、沉潜的诗人、温煦的友人等多重形象的身影,就在那一刻凝定并镌刻在潮学史的丰碑上了。但是,无论是从潮安饶氏的发展史来看,还是从饶锷、饶宗颐父子的诸多自述来看,世人对于饶锷先生的纯粹学者形象的塑造,至少是非常不全面的。世人在塑造饶锷学者形象时,在有意与无意之间淡化乃至遮蔽了潮安饶氏的职业属性——商人。而这一职业恰恰位于士、农、工、商“四民”结构的末端,与传统意义上的“士”一直存在严峻的冲突,这就决定了饶锷微妙而隐秘的文化心态。

纵观饶锷的一生,可以发现,“好古”“嗜古”是其所有文化活动与学术著述的文化底色。饶锷等身的著作,全是严格意义上的“国学”论著,对于纯粹的学术问题,尤其是原创性话题,表现出极大的自信与极强的担当。而一旦涉及家族史书写,便不难体味出其笔下迟疑的语气与凝滞的语调来,字里行间透露出一支别样的“心曲”,可以见出“学者”饶锷的另一番形象来。对于饶氏一族为潮州巨富的事实,饶锷、饶宗颐父子有许多“自供词”,如饶锷《家严慈六旬寿序略》说:“迨吾王父因窘于家计,辍学业贾,家君及诸父继起,亦以积居治产,未竟读书。然吾家得用是日渐充裕,十余年来,颇以微赀见称乡里。”①《先祖少泉公像赞》说:“伊维吾祖,气岸高雅。生于困穷,长于孤寡。性秉刚毅,胸弥区夏。取舍有方,然诺无假。中年建业,乃营大厦。妥安先灵,崇上启下。华敷奕叶,范垂来者。允享遐龄,承天锡嘏。”②饶宗颐也作了如下追忆:

> 我的家族可以说是潮安地区的首富。我的祖辈是商人,很会做生意,积攒了大量钱财,但并不是一般的富贵乡绅。我出生的时候,家族不但没有衰落,而且正如日中天。我的高祖名兴桐,有四个儿子,每人都开有钱庄,自己发行钱票。有钱就可以买书,大型的书籍如《古今图书集成》《四部备要》《丛书集成》等都购置了。这就是我的父亲饶锷藏书楼“天啸楼”的

---

① 陈贤武、黄继澍整理:《饶锷文集》,香港:天马出版有限公司,2010 年,第 168 页。
② 陈贤武、黄继澍整理:《饶锷文集》,香港:天马出版有限公司,2010 年,第 177 页。

来历。里面的藏书那是以十万计的。我的伯父是一个画家,画山水;又是收藏家,收藏的拓本、古钱,多达数千种。可以想见,我小的时候成天就接触这些东西,条件是多么好![1]

对这一社会身份,饶锷内心深处涌动着一种深刻的不安,其《答某君书》云:"仆韩江一鄙人耳,厕身市廛,绝意进取","身既侪乎卑贱之列,而言又不见重于时。"[2]《与陈芷云书》也说:"锷穷巷鲰生,孤陋迂拙,自度终无用于世,独自幼酷嗜学问文章,欲于古人精神之所凭寄,一意探求,以期自振拔于流俗。"[3]《与蔡纫秋书》更说:"锷卷曲小材,不中绳尺,于世事百无一通。"[4]《报郭辅庭书》说:"仆里闬小儒,见闻既隘,力又不逮。"[5]《郑蕃之文稿序》也说:"余与蕃之皆尝肄业于学校中,余虽有志于文章之事,犹不能超然自拔于俗。"[6]此类话头,看似自谦,实则不免流露出对"贱业"身份认同上的焦虑,这在《复温丹铭先生书》中同样有着极为显豁的表述——"自分此生终无与斯文之末"[7]。因此,他主动向"士文化"靠拢,并采取了一种巧妙而有效的积极"叙事"策略,试图消弭"士"与"商"之间的内在紧张关系所导致的种种尴尬。

众所周知,中唐以来,随着科举制度正常化、城市经济繁盛,"士庶区别,国之章也"的传统观念日渐松动,儒者"治生"论、"四民异业而同道"论渐渐生成

① 胡晓明、李瑞明编:《饶宗颐学述》,杭州:浙江人民出版社,2000年,第2页。
② 陈贤武、黄继澍整理:《饶锷文集》,香港:天马出版有限公司,2010年,第76页。
③ 陈贤武、黄继澍整理:《饶锷文集》,香港:天马出版有限公司,2010年,第81页。
④ 陈贤武、黄继澍整理:《饶锷文集》,香港:天马出版有限公司,2010年,第60页。
⑤ 陈贤武、黄继澍整理:《饶锷文集》,香港:天马出版有限公司,2010年,第67页。
⑥ 陈贤武、黄继澍整理:《饶锷文集》,香港:天马出版有限公司,2010年,第38页。
⑦ 陈贤武、黄继澍整理:《饶锷文集》,香港:天马出版有限公司,2010年,第71页。

并为世人所理解和接受,[1]尤其是陆九渊、王艮等一代大儒的"商贾"家庭背景,引发了人们更深层次的思考[2],于是,范仲淹《四民诗》所期望的"四民无常籍"的认知建构起来了。[3] 尽管"士"仍被尊为"四民"之首,社会上仍存在着"吾商则何罪,君子耻为邻"的歧见,但四民的社会身份、政治身份与文化身份实现了一定程度上的自由、灵活的转换,"商"向上流动并实现身份转换的政治空间与文化空间初步打开。因此,饶锷从"四民无常籍"的角度切入,以饶氏家族的"士/农"一体互转的"文化基因"为基调,建构饶氏家族的生存史与发展史,《潮安饶氏家谱例言》即言:"吾家之元礼、廷老、伯永、双峰、虎臣诸公,或以经术显,或以文学称,或以义行推,或以勋名著,要皆声施彪炳,载在史册。其与本支是否同出一系,今已不可尽明,故吾谱未尝冒之,托以自重。若我之先世,务本食力,以农起家,吾谱亦未尝讳言焉,君子之言简而实。"[4]《家严慈六旬寿序略》

---

① 中唐以后,城市经济繁盛起来,宋代城市经济尤为发达,士的出路在传统的"士/农"传统模式上拓出"士/商"一途。例如,许衡《通鉴说》:"为学者治生最为先务,苟生理不足则于为学之道有所妨,彼旁求妄进及作官嗜利者亦窘于生理之所致也。士君子当以务农为生,商贾虽为逐末,亦有可为者。果处之不失义理,或以姑济一时,亦无不可。若以教学及作官规图生计,恐非古人之意也。"(《鲁斋遗书》卷十三)王守仁《传习录拾遗》:"但言学者治生上,尽有工夫则可。若以治生为首务,使学者汲汲营利,断不可也。且天下首务,孰有急于讲学耶!虽治生亦是讲学中事,但不可以之为首务,徒启营利之心。果能于此处调停得心体无累,虽终日作买卖,不害其为圣为贤,何妨于学?学何贰于治生?"王献芝《弘号南山行状》:"士商异术而同志。"沈垚《费席山先生七十双寿序》言:"宋太祖乃尽收天下之利权归于官,于是士大夫始必兼农桑之业,方得赡家,一切与古异矣。仕者既与小民争利,未仕者又必先有农桑之业方得给朝夕,以专事进取,于是貨殖之事益急,商贾之势益重,非父兄先营事业于前,子弟则无由读书以致身通显。"(《落帆楼文集》卷廿四)全祖望《先仲父博士府君权厝志》:"吾父尝述鲁斋之言,谓为学亦当治生。所云治生者,非孳孳为利之谓,盖量入为出之谓也。"钱大昕《十驾斋养新录》卷十八"治生"条甚至将经商视为士抵抗人格挑战的有利方式:"与其不治生产而乞不义之财,毋宁求田问舍而却非礼之馈。"这也从另一个侧面使得士的生存空间与发展空间日益宽广了。这一观念的转变,落实到个体,也不乏自喜者,如李慈铭《越缦堂日记》"同治七年五月廿八日"条:"吾族皆出自太高祖横川府君蓉塘者,幼孤寡,贫甚,偕其兄葆亭以商致富,至巨万。越中称货殖者,遂有徐、李、胡、田之目。"

② 例如,朱熹《宋故陆公墓志》:"家素贫,无田业,自先世为药肆以养生。"《朱子语类》卷一一三《训门人一》:"问:'吾辈之贫者,令不学子弟经营,莫不妨否?'曰:'止经营衣食亦无甚害。陆家亦作铺买卖。'"

③ 李勇先、王蓉贵校点:《范仲淹全集》,成都:四川大学出版社,2002年,第24页。

④ 陈贤武、黄继澍整理:《饶锷文集》,香港:天马出版有限公司,2010年,第162页。

说:"吾饶自松口迁海阳,及今近二百年,其先世旧不著,大抵以力农世其家。自吾曾祖父始,以读书训子弟,其后入庠举于乡者相继,稍稍得兴于士夫之列。迨吾王父因窘于家计,辍学业贾,家君及诸父继起,亦以积居治产,未竟读书。"[①]饶氏族人为躲避战火,从中原转辗来到潮汕海隅,历经百年漂泊,早已失去了"士"的依托,再度博取科举功名却成整个家族的共同愿景。于是,潮安地区首富的地位,使得重新回复"士"身份的愿望愈发炽热了。时代虽已变化,科举虽已废止,可践行于日常生活中的德行修为与读书治学等行为,就可视为追摹古代士大夫文人的具体作为了。因此,他使用了"儒者"的叙事技巧,重构饶氏族人粹然儒者的品行,他在《家严慈六旬寿序略》中是这样刻画父亲的形象的:"家君为人,忠厚朴实,胸坦然无城府,接人一以至诚,事先祖父母辨色仰志,均能曲喻得其欢心。"[②]文中的父亲乃是一个恂恂儒者,没有丝毫的市井气息。同时,饶锷以浓墨重彩描绘了最能体现父亲典型性格的一桩义举,"壬寅之春,郡大疫,僵尸枕藉道路,皆贫乏无以自殓。家君慨然有怜恤志,顾以力薄不能持久,于是为疾呼广募,得数千金,创集安社,以施棺椁衣衾之具,又以其余息延医济药,迄今贫民赖焉",因此,饶父于甲寅岁"被选为潮州商会总理"也就顺理成章了。[③] 又如,《仲兄次云先生行述》将仲兄塑造成一个典型的朴学家的形象:"兄性嗜学,身虽劬,而手不释卷","初读《文选》,苦其字难猝通,乃刻意治小学,自《尔雅》《方言》《说文》《释名》《广韵》以下,于古今人之言六书者,靡不探讨。"[④]在这样的家庭文化熏陶中,饶锷决心走治学之路,《仲兄次云先生行述》中描绘了自己和仲兄一起夜读的情景:"夜聚首剪烛,品骘术业,畅论字书、音韵源流及文章声病,漏下三刻乃罢,以为常。"[⑤]饶锷"以振故学为职志",[⑥]《莼园记》坦言自己的期许:"修身、养气、强勉学问,则敢不惟日孜孜?"[⑦]一言一行,莫不践行着粹然儒者的行为规范。他早年曾求学于上海法政学堂,学新学,但"好古""嗜古"的人生理想使得他最大限度利用课余时间,去接近高燮、金天翮等"新国学"运动的领袖人物,全盘接受"新国学"的理念与方法。这一取向深刻影响了他的日常

---

① 陈贤武、黄继澍整理:《饶锷文集》,香港:天马出版有限公司,2010年,第168页。
② 陈贤武、黄继澍整理:《饶锷文集》,香港:天马出版有限公司,2010年,第168页。
③ 陈贤武、黄继澍整理:《饶锷文集》,香港:天马出版有限公司,2010年,第168页。
④ 陈贤武、黄继澍整理:《饶锷文集》,香港:天马出版有限公司,2010年,第110页。
⑤ 陈贤武、黄继澍整理:《饶锷文集》,香港:天马出版有限公司,2010年,第110页。
⑥ 陈贤武、黄继澍整理:《饶锷文集》,香港:天马出版有限公司,2010年,第85页。
⑦ 陈贤武、黄继澍整理:《饶锷文集》,香港:天马出版有限公司,2010年,第85页。

行为、学术研究与诗文创作,“趋新”的色彩泯灭殆尽。显然,饶锷用实际行动塑造了一个古典士大夫文人的自我形象。

正如余英时先生所言,“士”的传统已在现代社会结构中消失了,其“幽灵”却以种种方式或深或浅地缠绕在“五四”一代中国知识人的身上,在行为模式上仍不脱“以天下为己任”的流风余韵。[①] 同时,明清商人受理学影响,崇信儒者的知、仁、勇、强,进而将《史记·货殖列传》“君子富,好行其德”的命题升华为“非独饶于赀,且优于德”的商业伦理,以包括勤劳、俭朴、诚实、讲信用等美德在内的“入世苦行”(inner-worldly asceticism)精神模塑世俗社会的道德秩序,进而呈现出粹然儒者的风范。[②] 饶锷的家庭出身与所处时代,决定了一种“文化孤儿”向士文化转移的存在感:一方面“商”远离政治中心与文化权力的现实,在客观上阻隔了文化主体触摸权力场域乃至介入具体文化事务的可能性,从而令其产生强烈的“漂泊感”。因此,他恪守诚信经商的原则,“用儒意以通积蓄之理”,以获得最大限度的社会认同,重建回归文化权力场域的物质基础。另一方面,以民主、科学为表征的西方文明正在重构中国社会体制与价值观,儒家文明、士大夫文化无奈地退出中国文化中心地带,使得饶锷追逐的“士人之梦”“斯文之梦”随之渐渐漂离。因此,饶锷只能充分利用“士/商”一体的传统话语系统,进行自我认知与自我定位。可是,有效利用的文化资源极其有限,他先是跟追兄长读书,独自摸索、领悟,少年时入读金山书院,得到温仲和、温廷敬二师的指点,年轻时远赴上海政法学堂求学,只能利用课余时间向高燮等人学习“新国学”的文化理念与方法,返潮后以经商为主业,也是用业余时间进行地方文史的研究。不可否认,饶锷在教育经历的完整性、考据学范式的体系性及地方文献的准备方面,都显得不够充分。但他天赋奇高,经过多年刻苦努力,终于取得令人瞩目的学术成就。这一奋斗的过程,在一定程度与明清儒商的人生追求与心理体验非常接近。这也恰恰建构了一个基于具体历史语境的有效理解模式,最大限度唤起人们“同情之理解”的感情,既能从“士/商”互动关系中选取偏向

① 余英时:《士与中国文化》,上海:上海人民出版社,2003年,第6页。

② 例如,吴伟业《卓海幢墓表》曰:“夫知、仁、勇、强,此儒者之事,而货殖用之。”顾炎武《富平李君墓志铭》:“关中故多豪杰之士,其起家商贾,为权利者大抵崇孝义,尚节概,有古君子之风。”戴震《戴节妇传》云:“虽为贾者,咸近士风。”沈垚《费席山先生七十双寿序》亦云:“为士者转益纤啬,为商者转敦古谊……天下之势偏重在商,凡豪杰有智略之人多出焉。”这些近乎夸张的话语,形象地揭示了“儒意”“古谊”精神气质的转化与凝定。

“士”的一方进行话语建构与叙述，又能从“士”的高度来处理“雅/俗”关系，通过大规模的、纯粹的学术活动的“雅”，最终确认自己的考据学者身份亦即中国最后一个士大夫范型的客观性存在，回归“文化母体”，从而突出儒者身份的认同感与归属感，在内心深处缓释乃至消解文化身份的焦虑，消弭种种具体商业行为所特有的“俗”。

（二）中华文化本位论的皈依者

饶锷先生早年求学于上海法政大学，学的是新学，接触的也多是新派学人，尤其是与以南社核心人物为主的激进的青年汉族知识分子交往甚密，更将高吹万、金天翮等视为平生知己。[①] 对自己所处的时代，饶锷现存文字中倒是没有太多的正面描述与深度剖析。但是，诸如“清之季世，士怀故国”“满清入主中夏”“方今士务外学，嗜尚新奇”等话语，寥寥数笔，颇能从更深的层次反映他对辛亥前后时局变化的敏锐感受与把握。至少在以下两个方面，他与“新国学”运动成员的普遍认知是高度一致的：

第一，追求“驱逐鞑虏，恢复中华”为职志的“种族革命”，投身以中华文化本位论为核心的国粹保存运动。这一“反清攘夷”的心路历程，可从一些诗文中得到较深层次的印证，如《冯素秋女士传》就描写了冯素秋女士深受秋瑾女士的精神感召：“当清之季世，士怀故国，海宇骚然，其间以女子言革命者，有山阳秋瑾名最著。女士以浙产，侨居潮州，读其书，颇韪之，慨然以继起廓清自任，密与其戚卢君青海规划革命方略甚悉。会武昌首义，清帝逊位，女士闻之，跃然大喜，夙愿既售，则退而温习故籍。”[②]这位英气逼人的女子，可能映射出了作者自己类似的“英雄情结”——出则救国救民，退则温习故籍。辛亥革命爆发，清帝逊位，这一命题自然消失，因而进退之间挥洒自如。这样设置历史情境，源自革命党人以汉族为中心的“国族意识”。章太炎曾建议，应在传统的《春秋》大义、晚明抗清志士及“进化论”思想这三点上，建构现代意义上的“国族意识”。章

---

① 饶宗颐述：“父亲曾是上海法政大学学生，也是南社的成员，他的友人高吹万、金天翮等，也是南社中人。”（饶宗颐述，胡晓明、李瑞明整理《饶宗颐学述》，杭州：浙江人民出版社，2000年，第1页。）又，王振泽《饶宗颐先生学术年历简编》：饶锷“毕业于上海政法学堂，学成后返回潮州，曾任《粤南报》主笔。青年时，自觉接受资产阶级民主思想，1909年，当陈去病、柳亚子、高旭等人在苏州创立文学团体——南社时，他即积极响应”。（王振泽《饶宗颐先生学术年历简编》，香港：艺苑出版社，2001年，第14页。）

② 陈贤武、黄继澍整理：《饶锷文集》，香港：天马出版有限公司，2010年，第116页。

太炎指出,从“进化论”的角度看,汉、满各为一族,满族虽最后同化于汉族,但始终是有主次之分的,因此,康有为《答南北美洲诸华侨论中国只可行立宪不可行革命书》所言“《春秋》之所谓夷,皆五帝三王之裔也”“满洲蒙古,皆吾同种”的汉、满、蒙合一的“混同族”绝不可信,所谓“文野之分”“华夷之辨”始终是存在着的,而“驱逐鞑虏,恢复中华”的革命目标一旦成功,汉族必将重新占据政治文化主导地位,汉族知识分子也将各归其位,从事文教工作。① 所以,在辛亥之后,饶锷在思想上发生了很大的变化:一是对种族问题的态度很温和了,二是尽量采取个体阐释的方式区别对待满族文化。就具体例子而言,他的《奉天清宫古藏目录序》就非常典型地体现了这一转变,该文虽用“满清入主中夏”的话语以严分汉、满之别,但是,他并不像革命党人那样将清末社会风气隳坏、道德沦亡、政务不良诸多弊端,全归咎于满族落后文化与野蛮施政,反而以较客观的语气评述清前期“二百余年,累世稽古右文”,“海宇承平,民物安乐”。② 他进而认为清史的转折出现在慈禧太后执政之后,其《慈禧宫词百首并序》用庞大的篇幅全面清算慈禧的种种败政劣迹,指出慈禧“益事奢华”,颟顸干政,终致“清室陵夷,声威扫地”。③ 由此可见,原先那股仇视满族政权的思潮出现了整体性的消退,章太炎、黄侃、高燮、柳亚子、黄节等人返回书斋,整理国故,实现了汉族知识分子自我文化身份认知。这一价值取向,也深深影响了作为儒家信徒的饶锷,终其一生,他都在践履“以天下为己任”的儒家理念,尽管在《莼园记》中声称“其于为天下、国家,固非吾今者之事也,而修身、养气、强勉问学,则敢不惟日孜孜”,实则时时未能忘怀天下,不过是以学术的方式呈现出来罢了。也就是说,在“种族革命”成功之后,他致力于“国学”研究,试图在立德、立功、立言“三不朽”中最低层次的“立言”贡献扎实可信的学术成果,将陈子龙、顾炎武“以学正心”“以学救国”的经世致用之学付诸实践。

第二,努力复兴“国学”,以应对现代西学的挑战。作于1930年的《白香山有移家入新宅诗,余构莼园落成移家其间,即用白诗题五字为韵作五首》有一句

① 例如,章太炎《东京留学生欢迎会演说词》说:自幼嗜读《春秋》左氏传,又喜南宋郑思肖、明末王夫之书中“那些保卫汉种的话,民族思想渐渐发达。但两先生的话,却没有什么学理。自从甲午战争之后,略看东西各国的书籍,才有(‘进化论’等)学理收拾进来”。(《章太炎学术文化随笔》,北京:中国青年出版社,1999年,第88页。)

② 陈贤武、黄继澍整理:《饶锷文集》,香港:天马出版有限公司,2010年,第32页。

③ 陈贤武、黄继澍整理:《饶锷文集》,香港:天马出版有限公司,2010年,第176页。

近乎"诗界革命"派式的句子:"西儒故有言:'物竞斯天择。'"[①]饶锷重复26年前严复翻译赫胥黎《天演论》"物竞天择"的"社会公理",可见他的思想仍处在一种"竞争/自强"语境框架之内。在他看来,来自西方的竞争应区分为正、反两个面向。正面的要素应充分肯定,如《冯素秋女士传》说:"嗟乎!吾国女权不振垂四千年矣!古传所称女子懿德,大抵皆偏重于家政、伦常,其有涉书史、干外事者,则世以为大悖。自欧风东渐,往时妇德之说稍稍撤其藩篱,然�淫荡者又扇于自由恋爱,时有越轨逾闲之事,守旧之徒群起诋击,至归咎于女学之不宜兴。"[②]认为中国自古以来女性就没有得到足够尊重,确由西方女权思想的激荡方开风气。这类议论颇启人忧思。但是,激烈的中西文化冲突构成了"此消彼长"型的文化生态,中国文化面临着"陆沉真可俟"的困境。[③] 饶宗颐在谈到二十世纪三四十年代的时候也说:"那个时代西化的倾向太浓厚,把本位文化压得很低。"[④]因此,饶锷在《柯季鹗诗集序》中说:"余少时为诗,是时海内学者方醉心欧化,绝学岌岌,日就湮微,欲求一二非常奇特之士相与切劘砥砺,卒不可得。"[⑤]《昼锦堂诗集序》说:"夫当兹世衰学废、彝伦道丧之余,而有人焉能励名行自约束于规矩,已自可贵。"[⑥]《高先生合家欢图后记》言:"方今士务外学,嗜尚新奇","谬妄之徒至欲持独身而废家族。"[⑦]将爱情自由、婚姻自主、个人独立等"西学/现代性"品格斥为"谬妄",固然有其时代局限性,但其中蕴藏的忧患意识与本位意识无疑是极其沉重的。《复温丹铭先生书》更有"方今国学陵夷,炎黄文武之道不绝如缕"的话头[⑧],指出了欧风美雨正盛,传统文化处于明显的劣势乃至于险境之中的现实,国学已无复兴的可能,只能寄希望于有识之士,让每个人恪尽职守,弘扬国粹,接续绝学。

有鉴于此,饶锷认识到,相对于"种族革命"的阶段性与具体性而言,回应"西学/现代性"的挑战,实际上是长期性的、深层次的。如要坚定中国传统文化的立场,回归到"文化本位"的高度,再与"西学/现代性"进行平等对话,无疑也

---

① 陈贤武、黄继澍整理:《饶锷文集》,香港:天马出版有限公司,2010年,第140页。
② 陈贤武、黄继澍整理:《饶锷文集》,香港:天马出版有限公司,2010年,第116页。
③ 陈贤武、黄继澍整理:《饶锷文集》,香港:天马出版有限公司,2010年,第181页。
④ 胡晓明:《饶宗颐学记》,香港:商务印书馆,1996年,第77页。
⑤ 陈贤武、黄继澍整理:《饶锷文集》,香港:天马出版有限公司,2010年,第28页。
⑥ 陈贤武、黄继澍整理:《饶锷文集》,香港:天马出版有限公司,2010年,第35页。
⑦ 陈贤武、黄继澍整理:《饶锷文集》,香港:天马出版有限公司,2010年,第92页。
⑧ 陈贤武、黄继澍整理:《饶锷文集》,香港:天马出版有限公司,2010年,第71页。

存在着相当的复杂性与不确定性。饶锷是旧学阵营走过来的,无法从新世界寻找相应的思想学说的“支持”,只能重返中国文化的核心地带,以寻找文化重生、文化对话的思想资源与方法论资源。可以肯定,潮汕地区深厚的文化底蕴及积淀已久的“韩愈崇拜”氛围,经由潮汕地区权威教育机构传承的乾嘉考据学传统,章太炎、高燮、柳亚子等革命知识分子所倡导的“新国学”运动这三个方面,成为决定饶锷文化选择的关键因素。在这些因素的综合作用下,饶锷的国学理念聚焦在以下三点上:第一,坚守“纲常”信念,发挥日常人伦特有的“固本培元”作用。饶锷认为,儒家“三纲五常”理论及其相应的仪轨制度,是通过庄重肃穆的祭拜仪式、典雅严谨的谱系编撰,昭示宇宙自然秩序的存在感,以确证各种人伦关系的客观性、传统政治制度的权威性与道德情感的永恒性,而这一理念必须在日常人伦的活动中体现出来。第二,弘扬经世致用的实学精神,发展事功经济。饶锷在《南园吟草序》中一再教导晚辈毋沉溺于雕虫小技的诗文书画,“吾谓亦其处境使然也”,“转而努力于事功经济,则所造讵可限量?顾乃敝精神于雕虫小技,抑亦末矣”,要专注于现实的事功经济。[①] 这番肺腑之言,不仅仅体现了长辈的关切之情,更重要的是来自人生阅历与苦难的升华与提炼,是在思想认识上对于陈子龙、顾炎武、章太炎、高燮等人经世致用之学的皈依与效法。第三,刻苦治学,以严谨、纯正的考据学再现“国学”精蕴。郑国藩《饶锷墓志铭》称饶锷“生富家,无纨绔习性,独好古,于书无所不窥,尤致力考据之学”[②],饶锷更有“入世卌年,涉世卅年,玩世廿年,世味饱经,老去厌谈天下事;藏书万卷,读书千卷,著书百卷,书生结习,闲来学种武侯瓜”的“名山事业”期许。[③] 所以,饶锷将国学视为文化“慧命”,以文献整理研究为分工细致化的专业标志,秉持学术判断的客观性与事实性依据,从而获得接近于“中性”言说的自由,故能在很短的时间内创造出学术奇迹。其师高燮《答饶纯钩书》称誉饶锷“奋志南天,中流一柱,学能救国,其道斯宏”[④],揭示出了饶学的深层意蕴。

饶锷选择“向内转”的“国故学”,带有非常鲜明的理想主义色彩,在主观上寄希望于有识之士的努力,以延续文化慧命,“自强保种”。这一固守本土文化的理念,超越了具体的政治制度设计与改造,凸显了当时知识分子“学能救国”

---

① 陈贤武、黄继澍整理:《饶锷文集》,香港:天马出版有限公司,2010 年,第 31 页。
② 陈贤武、黄继澍整理:《饶锷文集》,香港:天马出版有限公司,2010 年,第 153 页。
③ 陈贤武、黄继澍整理:《饶锷文集》,香港:天马出版有限公司,2010 年,第 181 页。
④ 陈贤武、黄继澍整理:《饶锷文集》,香港:天马出版有限公司,2010 年,第 427 页。

的理念,在精神层面上与二十世纪二三十年代知识分子倡导的“科学救国”理念有着某种程度上的“契合”之处。

(三)“游于艺”的本色文化体验

“士/商”身份冲突、“中西”文化冲突,构成了一种内在张力,迫使饶锷走上了“向内转”的路子,而生于斯、长于斯的潮州城古趣盎然的生活情调与文化氛围,更为饶锷的人生设置了一个特殊的文化场域。北宋以来,潮州城远离首都和省城,不可避免出现缺乏足够的前沿性、包容性及开放性等情形。可是,作为潮汕地区的政治、经济、文化中心,潮州在区域管治权利的运行、人际关系网络的多样性、科举文化的浓郁、日常生活的便利、商业文明的发展等方面的区位优势,是相当明显的,形成了一个已经高度城市化的政治-经济-文化场域。因此,潮州府城的都市化过程本身就构成了一个非常“吊诡”的存在:尽管整个社会仍在坚守儒学的正统地位与主导地位,但不断形成的市民阶层及其新型社区的行为模式,从根本上消解了传统儒学以均一、和谐、斯文、崇古的价值观为核心的农耕文明规范与精神气质。饶锷一辈子生活在这样一个具有“两面性”的城市中,不可能以激进的乃至于叛逆的面目示人,必然选择一种较为纯粹的区域性文化行为模式,体现一种鲜明的“文化本色论”的基调。

第一,造园。近世文人企慕陶渊明的高蹈,却再也不愿意像陶渊明那样真正地归隐田园了,反而对都市、城镇趋之若鹜。李慈铭《七居》云:“述卜居之事也:首吴中,次杭之西湖,次越之郡城,次西郭故居,次会稽云门,次柯山,次湖塘,而隐居定焉。”①这一先都市、后乡村的选择,就非常典型地体现了近世士人新的“城/乡”观念。士人们试图在城镇中营造一个诗意栖居的所在,造园林、建亭榭、引曲水、植竹木,在喧闹的都市里另辟一方洞天,闹中取静,通过置身于古典园林而产生典型的士大夫式的“移情效应”。己巳十一月,饶锷构天啸楼落成。这是一座二层洋楼,却挂上了古色古香的“天啸楼”匾额,屋内满壁都是字画,赋予了这座新楼特殊的文化内涵。饶锷在回答友人“天啸楼”命名之由时,更说出来一番新人耳目的话来:“夫风,天之声也”,“凡自然之声谓之声,不平之声谓之啸。余穷于世久矣,动与时乖迕,外动于物,内感诸心,情逼时则为不平之鸣,而一于文辞诗歌焉发之,故吾之为文与诗纵怀直吐,不循阡陌,愁思之音多,盛世之辞寡。是虽生际乱世使然,夫宁非天之啸与?”②通过欧阳修《秋声

① 李慈铭著,刘再华校点:《越缦堂诗文集》,上海:上海古籍出版社,2008年,第1067页。
② 陈贤武、黄继澍整理:《饶锷文集》,香港:天马出版有限公司,2010年,第87页。

赋》式的士人悲慨,抒发近代化语境中的种种“不适”与“不快”。同时,天啸楼落成之后,他又在楼下不足一亩的隙地造“莼园”,“树焉、石焉、池焉、桥焉、亭焉、榭焉”,一应俱全,流水环榭,修廊曲折,纯然一派古典园林的气韵。他悠游于此,极得俯仰从容之乐,专门用来接待文人雅士。浓郁的古典情调,消弭了天啸楼的现代气息。

第二,藏书。饶锷祖、父二代经商成功,雅好艺文,但肄习者大抵科举帖括之文,收藏四书五经、时文及《兔园》寒陋小册子数十种而已。饶锷随二哥购书、藏书、读书,渐渐有了心得,《天啸楼藏书目序》形象地描述了自己的“耽书之乐”:“先仲兄次云性好购书,尤喜谈诗、文、小学,所蓄书乃稍稍出于时文之外。而锷幼侍兄读,雅有同好,见兄买书辄喜,犹苦未得径途。后从坊肆得张文襄《书目答问》,购归阅之,始憬然于天下之大、作者之众,而学问之事真渊博无涯涘矣”,“就性所喜者,按目寻购,日就月将,遂积至五六千卷。辛亥之变,余留滞鮀江,行箧所藏尽沦兵火。归里而后,复重以丧乱,而旧家之书因乱散佚,余反得以贱价从容兼收,四五月间复增至万余卷。迨甲寅屏居海上,于江浙旧藏或别有所弋获。十余年来或钞或购,罗置亦夥,今合前后所得,已居然六七万卷矣。”①胡晓明《饶宗颐学记》记述饶锷藏书之富,则是得之饶宗颐的口述:“饶宗颐先生的祖辈是潮安地区的富绅。他出生的时候,家族正如日中天。他的高祖父有四个儿子,每人都开有钱庄,自己发行钱票。有钱就可以买书,大型的书籍如《古今图书集成》《四部备要》《丛书集成》等都购置了。这就是他父亲‘天啸楼’藏书的来历。他的大伯父是画家,画青绿山水,又是收藏家,收藏的拓本、古钱,数以千计。”②饶锷在《书巢》中标榜自己耽书有如“痴淫之癖”:“吾室之内,或栖于椟,或陈于几,或枕藉于床,俯仰四顾,无非书者。吾饮食起居,疾病呻吟,悲忧愤叹,未尝不与书俱。宾客不至,妻子不觏,而风雨雷电之变有不知也。间有意欲起,而乱书围之如积槁枝,或至不得行。”③这既是因性情之所近而购书、藏书、读书,更是别有寄托,心有戚戚焉。《亡妻蔡孺人墓志铭》对自己这一行为背后的文化心态有所揭示:“余既以迂拙不能趋时合变,赴势利之会,攫取富贵,居恒读书自乐。”④于是,耽于书籍也就成了一种极其优雅的“逃避薮”。

---

① 陈贤武、黄继澍整理:《饶锷文集》,香港:天马出版有限公司,2010 年,第 23 页。
② 胡晓明:《饶宗颐学记》,香港:商务印书馆,1996 年,第 1 页。
③ 陈贤武、黄继澍整理:《饶锷文集》,香港:天马出版有限公司,2010 年,第 88 页。
④ 陈贤武、黄继澍整理:《饶锷文集》,香港:天马出版有限公司,2010 年,第 113 页。

第三，社集。饶锷喜在自家园林款待文友，诗酒唱和，不亦乐乎，也积极参与组织当地的诗社、文社等文化活动，尤其是在发起新社团、改革旧宗旨等方面，表现出很强的领导才华。他与侯节、刘仲英、杨光祖、石铭吾、黄仲琴、康晓峰、詹安泰等一批年轻诗人，自觉地从盛唐摹古之风、随园滑易之习中挣脱出来，私淑“同光体”魁杰陈衍，“渐事苦吟”，结“壬社”以团结诗坛同人，自任第一任社长，潮汕诗坛终于打破了石铭吾所厌鄙的“韩江一水西江隔，从来诗派欠陈黄”的窘境，初步显现了“挹取西江水一勺，涪翁之外后山翁”的盛况。[①] 饶锷《壬社序》说：“近日邑子之能诗者飚起云涌，其盛犹不减于曩时。于是，辜君师陶、杨君光祖等以为不可不集，遂纠同志发起为是社，爰于壬申元日觞集于莼园盟鸥榭。时来会者十六人，而余以园之主人，谬以承推引，亦获躬与其盛。酒半酣，群商名社，或以某名最宜，或以名当为某，而卒因社始于壬申，定名曰‘壬’。”[②]饶锷还积极参加当地的“韩社”活动，并针对潮人“尸祝”韩公“决以得失，卜以吉凶”、学韩文却“学无渊源，志趣不大”二弊，大声呼吁破除祭祀韩愈灵位的愚昧习俗，希望“同学之人”扩宽视野、升华心性，“告以作文之道，申以义法”，真正光大“昌黎之学”，在文学创作上争取“与中原相角逐”。[③] 这些举措对于扭转潮州地区诗风、文风、学风，起到了至关重要的作用。

第四，办刊。饶锷受南社师友影响，热衷于民族主义革命，返潮主持《南粤报》笔政。王振泽《饶宗颐先生学术年历简编》说，饶锷“早年毕业于上海政法学堂，学成后返回潮州，曾任《南粤报》主笔。青年时，自觉接受资产阶级民主思想”，开风气之先，产生了很大的社会反响。[④] 1924年，饶锷创办《国故》月刊，以振兴国学为职志，广泛联系海内学界耆宿，征集国学稿件。其师温廷敬《赠饶君纯钩并序》说：“纯钩，余分教同文学堂时学生也。近数年来，见其所作古文辞，深合义法。今岁以创《国故》月刊，故来书通问。秋仲之潮，因造访焉，款留深谈，出所著《佛国记疏证》《王右军年谱》相质，详审精博，盖文人而兼学人矣。喜赠以诗。”自注云：“吾潮向但有诗人、文人，而无学人。宋明义理之学，尚可得数人，若考据则纯无矣。”温氏甚至自谦道：“君独学深造，不由师承。”[⑤]办报出刊，能够积极运用现代传媒方式进行适时的“国故学”反思与整理，无疑是一种

---

① 石铭吾著，赵松元、杨树彬点注：《慵石室诗钞》，北京：线装书局，2007年，第52页。
② 陈贤武、黄继澍整理：《饶锷文集》，香港：天马出版有限公司，2010年，第43页。
③ 陈贤武、黄继澍整理：《饶锷文集》，香港：天马出版有限公司，2010年，第41页。
④ 王振泽：《饶宗颐先生学术年历简编》，香港：艺苑出版社，2001年，第2页。
⑤ 陈贤武、黄继澍整理：《饶锷文集》，香港：天马出版有限公司，2010年，第178页。

时代感极强的文化活动,更是实现“国故学”现代转型的有益尝试,是架通传统文化与现代文明的桥梁。

第五,著述。饶锷“于书无不窥”,“殚其虑于著述”。郑国藩《饶锷墓志铭》罗列其著述如下:“平生著作付梓者,《慈禧宫词》一卷、《西湖山志》一卷、《饶氏家谱》八卷;未付梓者,《王右军年谱》一卷、《法显〈佛国志〉疏证》十卷;属草稿未完者,《亲属记补注》《潮雅》《〈淮南子〉斠证》,《汉儒学案》先成《易学》一卷,《清儒学案》先成目录、凡例四卷,续章学诚《校雠通义》、李元度《先正事略》则有目无书,皆有志未逮也”,“近十年来留心乡邦文献,拟编《潮州艺文志》,自明以上皆脱稿,有清一代仅定书目,而君已疾矣。”①这一系列著述,涵盖了经、史、子、集、丛五部,每一个专题都是值得深入发掘的“富矿”。尤其是在地方文献方面,他有着一种时不我待的急切感,其《与蔡纫秋书》说:“居今之世而言整理国故,途径虽不一端,而一邑当务之急,则莫先于征文与考献,其在吾潮尤不容或缓者也”,“方今世变日亟,乡献剩篇不绝如缕。”他搜讨文献,集腋成裘,案头积稿盈尺,群籍鳞次堆积,有如獭祭。他全赖这些藏书进行写作,仅用数月而成《西湖志》十卷,又模仿孙诒让《温州经籍志》而撰皇皇巨著《潮州艺文志》,于地方文献撰例多所发明。他又极其重视“敬宗收族”,独力编写《潮安饶氏家谱》,《例言》云:“兹谓之‘潮安’云者,以限于潮安一隅也。不云‘族谱’而曰‘家谱’者,谱由我作,仅详于我一家也。”②谱分九个层面:总纲、遗像、世表、家传、坟茔、祠宇、蒸业、艺文、丛录,大大丰富了家谱编撰的理论。

(四)小结

在近代转型的过程中,饶锷先生至少面对四重挑战:(1)中国国体从封建帝制走向民主共和,传统文化将走向何方?(2)中西文化交流的激荡,中国何以自处?国人何以自立?(3)长期生活在中国文化边缘地带的孤独体验;(4)个人徘徊于士人与商贾之间的社会身份的定位问题。面对挑战,他能够拿得出来的应对挑战的“工具”并不太多,且并不具备足够鲜明的“现代性”特征。在诸多因素的合力作用下,饶锷被“逼入”了“新国学”一途。饶锷先生毕生致力于保存国粹、振兴国学,一方面勤于著述,创造了许多学术奇迹,另一方面,积极办刊、出书、结社,团结潮汕学人,凝聚了一个时代特色、地域特色鲜明的“古学”群体,为保存与弘扬传统文化作出了积极贡献。这一系列的“国故学”活动与著

① 陈贤武、黄继澍整理:《饶锷文集》,香港:天马出版有限公司,2010年,第153页。

② 陈贤武、黄继澍整理:《饶锷文集》,香港:天马出版有限公司,2010年,第161页。

述,本色当行,表现出一个学者应有的手眼与修养,更蕴涵着顾炎武式的"学术经世"的入世宏愿,散发着浓郁的"古雅"气息。王国维《古雅之在美学上之位置》讲得非常透彻,"古雅之致存于艺术而不存于自然"。① 饶锷没有简单依赖固有社会历史的馈赠,而是从中国古典学术的创造精神切入,以赓续传统,回应西学的挑战。这是饶锷面对中国近代文化转型困局开出的一剂药方,看似保守,却不无思想启迪的意义。

① 聂振斌:《中国现代美学名家文丛 · 王国维卷》,杭州:浙江大学出版社,2009 年,第 101 页。

论饶宗颐艺术史论的文化精神

——以《画𫖮——国画史论集》探论为中心

郭景华
怀化学院文学与新闻传播学院

引言

饶宗颐(1917—2018),著名学者、艺术家。饶宗颐长期潜心致力于中国传统学术研究,其治学领域十分广泛,涉及文、史、哲、艺各领域,而且在其涉足的每一研究领域均成就斐然。中山大学历史系姜伯勤教授曾撰文高度评价饶宗颐在传统学术研究上的继承、开拓与首创精神,从19个方面指出了饶氏学术研究的着人先鞭。① 并从学术谱系角度,概述了饶宗颐学术的渊源,从敦煌学、甲骨学、词学、史学、目录学、楚辞学、考古学及金石学、书画八个学科门类论述了饶宗颐治学特色。同时姜伯勤指出:"然而,综观饶先生的全部学术,却应是一种分割不开的整体。其中贯穿着对中国文化精神的探求。"相对饶宗颐在敦煌学、甲骨学、简帛学、楚辞学方面的研究成果在海内外学术界的影响,其在中国古典艺术理论方面的理论建树光芒要黯淡一些,因此学界关注不多,但这并不

① 姜伯勤:《从学术源流论饶宗颐先生的治学风格》,收入《论饶宗颐》(郑炜明编:《论饶宗颐》,三联书店(香港)有限公司,1995年)。姜氏总结的饶宗颐学术19方面独特贡献为:1.目录学上,率先编词的目录,青年时即著有《词籍考》;2.率先编写《楚辞书录》;3.楚画研究的先行者;4.研究敦煌本《老子想尔注》的第一人;5.率先把印度河谷图形文字介绍到中国;6.第一位翻译、介绍、研究《近东开辟史诗》的中国学者;7.第一个研究《日书》;8.第一位研究楚辞新资料唐勒所作赋的学者;9.率先编著《殷代贞卜人物通考》;10.首治楚帛书;11.首次辑《全明词》;12.首次编录星马华文碑刻,开海外金石学先河;13.首研敦煌白画;14.首次整理出版《敦煌书法丛刊》29册;15.首论南诏禅灯系统;16.比较文学中首先提出"发问文学"概念;17.首先在汉字与诗学中研究形声字的美学作用;18.首先以半坡等地陶符与中近东图形作比较;19.在日本书道史上发现受隶书影响的一个特别的阶段。

意味着饶宗颐在中国古典艺术方面的阐释和理解在其学术研究之链条上是无关紧要的一环。1991 年,饶宗颐的《文辙——文学史论集》一书出版,他明确地在该书"小引"中说明此论文集是为"中国精神史探究之一";1993 年,《画𫌀——国画史论集》出版,[①]作为饶宗颐最重要的艺术史论成果,他又在其扉页上题为"中国精神史探究之二"。在 20 世纪的学术大家里,饶宗颐不是一个以哲学思辨擅长的学者,但他又绝不是一个没有自己的学术抱负和理想的学者。关于自己的学术旨趣和取径,饶宗颐曾自道:"念平生为学,喜以文化史方法,钩沉探赜,原始要终,上下求索,而力图其贯通。"[②]由此可见,饶宗颐的艺术史研究的目标与其他人文学科领域的研究一样,都是在为探究我们中华民族的精神史而预设的,我们也只有从这个方面去阐释、理解、把握饶宗颐的艺术史研究,才能比较贴近他的学术心灵,也才能领会他在海外学术追求的苦心孤诣,在此基础上,也才能比较准确地考虑他的中国艺术史研究意义。

20 世纪以来,中国学者对于本民族传统艺术的研究基本沿着两种路向进行:一是运用西方(包括受西方影响的日本)的哲学、美学、艺术理论来进行整理、阐释中国古典艺术文献。这又大致可以分为两个阶段:上半叶受日语、德语写作的艺术理论影响较大,其中陈师曾、潘天寿、朱光潜、滕固、邓以蛰、宗白华等学者可以视为代表,康德、黑格尔、沃尔夫林等人理论风行一时;[③]下半叶则是在新时期"文化热""方法热"的学术背景中,在再次接续、巩固、强化上半叶就已经引进的一些艺术理论的同时,又大力译介了以英美学者后现代文化理论为代表的西方学术资源,受此影响的学者不胜枚举,曾一度造成中国学术界思想的大震荡,被人惊呼为中国学界的理论"失语"。二是承继清代学术传统的研究路向,这是非主流、被边缘化的一种研究路向,学者不多,早期有启功、童书业,

---

① 饶宗颐:《画𫌀——国画史论集》,台北:时报文化出版企业有限公司,1993 年。(以下简作《画𫌀》)后以《画𫌀新编》收入《饶宗颐二十世纪学术文集》卷十三《艺术》(上),北京:中国人民大学出版社,2009 年。

② 饶宗颐:《文辙·小引》,《文辙——文学史论集》,台北:台湾学生书局,1991 年。

③ 现在学界一般都认为,在中国美术学科初创时期,也即 20 世纪二三十年代的美术史、绘画史写作,受日本学者影响很大,例如陈师曾、潘天寿等人的画史著作。进而朱光潜、宗白华、滕固的德国学术背景更是为学界所周知。

后期有阮璞。① 这些学者,立足自己民族文化传统,充分运用各类古文献(包括画史资料),考证、还原着中国古典艺术史原貌,从而厘清了中国艺术史研究中一些似是而非的命题、观点,②这些学者的艺术史的研究方法,可称为传统的历史考据法。从饶宗颐的学术渊源和古典艺术批评实践来看,饶氏无疑也继承了明清以来的朴学研究学术传统,但学术上的超人禀赋和频繁的海外汉学交流语境,却使饶宗颐的古典艺术阐释在很大程度上克服了上述两种古典艺术研究路向的局限,逐渐形成了以实证与诠释参伍以求、交互为用的古典艺术阐释原则和方法。同时,饶宗颐的古典艺术史论,某种程度上也彰显了其一贯的文化精神。

一

当今史学界有学者断言:"今日史家所重视的早已不仅是材料的真伪和完整,而是要考察材料在何种情形下因何目的并经何途径怎样留存下来,以及这样留存下来的材料在多大程度上能使后人了解或认识到历史事物的'真实'发生发展过程。越来越多的史家已在反省研究者本身的生活经历、文化背景以及意识形态等对研究的影响。"③如果说这一论断多少反映了一般史学研究的现状的话,那么,这一断言对于艺术史研究领域却是不适合的。正如有美术史学者所言:"在漫长的历史过程中,中国美术积累了浩瀚的书画史论等文献材料,但

---

① 阮璞于《画学丛证》"自序"中谓:"余治美术史,致力于中国画学研究,颇有取于清代考据学家无征不信之治学方法。盖缘深有慨乎自晚明以迄清末,画学著述全由'文人画派'文人秉笔为之,坐此而明清文人一种束书不观、游谈无根、玄言相煽、实学尽捐之恶习,遂由其所作、所编、所诠释、所点窜之画学著述,周遍浸润于举世画学学风之中,其影响所及,至今尚犹荧惑视听,为害甚烈。故余不得已而乞灵于考据学家之征实学风,庶几以实救虚,对症投药,或者于今日画学界不为无裨乎?"阮璞著:《画学丛证》,上海:上海书画出版社,1998年。

② 例如启功、童书业等人对传统"文人画""南北宗"概念的清理和批判;阮璞对历来美学史中的一些命题如"中国诗画中表现的空间意识""作画称'写'高于称'画'""宋代画学以古人诗句命题试士""咏画题画诗中之意即是画中之意"等都作了详尽考证和解说,澄清了一些似是而非的观念。分别参见张连、(日)古原宏伸编《文人画与南北宗论文汇编》,上海:上海书画出版社,1989年;阮璞:《画学丛证》,上海:上海书画出版社,1998年。

③ 罗志田:《20世纪的中国:学术与社会(史学卷)·编序》,济南:山东人民出版社,2001年,第20页。

是客观地说,具有科学意义的中国美术史学在当代还是一个新的学科,它还处在一个探索的阶段。”[①]饶宗颐也认为:“近年大量丰富的出土文物,使古史景象完全改观。我们不能不正视历史的真实面貌。以前对于古史的看法,是把时间尽量拉后,空间尽量缩小。我们不能再接受那些的理论。”[②]

在中国古典艺术史研究领域,由于中国正史对于绘画艺术的偏见,所以对艺术史上的艺术家及其作品,大都没有予以记载,即使是那些在正史中有所记载的艺术家,一般也是因为事功而被载于史册,史臣对他们的艺术事迹的叙述往往是只言片语,顺笔带过;甚至一些在艺术史上声名显赫的大画家的生平事迹也只能在小说、笔记、野史等材料中寻得一鳞半爪的信息。中国艺术史上的艺术家及其作品资料,幸得一些文人雅士的收集、整理,留存于今可得一观,但是由于著述缺乏规范,大多冗沉不堪卒读。而历史上的艺术品,由于毁损、迁移、临摹、改制等原因,给我们当下去追究艺术品创造的原初意义、理解艺术主体当时的审美趣味,造成了相当障碍。因此,运用各种实证材料对艺术品进行文化的还原,才能理解艺术品所承载的历史的、审美的含义。真正学术意义上的艺术史研究领域的文化还原,不仅要尽量还原艺术品原初的风格、形式,还必须追究它得以生成的具体历史语境,必须在特定的历史情境中去把握艺术主体产生某件或一组艺术品的思想状态、文化立场、审美趣味,才能理解他在绘画中所采取的视觉形式及构图方式,因为“艺术家的倾向是看到他要画的东西,而不是画他所看到的东西”[③]。艺术家这种总是能动地选取他所愿意采用的视觉形式去表现对象的创作倾向,使得后来的研究者只能在对创作者持“了解之同情”时,才能与之进行对话,准确地评鉴其艺术作品。对于20世纪以来的历史研究路向,饶宗颐曾发表了如下看法:

有些未来主义者,着眼于将来,热情去追求他所虚构的理想。其实,如果对过去没有充分清楚的认识,所得到的,徒然是空中楼阁。“未来”必须建筑在“过去”历史的基础之上;否则,所有的虚拟假设,其目标与方向,往往是不正确的误导。反思过去史学界,从洋务运动以后,屡次出现这种过

① 李青:《艺术文化史论考辨》,西安:三秦出版社,2007年,第132页。

② 饶宗颐:《论古史的重建》,《梨俱预流果——解读饶宗颐》,广州:广东高等教育出版社,2006年,第71页。

③ [英]E.H.贡布里希:《艺术与错觉——图画再现的心理学研究》,林夕等译,杭州:浙江摄影出版社,1987年,第101页。

失,不免患了幼稚病。所有新与旧之争,伪经、疑古之争,本位文化与全盘西化之争,都是走许多冤枉路的。回头是岸,现在是纳入正轨的时候了。[①]

正是出于这种历史研究方法论的反思,饶宗颐认为,在历史研究的方法和态度上:

我们要避免使用一套外来的不切实际的理论去堆砌主观架构,来强行套入,作出未能惬心餍理的解说,这是懒惰学究的陈腐方法。我们亦要避免使用旧的口号,像"大胆假设"之类,先入为主地去作一些"无的放矢"的揣测工夫,这是一种浪费。总而言之,我们要实事求是,认真去认识历史。[②]

作为广泛意义上的历史研究的一种延伸,饶宗颐的古典艺术史研究,同样非常注意围绕研究对象,对牵涉到研究对象的一系列实物材料进行文化还原。大体而言,在其上古艺术研究中,由于传世艺术文献严重不足,饶宗颐比较充分地注意利用他所能见到的地下遗物,甚至有时完全依靠分析地下遗物图像得出自己的结论。例如在《中国绘画的起源》[③],饶宗颐充分利用了近代考古发掘出土的大量骨器、铜器、漆器、帛画资料,尽量给我们复原了中国早期艺术发展的风貌和特色;在《楚绘画四论》[④],地下文物与地上文献并举,有力揭示了此一时期各艺术门类相互影响的事实,如《楚辞》写作和绘画、雕塑的关系。在传世文献相对充裕的元明艺术史阶段,他比较重视对于各种相关传世文献材料的搜集、比勘、整理、综合,因此解决了艺术史上许多疑难点,例如运用正史、诗人别集、笔记、画史、题跋、方志、佛典、道藏等材料,对元明画家的生平、思想、交游进

---

① 饶宗颐:《论古史的重建》,《梨俱预流果——解读饶宗颐》,广州:广东高等教育出版社,2006 年,第 70 页。

② 《饶宗颐二十世纪学术文集》卷一,北京:中国人民大学出版社,2009 年,第 7—8 页。

③ 饶宗颐:《中国绘画的起源》,《饶宗颐二十世纪学术文集》卷十三《艺术》(上),北京:中国人民大学出版社,2009 年。

④ 饶宗颐:《楚绘画四论》,《饶宗颐二十世纪学术文集》卷十三《艺术》(上),北京:中国人民大学出版社,2009 年。

行了考证,从而为我们还原了一系列画家的生活史和心态史。[①] 在《读渐江画随记》一文里,饶宗颐根据美国哈佛大学 Fogg 美术馆藏一幅龚贤山水的题记[②],考得清初画坛已有"天都"一派的称呼,这个派别的领袖人物就是程嘉燧,其人比渐江大四十余岁,习画以倪瓒为宗,他很赏识渐江及其绘画,于是经常在渐江画上给以题跋,并作高度评价。渐江受程嘉燧影响,画风也朝疏简一路发展。据此可以判断,近世画史家把渐江推为黄山派的开创者,是不确切的,渐江只不过是这一派中成就最特出者罢了。由此而进,饶宗颐又引诸同时画人评价[③],点出渐江在绘画上"以文心开辟"的独创性。从而让我们更加深切地理解了渐江这位明亡前曾"读五经,习举子业"的画僧及其艺术,而像渐江这样先习儒业,然后因为家国剧变而寄迹于山水者是很多的,这样以小见大,通过渐江,我们可以稍稍领略一代儒生在异族入主中原时的复杂"心史"。

又如《至乐楼藏八大山人山水画及其相关问题》一文,主要探讨的是八大卖画与程京萼(经学家程廷祚之父)的关系及二人跟其他文人、画家交游的问题。[④] 由此文之考证,可知世称程京萼为"真隐"乃是名不虚传。程京萼与八大,在明清之际,彼此投契,惺惺相惜。他们之间的这种交游,不过是明清之际广大遗民思想、生活状态的一种缩影。明清之际那些真正以遗民气节自居者,是能够安贫固穷,不改其志,并彼此在交往中相互砥砺、扶持的。[⑤] 饶宗颐通过八大交游而引出的遗民画家普遍因为经历相近、志趣相似而彼此扶持者,可谓

---

① 这类研究论文可见《李结云溪渔社图及其题识有关问题研究》《黄大痴二三事》《墨竹画僧方厓考》《读渐江画随记》《至乐楼藏八大山人山水册及其相关问题》《淮安明墓出土的张天师画》《张大风及其家世》《谈李云甫的家世》《方以智之画论》等,这些论文均收入《画頔》。

② 该幅山水题记云:"孟阳开天都一派。至周生始气足力大。孟阳似云林,周生似石田仿云林。孟阳程姓名嘉燧;周生李姓名永昌,俱天都人。后来之方式玉、王尊素、僧渐江、吴观岱、汪无端、孙无益、程穆倩、查二瞻,又皆学此二人者也。诸君子并皆天都人,故曰天都派。"引自《读渐江画随记》,《画頔》,第 559 页。

③ 程遂:"吾乡画学正脉,以文心开辟,渐江称独步。"(《黄山山水册》跋)

④ 饶宗颐:《至乐楼藏八大山人山水画及其相关问题》,《画頔》,第 443—451 页。

⑤ 据《清史稿·列传二百八十八·遗逸二》载:(徐枋)卒,以贫不能葬。一日,有高士从武林来吊,请任窀穸,其人亦贫,而特工篆、隶,乃赁居郡中。鬻字以庀葬具,纸得百钱。积二年,乃克葬枋于青芝山下,而以羡归其家。语之曰:"吾欲称贷富家,惧先生吐之,故劳吾腕,知先生所心许也。"葬毕即去,不言名氏。或有识之者,曰:"此山阴戴易也!"(赵尔巽等撰:《清史稿》(下),见《二十四史(附清史稿)》第 12 卷,郑州:中州古籍出版社,1998 年,第 2190 页。)

为明清之际文人交往的一个值得频频回首的话题。

另外,针对艺术史研究对象的特殊性质,饶宗颐在自己的艺术史研究过程中,一般均以实物作为立论基础,引出话题。例如,在上古艺术史研究中,就以楚墓出土帛画为出发点,考察了楚辞学及楚文化;对于黄公望、八大及其他晚明画家作品与理论的研究,都是充分利用了当时所能见到的公私收藏。当然,最为人所称道的就是他利用巴黎博物馆所藏敦煌书卷来研究敦煌白画。有学者如此评论说:"总的来看,饶宗颐《敦煌白画》一书所取得的成绩是空前的,其对敦煌白画之研究,既有简明扼要的概念分析,又有全面详尽的内容介绍,更有深入细致的技法探讨,代表着目前敦煌白画研究的新水平。"①

二

饶宗颐在其艺术史批评实践过程中,经常关注中国考古学界的考古发现和研究进展,并把考古学界及史学界对于考古发掘、发现及研究的成果积极运用到自己的学术研究中去,同时又很重视纸上文献的整理和挖掘。这种充分利用地下材料和地上文献相结合的研究方法,直接促成了其艺术史研究格局的异常宏阔,加上他融通的视角与文化比较的方法,因此进入他研究视野的艺术史研究资料就极为丰富,通过对这些研究材料的溯源式追究,由此及彼,左右逢源,由此而来,也就对艺术史研究材料作了很大的开拓。不仅大大延伸了中国的艺术史研究上限,即使在海内外艺术史学者已经展开广泛研究的元明清绘画及其理论上,也作了极大的精深拓展。例如海外汉学家通过对元明清绘画的研究,就有如下看法:

> 传统中国绘画的表现手法虽然丰富多彩,但主题范围却比西方狭窄得多。西方艺术家所描述的主题五花八门,略举几例来说:战争、多种形式的暴力、死亡、城市景象、生活阴暗面、裸体等等。这些东西作为绘画主题在中国画家的笔下都是不可思议的(有极少数例外)。描述这类事物并不是他们绘画的目的所在。②

---

① 林家平等著:《中国敦煌学史》,北京:北京语言学院出版社,1992年,第677页。

② [美]迈克尔·苏利文:《中国艺术及其对西方的影响》,罗溥洛主编:《美国学者论中国文化》,包伟民、陈晓燕译,北京:中国广播电视出版社,1994年,第266页。

事实上，通过饶宗颐及其他学者的研究，其实中国早期绘画对于战争、死亡主题的表现还是丰富的，至于元明清文人画对这些主题的摒弃，只能从中国审美文化的嬗变这个角度去理解：宋元以后的中国的文人，对于战争、死亡这些社会重大主题，似乎大都留给了诗歌，而对于主体在非常岁月的心灵感伤，却大多都留给了词与画。① 因此，对于元明清文人画的价值，如果单纯从题材、主题的表现是否丰富去判定其历史价值和审美价值的高下，也就真的多少有些隔膜。

具体来说，在对传统艺术史料的开拓上，如果说饶宗颐早期的艺术源头研究还比较多地停留在对地下考古文物的发现和研究成果的借鉴上，那么在近古元明清绘画艺术的研究中，他则针对文人画成为主流，传世的名家作品较多，名作在流传递藏中迭经历代画家传摹，画家在朝代兴替中的身世浮沉，画家皈依宗教对于主体绘画思想的影响等这些重要艺术史实，充分利用公私收藏，从作品入手，以题跋与文献和作品互证，并运用文化史、思想史、佛教史、道教史的广泛学识和方方面面的文献载籍，因画及人地研究画家个案，无论道徒文人画、禅僧文人画，还是士大夫文人画，他都从生活方式、老庄思想、禅宗思想、诗词书画方面去深入，知人论世地揭示出特殊时代的画论思想与绘画风气，时出精彩之论，绝去无根之谈，为重建历史的真实，钩沉历史的内在联系，探讨画法笔墨发展，作出了引人注目的建树。如此这些，也就大大突破了以前艺术史研究比较集中在元明清文人画，以画论、作品风格、技巧分析为探讨重点的研究路向，而这一切学术成果的取得，又同他对艺术史材料的拓展和丰厚的学术积累分不开。例如在《黄公望及富春山居图》一文中，饶宗颐并没有像常规的艺术史研究那样，对元末社会政治、经济、文化状况作普通的背景介绍，而是在对黄公望生平考证基础上，直接引出黄公望与当时全真教的关系，并通过考索同时人的一些诗、文、画跋以及文人间的交游，抉发出了当时“三教合流”思想对元末文人的

① 有论者这样断言：“明末清初的百十年，也是中国历史上较为动荡的年头，发生了不少惊天动地的历史事件，其中更有着一些戏剧性的变化，但令人奇怪的是，这个时期反映现实政治的作品几乎没有。……笔者本来认为，长期以来的绘画政治教育功能的丧失应在此种阶段、此一群体的绘画中得以申明，但，事实是在那样一个大变革的时代，竟然没有留下什么现实场面的绘画，也实在是可惜！”（付阳华：《明遗民画家研究》，石家庄：河北教育出版社，2006 年，第 138 页。）笔者认为，明遗民画家重大现实题材的缺乏，可能至少出于两个原因：一、清初文网密织，即或有也可能遭到毁损；二、明遗民画家写意笔法对于表现此重大题材、展现恢宏场面尚有困难。事实上，关于明末清初重大民族蒙难史实，许多文人的诗歌、笔记、野史都有些或隐或显的记载。

巨大影响,从而从思想文化层面上揭示出以"四大家"为首的元代文人画创作之所以被后世当作典范的动因;而在晚明以八大山人、龚贤为中心的画家个案研究中,饶宗颐先是以深厚的佛学知识素养对八大禅画的思想渊源、题字、构图技巧等作了引人入胜的解读,这是历来八大研究史上从"俗谛"到"道谛"阐释的又一大飞跃,发人深省之处颇多;而其对龚贤的研究,则重点以龚贤具有拨乱反正性质的绘画流派、品第理论立论,其主旨在于探讨明清之际画坛的审美趣味和品评风尚,这在晚明"南北宗"绘画理论几成陈词滥调的批评现状中,确实别具只眼,但又不是故作惊人之论,而是大有深意,由此深入扩展,确实能够让人感觉到明清之际文人心态的一些转捩信息。

三

钱穆曾经指出:"近人治学,都知注重材料与方法。但做学问,当知先应有一番意义。意义不同,则所采用之材料与其运用材料之方法,亦将随而不同。即如历史,材料无穷,若使治史者没有先决定一番意义,专一注重在方法上,专用一套方法来驾驭此无穷之材料,将使历史研究漫无止境,而亦更无意义可言。黄茅白苇,一望皆是,虽是材料不同,而实使人不免有陈陈相因之感。……研究历史,所最应注意者,乃为在此历史背后所蕴藏而完成之文化。历史乃其外表,文化则是其内容。"①近代画学大家于中国艺术史之研究,很少有不用文化史眼光看待艺术史者,盖自近代以来,中、西、古、今文化之比较态势使然。在早期绘画史撰写中,艺术史家非常注重从绘画与其他文化因素相互影响、互动去判定各个时期的绘画总体风貌,如20世纪二三十年代,潘天寿、郑午昌就在他们的绘画史写作中,把绘画的发展分为实用时期、礼教化时期、宗教化时期、文学化时期四个阶段。② 作为思想史家的徐复观则作了如此论断:"中国艺术精神的自觉,主要是表现在绘画与文学两方面,而绘画又是庄学的'独生子'。"③饶宗颐

① 钱穆:《中国历史研究法·序》,台北:台湾东大图书公司印行,1978年。

② 郑午昌、潘天寿的四阶段具体时段划分差别不大。郑的实用时期为史前初民绘画,礼教化为唐虞三代秦汉,宗教化为汉末至唐宋,文学化为元明清;潘只是把文学化开始向前推进到两宋。郑午昌同时还指出,此四时期之划分,并非绝对,其间互有出入,大抵就与绘画之进展或直接或间接发生影响及效力而比较重要者言。见郑午昌《中国画学全史》,上海:上海世纪出版集团,2008年,第3页;潘天寿:《中国绘画史》,上海:上海人民美术出版社,1983年,第3页。

③ 徐复观:《中国艺术精神——石涛之一研究》,北京:九州出版社,2014年,第8页。

在《画预》篇首“小引”中云：

> 昔圜悟禅师拈语略云：“至简至易，往还千圣顶𩕳头。弹指圆成八万门，一超直入如来地。”严沧浪论诗，截断众流，亦云：“此乃是从顶𩕳上做来。”诗家得力于是，以之论画，何独不然。熟读禅灯之文，于书画关捩，自能参透，得活用之妙。以禅通艺，开无数法门。董香光之“小中见大”、八大之“八还”，取自《楞严》，均见其证也。①

显然，饶宗颐是比较欣赏那种“一超直入如来地”“截断众流”的艺术批评方式的，严沧浪的“以禅喻诗”，董其昌的“以禅喻画”，说明中国的诗画意义，超出形式之外，文人之画，更不宜以形式批评简单处理，文人画形式背后，自有一番大自在。中国文人画，是传统文人把文化消融于美的创造，因此不把握中国传统文化在历史河流的演进，不理解这种文化演进对于艺术家的影响，而仅仅只是从艺术技巧、风格等形式方面去理解，那就只能了解艺术的皮相。“艺术之所以能超越历史，正由于它投身于历史之中。因此，如果对艺术家的历史环境没有全面的了解，那么想从批评的角度去理解他的创造性是不可能的。”②囿于艺术史本身对绘画作品或画论的简单罗列，将之从文化史之中剥离出来进行“提纯”研究，虽然在叙事上简洁明快，但对于艺术精神实质的把握则大打折扣，以图像为线索的艺术史书写虽然也满足了“读图时代”的审美饥渴，但是它只能是本质表象的历史，它充其量只呈现了“是什么”的问题，而不回答“何以是”的提问。割断艺术本身得以生成的历史文化逻辑，从表象至表象寻找回答艺术史疑问注定只能是缘木求鱼，徒劳无功。而且，由于要从历史文化逻辑演进之因中寻找艺术史现象的逻辑之果，任何现代学科的分类都只会使研究的视野蔽于一隅，甚至还干扰着正常研究思路的视线。因此，打破学科分类，对艺术史作多维的文化透视，就成为必然选择的研究进路。饶宗颐正是认识到这一点，所以他在研究对象的时候，能够把相关的各种艺术研究史料彼此打通、融合，并不断突破艺术史和其他人文学科之间的藩篱，融会贯通。运用文化史的眼光来观

---

① 饶宗颐：《画预·小引》，《画预——国画史论集》，台北：时报文化出版企业有限公司，1993 年，第 6 页。

② ［意］里奥奈罗·文杜里：《西方艺术批评史》，迟轲译，南京：江苏教育出版社，2005 年，第 239 页。

察、考虑艺术史中的艺术家、艺术品及艺术现象,可以使这些研究对象获得一种丰厚的阐释文化背景。正是借助于这种会通的视野,各个研究史料之间建立起了有机的联系,相互阐发,不断激发、拓展着意义的空间。从文化史的眼光出发,我们看到,一定时期的艺术家的思想及其创作自身不能突破自己的历史局限和思想局限,即使在某个特定时期出现一些带有先锋性的艺术家,可能突破陈陈相因的艺术创作规范,但是毕竟不会有很大的普适性,对于我们全面理解一定历史时期的时代精神和艺术精神,并没有造成审美判断上的颠覆性影响。

饶宗颐之所以有这样一种研究视野和眼光,同他的文化史学家身份有关,与其对"史理学"追求有关。"'史理学'就是贯穿历史事实中的道理,我早年读史书的时候,就有这么一种感觉,一个国家精神的维系,不光是知识的东西,还有一个理。知识只是一些拉杂的学问,'理'才是其中的精要。在史学中,就是要讲'史理'。"[①]中国的古代史学,是讲史理的,如对正统论、对正朔的区分等等。因此,饶宗颐的学术,尽管境域异常阔大,但绝无枝蔓繁复之感。作为一般历史研究的方法论,饶宗颐的艺术史研究中当然也贯穿着追求"史理"的目标。尽管饶氏治学的看家本领之一就是考据学,尽管他的艺术史研究当中实现了对传统考据方法的突破,采用"多重证据法",从而获得了对于艺术史一系列经典知识的确立,但显然这不是饶宗颐艺术史研究的最终目标,他的最终目标是,运用文化史的眼光,以中国精神之考索为最终鹄的。而要追索古人的"心",阐释的手段是必不可少的。余英时曾认为,要"知古人之言","见古人之心","惟以实证与诠释参伍以求、交互为用",方能克服阐释中的"凭空逞臆"。[②] 饶宗颐的艺术史研究,正是采用实证与阐释相互结合的研究方法,不断拓宽艺术史研究境域,并通过对史料的考证和阐释,使自己采信的多重证据获得确证的同时也建立了生动的紧密联系,证据与证据之间相互阐发,也不断地突破研究主体的"先见",从而也就超越了传统考据那种以孤立的经典知识获得为研究旨趣的朴

---

① 周少川:《治史论学六十年——饶宗颐教授访谈录》,《史学史研究》1995 年第 1 期。

② 余英时认为,清代以来之正统考证大抵以西方所谓实证方法为主体,"此盖与所考之对象有关。典章、文物、制度、事迹、年代之类皆历史之外在事想也。故必待证据坚明而后定谳。"《方以智晚节考》可谓余英时实证与阐释相结合的典范之作,"本书所考者,则古人之心也,……然清初遗民之隐语方式,因人因事而异,系统各别且与当时史事与古典传统皆密切相关,故又非凭空逞臆所能通解,惟以实证与诠释参伍以求、交互为用,庶几有以知古人之言,而见古人之心耳。"参见余英时《方以智晚节考》,北京:生活·读书·新知三联书店,2004 年,第 3—4 页。

学方法。

而艺术史研究的迹象表明，“我们可以看到比较固定的中国传统语汇是怎样像筛子一样只允许已有图式的那些特征进入画面。艺术家会被可以用他的惯用手法去描绘的那些母题所吸引。他审视风景时，那些能够成功地跟他业已掌握的图式相匹配的景象就会跃然而出，成为注意的中心。风格跟手段一样，也创造了一种心理定向，使得艺术家在四周的景色中寻找一些他能够描绘的方面。绘画是一种活动，所以艺术家的倾向是看到他要画的东西，而不是画他所看到的东西。”①贡布里希卓有成效的艺术心理学研究表明，艺术家在对所要表现的对象选择上是有心理倾向的。而且中国宋元以来的艺术家在艺术图式选择上的强烈表现性、抒情性，更使追问艺术家的创造情境显得十分必要。正是在对艺术创作主体发问方式的意义的追问与理解中，我认为，饶宗颐对于艺术对象的阐释和研究，凸显出很强的现实针对性。正如我们前面所看到的那样，饶宗颐非常反对那种“先入为主”式的以某种理论架构去规范对象的阐释行为，而是积极运用自己的学术积累，围绕艺术家主体的创作思想，对研究对象展开全方位的证据考索，并让所引用的材料相互印证、激发，在对所接触的材料进行分析、排比、归纳基础上，抽引出最后的研究结论。这样一来，即使我们对于饶宗颐在对具体材料的分析、总结、申发上所得出的结论或形成的观点，持有异议，但对其观点得以形成的那些考证材料或经典知识，我们如果要对同样问题进行追问的话，它(们)却早已构成我们在继续追问之途中不容回避的基础标识，正是借助于这些标识，我们迅速地进入文本视野，向文本提问，期望文本的回答；也以此标识为基础，我们和饶宗颐进行对话，理解着饶宗颐。

结语

饶宗颐的艺术史研究，以文化史的眼光为探灯，以考证艺术主体创作思想为中心，以会通的手法处理艺术对象，实现文、史、哲、艺的相互交融，彼此触发，给我们以强烈的历史整一性、连续性。这种对艺术史研究的连续性、整一性追求，显示出强烈的文化自觉、文化自省、文化认同的精神，在当代艺术史乃至于整个学术史的研究，具有深刻的现实意义。

目前，在当下的美术史(含绘画史)研究与书写中，有一种受西方后现代文

① [英]E.H.贡布里希：《艺术与错觉——图画再现的心理学研究》，林夕等译，杭州：浙江摄影出版社，1987年，第101页。

化影响很大的观点,就是在美术史写作中,有些学者主张不要再去写那种上下数千年、东西几万里的中国美术史,因为这类宏观叙事不过是现代启蒙主义和进化论影响下的“民族国家”的神话,如果有人在“后现代”的今日继续追求这种历史叙事就不免会有民族沙文主义之嫌。持这种见解的学者因此以解构古代中国美术史为己任,在抛弃了宏观历史框架后着眼于对地方文化多样性的研究。这种主张,正如巫鸿所评论的:

> 但问题是“地方”的概念往往还是跳不出后人的眼光,而且一个四川就超过了英国和意大利的面积总和。因此“地方”仍然需要不断地解构,多样性的背后有着更多的多样性。其结果是最终抛弃一切晚出的和外部的历史文献,把观察和解释的框架牢牢限定为确切有据的考古材料。……以“文化多样性”全面否定历史连续性不过是提供了另一种教条。否定的态度越是激烈,其本身的意识形态也就越为明显;因为排除其他学术的学术最终不免成为权力话语的工具。①

由此,巫鸿提出一种开放式的中国美术史研究,其有关美术史书写的“开”与“合”观念,②在我看来,饶宗颐在上古史艺术史研究中,其“内向观”与“外向观”的文化研究视角,就已经包含有类似的因素;而在元明清文人画家的研究中,对于艺术作品的风格考察已经退居其次,其重点在于考察传统以儒、释、道主体为文化思想在具体的历史语境中究竟如何对艺术主体各自产生影响,以及这种影响又如何导致了艺术主体在特定时段对于艺术构图、作品品评诸方面的不同追求。

进一步说,饶宗颐艺术史研究中对于历史整一性、连续性的理解追求,并不必然和历史多样性、断裂性的理解追求相矛盾。饶宗颐的艺术史研究实践业已

---

① 巫鸿:《美术史十议》,北京:生活·读书·新知三联书店,2008年,第66页。

② 据巫鸿的解释,“开放”有多种意义,可以是观察对象和研究方法的多元,也可以是对不同阐释概念和历史叙事模式的开发。因此在艺术史的叙事模式上采取“开”与“合”相结合的方式。作为一种历史叙事模式,“合”的意思就是要把中国美术史看成是一个基本独立的体系,美术史家的任务就是追溯这个体系(或称“传统”)的起源、沿革以及与中国内部政治、宗教、文化等体系的关系。相对而言,“开”则是对这种线性系统的打破,以超越中国的空间联系代替中国内部的时间延续作为首要的叙事框架。巫鸿:《美术史十议》,北京:生活·读书·新知三联书店,2008年,第66—68页。

表明,中国的艺术发展,在不同的历史阶段所呈现出来的面貌及其特质确实是有一定差异的。况且,对于艺术文化多样性的探求,在当今学术研究的语境中应该是值得大力表彰的学术态度,尤其是在中国学术遭受到多年从上至下的意识形态控制之后,鼓励实证精神,重新发掘和解释历史证据,进行从下至上的逐级历史重构就显得弥足珍贵。但从中国文化同西方文化分属于不同的文化系统而言,这些艺术史研究中的多样性追求只不过是在中国独特的文化系统这个"大同"前提下的"小异",我想,中国艺术自身的系统也应该作如此理解,稍有点文艺常识的都知道,中国的古典艺术传统同西方的是有相当差别的,但在其内部,其连续性又是显而易见的,中国的艺术家基本上都是以复古为特色的,即使是那些在中国艺术史上最富有创造精神的艺术主体,也多半是扛着"以复古为革新"的旗帜。

因此,从当代中国学术独立、民族文化认同这些大处着眼,我也认为,对于艺术史的研究的历史连续性追求也是必要的。虽然整个20世纪上半叶的学者在其文化建构中充满功利性,但是这种功利性由于是同民族国家的文化认同紧密相连,其意义就在于,针对"天朝大国"及其文化体系崩溃的历史时刻,努力寻找人类一切有创造生命活力的文化,改造中国国民性,重新聚拢涣散的人心,正如费孝通所说:"20世纪前半叶中国思想的主流一直是围绕着民族认同和文化认同而发展的,以各种方式出现的有关中西文化的长期争论,归根结底只是一个问题,就是在西方文化的强烈冲击下,现代中国人究竟能不能继续保持原有的文化认同?还是必须向西方文化认同?"[①]事实上,在人文学科研究中,要想排除价值判断几乎成为不可能。据一些学者介绍,当代西方学术主流已经走向文化研究,"'文化研究'已成为了一个全球范围的关于'后现代'和'后殖民'问题与理论之后的又一个时髦词藻","它所涉及的研究领域主要包括对文化本身的价值问题的探讨,对文化身份或文化认同的研究,对各种文化理论的反思和辨析,对传统的文学研究者所不屑的那些'亚文化'以及消费文化和大众传播媒介的考察和研究,以及对当今的后现代、后殖民、女性或女权主义的研究、区域研究、第三世界及少数民族话语的研究,等等。"[②]然而据另一些学者考察,这些文

① 费孝通:《关于"文化自觉"的一些自白》,《群言》2003年4期。

② 王宁:《文化研究:今日西方学术的主流》,《超越后现代主义》,北京:人民文学出版社,2002年,第156、159页。

化研究的各种主张的背后,都有深刻的民族文化思想根源,[①]因此,对于有学者所宣称的人类文化已经由后现代走向“全球化”,我是一直有怀疑的。而对于学术独立的倡扬和民族文化秉性的维护,在今天也不是以“文化保守主义”的标签所能涵盖的。它应该被视为一种对民族文化之根的追寻,对一个国家、民族文化记忆的守护。我想,饶宗颐的古典艺术阐释的文化精神,也应作如是观。

---

① 例如关于西方文化研究中“后殖民”问题,甘阳就认为,其比较深刻的问题原型实际上是欧洲19世纪的“犹太人问题”,而所谓的“犹太人问题”又是一个现代性的问题:法国大革命从政治上解放了犹太人,犹太人获得了公民权,但这种政治解放的代价是犹太人必须放弃其族群宗教身份,以“个人身份”成为现代欧洲的公民,即犹太人必须放弃自己的信仰,才能融入基督教主流社会。第一代犹太人接受了这种“文化同化”,但是自19世纪后期以来,新一代的犹太知识分子开始有了反抗这种“文化同化”的自觉,从卡夫卡、本雅明到德里达,都以这种文化反抗作为其思想特征。参见甘阳《古今中西之争》,北京:生活·读书·新知三联书店,2006年,第12—13页。

华梵大学文物馆珍藏饶宗颐教授书画暨晓云法师禅画

陈娟珠
台湾华梵大学

前言

选堂教授(1917—2018)与台湾华梵大学创办人晓云法师(1912—2004)结法缘于香港文化艺术协会,法师于1967年应张其昀博士聘请而赴台湾中国文化学院讲学,而后创办莲华学佛园、华梵佛学研究所及华梵大学。1993年至2000年期间选堂教授时常应邀莅临华梵与法师畅谈佛法、书画与人文教育。笔者有幸受教三十年亲聆教益,跟随两位大师,受益良多。

本文试以华梵大学文物馆珍藏饶宗颐教授书画暨晓云法师禅画为中心,分下列三项说明之:

一、选堂教授与晓云法师之深缘

二、华梵大学文物馆珍藏饶宗颐教授书画

三、晓云法师的禅画艺术

选堂教授简历

> 饶宗颐教授精通汉学、甲骨学、佛学、绘画及书法,在海内外享负盛名。……书法及画作也蜚声中外,亦擅诗、词、骈文、书画,通梵文……饶教授先后获法国汉学儒莲奖(1962)、香港大学荣誉文学博士(1982)、法国索邦高等研究院首位荣誉人文科学博士及法国文化部颁授文化艺术勋章(1993)……

饶宗颐自谓"五洲历其四,九州历其七",治学60年间,教授、研究员之类的头衔即有几十个之多;其任教、受聘者,多是国际上的名牌学府与研究机构,除香港和大陆大学之外,先生先后在新加坡大学,印度班达伽东方研究所,法国科研中心、法国远东学院,美国耶鲁大学研究院,日本京都大学、九州大学从事讲学或研究,先后被香港大学授予荣誉文学博士,法国索邦高等研究院授予人文科学博士,并兼任中华人民共和国国务院古籍整理小组顾问、泰国华侨崇圣大学中华文化研究院院长诸职。

> 选堂教授作为一位史学家、语文学家,佛学、敦煌学、美术史学著作等身的学者,而又是一位画家,这在过去,却是罕见。选堂先生的学术成就,早已为中外学者所公认。[①] (黄苗子先生《饶宗颐书画集》序)
>
> 选堂先生的画之所以落笔便高,是和他广博的学问分不开的。几十年来著书讲学,足迹遍及欧洲、美国、日本、印度、中国大陆。[②]
>
> 饶宗颐选堂先生是当代百科全书式的大师。他博贯古今,文通中外,举凡国学中的儒、释、道,尤其是儒学中的经史子集、典章制度、天文律历,按西学分科的文、史、哲、艺,无不赅洽,著作等身,精深博大,创一家之言。[③](许嘉璐先生致词)

学术研究外,饶宗颐也擅长书法、书画、诗词、古琴,而且造诣极高,赢得甚高的评价。台北"故宫博物院"前院长秦孝仪认为:"先生法书上追汉魏,下迈苏黄。山水人物,尤苍茫澹远,自辟蹊径。而古文辞骈丽并擅,义正旨远,道德、文章、书画,辛亥以还,公其巨擘也。"季羡林教授对他的诗词非常赞赏:"选堂先生读万卷书,行万里路,世界五洲已历其四;华夏九州已历其七;神州五岳已登其四。先生又为性情中人,有感于怀,必发之为诗词,以最纯正之古典形式,表最真挚之今人感情,水乳交融,天衣无缝,先生自谓欲为诗人开拓境界,一新天下耳目,能臻此境界者,并世实无第二人。"而人们对他书画的评价:"选堂先生的书画,清狂跌宕不可一世,温文雅逸莫之与京。选堂先生笔墨丰润华滋,行笔自

---

① 陈韩曦主编:《东洲鸿儒:饶宗颐九十寿庆集锦》,广州:广东高等教育出版社,2007年,第235页。

② 陈韩曦主编:《梨俱预流果:解读饶宗颐》,广州:广东高等教育出版社,2006年,第23页。

③ 陈韩曦主编:《东洲鸿儒:饶宗颐九十寿庆集锦》,广州:广东教育出版社,2007年,第2页。

由放任;若无绳墨,却自有法度。”

一、选堂教授与晓云法师之深缘

教授名宗颐,号选堂。述及“宗颐”二字来历,教授说这些都是小时其父亲为他取的,目的希望先生能宗法周敦颐(濂溪),成为大理学家。古代有一高僧也叫“宗颐”。先生诙谐地说:“生前可能是位高僧。”后来制印一枚:“十方真定是前身”。

晓云法师,其思想儒佛兼备,尝与饶宗颐、钱穆、唐君毅及程兆熊教授论道为友,提倡儒家之伦理道德及佛家之悲智精神,即彰显儒佛思想并茂互荣。

法师于1990年创办“华梵工学院”,除科技课程又设通识课程,授学生以各类人文知识。法师道其初衷说:“科技课程之外,藉通识课程施以学生人文教育,教以智慧与慈悲,期使学生兼具人文素养。”以“德智能仁”为校训,意在彰显五千年中华文化与两千年中国佛教思想之交会融合,提倡以专业技术造福人群,化育人格止于至善。

1993年1月28日东方人文思想研究所筹备之初,选堂教授应创办人晓云法师邀请莅临主讲“鸠摩罗什与敦煌卷子”并主持人文教育研究中心主办的“人文思想教育座谈会”。[①] 教授与法师讨论创所理念与宗旨,认为以华梵人文研究为发展方向实是正确而明智之举,并强调东方人文思想研究所宜以佛学为基础,来探讨人文思想教育。[②]

教授学问渊博,言论条畅,所作专题演讲,内容充实丰富,多讲述研究之心得,师生均感受益良多。其言行风范及学术研究之精诚,对中国学术界产生极深远影响。[③]

4月22日,“华梵人文讲座”邀请教授担任主讲人,于台北世贸国际会议厅作“刘勰与佛教文学”演讲[④],聆听者近二百位,均感受益良多。演讲重点内容如次:

4月19日教授主讲“六祖坛经异本及文字上的问题”(该部分内容已

---

① 选堂教授1993年至2000年时常莅临华梵指导,每次都由清芬老师随侍。

② 陈娟珠:《汉学研究通讯》,14:2,台北:汉学研究中心,1995年6月,第131页。

③ 陈娟珠:《汉学研究通讯》14:2,台北:汉学研究中心,1995年6月,第131页。

④ 讲座由华梵人文科技学院东方人文思想研究所主办,创办人晓云法师主持,所长陈元音教授担任引言人。

图1 教授于台北世贸国际会议厅演讲“刘勰与佛教文学”

收录入《饶宗颐二十世纪学术文集·卷五宗教学》)①。谈到石城寺,教授说研究问题一定要到亲自到过,比较言之有物。(教授谈及曾到过南印度达摩祖师的家乡,而晓云法师曾在印度四年,彼此谈学术非常相契。)

1997年人文科技学院更名为“华梵大学”,1998年1月22日创办人答复何广棪教授:“……敬悉大示并选堂学士来禅意,云于今日稍暇,亦得‘听月观风’四字,回应之(憨山禅师意)。”再于5月1日复何广棪教授:“……再者:已嘱仁眷数次致电香港,请选堂教授六七月间来台,云拟日间去函请驾宗颐教授。”7月31日校长马逊博士致函创办人晓云法师:“近来本校与国际间交往频繁,国外来访的校长教授等都认为,想不到台湾竟有如此重视东方文化之大学,本校校名‘华梵’,如何发扬华梵儒佛思想,值得本校好好研究,……极盼能请饶教授来台共同研究策划,如何推展二十一世纪人文教育,以期有所发扬德育,巩固道德伦理。”8月3日晓云法师致函选堂教授:“……云与校长都竭诚恭请台端为敝校荣誉教授,至希为倡扬我国优良文教精华,须有至人奉献之心,未知以为然否,并附纸及校长信。”选堂教授1998年11月来台,参与“华梵大学卓越学术研究”规划指导,9日下午于华梵园地与法师会谈,何广棪教授、许国宏教务长及周春塘所长等陪同。11月11日聘请先生为荣誉讲座教授,于华梵国际会议厅

① 《慧能及〈六祖坛经〉的一些问题》,饶宗颐著,《饶宗颐二十世纪学术文集·卷五宗教学》,北京:中国人民大学出版社,2009年,第327—329页。

图 2　选堂教授在荣誉讲座教授颁授典礼后主讲"梁僧佑的贡献与佛教文学"

由创办人晓云法师及校长马逊博士主持颁授典礼。典礼结束后,由教授主讲"梁僧佑的贡献与佛教文学"。

挈古论今

晓云法师在聆听饶教授旁征博引、信手拈来的演讲后,不忘"借题发挥",勉励在座的华梵年轻学子见贤思齐——学习饶教授严谨而富新意的治学态度,珍惜传统优质文化,进一步"挈古论今",发挥继往开来、创新文化的使命!

晓云导师语重心长地提醒大家:不要一味盲目追求西方的时尚,而忽视自家本有的宝藏。"传统文化中,有很多裨益吾人确立坚固人生信念的思想。"法师并强调:"这正是缺乏人生方向的现代人,所迫切需要的!"

"渡过危崖知力健!"导师以饶教授为例,说明能成大事业、大学问者,必经过很多困难艰苦的考验。"作为一名读书人,应常思维:自己所学所作,对时代有何贡献?"导师认为个人忧苦事小,文化传承志业事大,要能善化个人小苦,培养承担众人大苦的无畏情怀。"人置身天地宇宙间,真是浩渺沧海之一粟! 我们千万不要自满。更何况比一己有学问的人,多到无以数计;个人实在没啥了不起!"希望大家要乐与众人融合、集思广益、和谐相生,共创生命之大美![①]

---

① 拾慧录,晓云法师开示:《清凉法雨(二)》,台北:《华梵月刊》编辑组,2005 年,第 52—53 页。

晓云法师亲书“华梵影音”,由东方人文思想研究所何广棪教授之友人制作成光盘,以为流传。笔者任哲学系佛学课程,将此资料作为重要教材,学生需撰写学习心得报告,师生深感受益无穷。

晓云法师与饶教授是志同道合的好友,从文、哲、古琴的琴艺、书画到佛学禅法奥妙,时有切磋。大仑灵山有幸,华梵校园处处有先生的足迹。创办人晓云法师曾多次与饶教授及其千金清芬女史及佳婿邓伟雄先生共游华梵校园。教授亲切慈祥,正如冬日和煦的阳光。法师兴致高昂地陪同先生参观华梵校区(图3)、文物馆、后山水源地及莲华学佛园。亲临校觉室(提供全校师生静虑冥思的场所及佛法研修之引导)、心镜湖、藏六池、牧牛地(牧心牛,培养“心田不长无明草,觉苑常开智慧花”)。在学校后山有片清澈的溪水,在宁静中轻吟着潺潺之声,正如教授伟论弘音若清流传送到校园每一角落,滋养润泽所有的华梵人。

华梵大学在海拔550公尺高的大仑山上,借着大自然景观境教的熏陶,期以化育学生气质。校园的环境设计,划分为五区十景,如“大学之道”“三友路”“百丈寮”“饮水思源”等景点。或撞击铜钟,敲醒尘梦;或于三友路的松岗竹林中,于自然教室、读书亭中,听乌声鸟鸣,看朝霞夕照,品茗论艺,教授高兴地与晓云法师聚谈了大半天。

图3 晓云法师多次与饶教授及千金清芬女史及佳婿邓伟雄先生共游华梵校园

图 4　教授聆听马俊国先生弹琴

选堂教授与华梵师生

先生仁慈,爱才惜才。东方人文思想研究所研究生赖信川,撰作硕士论文《鱼山声明集研究——中国佛教梵呗的考察》,其间曾请教教授,教授指示其进一步阅读印度文学及音乐资料,“重声主义”素为印人传统。对马俊国撰作的硕士论文《杨时百与近代琴学》,先生给予了赞许,并提点研究方向:“对于现在人心‘失中和’的现象,古琴音乐所持重之‘清微淡远’的美学内涵,恰恰是吾人精神,极过于凝练与提升后才能展现的特质。”教授不仅学富五车,著作等身,还是资深的古琴家,蓄有古琴数张,聆听马俊国弹琴后(图 4),予以指导更是持之有故,言之有物。

先生是智悲双运的仁者,对人总是那么慈祥,那么和蔼可亲。也正是那种亲切自然、祥和愉悦的气质,使其成为一代大师之德范。饶教授退休后多年来继续指导研究生、授课及演讲,不断阐发研究新材料及新学说。数十年来,饶教授积极匡助各大学推动学术发展,提供宝贵意见,贡献超卓。

二、华梵大学文物馆珍藏饶宗颐教授书画

众所周知,选堂教授不仅是国学大师,其画艺和书法,也臻于炉火纯青、当世一品的境界。在全世界许多文化殿堂,可以看到教授题写的匾额。宗颐教授慈护华梵大学,惠赠许多书画墨宝于创办人,实在珍贵无比(图 5)。

华梵大学文物馆珍藏有教授墨宝《庭前柏树子》(图 6)。此公案是一个僧

图 5　选堂教授与法师合作写画(1995 年 4 月)

图 6　《庭前柏树子》墨宝

人问赵州从谂禅师:“什么是祖师西来意?”赵州禅师看着堂前青翠茂盛的柏树,说:“庭前柏树子。”这个僧人一听,就质问说:“请和尚不要拿外境来示人。”赵州禅师说:“我从不以外境示人。”僧人表面上是问达摩祖师西来的意旨何在,而实际问的是如何成佛作祖。

今“精进轩”匾额,乃教授 1995 年 4 月所题(图 7)。法师原想命名赵州茶亭,但教授认为茶亭气势太小。乃请教授命名,教授慨然应允。并题“精进轩”三字,这“精进轩”中式拱门(图 8),四周回廊,依山坐北朝南,眺望广阔,山峦迭起,真是好景致。此为创办人期勉全校师生精进努力不放逸,培养“园中无枯木、校内无废人”之精进学风,效法百丈禅师“一日不做,一日不食”的勤奋精神。已在此举办 56 次月会,以文会友,论道为朋,提升人文研究的水平并引起人们的重视。

图 7 “精进轩”匾额

图 8 “精进轩”外观

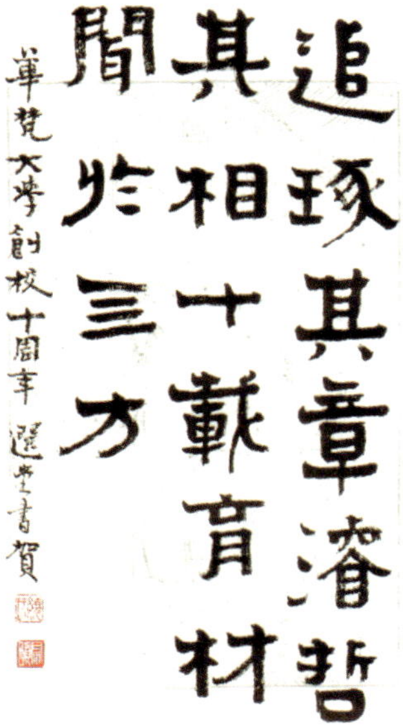

图 9 1999 年华梵大学创校十周年，教授亲题“追琢其章浚哲其相，十载育材闻于三方”以兹鼓励

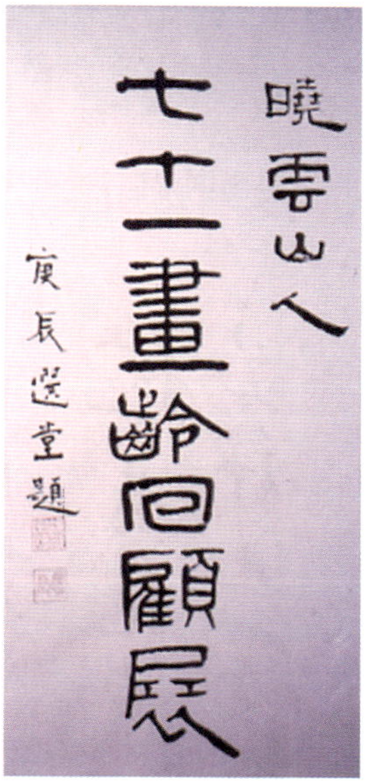

图 10 为《晓云山人七十一画龄回顾展专辑》题词

1999 年华梵大学创校十周年，教授亲题“追琢其章浚哲其相，十载育材闻于三方”（图 9）以为贺。2000 年 4 月，先生为《晓云山人七十一画龄回顾展专辑》题词（图 10），例如《寻山到水源》[①]选堂大师与晓云法师合作画（图 11），晓云法师写瀑选堂补高士等等。2001 年 8 月晓云法师九十大寿，先生亲题“腕底乾坤山中般若神光无极”（图 12），意境高超，真是叹莫能穷。2004 年 10 月法师圆寂，先生亲题“晓云法师驻锡大仑山，精通六法手创华梵大学，于无上法致功德

① 晓云法师：《晓云山人七十一画龄回顾展专辑》，台北：原泉出版社，2000 年，第 26 页。

图 11 《寻山到水源》选堂大师与晓云法师合作画，晓云法师写瀑选堂补高士

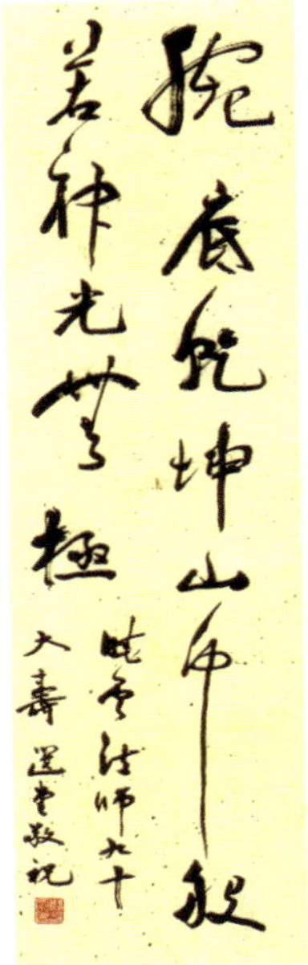

图 12 晓云法师 90 大寿，先生亲题“腕底乾坤山中般若神光无极”(2001 年 8 月)

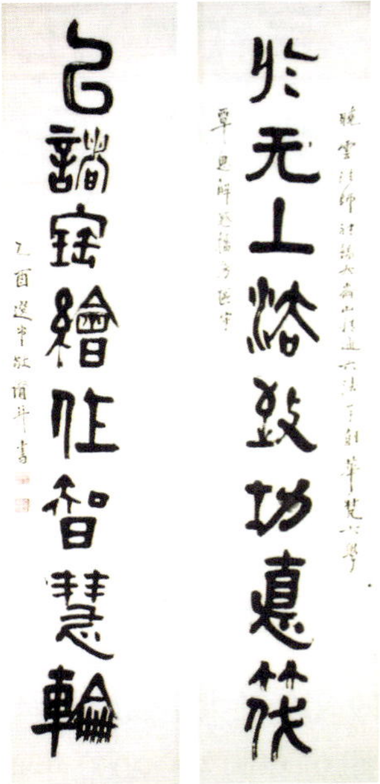

图 13 2004 年 10 月法师圆寂，先生亲题“晓云法师驻锡大仑山，精通六法手创华梵大学，于无丄法致功德筏覃思解惑播芳区宇，以诸宝绘作智慧轮”

筏罩思解惑播芳区宇,以诸宝绘作智慧轮”①(图 13)。华梵大学东方人文思想研究所为追慕晓云导师而特别召开“创办人晓云法师圆寂周年纪念会暨第六届天台宗国际学术研讨会”特将选堂大师墨宝悬挂于会场,供众瞻仰。笔者任华梵大学觉之文化研究室主持人(2005 年 2 月),感到特别荣幸的是承蒙国际汉学大师选堂教授题词,并承亲赐“觉之文化研究室”匾题(图 14)。拙著《华梵人文教育的实践》,承教授亲书墨宝勉励(图 15)。大师对晚辈后学的鼓励与厚爱,铭记在心。

图 14 笔者有幸承选堂教授亲赐“觉之文化研究室”题词(2007 年)

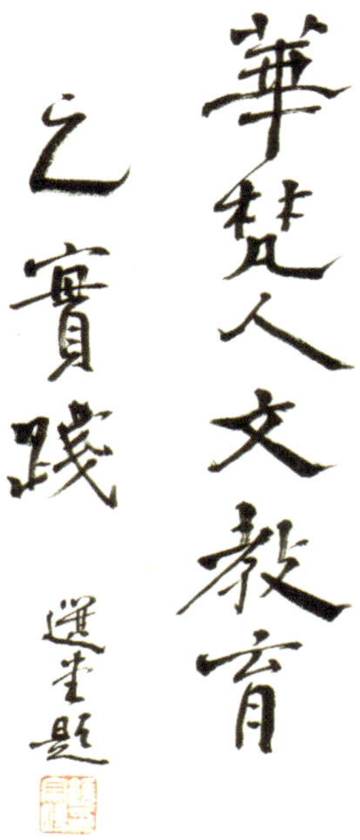

图 15 拙著《华梵人文教育的实践》,承教授亲书墨宝勉励(2007 年)

① 释圆诚等:《云山依旧映我心——导师圆寂周年纪念专集》,台北县:莲华学佛园,2005 年,第 69 页。

三、晓云法师的禅画艺术

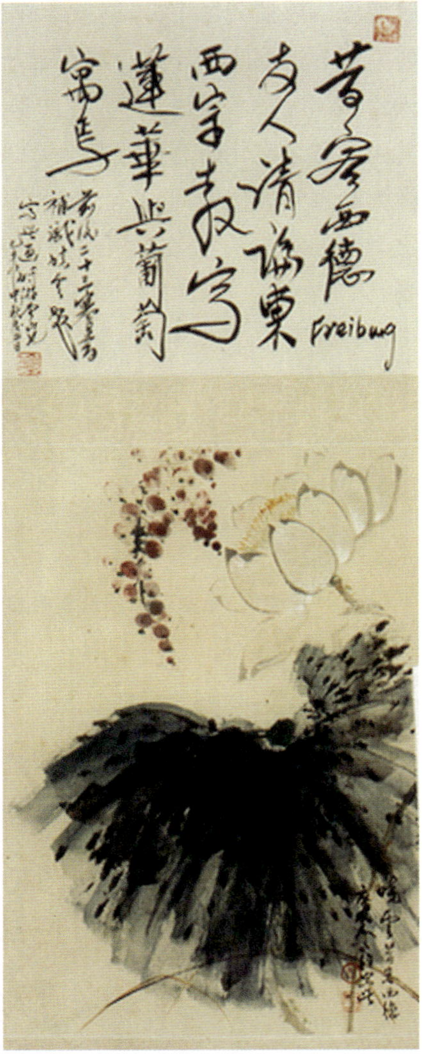

图 16 《莲花与葡萄》

晓云法师俗名游云山,为华梵大学创办人,1997 年“行政院”文化奖得主。师事岭南画祖高剑父大师,极受大师影响并深得心传。早于 1933 年,先于广州市创办文风艺苑,后游学印度,研究印度艺术,著有《印度艺术》(已三版)。于泰戈尔大学担任美术学院客座教授两年,旅印期间曾临摹阿姜塔(Ajanta)壁画。1955 年,为观摹世界文化、艺术,环宇周行,参访胜迹历三十余国。曾于世界各大博物馆举办数十次画展。

法师旅欧期间,拜访著名教授哲学家海德格尔(Martin Heidegger),谈及对人类心灵培养禅行的问题。1953 年,会晤诺贝尔奖得主司道亭教授(P. E. Dr. Hermann Staudinger)。曾有一幅作品,画题《莲花与葡萄》(图 16),即是与海德格尔、天主教研究佛教和禅宗的神学教授,以及旅欧学者萧师毅等谈论之后而完成的。中国之“莲花”和西方之“葡萄”,以呼吁世界和平寓意,即东西文化融会的象征。①

台湾艺术大学前校长黄光男先生说:“晓云法师洞识生活禅机,发人深思的艺术,正是中国人文之美与宗教情操的一种伟大融合,足以彰显二十世纪,当中西思潮互动交融之际,中国哲人维护与发扬中华文化精神的志业。”

---

① 西德科隆画展时,《科隆生活杂志》称赞中国女画家游云山,最了不起的是,成功的将禅、道与儒家的深义融会于作品中,1958 年 7 月 13 日。见晓云法师《环宇周行散记》,台北:原泉出版社,1998 年,第 354 页。

晓云法师合中西绘画优点，本是岭南派的基本画风，而在师承高剑父之中又有所创新。法师的画作集合儒、道、佛三家思想，形成个人独特的风格，同时，将早年修习禅宗佛典之心得蕴含其内，可谓“禅心融于画意”。

岭南女画杰——向世界艺术迎头赶上去！

1952年法师与新亚书院董事长赵冰大律师、唐君毅教授创办原泉出版社，发行《原泉月刊》，自任主编。创刊辞曰：“断烦恼而修悲智莫尚乎佛；由仁义以行教化莫尚乎儒。”杂志内容以文学、艺术融汇儒佛思想，提倡儒佛文化之净化人生社会。1959年于香港创办云门学园、佛教文化艺术协会，兴办徙置区天台学校，慧仁、慧泉、慧人小学及慧海英文中学。

1958年冬，结束环宇周行后，返回侨居地香港，仍住沙田慈航净苑，随后依止倓虚大师易服出家，往大屿山昂平掩方便关，从此更潜心佛法。同时首度在电台主持佛教文化讲座，发扬佛教文化精义。

1962年前后，仍时常上大屿山东岸，并购买郊区土地设云光园，以便利云门青年聚会之用。在东涌创办莲华夜校，为文盲农民子女施行教育。

总括居留香港可分为三个时段：求学时代1929年起，结束印度之旅回侨居地1951年起，以及环宇周行后1958年起，直至1967年应邀来台讲学为止。

法师22岁于香港中环孔雀厅第一次举行个人画展，其画艺造诣已引起艺术界的重视。高剑父大师曾鼓励她：“向世界艺术迎头赶上去！”法师深得高氏心传，其画艺精湛，笔锋有神；诗情禅意洋溢，蕴含人生哲理，故有岭南女画杰之盛誉。曾于广州市创办文风艺苑。1946年作东南行，即取道出镇南关，沿越南、高棉，应邀于法新闻处举行个展。后由堤岸到高棉，随同巴黎东方历史博物馆考察队，前往世界奇景吴哥窟，描写丰富的佛教雕刻史迹，续经新加坡、马来西亚各地，再由槟城搭轮船到印度加尔各答，巡礼佛迹。

印度时期

1948年，法师再从槟城乘轮船到印度加尔各答，随即进入先地尼克坦(Sahtinihetah)，在泰戈尔大学(Tagore University)随著名艺术家难陀婆薮(Nandalal Bose，1882—1966)研究印度艺术。被该大学美术学院聘为研究员，任客座教授，教中国画学，潜心佛教艺术之研究，特精色彩之调配，形成独立的风格。对印度佛教艺术有深入的实地考察体验与研究，著有《印度艺术》《中国画话》二书。有关佛教艺术之创作，尤其致力阿姜塔石窟壁画临摹，有《佛子乞法图》等作品。其间曾上喜玛拉雅山写《雪藏之家》大横披之创作，更是享誉海内外。

1949年,全印美术协会于新德里博物馆(New Delhi Museum)主办游云山女画家个展,罗家伦大使、西孟总督拉奎氏主持开幕,印总统尼赫鲁先生莅临参观。唐君毅教授于《印度艺术序言》中说:“法师在艺术方面的成就是多方面的,举凡诗词、歌词、书法、绘画,无不精到。晓云法师早习中国之佛教艺术……遍游印度之名山古寺,于其建筑、雕刻、绘画习玩摩研既久,而有所会心,有所肯定。”①

首先,由《恒河之晓》画幅发端,展开她在印度泰戈尔大学执教期间的“佛国”行止。由阿姜塔壁画的临摹感慕,到恒河岸独步,疏星晓月的沉思,从而窥知她在宗教情操深化之后,走向学术教育的行愿背景。

绘画艺术

兹选晓云导师的部分禅画略述如下:

1.画名:《雪藏之家》(图17)印度纱本,水墨

释文:岁月流光,人生如幻,回溯一九四八年秋壮志豪情,登大吉岭,每于晨间上瞭望台,面对云封雾掩雪藏之家,而终于一朝晓霞辉照,得见峰峦,速写数十帧,携归先地尼克坦泰戈尔大学画室,准备精心巨制。然苦无纸绢以供挥洒,筹思之际,忽忆沙丽(Dhodi)薄纱可供作画。于是笔墨酣酬,耗时数月,此中甘苦,完成之日,画室门开,艺术学院公告,谓为校园盛事,承难陀婆薮院长之嘉许,并介绍展于新德里全印美术协会。

图17 《雪藏之家》

① 唐君毅:《印度艺术·序言》,刊于晓云法师《印度艺术》,台北:原泉出版社,1998年(三版),第2页。

图 18 《恒河之晓》

2.画名:《恒河之晓》(图 18)

释文:昔游天竺,行散恒河之滨时;见虔诚修士静立,水净沙明之际或晨光熹微,暮色苍茫时分,顿感宇宙间无限深沉,绝非语言文字可征内蕴者。乙未(1955 年)秋灯深夜。

法师在泰戈尔大学执教期间,曾往世界闻名的阿姜塔佛窟,作为期月余的研究临摹。曾以恒河清晓为题意,绘作画品。画中女子,河岸独行,清晓长天,日曦映红,撒出恒河千古。女子搭肩的白沙丽,飘曳拂风。

3.画名:《早祷》(图 19)印度纱本,水墨设色

释文:大地平沉后,疏星晓月前,因君寄消息,佛亦在人边。

注释:时时日日虔诚祝祷,大地众生,多结佛缘,慧命开拓,充满悲情,如是祷告。①

晓云法师于 1948 年留学印度泰戈尔大学,每念世事无常,人生何寄,为深化宗教情操寄寓画中,遂成早祷一帧。画面中"人世相安,万物得所"的祷情,一方面是佛家的同体大悲,另一方面也是儒家成仁成物的天地情怀。法师写于天竺时在戊子。

晓月疏星的空蒙中隐约独立的女子,似乎不像在祈祷,却有一种透脱的专诚和凝注。让人想从她背影的婉约神秘中,一探她泯我的悲情。这种悲情在《晓云山五九画龄回顾展专辑》中,寻到批注②。

---

① 游云山:《泉声》,台北:原泉出版社,1999 年。第 89 页。

② 晓云法师:《晓云山人五十九画龄回顾展专辑》,台北:原泉出版社,1988 年,第 97 页。

《早祷》一画,令人省思到宗教情操的深化,不只在于神灵的膜拜、也不在于出世的超然,而是在于处身人世的悲愿。印度人的种种宗教活动表现,是一往而前的信托——不容置疑的终极信仰。而《早祷》中的宗教情操,则是一种日后行愿创学的奠基精神。因此,法师自言:"《早祷》写成之后,内心犹似未尽,深觉宗教无学术不明其智……"①于是,《早祷》一画后,继而写成一幅《寻解》,以作为引申呼应。

图19 《早祷》

4.画名:《寻解》印度纱本,水墨设色;钤印:游于艺　游云山

释文:一九四八年冬,每于行散中或孤坐窗前寻思生命真谛,藉宗教情操有所安顿(宗教无学术,不能明其理,学术无宗教不够深纯)。

1949年,于泰戈尔大学继《早祷》而作《寻解》,此是对艺术与人生的远景翘企,且不只流连于宗教之趣求,不是弃智任情的宗教情绪,而是智信地寻求解答的探讨,这是思想的开拓。

晓云法师的绘画艺术与东西方文化

晓云法师由考察世界各国文教艺术,兼事沿途画展及风物写生,并藉东西文化的比较观,来奠定东方人文信念。陈清香评论:"晓云法师在寰宇周行,以中国水墨画法所画《西班牙废墟》《葡京故宫》《塞纳-马恩省河畔》《康桥一景》《马来西亚》《泰戈尔大学校景》等等,便是打破中国画旧有的观念与功能,承袭了岭南画派折衷中西,融会古今的新观念。"②

---

① 晓云法师:《晓云山人五十九画龄回顾展专辑》,台北:原泉出版社,1988年,第98页。

② 陈清香:《晓云法师画风的源流》,《台湾佛教美术的传承与发展》,台北:文津出版社,2005年。

综观晓云法师七十余年的绘画生涯,从早年的“闺秀画家”到后半生的“僧侣画家”,其风格是有别的。早年的画继承了较多岭南派作风,能融合中西文化之所长,且凭借其素描的好基础,画人物、画景物得以比例精准、远近合乎透视原理,虽以毛笔为画具,但加上了彩色颜料,又使用晕染法、高光法,所画尽是外国景物。因此,从画面中除了令人感受到一股浓浓的异国风味外,且不时地透露出闺秀画家的温柔婉约。

(一)环宇周行举办画展

法师素怀“读万卷书行万里路”之行愿,曾许愿将来不仅奉献佛教教育、文化工作,并希望为佛教兴办大学。她环宇周行三十余国,考察世界著名教育、文化机构;所到之处,同时举办画展,以宣扬中国文化艺术。

(二)日本、美国及罗马画展

1956 年初冬,华盛顿佐治城大学画展,由“中国驻美大使馆”秘书赖家球先生与夫人负责筹备。

1956 年春,中国大使馆举办画展,于华盛顿中国文化学院举行,董显光主持揭幕。抵纽约于华美协进社中国大厦举行画展,并参观各大学及图书馆、艺术博物馆。

1995 年 8 月 24 日,由台湾“驻日代表”沈觐鼎先生主持云山女史东京画展。旧金山美术学院为云山女史举办云门画展。

因法师非常尊重东方文化本身的传统精华,尤其是在美、法、比利时等地居留一段时间,直接了解在各个著名大学中,与教育有密切关系的种种历史与设备。绕了地球一圈,从北美到西欧再到北欧,经历三十余国。在环宇周行的三年当中,不论到各大学博物馆或宗教修道院,法师总是抱着为文化、教育付出贡献的崇高理念。

(三)德国画展——中国惠赠西方的礼物

《佛莱堡民众报》报题称颂游女士的画展是“中国惠赠西方的礼物”。西德科隆画展时,《科隆生活杂志》(1958 年 7 月 13 日)称赞中国女画家游云山,最了不起的是,成功地将禅、道与儒家的深义融汇于作品中。

当时旅居西德的萧师毅教授曾赞扬说:“她画中的若有若无,引人入胜之处,并不是技术,而是哲学、宗教和文学诗词陶镕后的启示。在佛莱堡大学的成功书画个展,使她得以书画展作为桥梁,而与各方人士见面交往,所以在德国停留较久,并曾探访海德格尔。德国莱茵河畔医院 Bcese 院长,因见到画中有莲花、竹子,即设法托人寻觅竹子数枝,种于莱茵河畔之花园。

兹选晓云法师的部分禅画略述如下:

1.画名:《一探静中消息》[①],1955

最早的作品当以写于法国、环宇周行途中(时约四十五岁)的《一探静中消息》。一禅人独坐于画中左下角,左上角有一鸟正展开双翼而飞,右面则一片水墨五彩而成的山崖;三者位置经营恰当,尤以左面大多的留白,充分发挥了“边角”空间艺术微妙之处。

2.画名:《生命之雄》[②](图20),1957

1957年仲夏夜,于美纽约之镇河畔旅舍,寂然内思此行乃生命之雄也。上山容易,下山难;上山安稳,能再下山化度众生,确是需有雄健心身才行,故菩萨称法将。[③]

画中的人物,撒撒双手,跨步下行,象征了“寻解者”苦攀勤修后的“下回向”,也就是说,高处清修悟理后,转征垄沼苦热。此为大乘佛家的真正精神。[④]

图20 《生命之雄》

① 此画见苏启明主编《晓觉禅心——晓云法师书画集》,台北:“历史博物馆”,1998年。

② 此画曾展于法国巴黎,于d'orsay道赛画廊游云山女士禅画展,1958年10月18—30日。见晓云法师《画艺环宇》,台北:原泉出版社,1980年(再版),第113—114页。作品见晓云法师《晓云山人六十四画龄回顾展专辑》,台北:原泉出版社,1994年,第71页。

③ 苏启明主编:《晓觉禅心——晓云法师书画集》,台北:“历史博物馆”,1998年,第90页。

④ 程明琤:《画想和行愿——晓云山的艺术和人生》,苏启明主编《晓觉禅心——晓云法师书画集》,台北:“历史博物馆”,1998年,第90页。

3.画名:《别有洞天》,1957

一洞水深云静处,别开天地者
人间。

天地寥廓为自渡者别有洞天。自渡己而渡人,此又天地中之大天地也。

昔年旅法京之作。

4.三舟观月[①],1969年

南北分驰逐去流,各自随波水上浮,江心兀坐停观月,明镜生辉一叶舟。

“三舟观月”乃佛教禅宗的观心境界,以“三舟共观,一舟停住,二舟南北,南者见月千里随南,北者见月千里随北,停者见月不移,是谓此月不依中流而南北。设百千并观,八方各去,则百千月各随其去”(《宗镜录》)。比喻吾人心识之攀缘,情随境迁,故心不自由。禅定智慧,乃自心作主,不为物扰,偈曰:“南北分驰逐去流,各自随波水上浮;江心兀坐停观月,明镜生辉一叶舟。”“三舟观月”,乃示兀然不动之境界,而使生命顿然生光。所谓“万物静观皆自得,四时佳兴与人同”。儒曰:“居之安,则左右逢源。”义可通途。[②]

5.言师采药去[③]

唐人诗:松下问童子,言师采药去,身
在此山中,云深不知处。

6.三人行必有我师[④](图21)

在人中学,在各种环境中学,凡能启发我向上者,便是吾师[⑤],所谓“见贤思齐,见不贤而内自省也”。

7.君子之风[⑥]

凌霄气节,画竹喻君子之高风亮节。旨意上是儒家思想中的日用人伦及精

---

① 晓云法师:《晓云山人六十四画龄回顾展专辑》,台北:原泉出版社,1994年7月再版,第96页。

② 晓云法师:《三舟观月》,《语丝》,台北:原泉出版社,1999年,第110页。

③ 晓云法师:《晓云山人五十九画龄回顾展专辑》,台北:原泉出版社,1988年,第169页。

④ 晓云法师:《画艺环宇》,台北:原泉出版社,1989年再版,第138页。

⑤ 晓云法师:《环宇周行散记》,台北:原泉出版社,1998年,第448页。

⑥ 晓云法师:《晓云山人五十九画龄回顾展专辑》,台北:原泉出版社,1988年,第170页。

神人格。[1]

8.不畏风雨[2]

风雨横逆之时不失丈夫之志。

以一无畏风雨侵袭之劲松衬此艰难时局中丈夫志节;于笔墨中寓意,风雨飘摇仍矢志不移,纵然骤雨飘光,终有清朗时分。画中以苍松静劲来衬托,风摇大树而根不动。风雨使人有行路难之感,而在斜风暴雨中,要站得稳,泥泞崎岖,也要坚忍前进,是一种人生经验。[3]还家就道,何畏风雨,吾人应有在风雨中等待黎明的精神与毅力。

9.风雨近晴明[4](图 22)

念时代艰难亦有否极泰来之在望。

《风雨近晴明》这幅画,虽有寓意老子之言:“飘风不终朝,骤雨不终日。”道家思想的通透洒脱,而实系指“时代艰难,终有否极泰来之在望”的题词,可见关世之切。所谓“飘风不终朝”,地不老,天不荒,世间无常而总有不变不动之常性。[5]

图 21 《三人行必有我师》

---

① 苏启明主编:《晓觉禅心——晓云法师书画集》,台北:“历史博物馆”,1998 年,第 80 页。另有画题不可居无竹,心不可不虚,虚则义理来居,心虚如竹,有节有度,看竹思格物。见晓云法师《画艺环宇》,台北:原泉出版社,1989 年再版,第 122 页。

② 苏启明主编:《晓觉禅心——晓云法师书画集》,台北:“历史博物馆”,1998 年,第 80 页。

③ 晓云法师:《佛教艺术讲话》,台北:原泉出版社,1998 年第三版,第 143 页。

④ 苏启明主编:《晓觉禅心——晓云法师书画集》,台北:“历史博物馆”,1998 年,第 81 页。

⑤ 晓云法师:《花飞水面无限风光》,《语丝》,台北:原泉出版社,1999 年 1 月,第 27 页。

图 22 《风雨近晴明》

10.渡过危崖知力健①

只要民族精神心力活跃飞腾,哪有危难不能超越?中华国腊,数千年持存不断,就在于那种创进跨渡的力量。②

11.风雨中共说无生话③

一九七三年十月廿五日华冈　清晨

偶然地站在风雨窗前,眼看着狂风骤雨,树枝倾倒,并且云雾风飘中,山色凄然,行人仓卒,心中便逼真地想象了风雨中的景色,那时"风雨中共说无生话"

① 程明琤:《画想和行愿——晓云山的艺术和人生》,苏启明主编:《晓觉禅心——晓云法师书画集》,台北:"历史博物馆",1998 年,第 20 页。

② 程明琤:《画想和行愿——晓云山的艺术和人生》,台北:"历史博物馆",1998 年,第 20 页。

③ 《云山画册》第一辑,1974 年初版,八开,三十七幅(本集印行多种版本),本册为晓云法师画集第一辑,共收三十七幅:一切应作如是观、一探静中消息、无碍、任运、且向有人行处行、三舟观月、菩提树下成等正觉、庐山白莲社、江畔何人初见月、稳坐盘石金刚定、泪(我佛中宵有泪痕)、风雨中共说无生话、花落年年人不同、流水本有源、凌霄气节、雪里梅花初放、传法图、广度众生犹如桥梁、松云是伴、竹月、寻解、生命之雄、佛城之夜、三人行、善导大师、佛陀的启示、闲眺、慧炬、喜马拉雅山、花果同时、灵鹫山、黑林初晓、积雪、雪霁、夜观明星、采茶、风雨。晓云法师画艺禅心形于笔墨,有出尘之禅悦,具入世之悲智。本册所收之作品,有佛画(如一切应作如是观、慧炬、传法图),有禅画(如一探静中消息、流水本有源、寻解),有写生(如喜马拉雅山、灵鹫山、积雪),有写意(如竹月、且向有人行处行、江畔何人初见月、花落年年人不同、广度众生犹如桥梁);或探究人生,或追踪圣迹,俱是画家诗人"道通乎艺,艺与道合"之妙品。

的画中事物,朗然心中,思惟风雨途中,而不狼狈,而能共话,共说无生话。诗为心声,画亦为心画,古云“士无故不鼓琴”,又曰“诗以言志”,其实画何尝不言志?而且是更具形象地言时世呢!如今正是风雨载道的时候,我人岂得无风雨之忧?而风雨之忧,又岂得不知风雨中能站住脚?能言能行?能操能守?是则风雨中能共说无生话。人能坚稳脚步,于事无畏无惧,所谓“处变不惊”,亦可谓“庄敬自强”之道是也。①

构图中,两个禅者,雨蓑相接,聚首恳谈,无视前方雨骤风斜。“无生”意思是:诸法(世间万象诸物)本自无生,藉缘(合宜的助缘)而起生灭。无生也就是无灭,代表涅槃清净的本真超然境界。禅修之士,能就这种最精深高妙的理念;来作共磋相契的语悟时,风雨也只是随缘起灭的刹那现象。心中静定无惧,气魄因而形成。人生行途中,可以肩挑,可以手提,可以担当济渡行愿的大使命。②

12.我佛中宵有泪痕③

1973年国家多难,世事幻变,念我中华文化五千年中佛教思想传入中土已二千年,宝岛台湾乃文化重镇、佛教中枢,如何将文化发扬,将佛法宣扬于乱世?思之感慨!如此时势有心人能无悲悯?我佛垂慈悯念众生。④

“我佛中宵有泪痕”是晓云山着力的一幅巨作,表题上是“佛”,内涵上可说是儒、释、道三家思想的合写。画面上大雨滂沱,崖阁中一烛微明,照出古佛垂颔趺坐的姿影。泪痕固是因雨,消息透处,是一种时代飘摇、风雨满楼的家国忧情。观画的人,满目淋漓、满耳淅沥、满心凝戚。真是“一画千钧”,震撼沉重,令人泪涌,不过作为一个中国文化中人,总会懂得骤雨不终“夜”,网网宇宙,恒律序理不移,一番悲撼后,终可心轮另转,不信末日,不陷绝望,定要穿眼极目,期待中宵过后的曙日朝阳。⑤

---

① 此画创作于1973年10月24日,见晓云法师《风雨中共说无生话》,《语丝》,台北:原泉出版社,1999年1月,第177—178页。

② 程明琤:《画想和行愿——晓云山的艺术和人生》,苏启明主编:《晓觉禅心——晓云法师书画集》,台北:“历史博物馆”,1998年,第20—21页。

③ 苏启明主编:《晓觉禅心——晓云法师书画集》,台北:“历史博物馆”,1998年,第76页。

④ 苏启明主编:《晓觉禅心——晓云法师书画集》,台北:“历史博物馆”,1998年,第2页。

⑤ 程明琤:《画想和行愿——晓云山的艺术和人生》,苏启明主编《晓觉禅心——晓云法师书画集》,台北:“历史博物馆”,1998年,第22页。

13.众生有病我有病[①]

儒家,以博施济众为极致,佛教以芸芸众生本与我为一体。[②]

14.好向清凉地歇脚[③]

好向清凉地歇脚,莫将名利酒添杯。(云门祖师雪峰禅师《山居诗》句),也是现世热恼人间的一副清凉剂。

15.桥流水不流[④]

空手把锄头　步行骑水牛　牛在桥上过　桥流水不流　傅大士偈语

16.雪山苦行[⑤]

描写佛陀的禅定修行,引用粗旷而刚劲的笔法,刻画佛陀面临四面魔军,精进刚毅的心境。[⑥]

17.成等正觉[⑦]

佛陀已达到最高无上的觉境,巧妙地以一种极柔软、轻松而庄严美妙的色

---

① 晓云法师:《晓云山画集》第二辑,1983年初版,八开,十四幅单张一套,本集共收十四幅,内彩色画十一幅:苦行图、成等正觉、慧炬、众生有病我有病、一探静中消息、雪窦畅游、妙法如华因果净、独立、三担麻、言师采药去、恒河之晓;黑白画三幅:善法若溪涧、风雨中共说无生话、且向有人行处行。内"慧炬""一探静中消息""风雨中共说无生话""且向有人行处行"等四幅与第一辑重复,余十幅皆为前辑所无,合二辑所收,晓云法师画作之精品俱在于是。

② 晓云法师:《教育文化——如何善导社会》,台北:原泉出版社,1998年5月,第136页。

③ 苏启明主编:《晓觉禅心——晓云法师书画集》,台北:"历史博物馆",1998年,第99页。

④ 苏启明主编:《晓觉禅心——晓云法师书画集》,台北:"历史博物馆",1998年,第80页。

⑤ 晓云法师:《晓云山画集》第二辑,1983年初版,八开,十四幅。

⑥ 马逊:《云师欧游记述》,《慧像》,台北:原泉出版社,1994年7月,第78页。画面上以洞中修行的释迦世尊为表现对象,自古以来皆以消瘦枯槁的形体,来强调苦行,法师却巧妙的写侧面身形,掩盖了形销骨立的一面,四周配上细腻的岩石松树点,烘托出洞内光明的主体,再配以憨山大师的法句,更点出了话题,增加了禅意,参见陈清香《晓云法师的慧炬图》,《慧炬杂志》407期,第8页。

⑦ 晓云法师:《晓云山画集》第二辑,1983年初版,八开,十四幅。

彩配合,自然地表现了平等、智慧的境界。①

18.非行非坐三昧②

文殊一行三昧,当亦运水挑柴无非佛法,则非行非坐三昧,功果现成,有缘人不可不警而自策也。

禅是佛心(经教是佛语);佛心,悲智双运。真修内明禅行三昧,工夫到时心力健;行亦禅,坐亦禅,行住坐卧体安然。运水挑柴无非佛法,栽花种树也是禅功只在端心凝虑,事理无碍,事忙心不忙,训练恒持,不退不失,累积见工夫,主人翁在。③

19.慧炬

题材取自《华严经》,能与"众生为依、为归、为趣、为炬、为明、为导、为善导、为普导"。即使未能与众生为导、为明、为照,亦当与众生为依、为归、为趣。

1968 年 8 月 26 日于华冈作此慧炬图。

晓云法师之禅画意境

禅,梵文为 dhyana,汉译定、静虑、思维修,而禅是禅画的思源,艺术家用睿智理利的眼光观察,以冷静的头脑思虑,对宇宙万物之奥秘探微索隐,融合禅理触动禅机,而后借纸墨表现。

晓云法师的禅画,注重画题,多以禅诗入画,禅句为题,主要表现禅境,引发人生深义,禅心画意两不分,禅境心境成一体。

禅师禅诗:"雪里梅花初放,暗香深夜飞来;正对寒灯寂静,忽将鼻孔冲开。"(憨山禅师《山居诗》)幽香扑鼻,而禅师便悟到鼻孔冲开;那不是诗人所领会之境界;正如落花水面,无限风光,也不一定是文人的文章。所谓消息透得来,落花不是花,流水不是水,大好文章,天地吾心,了然无间。即所谓方寸乾坤,尽在一念中之妙悟。提升生命、慧命。④

---

① 结跏趺坐的释迦像,精细的线条钩勒出妙相五官和衣折,正圆的光轮辉照身后的菩提树,身前宝座也宣到远处的大地。参见陈清香《晓云法师的慧炬图》,《慧炬杂志》407 期,第 8 页。马逊:《云师欧游记述》,《慧像》,台北:原泉出版社,1994 年,第 78—79 页。

② 作品见晓云法师《晓云山人六十四画龄回顾展专辑》,台北:原泉出版社,1994 年,第 100 页。

③ 晓云法师:《语丝》,《自然与我》,台北:原泉出版社,1999 年,第 229 页。

④ 晓云法师:《花飞水面无限风光》,《语丝》,台北:原泉出版社,1999 年,第 24 页。

1.雪夜梅花初放

题字:雪夜梅花初放,暗香深夜飞来,

正对寒灯寂静,忽将鼻孔冲开。

梅表坚忍自强的耐力。“迎风皎健,酌雪精神”是中国人以梅花之坚贞矫劲,不屈不挠之冰雪精神,寓孤高独突,不同凡响的脱俗境界。“寻常一样窗前月,才有梅花便不同”(宋杜小山),是诗人对优雅清逸之超脱感受。还有“疏影横斜水清浅,暗香浮动月黄昏”,是诗情画意的艺术境界。“不经一番寒彻骨,怎得梅花扑鼻香”,这是禅人的砥砺心志,探寻生命领域之源,又何止幽逸之情趣。我国以梅花为表征,寓能欺风雪而兀立之不朽精神。①

2.冰雪精神②(图 23),1991

导师好以食指点彩红,绘成梅花。

3.一度神光照古今,1992

石屋禅师之机趣空前,深契默识那“一度神光”之胜境。

百鸟不来山寂寂,万松常在碧沉沉;

分明空劫那边事,一度神光照古今。

4.别有洞天,1957

一洞水深云静处,别开天地者人间。天地寥廓为自渡者别有洞天。自渡已而渡人,此又天地中之大天地也。昔年旅法京之作。

图 23　冰雪精神

① 晓云法师:《觉之教育讲话》目录页禅画说明,台北:原泉出版社,1994 年再版,第 125 页。

② 见晓云法师《晓云山人六十四画龄回顾展专辑》,台北:原泉出版社,1994 年,第 83 页。

5.月轮图,1970

如天河之不息,似孤月以常轮。诗云:千江有水千江月,月轮也,悟妙谛融通法尔宛然,日用云为常在妙中。开出宽敞空灵的精神领域,实是极之需要。我佛有言如皎月,照人烦恼作清凉。有眼能见到皎月,如果有目而不视,虽有皎月,亦不曾一见,烦恼亦不得自在清凉。人们为现今物欲蒙昧,不易见到皎月,故须指月之引导,心体之安顿,心灵的自然清凉。

6.坐倚千峰听鸟鸣,1991

坐倚千峰听鸟鸣,几时偷闲山中坐,于今只作如是想。

(辛未元月初二写,十二题高僧山居诗句自怡)

人生的受用,要自在安详,能保持以静看动,以定力处理忙碌的事务。静中看世上一切动态而本体不动,才能解惑开慧、生命升华而更认识人性尊严的自尊自贵,这是慧命开拓心理的转化。

7.到头终是一堆泥,1957

弯弯壶嘴似蛾眉,手做泥壶为阿谁,随手捏来随手碎,到头终是一堆泥。

水月楼主奥马诗意,丁酉时客法京佛说诸法如幻以示世人(看)破,则知成住坏空为诸因缘地,波斯古诗哲奥马珈音之鲁拜集,处世出世间之超世语,西海古文化之源,悟生死玄机,亦见其一面矣。

8.高山仰止(图24),1987

若无高山可仰,如何依止。

另有寒香月色湛禅心、水月图、直向千山万去、且向有人行处行、万里任教湖海阔、月轮图、不动如山智如海、江畔何人初见月等数百幅。

图24 高山仰止

中国诗与禅诗,文人画与禅画,实可影响尘俗机心而清凉,更是提醒回心一念,“好向清凉地歇脚,莫将名利酒添杯”(雪峰禅师《山居诗》句),诗书礼乐之重新重视,也是现世热恼人间的一服清凉散。陈清香评论:法师七十余年的艺术生涯,早年作品继承了岭南派风格,融东西之长,藉素描基础,技法比例精确,以透视技巧展现晕染法与高光法,绘外国景物。画风返至传统文人画,以文人画布局和渲染来用笔,创作出禅修的境界。他的佛影图,挹取了印度阿姜塔石窟壁画的精华,融合了宋元以降的禅林故事,展现了东晋慧远的佛影境界。

结语

目前,中国的政治经济力量,逐渐展现了壮峙,文化优势也应有不容忽视的重估基础。尤其是当西方艺术因长期缺乏“意义”而走向形式主义极端时际,有着丰富人文蕴涵的中国艺术,如饶宗颐教授、晓云山绘画,必可预期它对未来世界艺坛的启明和影响。

程明琤教授评论说:晓云山虽是佛门中人,宗教情操深化了她的艺术美感,但她究竟仍是一个艺术家,艺术的敏锐触角,扩大了她的人生境界。而且,不管她是“佛门人”或“艺术家”,终极上,她是一个中国文化人。晓云山艺术绘作中,兼融了中国文化形能中儒、释、道的精神内涵。

致谢

2017 年 12 月欣逢选堂大师华诞,宁波天一阁博物馆和饶宗颐学术馆联合主办“中国传统文化中的审美观”第二届国际学术研讨会,敬谢饶公提携后学及主办单位的邀约,尚祈有以教正。谨以高山仰止之情,敬谢选堂教授启导华梵后学之功云。大师仁者寿,敬颂福寿无疆。

由《江南春集》相关书画看饶宗颐教授学艺融通的艺术人生

罗慧　孙沁
香港大学饶宗颐学术馆

一、引言

在饶教授的诸多纪游诗中,域内纪游诗成集者只有《苞俊集》《江南春集》两种。其中《苞俊集》结集于1991年,其中大部分诗乃作于1980年在大陆进行的一次长达三个月的考察中①;但也有相当诗作与此行无关。《江南春集》中的诗作最早作于1984年,初次发表于1985年,却不入《苞俊集》而独立成篇。由此可见,在饶教授的心目中,此集在他1980年代的纪游诗作之中,也是具有一定的特殊意义的。且《江南春集》是已知惟一存有原始草稿、相关研究资料也最多的。② 这些草稿、相关笔记、文献等使研究者得以深入探究该集创作的时间和背景、有关的人物与事件,整理诗集的版本演变,更为研究者提供了一个窥探饶教授创作思路的难得机会。同时,饶宗颐教授亦创作有许多与这次旅行相关的书画作品,因此本文即以《江南春集》相关书画为切入点,由其中诗、书、画三者的呼应和互动,综合探讨饶教授学艺融通的艺术人生,并借此试探何为中国传统文人学者艺术创作的核心价值。

二、《江南春集》相关书画作品

目前我们知见的这批书画作品,可分成写生册页、山水大画、山水扇面和书

---

① 关于饶教授此次游历详情,见当年与之同游的曾宪通教授所著《选堂访古留影及饶学管窥》,广州:花城出版社,2013年。

② 见罗慧、孙沁著《香港大学饶宗颐学术馆饶学研究中心藏"〈江南春集〉档案"初探·第二届"饶宗颐与华学"暨香港大学饶宗颐学术馆成立十周年庆典国际学术研讨会》,香港大学,2013年12月9—10日。

法四类。除写生册页全部创作于20世纪80年代(浙东游归港后),其余的书画作品创作时间跨度很大,最早的为90年代初,最晚的已到2009年。

(一)写生册页

神州大地的游览,饶宗颐教授已做到“九州历其七,五岳登其四”,他的中国写生作品,结集共得十二册,其中浙东之行的写生,竟有四册之多,占了全部数量的1/3,比重极大。

这四册的写生图,均为原图缩印,根据册中标注,可知原图每张尺寸均为13cm×10cm,实际上也并不大。这些写生的内容,都是饶教授沿途所历景点,可在《江南春集》的诗作中找到对应行程,并可与诗作互为游览行程的佐证和补充:

1.《西湖小册》

这是饶教授的西湖风景写生,共有9张写生图,其中一幅题有“选翁甲子写”可确知这批写生创作于浙东游之时。还有一幅图上题有“波光寒色此何辰?弦月无端却避人。天遣寻诗三两辈,白堤占尽一湖春。选堂”。该诗为《白堤夜步》,见《江南春集》。

西湖美景,一直以来都颇得文人墨客的喜爱和眷顾,留下了诸多描绘和吟咏湖光山色的佳作名篇。饶教授此册,以传统青绿山水绘就,不同于前人绘景,大多是从整体上来表现,饶教授的这9张写生图,都是局部特写,描绘的是当时自己所处之地视线所及的风景,这别出心裁的视角,让观者看画之时,有极为强烈的临场既视感。

2.《雁荡心影》

这是饶教授的雁荡山风景写生,共有8张写生图,其中一幅题有“甲子春杪,游浙东归,写此”,可确知这批写生创作于浙东游归之时。另外,还有两幅图,一幅上题“观音阁”,另一幅上题“龙湫”,即为该图所绘之景点。

“随类赋彩”是中国画独特的色彩表达方式,而此册中饶教授对色彩的运用,使得这些以传统青绿山水技法绘写的纸上风景,随着颜色的晕染,透出一种生机勃勃的鲜活感。饶教授用心中体悟之色,生动直接地向观者展示了雁荡山充满生气,又变幻无穷的自然之美。

3.《山阴道上》

这是饶教授的绍兴风景写生,共有9张,其中1张为写生册名书法题字,上题“山阴道上”,落款“选堂写生”;另外8张均为写生图,图上皆有题名或题句表明所绘之处,依照从右至左、从上到下分别为会稽山(直接题名),鉴湖(图上题“鉴湖近可掬,饮人如中酒”,《江南春集》未见),兰亭(直接题名),曲水流觞(直接题名),禹陵(图上题“凄迷具区远,莽荡杂林薮”,为《会稽山》诗中句,见《江南春集》),三味书屋(直接题名),水乡(图中仅题“水乡”,或为绍兴城之掠影),无题(图中只有“甲子选堂”落款)。

这一册写生较之前两册,技法相同,但整体用墨偏湿润,色彩清灵浅淡,在画面中与水墨融为一体,恰如其分地传达了初春的季节色彩,似乎可以让人感受到乍暖还寒的天气和江南特有的潮湿。

4.《雁荡搜奇》

此册亦是饶教授的雁荡山风景写生,共有 9 张,其中 1 张为书法题字,上题“雁荡烟霞”四字,右边款“岁在甲子”,落款“选堂”;另外 8 张均为写生图,其中一幅图上题有“雁荡搜奇。选堂”。

此册为水墨写生,饶教授通过湿墨、干墨、焦笔、湿笔、泼墨、泼水等技法,用墨的浓淡变化表现所绘之景的质地和层次。这几张写生图虽然剥离了色彩,图中近处的草木山石,稍远处被云雾模糊了轮廓的峰峦,却更为朴素直接地显现在观者眼前,足见饶教授水墨技法的高妙。

《山阴道上》的前言里,邓伟雄博士明言,该册是饶教授依照写生稿所绘。然而这批写生稿尚未找见,甚为可惜,不过通过学术馆收藏的一批饶教授在其他地区的写生稿,我们大致可以推想出《山阴道上》写生稿的面貌。以饶教授其中一张敦煌的写生稿来看,稿上只以圆珠笔简单勾勒出所取之景的主要轮廓,再稍加几笔阴影线条,即完成了整张构图,采用的是近似“速写”的方式,但更加概括简练。另外,《江南春集》档案中还存有一批风景照片,经过比对发现,《雁荡搜奇》册页中两张图,与其中两张照片的取景、构图几乎是一样的(图 1),可见照片也是饶教授这批写生册页的一个参考来源。

饶教授这四册写生册页,都是在中国传统写意山水的基础上,融入了西方绘画的写实。这种写实,不是对物象逼真再现的摹刻,而把自己在当时当地的感受融于笔墨之中,通过构图、色彩、笔墨的运用变化,使人产生身临其境之感,向人展示了不独西洋的油画和水彩画,中国的笔墨也可以用作写生。

（二）山水大画

天台山与雁荡山是江南的两座名山，饶教授亦时常提及①，而饶教授与此行相关的4张山水大画，所绘即是天台山与雁荡山这两处。

1.《天台胜处》

作品为180cm×352cm大小，装裱后裁成四幅，上题“接竹传波石作梯，山阴欲往苦难跻。当年界道今仍昔，不见天鸡向我啼。启奇示兆费幽寻，犹有飞流出远林。海客谈瀛空呓语，霞标终古见天心。孙绰《天台山赋》：理无隐而不彰，启二奇以示兆。赤城霞起而建标，瀑布飞流而界道。方广寺建自晋时，今仍为天台胜处，李白梦游天姥吟：天台四万八千丈。语涉夸诞。近日陟赤城有诗，归来图此，藉纪游踪。甲子春仲，选堂并记”。图中所题为《方广寺》《石梁飞瀑为天台胜处》两首诗，见《江南春集》。

2.《终南、雁荡、匡卢、太华四山风光》

作品为138cm×34cm大小，创作于20世纪80年代，雁荡山图上题“雁荡观瀑。选堂纪游之作”。

3.《雁荡秋月》

作品为92cm×63.5cm大小，创作于1994年，画中题“平生两到乐清，山水移步换形，月下睹峰，非笔墨所能模拟。甲戌寓雪莱泼墨”。

4.《雁荡烟霞》

作品为31cm×554cm大小长卷，创作于1994年，全卷共分三部分，卷首题“天地氤氲”四字，落款“甲戌选堂”，卷中为画作，图末题“平生两游雁荡，挹大小龙湫之胜，振衣漱石，跻显胜门之绝顶，万峦千岩，竞奔笔底，惜未尽百一也”。卷末以诗代后记，题“真宰偏留此奥区，移形咫尺即成图。急皴淡墨难传妙，鬼脸乱云总不如。娲皇炼得态何奇，虎视龙飞各合宜。雾里诸峰皆湿笔，画家从此悟华滋。绝壁天留巨壑灢，从来积健始为雄。悬空千丈明珠滴，上代何人此豢龙。石罅斜窥半月天，悬泉终日但潺然。谷音谁解无哀乐，且听仙禽奏管弦。旧作游雁荡绝句四首，甲戌嘉平之月，选堂书于梨俱室”。所题写的《雁荡即事》二首、《双珠谷》、《半月天峭壁》，共四首诗，见《江南春集》。

《天台胜处》图所绘，即是天台山山水，天台山有“佛宗道源”之称，佛教的“天台宗”与道教的“南宗”都创于天台山，饶教授画《天台胜处》“藉纪游踪”，又

---

① 语见饶宗颐作、邓伟雄编《神州胜境 选堂中国写生丛刊 · 雁荡搜奇册》说明页，深圳：海天出版社，2011年第1版。

题诗其上,所题之诗,句中所涉之典,均不出天台山,既有佛教故事,亦有道家传说,这些诗句所蕴藏的种种神思意境,被饶教授以笔墨在这幅大景山水中一一具象化:通过“高远”“深远”和“平远”三远构图巧妙布局,布置出远近浅深的空间感,以“卷云皴”表现大块山石的形状脉络,再用干湿浓淡不同的墨色,皴擦出山石纹理,体现出峰峦秀起,云烟变幻的景致,整幅画给人以境界雄阔又灵动缥缈之感,让观者心驰神往。

《终南、雁荡、匡卢、太华四山风光》《雁荡秋月》和《雁荡烟霞》这三幅则都是雁荡山山水,创作时间也十分接近。《雁荡秋月》图中,饶教授说自己“两到乐清”,1984 年的浙东之行是第一次,第二次则是 1991 年参加在雁荡山举行的“谢灵运与山水文学”国际研讨会。饶教授于《雁荡烟霞》长卷上题诗四首,前两首诗均有以绘画笔法来形容眼前景色给人的观感,“急皴”“淡墨”“鬼脸”“乱云”“湿笔”,既是景的观感,亦包含了景的特点。这三幅雁荡山山水,均用诗中提及笔法入画,表现出雁荡山万山重迭,悬嶂蔽日,飞瀑凌空的磅礴奇秀之美。

(三)山水小品

2001 年,饶教授根据自己早年的纪游诗作,以祖国风光为主题,创作了 12 张金笺扇面,其中有 4 张与《江南春集》相关:

1.《赤城山》

上题“万转千岩掩赤城,寻仙此处只初程。云霓明灭非难到,凄绝寒泉日夜声。天台赤城山,选堂忆写并题”。该诗为《赤城山》,见《江南春集》。

诗中“寻仙此处只初程”句,语出支遁《天台山铭序》:“往天台山,当由赤城为道径。”“凄绝寒泉日夜声”,则用了刘义庆《幽明录》刘、阮遇仙的故事。

2.《四明山》

上题“日月星辰众洞通,人间何处觅韩终。行藏岂为莼鲈脍,回首剡溪一梦中。游四明山,选堂并题”。该诗为《望四明山》,见《江南春集》。

诗中“日月星辰众洞通”句,写的是四明山名字的由来,山有四窗岩,日月星辰可透四个石窗洞照射。道家称日月星辰为四明,四明山亦属道教第九洞天丹山赤水天。“人间何处觅韩终”句,则出自《史记·秦始皇本纪》“因使韩终、侯公、石生求仙人不死之药”之典。

3.《高枧乡》

上题“晨兴言过杨梅关,迭嶂连天无雁还。百里梯田将绿绕,一车看遍浙东山。浙东高枧道中诗,选堂写于梨俱室”。该诗为《高枧道中》,见《江南春集》。

高枧为唐代郑虔(台州教育启蒙人)后裔聚居之地,还有晋代古刹多宝讲寺,为天台山国清寺下院,亦为近代大般若宗道场。

4.《蟠螭山》

上题"虚谷憨山去不还,孤根蟠结石垣间。片帆安稳波千顷,七十二峰薮上山。蟠螭山所见,辛巳选堂"。该诗为《蟠螭山石壁》,见《江南春集》。

诗中的"憨山"指的是明代憨山大师,蟠螭山石壁,即为其结庐之石壁精舍。"虚谷"则指清末画僧虚谷上人。石壁精舍位于蟠螭山巅,极目远眺,太湖七十二峰屏列于前,渔帆出没于万顷碧波之中,风光绝佳。

扇面画有特定的范围限制,如要在有限的空间里传达无限的意境,绘者必须运以精心,出以妙笔,而金笺由于表面光滑吸水性差,对落墨、设色的要求更高。这四张山水小品所用技法,包括了南北宗皴法、工笔、意笔、双钩着色等等,体现了饶教授裁剪山水的高超手法和笔墨技法的深厚功力。

(四)书法作品

除了绘画之外,饶教授与此行相关的还有两幅书法作品。

1.《登天一阁》诗

该书法作于饶教授游览天一阁之时,从天一阁保存的照片所见,此为饶教即兴赋《登天一阁》诗,并现场挥毫之作。《登天一阁诗》全文如下:

失喜观书到羽陵,榜题体势尚龙腾。
芸香千仞凤凰下,松径万方宾客登。
山水有灵开卷轴,云烟过眼类风灯。
剡藤栗尾敢题句,茧足山中久服膺。

可惜书作原件已佚失,我们无法看到这幅字的整体面貌,就照片来看,该作品为大字书法,想来现场效果应极为震撼。虽是临场即兴,然而整张书法笔势流畅,丝毫不见凝滞感,饶教授之文思与艺术修养,足让观者折服。

2.《临黄山谷书刘禹锡句》

该书法作于2009年,为香港书法家协会会员书法展时所作,上书:"山上层层桃李花,云间烟火是人家。银钏金钗来负水,长刀短笠去烧畲。黄山谷书刘梦得竹枝词,曩年与程十发同在天一阁见其原作,选堂并记。"

书法中所记之事,饶教授更写《喜见山谷狂草竹枝长卷真迹,叹观止矣》一

诗,以表达自己欣喜的心情:

> 百行狂草化龙蛇,淇艳湘累自一家。
> 黄菊华颠犹气岸,竹枝佳句是桃花。
> 山谷《跋刘梦得〈竹枝歌〉》,推为元和间独步。其隽句有"山桃红花满上头","山上层层桃李花"等语。

诗中注称"山上层层桃李花"为"隽句",时隔多年,饶教授追忆曩游,便以刘梦得《竹枝》"隽句"作书。饶教授称自己是"临"黄庭坚,然而两者相比较,乍看之下却给人似是非是的感觉。饶教授的《论书十要》揭示了答案:

> 于古人书,不仅手摹,又当心追。故宜细读、深思。须看整幅气派,笔阵呼应。①

饶教授手摹心追,并以学养深入体会古人书中之气,笔墨之意,理解转化,再呈现纸上,体现出极其高超的艺术境界。

三、饶宗颐教授的艺术思想在《江南春集》书画中的体现

自宋代以后,对中国传统书画的审美和评判,都推崇从画以外去欣赏,认为画更重要的是要表达出创作者个人的思想、学养、性格与情感。饶宗颐教授的书画理念与中国基本书画艺术的观念是很一致的②,《江南春集》这批书画,完整地呈现了他以学术为基础,以"师古,师造化,师心"为手段的艺术主张。

1."师古"

师法古人是绘画的一个学习过程,目的是从古人作品中学习并掌握绘画的各种技法。饶教授的"师古",比别人更进一步,他会于作品之外,通过对他们绘画思想、学术思想的深刻研究③,追溯、领会古人作品的神意。知其然,更知其所

---

① 饶宗颐:《论书十要》,见饶宗颐著《饶宗颐二十世纪学术文集》卷十三《艺术》(上),北京:中国人民大学出版社,2009年第1版,第98页。

② 邓伟雄:《笔底造化:饶宗颐教授绘画研究》,香港:中华书局(香港)有限公司,2015年初版,第15页。

③ 邓伟雄:《笔底造化:饶宗颐教授绘画研究》,香港:中华书局(香港)有限公司,2015年初版,第25页。

以然，从根本上掌握精髓。

这批《江南春集》书画中，写生册页使用的是传统青绿山水技法，《天台胜处》《终南、雁荡、匡庐、太华四山风光》《雁荡秋月》和《雁荡烟霞》4 幅山水大画使用郭熙笔法，《临黄山谷书刘禹锡句》书法临摹的是黄庭坚草书，这些都是“师古”，更是在根本上掌握了精髓后有意、主动地“师古”。

以《天台胜处》（图 2）、《终南、雁荡、匡庐、太华四山风光》、《雁荡秋月》和《雁荡烟霞》（图 3）4 幅山水大画为例，这 4 幅画里的山石块垒，都是用郭熙笔法勾勒的。其中缘由，一部分可在《雁荡烟霞》长卷上题诗中找到答案，诗中连续使用“急皴”“淡墨”“鬼脸”“乱云”“湿笔”这几个绘画笔法词来形容眼前景色，既是景的观感，亦包含了景的特点。“鬼脸”“乱云”均是郭熙所创的山水画笔法，用以展现天台山及雁荡山之雄阔境界，极为合适；此外，郭熙在创作上提出，画山水须“饱游饫看，历历罗列于胸中”的观点，并认为，山水乃君子之爱，甚至把山水林泉画联系到节义这一点上——“此世之所以贵乎画山水之本意也”。还提出，画山水可以“快人意”“获我心”，一派君子为己之学的艺术态度。饶教授选以郭熙笔法绘山水，或也可看作是他身为传统学者文人思想的体现。

饶教授的“师古”，是以古人成法来完成自己的艺术表达，使他尽得古人笔意，却依然保持有个人的特点，体现出一种“我之有我，我自有我法”的境界。

2.“师造化”

“造化”，指的是自然万物，郭熙说的画山水须“饱游饫看，历历罗列于胸中”，指的就是“师造化”。

这批《江南春集》书画中，《西湖小册》《雁荡心影》《山阴道上》和《雁荡搜奇》这四册写生，是饶教授“师造化”的作品。饶教授的“师造化”，不止是对眼前之景的传模移写，这一点，从《山阴道上》（图 4）写生册页得到了“‘师造化而得心源’，此册可为明证”的评价即知。

“师造化而得心源”就是唐代画家张璪所说“外师造化，中得心源”①，历来被认为是张璪对绘画创作方法的精辟见解，对后世有着深远的影响。“外师造化”指的是对物象的客观观察体会，近似“写生”之意，而“中得心源”则为对所观察体会的物象的主观感悟。张璪将造化与心源结合起来，主张作画须内外合一。这个比重极难把握，稍偏重于任何一方，都会对画面产生不同的影响和结果。

---

① 张彦远：《历代名画记》卷十，台北：广文书局，1971 年初版，第 311—312 页。

以《山阴道上》这册所见,饶教授是在中国传统青绿山水写意的基础上,融入了西方绘画的写实,他的写实,抛开了对物象逼真再现的摹刻,而把自己在当时当地的感受融于笔墨之中。《山阴道上》所绘的,是初春时节的绍兴,因此画面整体用墨偏湿,似乎可以让人感受到江南特有的潮湿气,而融在画中的青碧色调,又恰如其分地传达了初春的季节色彩。一如他在《中国西北宗山水画说》所谈:

> 亲历其所,深自体会,然后形诸笔墨,方能兼得其神其貌。写来不单山色风光,活跃纸上,即塞北风声雪意,亦毕现其中。

饶教授的这一理论,可看作是"造化"与"心源"内外合一之后在画面上的具体呈现。他的"师造化",是自我精神与天地的往来,因此他的画不仅真实反映了自然之美,更在笔墨交融之中体现了"我"的追求和"我"的表现。

3."师心"

"师心"是画家艺术境界的最高阶段。"心"即精神,而"师心",就是个人精神境界的探索追求。

饶教授个人在艺术取向上,有明显的道禅并重的精神表现,"以至小无内之心,写至大无外之境",可看作是他"师心"的具体追求。

这批《江南春集》书画中的金笺扇面山水(图5),就是饶教授的"师心"之作。这些山水扇面,是饶教授根据自己的纪游诗作所绘,这几首纪游之作,是当时的所观、所感、所思的记录,因此句中没有对景的正面描写,而是选以当地有关典故传说入诗,题材广涉儒、佛、道,意境含蓄而深厚。于是,这些扇面上的赤城山、四明山、高枧乡和蟠螭山之景,实是他心中山水姿态和诗中意境的呈现。

饶教授曾言:

> 盈天地之间,皆画材也。

"师心"之作,即是如此,意的表达全不受外在景物形象所困,反能以意驭笔,因心造境,在作品上呈现出"自我生命"自然流露的天趣之美。

"师古、师造化、师心"是饶教授艺术探索的重要手段,而他广博且深厚的学养,是他能够"超以象外"的坚实基础:

学与艺是互相为用的。学是知识的累积,艺是某种知识的自我体会;学,达到某个程度后,对于艺,自然有所推进。学养好像泥土,创作的成果,要靠它来培养的。[①]

饶教授提出了"学艺互益"的观点,认为"学"和"艺"是相通互益的。而他的书画作品,在精湛的笔墨技法之中洋溢着浓郁的超凡脱俗的个性色彩,学与艺通,艺与学融,足可为证。

四、余论

饶宗颐教授的作品中,充满着"书卷气",又因为他学者的身份,许多人就称他的作品为"文人书画"。

明代董其昌提出了"文人画"概念,一直以来,人们对于这个词语的理解也有分歧。近代陈衡恪曾为"文人画"下一定义:

画中带有文人之性质,含有文人之趣味,不在画中考究艺上之工夫,必须于画外看出许多文人之感想。……其平日之所以修养品格,迥出于众庸之上,故其于艺术也,所发表抒写者,自能引人入胜,悠然起澹远幽微之思,而脱离一切尘垢之念。

陈衡恪精准地抓住了文人画的全部气质特征,"文人画"所强调的是气韵和笔情墨趣,多为抒发"性灵"之作,注重意境的缔造,而观赏文人画,需要体会画外之"意"之所在。

然而,"意"是十分主观的,"文人画"重"意"的表达,又可"不在画中考究艺上之工夫",使得这个词语在某些情况下颇为尴尬。[②] 笔者认为,陈衡恪说法中"不在画中考究艺上之工夫",并不认为凡标榜抒发"性灵"的作品,都可叫文人画。

事实上,中国传统的文人一直重视讲究全面的文化修养,诗、书、画相得益彰,人品、才情、学问、思想缺一不可。而那些对"文人画"的偏见,主要就是将

---

① 详见《香港中文大学校刊》1977年夏。

② 详见石守谦著《中国文人画究竟是什么》,见《从风格到画意——反思中国美术史》,台北:石头出版社,2010年,第53—66页。

“学”与“艺”的关系割裂开来而产生的。正如饶宗颐教授在《与彭袭明论画书》中说:

> ……以诗养画,此不能画者之遁词,亦犹画者之不能诗,而目题句为蛇足,同一可笑。

学养与艺术始终都是互补的,甚至是互益的,两者相携并行,方能有所成就:

> ……一艺之成,求之在我;……画道变化无方,良由才大足以振奇而不顾流俗,永不求悦于人,而敦以己折人,此其所以独绝也。

饶教授这批《江南春集》相关书画,虽称不上是他绘画创作中的代表作品,然而,这些书画作为《江南春集》档案中的重要组成部分,让我们对饶教授“学艺互益”的思想有了更进一步的理解和认识。

饶宗颐教授诗、书、画修养无一不臻极致,可说是当代硕果仅存的传统学者文人,他的书画作品,在扎实的艺术技巧的基础上,贯注以高博的才学,使得作品的呈现含蕴深厚,耐人寻味。笔者认为,这样的作品,才可称之为“文人书画”。而他学艺融通的艺术人生,是欣赏和解读其学术艺术思想不可或缺的部分,值得我们深入探讨研究。

图 1

图 2

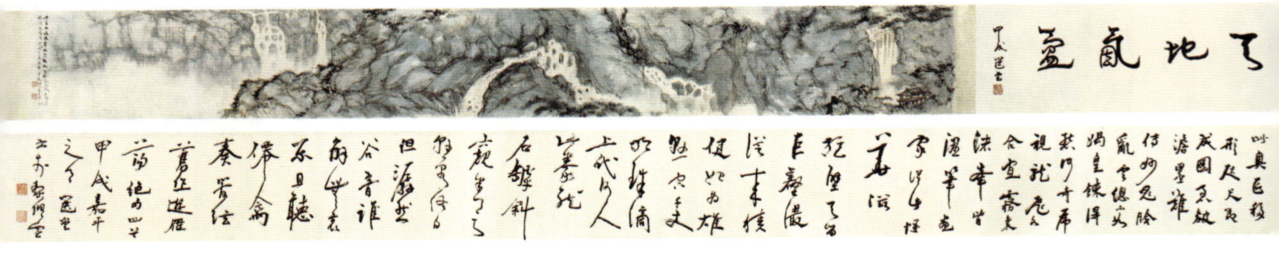

图 3

图 4

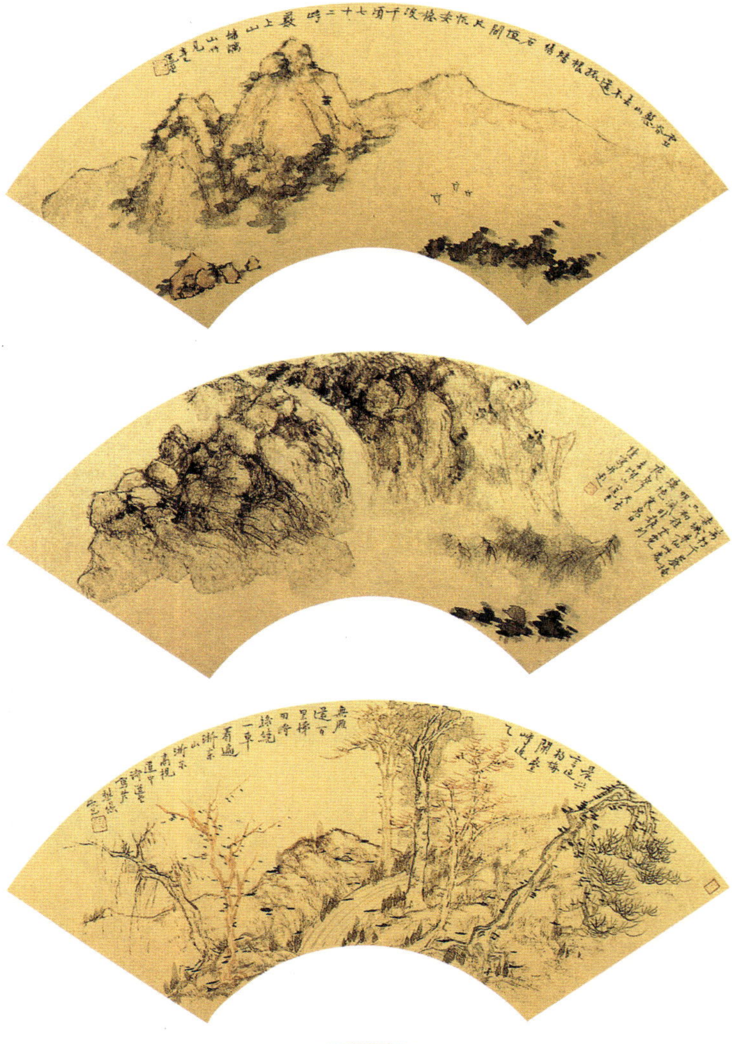

图 5　从上到下依次为蟠螭山、赤城山、四明山和高视乡

文学

《吕氏春秋》的艺术思想

郑炜明
香港大学饶宗颐学术馆

一、前言

一向以来,中国人对于"文学"一名词的概念,倾向于采取一个广义或折中义的态度。[①] 我们所着眼的是一个更大的范畴:艺术(美学的范围之内)和一个更高的层次——中国人的民族性格和思想,而不止是文学的本体;我们对于"文学批评"和"文学理论的批评",所持的观点也是如此。

这其实是不难理解的。所谓文学批评的理论和文学理论的批评理论[②],所论及的范围,不外乎五方面:第一,文学本论[③];第二,文体论;第三,创作论[④];第四,作品的内容剖析与思想探讨;第五,对作品的一个综合,上列四点,再加上审美的评价(文学批评家在这方面当然会有他一定的主观或客观的标准)。其中,第四点就是"民族性格和思想"的范围,第五点就是"艺术(美学范围之内)"的探讨与评价了。

文学是艺术,正如音乐、舞蹈、绘画、书法是艺术一样,而好的文学批评论著,往往是极优秀的文学作品[⑤],也是艺术。中国文化是种博大精深的文化,表

---

① 参考刘若愚著,杜国清译的《中国文学理论》第一章导论《"文"的各种涵义》,台北:联经出版事业公司,1981 年初版,第 9—12 页。以下征引省略出版信息。

② 参考刘若愚著,杜国清译的《中国文学理论》第一章导论《"文"的各种涵义》,第 2—3 页。所谓"文学批评的理论"即书中的"实际批评[Practical Criticism]"与"批评的实际批评[Practical Criticism of Criticism]";所谓"文学理论的批评理论"即书中的"理论批评[Theoretical Criticism]"与"批评的理论批评[Theoretical Criticism of Criticism]"。我们以为"文学的研究"不能轻易与"文学批评的研究"分家,所以作了上述的小小修改。

③ 即 Theories of Literature。

④ 指艺术"文学"创作的心法与技法。

⑤ 饶师选堂教授语。他以为像陆机的《文赋》、司空图的《二十四诗品》等,本身便是极优秀的文学创作的艺术品。

现在文学方面尤为特出:中国的文学理论,来源是多方面的,有来自音乐理论的①,有来自舞蹈理论的②,有来自绘画理论的③,有来自书法理论的④。总之,所重视的是它们的注释义⑤,通过引申义而应用到文学的理论方面去,绝非狭义的

---

① 中国古时候艺文不分家,所以史有《艺文志》之作,而中国的文学理论,是与音乐理论有极密切的关系的。孔门六经:诗、书、礼、乐、易、春秋;六艺:礼、乐、射、御、书、数,向来是文辞、音乐不分家的。阮籍《乐论》、嵇康《声无哀乐论》向来被学者们认为是中国文学批评的两篇重要的理论,可参考台湾编译馆主编的《中国文学批评资料汇编选集》第21—33页,台北:成文出版社印行,1979年。另饶师宗颐教授研究文学批评理论,亦每重视其与音乐之关系,例如他的《陆机文赋理论与音乐之关系》一文,便是着重论陆机《悲》的理论,这点在文学与音乐,甚至是所有艺术,都可通用;至少就中国人的观念来说,谓有诸于内,必形诸于外,那么这点是可以互相通用的。饶教授之文,见日本京都大学《中国文学报》第十四册,1961年,第22—37页。

② 傅毅《舞赋》的"姿绝伦之妙态,怀悫素之洁清,修仪操以显志兮,独驰思乎杳冥""舒意自广,游心无垠,远思长想……在山峨峨,在水汤汤,与志迁化,容不虚生,明诗表指,喟息激昂,气若浮云,志若秋霜"等等,都可引申而作论任何艺术创作的评语,不单只限于论舞和舞女的;《舞赋》全文甚长,不尽录,见《文选》第十七卷《音乐(上)》,北京:中华书局,1977年,第246—249页。

③ 即如中国文学批评中的形神论,应该是从画论中发展出来的。首先是韩非子在《外储说》中的形字说:"客有为齐王画者。齐王问曰:'画孰最难者?'曰:'犬马最难。''孰易者?'曰:'鬼魅最易。'夫犬马,人所知也,旦暮罄于前,不可类之,故难。鬼魅无形者,不罄于前,故易之也。"接着经历过张衡的《请禁绝图谶疏》、王延寿的《鲁灵光殿赋》到顾恺之的"以形写神",便正式提出了形神论;在他之前的大文学家陆机也不过只提到了"存形其善于画"而已。中国人的文学理论与绘画理论是互通的,又有一例:清黄钺(1750—1841)的《二十四画品》,其"体例,是仿唐朝司空图《诗品》的","著者并以精练古雅的文字,形象地逐一予以诠释,并从创作角度探索和阐述了种种不同艺术意境的特色及其形成原因,把中国绘画批评的方法推进于一个新的境界之中"。(温肇桐:《中国古代画论要籍简介》,天津:天津人民美术出版社,1980年,第32页。)《二十四诗品》的方法可变成画论,那么古代的画论亦应可以成为文学的理论。

④ 可以刘熙载的话为证:"高韵深情,坚实浩气,缺一不可为书。""凡论书气,以士气为上。若妇气、兵气、村气、市气、匠气、腐气、伧气、俳气、江湖气、门客气、酒肉气、蔬笋气,皆士之弃也。""司空表圣之《二十四诗品》,其有益于书也,过于庾子慎之《书品》。盖庾《品》只为古人标次第,司空《品》足为一己陶胸次也。此惟深于书而不狃于书者知之。"便知道文学与书法一样论"神韵""感情"和"气质";刘氏更指明司空图的文学理论可用诸书法上。反过来说,则书法理论亦必定有可以用诸文学上的。(参考刘熙载《艺概》卷五《书概》,上海:上海古籍出版社,1978年,第133—171页。)

⑤ 同上注。这里说的"诠释义",即"实际批评的诠释"和"批评的实际批评的诠释"。

本体论范围所能包括得了。文学、音乐、舞蹈、绘画和书法的理论都是艺术的理论;而理论是受思想与经验所影响的,思想和经验结合起来是生活的范畴,也是较高层次的一个范畴:哲学的基础。哲学是内缘和外缘的结晶,哲学理论的形成是由内心的、主观的思维加上外在的、客观的实践的;这就包括了形而上的思维分析和生活的实践经验。一般的说,中国的艺术理论,只有两个大的倾向:儒家的和道家的;到了东汉末年,在开始受佛家的影响后,才终于被纳入了不同派别的理论思想;可以这么说,中国人的艺术理论,离不开思想的指向。一个国家的艺术,表现的是一个国家的民族性格,而思想是性格形成的基因。我们说中国人的"文学批评"和"文学理论的批评"所着眼的是一个更大的范畴:艺术(审美的理论)①,和一个更高的层次:民族性格和思想,就是因为中国人视文学的、音乐的、舞蹈的、绘画的和书法的理论为超越它们本体而成立的一种多元的艺术思想的理论(它们是可以通过诠释而互相引申应用的),而这种多元的"艺术思想"的理论,所强调的又可归入哲学的范畴:儒家的道,或是道家的道。

因此,要研究中国的文学批评和文学理论,单看文学这方面的书是不够的;举凡艺术的理论与批评都应该看,至于哲学的书籍,更是不可或缺的;这在探讨两汉以前的文学批评史的时候,显得特别重要。刘大杰、王运熙、李庆甲三位先生曾经指出先秦"这时期人们所用的'文学'这一名词,内容比较宽泛。所谓'文'或'文学'是文化学术的总称,具体地说,就是《诗》《书》《礼》《乐》等著作,而其中只有部分是文学作品。当时人们常用的或与文学有关的另一个名词是'言'或'言辞'。它表现在口头上,是人们的日常谈话和政治外交辞令等等;表现于书面记录,主要是政治文告、法令和学术著作等等。它的含义也很宽泛。因此,当时人们对于文学的见解,大都包含在对于文化学术的见解之内。当时的思想家,常常提到关于诗的意见,那是比较纯粹的有关文学的见解。但《诗》三百篇大都入乐,诗乐紧密配合;人们对于诗歌和音乐的见解,也常常互相联系,有时很难分开。基于上述情况,这段文学批评史的内容,特别不容易跟学术思想史、美学思想史划出清楚的界线来"②。实则上,我们深信中国的文学批评和文学理论史,是根本不可以也不应与哲学思想(包括学术、文化、伦理、政治等

① 刘若愚《中国文学理论》第一章导论《分析的图表与有关问题》,第12—17页;《中国文理论的分类》,第19页;第五章《审美理论》,第211—226页;所讨论的都是文学批评的分类、艺术作品与宇宙、艺术家和观众的关系、审美的理论等问题,可以参考。

② 复旦大学中文系古典文学教研组编:《中国文学批评史(上)·绪论》,上海:上海古籍出版社,1979年,第2页。

各方面)和艺术(美学)思想分开的。

《吕氏春秋》是先秦时期杂家的代表作,它的内容可以说是包罗万有的;这篇文章尝试从一个不和哲学思想史与艺术思想史分开的文学理论史的角度,去看《吕氏春秋》中的艺术理论(大部分是音乐的理论),希望透过探讨,作出合理的诠释,从而引申为文学的批评理论。

二、关于《吕氏春秋》的研究

《吕氏春秋》是一部先秦时期代表杂家的著作。“杂家者流,盖出于议官。兼儒墨、合名法,知国体之有此,见王治之无不贯,此其所长也。”[①]杂家的学说,兼儒墨、合名法,运用在治国方面,是有着一定的功用的;“治国之体,亦当有此杂家之说”[②],它是源出自朝廷上的议官的一派理论,所重的是“王者之治,于百家之道,无不贯综”[③],可以说,这一派学说的长处,是集诸子百家之大成于一身,不能说它不重要,不过,这派也有一个实践方面的先天性缺憾:“及荡者为之,则漫羡无所归心”[④],但只要不是“荡者为之”,则这派的理论是非常实用的。

“《吕氏春秋》二十六篇”[⑤],“秦相吕不韦辑智略士作”[⑥],司马迁说是吕不韦“上观尚古,删拾《春秋》,集六国时事,以为八览、六论、十二纪,为《吕氏春秋》”[⑦]的一部书,又名《吕览》[⑧]。

---

① 班固撰,颜师古注:《汉书·艺文志·诸子略·杂家》,见《二十四史·汉书》第六册,北京:中华书局,1962年,第1742页。亦请参考自顾实《汉书艺文志讲疏·诸子略·杂家》第164页,台北:台湾商务印书馆,1980年12月台2版。(以下所引《汉书艺文志讲疏》均为此版本,只注书名和页码。)

② 同注1。

③ 同注1。

④ 班固撰,颜师古注:《汉书·艺文志·诸子略·杂家》,见《二十四史·汉书》第六册,北京:中华书局,1962年,第1742页。亦请参考顾实《汉书艺文志讲疏·诸子略·杂家》第165页。

⑤ 班固撰,颜师古注:《汉书·艺文志·诸子略·杂家》,见《二十四史·汉书》第六册,北京:中华书局,1962年,第1741页。亦请参考顾实《汉书艺文志讲疏·诸子略·杂家》第165页。

⑥ 同注5。

⑦ 司马迁撰:《史记·十二诸侯年表》,见《二十四史·史记》第二册,北京:中华书局,1963年,第510页。亦请参考顾实《汉书艺文志讲疏·诸子略·杂家》第161页。

⑧ 司马迁撰:《史记·自序》,见《二十四史·史记》第十册,北京:中华书局,1963年,第3300页。亦请参考顾实《汉书艺文志讲疏·诸子略·杂家》第161页。

《吕氏春秋》,在它的真实性方面,可以说是现存的先秦诸子中最没有疑问的一部典籍了。它的意义,可以从两方面来说:第一,它保存了许多先秦的亡书遗说,《吕氏春秋·序意篇》说:

维秦八年,岁在涒滩,秋,甲子朔,朔之日,良人请问十二纪。①

按汉高诱注曰"八年,秦始皇即位八年也"。考吕不韦罢相在秦王政十年(前237),则《吕氏春秋》当成于吕不韦未罢相之时,或即是秦王政八年,亦未可知。这点尤其重要,因为秦王政八年以后,便是逐客、焚书、坑儒的时代,先秦时期学术上的百家争鸣从此告终;而《吕氏春秋》这部容纳了诸子百家学说的书,实际上便有着集秦火以前诸子大成的殿军的意义了。

第二,这本书的内容,采取了先秦各家学说,包括了儒家、法家、道家、墨家、农家和兵家等学派的思想,其内容是十分复杂的,亦因此提供了研究先秦各派学说的资料。

一般的说法,会认为杂家学说是"漫羡无所归心"的;作为杂家代表作的《吕氏春秋》则似乎有点不同。它被认为是一本"以道德为标的,以无为为纲纪,以忠义为品式,以公方为检格"②,"汇儒墨之旨,合名法之源"③,"而以黄老道德为宗,示天下政治之大归"④的典籍。其内容以道德家的无为为纲领,以儒家的忠义公方为品格的标准,辅以墨、法、名三家的重实尚用思想,是一部名副其实的一家之言。

这一部书,自汉高诱注,清毕沅校,梁玉绳著《吕子校补》和《吕子校续补》,陈昌齐著《吕氏春秋正误》以来,近人在此书下过功夫的有许维遹的《吕氏春秋集释》和蒋维乔、杨宽、沈延国、赵善诒的《吕氏春秋汇校》。至于有关《吕氏春秋》的零星探索,则有鲁迅的"《吕氏春秋·本味篇》述伊尹以至味说汤,亦云'青鸟之所有甘栌',说极详尽,然文丰赡而意浅薄,盖亦本《伊尹书》"⑤,指出了

---

① 见《诸子集成》六《吕氏春秋》高诱注本,上海:世界书局,1935年,第122页。本文后引《吕氏春秋》《诸子集成》注条,皆出此本,不一一详注。

② 高诱《吕氏春秋序》语,见《诸子集成》六《吕氏春秋》高诱注本首。

③ 清毕沅《吕氏春秋新校正序》语,亦见《诸子集成》六《吕氏春秋》高诱注本首。

④ 顾实语,见《汉书艺文志讲疏·诸子略·杂家》,第161页。

⑤ 鲁迅:《中国小说史略》第三篇《汉书艺文志所载小说》,香港:新艺出版社,1981年,第31—32页。

《吕氏春秋》保存先秦亡书遗书的一个例证;此外,还有一批著名的前辈学者曾经对《吕氏春秋》做过一些探讨,其中包括胡适的《读吕氏春秋》①、吕思勉在其《经子解题》和《先秦学术概论》二书中列有专章较详尽地介绍《吕氏春秋》②,朱自清在其《经典常谈》的第十章《诸子》篇里也有论及《吕氏春秋》的地方③,蒙文通在其《中国哲学思想探原》中也对《吕氏春秋》有所论及④。另第一部以现代索引学手段编撰的《吕氏春秋通检》也在这个时期出版了⑤。这个时期的研究重点放在判断《吕氏春秋》的思想流派归属问题上面,除了说它是杂家的著作外,也有认为它是属于道家的(黄老学源的或杨朱学派的),甚至认为它与法家的李斯可能有关。

至六十年代中以后,在中国大陆,一般将《吕氏春秋》视为代表了"奴隶主复辟势力"的儒家思想的"黑书"⑥;这在那个特定的历史时期,不足为怪。而在香港,徐复观先生写了《吕氏春秋及其对汉代学术与政治的影响》这篇长文⑦,以邹衍阴阳五行思想为出发点,全面地、系统地探讨该书核心的哲学和政治思想,直至今天仍是研究《吕氏春秋》时不可绕过的一篇重要著作。日本学者津田左右吉在其著作《儒道两家关系论》中曾多处引述《吕氏春秋》,并指出其内容有

① 见《胡适文集》第三集卷三,洛阳图书公司发行,不著出版年份,第227—254页。

② 见《经子解题》,香港太平书局,1963年11月版,1982年3月重印,第168—183页。案据吕氏《自序》,此书成于1924年7月之前。又见《先秦学术概论》下编《分论》第十二章《杂家》,上海:中国大百科全书出版社,1985年6月第1版,第158—162页。

③ (香港)三联书店,2001年4月香港第1版,第72—73页。据朱氏序文所言,此书约成于1942年2月。

④ 见该书第一篇《经学导言》八《诸子》,第五篇《先秦思想考略》三《法家流变考》之《附论阴阳、名、杂分属墨、道二家》、四《杨朱学派考》《法家流变考》和五《略论黄老学》等篇章节,台北:台湾古籍出版有限公司,1997年,第35—41、343—400页。按第一篇《前言》作者所记,此稿成于1921年10月,而第五篇则据作者的哲嗣蒙默教授的《整理后记》所言,乃作于1961年上半年,其实仍据旧稿《黄老考》修订而成。

⑤ (北京)中法汉学研究所,1943年5月。

⑥ 请参考李锦全、黄佳耿编写的《春秋战国时期的儒法斗争》第五章,北京:人民出版社,1974年,第109—113页。其中有几段专门"批判"吕不韦和《吕氏春秋》的。另可参考《先秦两汉法家经济思想》(由该书编写组撰写),上海:上海人民出版社,1976年,第54—55页。

⑦ 见徐复观《两汉思想史》第二卷第一章,香港:香港中文大学出版社,1975年,第1—72页。

折衷混同两家之说[①]。

至八十年代,《吕氏春秋》的研究比前更为蓬勃,从哲学和政治思想史方面加以研究的有祝瑞开的《吕不韦和〈吕氏春秋〉》[②]、金德建的《尸子·广泽篇》与《吕氏春秋·不二篇》宗旨相通[③];熊铁基则力指《吕氏春秋》乃秦汉时的新道家[④],而吴光则认为《吕氏春秋》乃秦汉之际的黄老之学代表作之一[⑤];孙中原则从逻辑学史的角度整理了《吕氏春秋》中的有关资料[⑥]。而陈奇猷先生一百六十多万字的《吕氏春秋校释》[⑦],工作前后历四十余年,广集前人注释校说百二十余家,释疑存真,自出机杼,可说是这个时期最重要的研究成果,该书已成为研究者不可或缺的一部参考著作。在台湾则有田凤台的《吕氏春秋探微》[⑧],指出吕不韦门客包括来自九流十家的人才。

以八十年代末起,至九十年代,《吕氏春秋》的研究,出现了若干突破。首先应该提到的是北京大学张双棣的《吕氏春秋词汇研究》[⑨],这是一部从古汉语和语言学的角度去研究《吕氏春秋》的学术专著。而张双棣、殷国光和陈涛等三位学者合作编著的第一部研究《吕氏春秋》可用的大型工具书《吕氏春秋词典》[⑩]也在这个时期面世了;上述三位学者再加上张万彬,更合作注译了《吕氏春秋》,出版了《吕氏春秋译注》[⑪]。这个时期更兴起了一股整理(译注或标点)《吕氏春

---

① 李继煌译,香港文瀚出版社,1969 年 12 月版,第 4、10—12、20—21、51—52、56—59、68—69 页。

② 见祝瑞开《先秦社会和诸子思想新探》第十八章,福州:福建人民出版社,1981 年,第 236—248 页。

③ 见金德建《先秦诸子杂考》第二十四《尸子·广泽篇》零笺(三),郑州:中州书画出版社,1982 年,第 165—166 页。

④ 见熊铁基《秦汉新道家略论稿》(上海人民出版社,1984 年),熊氏于这本论文集中共收论文十二篇,其中关于《吕氏春秋》的有四篇,可供参考,第 1—17、31—52、119—145 页。

⑤ 见吴光《黄老之学通论》第五章《秦汉之际的黄老之学代表作》第三节《吕氏春秋》,杭州:浙江人民出版社,1985 年,第 166—191 页。

⑥ 见中国逻辑史研究会资料编选组编:《中国逻辑史资料选·先秦卷》,兰州:甘肃人民出版社,1985 年,第 386—409 页。

⑦ (上海)学林出版社,1984 年 4 月初版。

⑧ (台北)台湾学生书局,1986 年 3 月初版。

⑨ (济南)山东教育出版社,1989 年 10 月第 1 版。

⑩ (济南)山东教育出版社,1993 年 5 月第 1 版。

⑪ (长春)吉林文史出版社,1993 年 1 月第 1 版。

秋》的热潮,除了上述提及的一种之外,海峡两岸据笔者所知最少还出版了另外的五种,计有余翔标点的《吕氏春秋》(汉高诱注,清毕沅校本)①;徐子宏和金忠林译,文钊校注的《白话吕氏春秋》②;关贤柱、廖进碧和钟雪丽三人译注的《吕氏春秋全译》③;谷声应译注的《吕氏春秋白话今译》④和朱永嘉、萧木注译的《新译吕氏春秋》上、下二册⑤。此外,在这个时期,也有一些研究吕不韦或《吕氏春秋》的著作,例如洪家义的《吕不韦评传》⑥、刘元彦的《杂家帝王学——〈吕氏春秋〉》⑦、朱永嘉和萧木二人合著的《吕不韦》⑧、黄汉光在其《黄老之学析论》一书的第一章《当代吕氏春秋研究初检》和附录《徐复观的吕氏春秋学》⑨、苏志宏《秦汉礼乐教化论》一书的第七章《吕氏春秋》⑩、余宗发在其《先秦诸子学说在秦地之发展》一书内的第四章第四节《吕不韦之倡导》⑪、牟钟鉴的《吕氏春秋与淮南子思想研究》(按笔者未得见此书)等等;至于许多散见于其他著作中的有关《吕氏春秋》的零星论述,笔者就不在此一一赘列了。

从音乐(艺术)的角度对《吕氏春秋》进行研究的则有杨荫浏的《中国古代音乐史稿》上册第三编第四章第八节《音乐美学理论的发展》一文,便对《吕氏春秋》的《仲夏纪》第三《侈乐篇》、《仲春纪》第三《情欲篇》和《仲夏纪》第二《大乐篇》作了理论方面的阐述⑫;另外吉联抗有一本《吕氏春秋音乐文字译注》⑬。

---

① (上海)上海古籍出版社,1996年12月第1版。

② (长沙)岳麓书社,1993年9月第1版。

③ (贵阳)贵阳人民出版社,1997年8月第1版。

④ (北京)中国书店,1992年9月第1版。

⑤ (台北)三民书局,1995年8月初版。

⑥ (南京)南京大学出版社,1995年9月第1版。

⑦ (台北)锦绣出版事业股份有限公司,1992年3月初版。

⑧ 见《中国历代思想家》(三)更新版之《公孙龙·吕不韦·韩非·陆贾》,台北:台湾商务印书馆,1999年,第43—180页。

⑨ (台北)鹅湖出版社,2000年初版,第1—22、203—217页。

⑩ (成都)四川人民出版社,1991年5月第1版,第156—184页。

⑪ (台北)文津出版社,1998年初版,第279—288页。

⑫ 详见杨荫浏《中国古代音乐史稿》上册第四章《春秋、战国(公元前770—前221)》第八节“音乐美学理论的发展”之“音乐的娱乐作用:乐—乐—欲”,北京:人民音乐出版社,1981年,第95—100页。

⑬ 1963年吉联抗曾出版过一本小书《吕氏春秋音乐文字译注》,后易名为《吕氏春秋中的音乐史料》,上海文艺出版社1983年8月第2次印刷,仍据1963年5月《吕氏春秋音乐文字译注》第1版重印。

《吕氏春秋》里的美学理论，大抵都是专门论乐的文章；清代学者汪中以为"《大乐》《侈乐》《适音》《古乐》《音律》《音初》《制乐》皆论乐。……凡此诸篇，则六艺之遗文也"①，是《乐经》的遗文；近人杨树达在《读吕氏春秋札记》中也表示"《吕氏》杂采古传记成书，故诸篇皆各有所本。《汉书·艺文志》载《乐记》二十三篇。《礼记·乐记疏》引刘向《别录》详载其目，其第十七为《乐律》，疑是此篇（指《音律篇》）所本也。……古《乐记》二十三篇中有《乐作篇》第十四，名'作'者，盖与《世本·作篇》相同，记始作之人。又有《意始》第十五，'意'字疑'音'字之误。此篇（指《音初篇》）记始作东音、西音、南音及秦音、北音之人，疑本之彼二篇也"②，具体地指出了一些《吕氏春秋》和《乐记》佚文的关系；吉联抗更认为《吕氏春秋》的"某些文字和《乐记》（现为《礼记》中的一篇，人民音乐出版社有译注本）的文字大同小异，尤其当某些文字前面冠有'故曰'时；这些文字应该早就存在于《吕氏春秋》成书以前，同已经亡佚的《乐经》遗文当有更密切的关系"③。

尽管《吕氏春秋》的音乐理论，还有一二人对之加以评价，但它的艺术思想，在中国的文学理论史方面，却从来是绝无地位的。我们遍阅了九种专著，包括方孝岳的《中国文学批评》，郭绍虞的《中国文学批评史》，罗根泽的《周秦两汉文学批评史》，朱东润的《中国文学批评史大纲》，刘大杰、王运熙、李庆甲和复旦大学中文系古典文学教研组编的《中国文学批评史》，敏泽的《中国文学理论批评史》，黄海章的《中国文学批评简史》，日本学者铃木虎雄的《中国诗论史》④和张少康的《先秦诸子的文艺观》，对《吕氏春秋》的艺术理论竟不曾提及过一言半语，可想他们是忽略了，或是不认为这本书的音乐理论、美学思想是可以与文学理论拉得上关系的。这点其实是不正确的，文学与音乐或其他各种艺术，在

---

① 有谓乃汪中代毕沅序《吕氏春秋》时的话，转引自吉联抗《吕氏春秋中的音乐史料·再版致语》，上海：上海文艺出版社，1983 年，第 4 页。

② 杨树达：《积微居读书记》，北京：中华书局，1962 年，第 200—201 页。亦请参考吉联抗《吕氏春秋中的音乐史料·再版致语》，上海：上海文艺出版社，1983 年，第 4—5 页。

③ 见吉联抗《吕氏春秋中的音乐史料·再版致语》，上海：上海文艺出版社，1983 年，第 5 页。

④ 铃木虎雄的《中国诗论史》是一部比任何中国人写的《中国文学批评史》还要早的有关中国诗论的史书，全书包括三个部分：《周汉诸家对于诗的思想》《魏晋南北朝时代的文学论》[此二文首先发表于大正八年（1919）的《艺文杂志》上]、《论格调、神韵、性灵三诗说》[发表于明治四十四年（1911）的《艺文杂志》上]，出版于大正十三年（1924）。现有洪顺隆博士的译本，台北：台湾商务印书馆，1972 年。

理论和批评的理论方面是可以互相诠译引申的;如果认为它们在理论上是应该采取一个本体立场,是与中国的文学批评理论和文学理论的批评理论史的现实情况不符的。

《吕氏春秋》的乐论,对艺术的起源、艺术的社会功能和艺术审美的主客体关系等方面都提出了较它以前的学说来得更新更细致的解释,所以我们认为它是有它在艺术理论和美学思想方面独到的重要性的;而更重要的是,它是备受忽略的。

因此,在本文以后的三章,我们将会分别论述《吕氏春秋》的艺术起源论、艺术的社会功能说和艺术审美的原则等,从而对它的美学思想作出一个合理的评价。

三、《吕氏春秋》的艺术起源论

首先要指出,《吕氏春秋》中的艺术思想理论,大都是音乐理论。至于“音乐”这一个复合名词,也是首见于《吕氏春秋》的,《吕氏春秋·仲夏纪·大乐》一开始便说:

> 音乐之所由来者远矣。

“音乐”这个复合词,在此之前的古籍中是没有的;一般都以“乐”字表示音乐、舞蹈等的意思,但在《吕氏春秋》里,我们可以发觉“音乐”和“乐”两种词是平行使用的,例如《古乐篇》便说:

> 乐所由来者尚也,必不可废。

《大乐篇》的“音乐”实际上与《古乐篇》的“乐”所指的都是“音乐”这个词,不同的大概是“用‘乐’字的,比较倾向于保守复古”①,即如《古乐篇》论述古乐的发展;至于“音乐”这个词,则可能是当时战国末年的新词,指的是比较倾向于维新的音乐的理论的发展。总之,“音乐”这一名词,并非源自外国,而是在二千余年前的《吕氏春秋》这部真实性最无可置疑的古籍中已经出现的了。

《吕氏春秋》论艺术的起源,基本上是采取一个道家的观点的,《大乐

---

① 《吕氏春秋通检·再版致语》,中法汉学研究所,1943年,第7—8页。

篇》说：

音乐之所由来者远矣。生于度量，本于太一。

认为音乐是起源于“太一”的；所谓“太一”，即《大乐篇》末段说的“视之不见，听之不闻，不可为状”，“不可为形，不可为名”的包含着“不见之见，不间之间，无状之状者”的至精之道；这应该就是道家老子《道德经》的“道可道，非常道。名可名，非常名”的自然之道。这种思想反映了一点：《吕氏春秋》认为艺术是起源于神秘的自然，它反映了一种对音乐的认识——音乐是从有了人类开始，或更早就存在的，这可以从《大乐篇》的说“太一”与万物化生的关系以至声、乐起源的文字中得到证据。《大乐篇》有这样的一段：

太一出两仪，两仪出阴阳。阴阳变化，一上一下，合而成章。浑浑沌沌，离则复合，合则复离，是谓天常。天地车轮，终则复始，极则复反，莫不咸当。日月星辰，或疾或徐，日月不同，以尽其行。四时代兴，或暑或寒，或短或长，或柔或刚。万物所出，造于太一，化于阴阳。萌芽始震，凝漻以形。

这段的“天”，其实是先民对自然界的表面认识和神秘观念的结合体。“天地”是指自然体，单说“天”时，则是指带有神秘观念的不可知的自然体[①]，所以它说“凡乐，天地之和，阴阳之调也”[②]；因为“万物所出”是“造于太一”的，一切的物质皆孕育自自然界，物质会有形体，形体会发声音，而音乐的起源正是如此，所以它又说：

形体有处，莫不有声。声出于和，和出于适。和、适，先王定乐，由此而生。[③]

广义的说，“形体有处，莫不有声”的阶段已可视为音乐的起源［形体并不一定是

---

① 见吉联抗《吕氏春秋中的音乐史料·大乐》译注3，上海：上海文艺出版社，1983年，第4—5页。

② 《吕氏春秋·仲夏纪·大乐》，《诸子集成》本，第47页。

③ 祝瑞开：《先秦社会和诸子思想新探》，福州：福建人民出版社，1981年，第46页。

指人类的],但艺术的创立,非等到“先王定乐”之后不可。换言之,艺术的创作,是从人类存在之后才开始的,有了人类才会有“先王定乐”。

《吕氏春秋》认为艺术是产生自人的内心的。《音初篇》说:

> 凡音者,产乎人心者也,感于心则荡乎音,音成于外而化乎内。

它认为艺术[音乐]是出自人的内心的,人的内心有所感受,就会通过一些艺术的形式表现出来;这些表现是外在的,控制这些表现的还是内心经过浑变的思想。这一种艺术的起源观,是属于唯心的。

但是,它实际上在论艺术的起源时,是二元的;它所采用的是一个“心”“物”二元论,以“心”为主体,“物”为客体,以心役物而归于自然之道[“太一”]。它曾经提过音乐是“生于度量”的,吉联抗先生以为是指“有了一定振动数的律——乐音,才产生音乐”①,这点解释正显示出《吕氏春秋》在论艺术起源时,也有它颇为科学和实际的一面;吉先生说的“乐音”,暗合我们说的“音乐”早于人类而存在的讲法:因为我们的“音乐”,即是他的“乐音”,而“乐音”是早存在音乐之前的。所谓度量,即律的计数;度是长度,指弦长管长;量是容量,指管体内节的容量,“‘度量’是物体的律动,属于物质的范畴”。

最重要的是,它结合了“属于精神的范畴”的“太一说”而表示“形体有处,莫不有声,……先王定乐由此而生”,强调了它在论艺术起源这一个范围是个“心”“物”的二元论者。“太一”是“不可为名”而“强为之”的东西,是属于精神的范畴的;形体则属于物质的范畴。

《吕氏春秋》对艺术起源的时间性的认识,是非常客观的。它认为艺术不可能是起源于一个时期的。《古乐篇》说:

> 故乐之所由来者尚矣,非独为一世之所造也!

它指的是悠长的初民时代,在不同地域的人民有不同的自然环境,而不同的部落亦有不同的社会状况;故此,对艺术的起源亦应有多种不同的说法。基本上,它认为是源自自然现象、个人的制作和祭祀时的乐舞等。这种说法,其实是可

---

① [日]津田左右吉:《儒道两家关系论》,李继煌译,香港:香港文瀚出版社,1969年,第4页。

以与西方在十九世纪初出现的文艺社会学理论相比的。例如法国的斯达勒夫人(Madame de Stael)所主张的自然环境、地理因素和时代问题与创作的关系,她依据了文艺创作在时间和空间上因人类社会变迁而产生的多样性特点,形成了文艺社会学上的时代精神和民族精神两大理论骨干。斯达勒夫人之后的保利德·邓纳(Hippolyte Taine)在十九世纪中后期,在他的多部著作中,明确而又有系统地提出了文艺创作的"民族、环境、时代"三元论;当然,邓纳也注意到在文艺创作方面天才所能起的重要作用:民族性、社会制度和时代是文艺创作的天才和作品之所以产生的因子①。我们无意将《吕氏春秋》有关的说法与西方后世的理论强行比较,但有一点或可确定的是,《吕氏春秋》早在战国末年已经非常重视文艺创作与时间、空间和个别天才之间的关键关系问题,影响所及,在后来魏晋六朝《文心雕龙》的《时序》篇和《物色》篇、《诗品》等中国文学批评理论的古籍中都有近似的理论,从形成理论框架雏形的时间上讲,比西方早了最少一千三百多年。

上述这些方面的观点,最主要的都收集在《吕氏春秋》的《古乐篇》里,为我们提供了极为珍贵的关于音乐(艺术)起源的史料。

《吕氏春秋》认为音乐是有起源于与自现现象的斗争的,《古乐篇》说:

> 昔,古朱襄氏之治天下也:多风而阳气畜积,万物散解,果实不成,故士达作为五弦瑟,以来阴气,以定群生。

因为大自然的环境恶劣,多风而致阴阳失调,所以民生困苦,农业凋弊,于是出了一个杰出的音乐家士达制"五弦瑟",调和阴阳,"以定群生"。这样说来,艺术是起源于顺阴阳,而其始是出自一人之手的(这两个论点都是中国人对一切美好的、杰出的或是充满权威的事物的最传统的两个观念:大自然的力量和超乎常人的伟人的智慧),这是值得怀疑的。不过,我们可以理解为初民在与自然搏斗生活的时候,由于劳动而发出声音,再结合自然界的万籁,逐渐就产生了音乐。

---

① 参考何金兰《文学社会学》第一篇第一、二章,台北:桂冠图书股份有限公司,1989年,第11—32页。另可参考滕守尧《艺术社会学描述》第一、二章,上海:上海人民出版社,1987年,第5—81页;[法]丹纳(即上面提到的邓纳)著,傅雷译《艺术哲学》,北京:人民文学出版社,1963年1月第1版,1996年6月第2次印刷。

它又认为音乐是有直接源自自然界的声音的。《古乐篇》有这样的一段：

帝颛顼生自若水，实处空桑，乃登为帝。惟天之合，正风乃行，其音若熙熙凄凄锵锵。帝颛顼好其音，乃令飞龙作效八风之音。①

这里说的是音乐起源自风声，即艺术起源于自然现象。与这段意思一样的，《古乐篇》有另外的一段：

帝尧立，乃命质为乐。质乃效山林溪谷之音以歌，……

是以音乐为起源于"山林溪谷之音"，亦即起源自自然的意思。不过有一点要指出的是，《吕氏春秋》中的艺术起源于自然说，都与敬畏大自然，祭祀上帝等初民宗教观有关；上述两段，一是以"命之曰《承云》，以祭上帝"为结尾，一是以"命之曰《大章》，以祭上帝"为结尾，可见祭上帝的音乐，初民已经认为必须是源自自然的音乐。

它又指出音律可能是与动物的声音有关的，《古乐篇》有这样的说法：

昔黄帝令伶伦作为律。伶伦自大夏之西，乃之阮隃之阴，取竹于嶰溪之谷，以生空窍厚钧者，断两节间，其长三寸九分，而吹之以为黄钟之宫，吹曰"舍少"。次制十二筒，以之阮隃之下，听凤皇之鸣，以别十二律。其雄鸣为六，雌鸣亦六，以比黄钟之宫，适合。黄钟之宫，皆可以生之，故曰黄钟之宫，律吕之本。

音律是伶伦发明的这点未必可信，但是音律之始与动物的鸣叫有关这点是可以参考的。

《吕氏春秋》记载了初民敬天的原始宗教观念，从而认为艺术的起源与祭祀有关。祭祀则需要一种仪式，而这种仪式通常都是舞蹈的，随着舞蹈便有了节拍，也就有了音乐了。《古乐篇》有这样的记载：

① 所谓八风，《吕氏春秋·有始览》说："东北曰'炎风'，东方曰'滔风'，东南曰'熏风'，南方曰'巨风'，西南曰'凄风'，西方曰'飂风'，西北曰'厉风'，北方曰'寒风'。"见《诸子集成》本第 125—126 页。

昔葛天氏之乐，三人操牛尾，投足以歌八阕：一曰载民，二曰玄鸟，三曰遂草木，四曰奋五谷，五曰敬天常，六曰达帝功，七曰依地德，八曰总禽兽之极。①

所谓“三人操牛尾，投足以歌……”就是祭祀时的歌舞仪式了，另外有一段，也是与起源于舞蹈说有关的：

昔陶唐氏之始，阴多滞伏而湛积，水道壅塞，不行其原，民气郁阏而滞著，筋骨瑟缩不达，故作为舞以宣导之。

这是《古乐篇》的第四段；《古乐篇》全篇皆论乐，其他各段都提及“乐”“歌”“律”“声歌”“音”或乐章的名称，独是这一段只有一个“舞”字，意思是以“舞”来疏导过盛的阴气，以求达到阴阳调和，万物化生的地步，全段意思与“昔，朱襄氏之治天下也”一段是接近的，所以我们怀疑“舞”也有“乐”的意思，甚至二者是相等的。那么，《吕氏春秋》是明显地提出了音乐起源于舞蹈，引申为艺术起源于初民的祭祀仪式，与艺术起源于游戏说、艺术起源宗教说非常接近。

我们说过由于《吕氏春秋》是一部杂家的书，所以它的思想内容是十分复杂的。单从它的艺术起源论，便可以看出它是博采诸家的；综合的来说，它认为有下列几种：

（一）起源自神秘、不可名的“道”

（二）起源自人类的内心感受

① 吉联抗谓：“这里，从‘载民’至‘总禽兽之极’这八个词语，是据高诱注：‘上皆乐之八篇名也’而当作专名的。从文字本身看来，则每个词语都表示着一定的意义：‘载民’的‘载’当‘始’字解，似为歌颂人类的祖先；作‘负载’解，则似歌颂大地。‘玄鸟’似为歌颂部落的图腾——一种大鸟；玄鸟又是燕子的古称，则又似歌颂春天。‘遂草木’似为歌唱先民的愿望——草木葱郁，畜牧繁殖。‘奋五谷’似为歌唱先民的另一愿望——五谷丰登。‘敬天常’似为应谢上天——自然的赐与。‘达帝功’似也为感谢自然赐予的（‘帝’字最早的意义是自然的生殖力，详见郭沫若《甲骨文字研究·释祖妣》）。‘依地德’似为歌唱生活要顺应土地的规律。‘总禽兽之极’似乎也是歌唱牲畜的繁殖。这八个辞语连起来，构成了一幅先民的生活图景，也反映了先民的生活图景，也反映了先民的愿望。”见吉联抗《吕氏春秋中的音乐史料·古乐》译注3，上海：上海文艺出版社，1983年，第24—25页。

(三)起源自度量,即物质的范畴

(四)起源自初民与大自然的搏斗,即艺术起源于劳动说

(五)起源自自然界的现象,即艺术起源于自然说

(六)起源自初民的祭祀仪式,即艺术起源于游戏与宗教说

不过,《吕氏春秋》在这方面的理论,还是有重心的;它把艺术起源的各种可能性都说了出来,而把最终的结论放在“本于太一”这句话身上:要留意的是它论音乐的起源,只有这句才用一个“本”字;我们认为它的重点是道家的,以一切皆起源于不可道的“有物混成,先天地生。……强为之名曰大[一]”[①]的“道”。难怪高诱说:

然此书所尚,以道德为标的,以无为为纲纪。[②]

这是很有道理的;从其论乐之起源,不难发觉到它的极重视自然的力量,而以之通过宗教祭祀归于政治教化的观念,这就是顾实《汉书艺文志讲疏》说的:

以黄老道德为宗,示天下政治之大归。[③]

可见它虽是一部杂家的书,但在思想上还是有一定的重心倾向的。

从逻辑的观点看,它虽然提出了艺术起源的六七种说法,但并没有互相抵触的地方,因为它同时提出了时间、空间不同的关键性,指出在不同时间的不同的空间,初民对艺术的起源是会有不同的认识的,所以他要提“帝颛顼生自若水,实处空桑”“伶伦自大夏之西……”等表示相异的空间,“故乐之所由来者尚矣,非独一世之所造也”开宗明义地指出认识时间不同对艺术起源说不同的影响。我们觉得《吕氏春秋》实在是一部有一定的逻辑安排的古籍,这点从其论艺术的起源这一方面已经可以略见一二了。

① 老子《道德经》第二十五章,晋王弼注、唐陆德明释文附本,宣统三年上海扫叶山房石印本,第七页。
② 高诱《吕氏春秋序》,见《诸子集成》本首,第2页。
③ 《汉书艺文志讲疏·诸子略·杂家》,第227—254页。

四、《吕氏春秋》论艺术的社会功能

《吕氏春秋》认为艺术是有着极重要的教化民生的作用的。《适音篇》说：

> ……故治世之音安以乐，其政平也；乱世之音怨以怒，其政乖也；亡国之音悲以哀，其政险也。凡音乐通乎政，而移风平俗者也。俗定而音乐化之矣。故有道之世，观其音而知其俗矣，观其政而知其主矣。故先王必托于音乐以论其教。

所强调的似乎是政治、风俗和最终的教化，这就是所谓“先王之制礼乐也，非特以观耳目，极口腹之欲也，将以教民平好恶，行理义也”了；“礼乐”并称，所重的是“教”，而以“平好恶，行理义”为教条，务求使人民接受教化。

它认为音乐除了有政治和风俗的教化作用之外，还有其伦理的作用，《大乐篇》提出：

> 亡国戮民，非无乐也，其乐不乐。溺者，非不笑也；罪人，非不歌也；狂者，非不武也；乱世之乐，有似于此。君臣失位，父子失处，夫妇失宜，民人呻吟，其以为乐也，若之何哉？

乱世之乐，是会将君臣、父子、夫妇等伦理关系的失常反映出来的，所以它提倡大乐：

> 大乐，君臣、父子、长少之所欢欣而说也。①

至于“欢欣”，它说是“生于平，平生于道”的道，是所谓“太一”的道。《大乐篇》有这样的解释：

> 故一也者制令，两也者从听。先圣择两法一，是以知万物之情。故能以一听政者，乐君臣，和远近，说黔首，合宗亲；能以一治其身者，免于灾，终其寿，全其天；能以一治其国者，奸邪去，贤者至，成大化；能以一治天下者，

① 《吕氏春秋·仲夏纪·大乐》，《诸子集成》本，第47页。

寒暑适,风雨时,为圣人。故知一则明,明两则狂。

这里指出了艺术不但对伦理关系有着调和的作用,更可以最理想的教化普施而“为圣人”。

《吕氏春秋》进一步强调了艺术的政治作用。首先它指出音是有很多种的:适中的、盛大的、正当的、放纵的等等,即《古乐篇》说的:

乐所由来者尚也,必不可废。有节有侈,有正有淫矣,……

而这些不同的音乐,是可以协助我们去辨别贤和不肖的分别的;因为贤人会把这些音乐,加以适当的运用,达成音乐本身最好的效果——教化民生,从而使到国家昌盛,但不肖者却会因为侈乐、淫乐本体的影响而导致灭亡。故《古乐篇》说:

贤者以昌,不肖者以亡。

亦《音初篇》说的:

……闻其声而知其风,察其风而知其志,观其志而知其德。盛衰、贤不肖、君子小人,皆形于乐,不可隐匿。

所以它是极反对郑卫之声和桑间之音①的,认为假如音乐能够做到适中平和,则民风自然就会正了,《音初篇》这样说:

故曰:乐之为观也,深矣。……世浊则礼烦而乐淫。郑卫之声、桑间之音,此乱国之所好,衰德之所说。……乐和而民乡方矣。

而音乐的政治作用,尚不止于此;音乐可以治天下,“以定群生”,“以祭上帝”,

① 桑间之音是极尽声色之乐的宫廷音乐的代名词。相传是殷纣的亡国之音。《汉书·地理志》谓“卫地有桑间濮上之阻,男女亦亟聚会,声色生焉”。典出韩非的《韩非子·十过》。吉联抗《吕氏春秋中的音乐史料·音初》译注17详述之。

“以康帝德”，“以明帝德”，“以昭其功”，“以见其羞”，“以嘉其德”，使“贤者以昌”等等。总之是以教化为目的的，《大乐篇》说：

天下太平，万物安宁，皆化其上，乐乃可成。

这就是《吕氏春秋》的艺术的社会功能的理想了：只有到了天下太平，万物安宁，百姓都接受教化的时候，乐的作用才算是完成了。因此，《制乐篇》说：

欲观至乐，必于至治。其治厚者，其乐治厚；其治薄者，其乐治薄；乱世则慢以乐矣。

实在是代表着古人对艺术的社会价值的一种理想，他们渴望有好的政治和好的世道，从而希望艺术能够反映，作为教化的工具。无疑，中国人是尚治、尚厚和尚实用的。

五、《吕氏春秋》的美学思想

《吕氏春秋》对于艺术欣赏这方面，认为主要是有着一种主客二体的关系的。它认为个人的心是主体，而艺术的形式是客体，二者之间的交通，是由心出发而到艺术表现的境界里去的。至于这颗心能否融会于该种艺术的境界里头，则有两个条件：第一，要心情快乐；第二，要该种艺术表现是适中的。《吕氏春秋》的《适音篇》是在这方面一篇较早的分析文章，分析得非常细致，应该加以重视。它说：

耳之情欲声。心不乐，五音在前弗听。目之情欲色，心弗乐，五色在前弗视。鼻之情欲芬香，心弗乐，芬香在前弗嗅。口之情欲滋味，心弗乐，五味在前弗食。欲之者，耳、目、鼻、口也；乐之弗乐者，心也。

它指出了人的心理与情欲之间的关系，是完全符合心理学原理的。跟着它指出心乐的方法，它说：

心必和平然后乐。心必乐，然后耳、目、鼻、口有以欲之。故乐之务在于和心，和心在于行适。

要心乐必须和心,而和心首先就要行适;怎样可使行为适中,使心情调和呢?它说:

> 夫乐有适,心亦有适。人之情,欲寿而恶夭;欲安而恶危,欲荣而恶辱,欲逸而恶劳。四欲得,四恶除,则心适矣。四欲之得也,在于胜理。胜理以治身则生全,以生全则寿长矣。胜理以治国则法立,法立则天下服矣。故适心之务在于胜理。

原来人有四欲四恶,四欲得,四恶除,心就会舒适了,但要得这四欲,必需"胜理"。胜理是指行为适中,是要顺着事物的自然规律而发展的意思。它认为"胜理"不单可以治身,更可以治国、立法。因此,它认为首先要凡事胜理,适中自然,才可以心适(凡事胜理即是行适),心适则自然而然的就会心和了,心和则乐,那么就有情欲,可以与艺术境界融和了;不过,在客体(艺术表现)方面来说,还要求该种表现的前提是在于调和心情,境界适中的,只有这样,主客二体才能沟通的。

正因为《吕氏春秋》是主张心物二体论的,认为二者之间是可以沟通的,所以它又提出"艺术有感情论"。《侈乐篇》说:

> 乐之有情,譬之若肌肤形体之有情性也……

艺术也有感情,作为主体的人就更加多情多欲了,《吕氏春秋》就提出要"养性";《侈乐篇》说:

> 乐之有情,譬之若肌肤形体之有情性也,有情性则必有性养矣。

明确地指出艺术也有所谓"性养"的;但它主张的是"养性",而不是"性养",《本生篇》说:

> 物也者,所以养性也,非所以性养也。今世之人惑者,多以性养物,则不知轻重也。不知轻重,则重者为轻,轻者为重矣。

这段说的“养性”“性养”，是站在主体人的立场说的，所谓养性，即修心、有所节制的意思，“性养”是指物之性，浸淫于物之性，玩物会丧志，所以它说“以性养物”是“不知轻重”；至于《侈乐篇》说的“性养”，是站在客体物的立场的，认为既然物亦有情，则物亦应有其本身的生机和保养[①]；此“性养”与彼“性养”是不同立场的。不过，它主张的“物以养性，非以性养”是一贯的。《本生篇》又说：

> ……圣人之于声、色、滋味也，利于性则取之，害于性则舍之，此全性之道也。

引申地说，就是对艺术的表现，加以选择和批判地接受的意思。至于“养”之道，《孝行览》这样说：

> 养有五道：修宫室，安床笫，节饮食，养体之道也；树五色，施五采，列文章，养目之道也；正六律，和五声，杂八音，养耳之道也；熟五谷，烹六畜，和煎调，养口之道也；和颜色，说言语，敬进退，养志之道也。此五者，代进而厚用之，可谓善养矣。

要“养性”首先就要节欲。《情欲篇》说：

> 天生人而使有贪有欲。欲有情，情有节。圣人修节以止欲，故不过行其情也。故耳之欲五声，目之欲五色，口之欲五味，情也。此三者，贵、贱、愚、智、贤、不肖，欲之若一，虽神农、黄帝，其与桀、纣同。圣人之所以异者，得其情也。由贵生动，则得其情矣；不由贵生动，则失其情矣。

人是天生有欲念的，欲念的产生是有一定的规律的[②]；要有所节制，才能“得其情”。《大乐篇》也主张欲是天生的，它说：

---

① 参考吉联抗《吕氏春秋中的音乐史料·侈乐》译文，上海：上海文艺出版社，1983 年，第 9—10 页。

② 参考吉联抗《吕氏春秋中的音乐史料·情欲》译注 2，上海：上海文艺出版社，1983 年，第 37—38 页。

> 始生人者天也。人无事焉,天使人有欲,人弗得不求;天使人有恶,人弗得不辟;欲与恶,所受于天也,人不得与焉,不可变,不可易。

虽然是“不可变,不可易”,但可以“节”,所以《大乐篇》又说:

> 成乐有具,必节嗜欲,嗜欲不辟,乐乃可务。

认为艺术的创作,必须“节嗜欲”。

同时,它又主张急治国,缓治乐,提出“反侈论”,反对过分侈盛的艺术享乐;《侈乐篇》指出艺术如果过份侈华,是会失掉艺术的本意的,它说:

> 世之人主,多以珠、玉、戈、剑为宝;愈多,而民愈怨,国人愈危,身愈危累,则失宝之情矣。乱世之乐与此同。为木革之声则若雷,为金石之声则若霆,为丝竹、歌舞之声则若噪。以此骇心气,动耳目,摇荡生,则可矣;以此为乐,则不乐。故乐愈侈,而民愈郁,国愈乱,主愈卑,则亦失乐之情矣。凡古圣王之所为贵乐者,为其乐也。

这点与节欲是相关联的,如果不节欲,则艺术一定会侈,而为政者一定会因此而亡;《不苟论》也有一个故事是讲这个道理的:

> “戎人不达于五音与五味,君不若遗之!”缪公以女乐二八人与良宰遗之。戎王喜,迷惑大乱,饮酒昼夜不休。

《侈乐篇》也列举了若干例子:

> 夏桀、殷纣作为侈乐,大鼓、钟、磬、管、箫之音,以巨为美,以众为观;俶诡殊瑰,耳所未尝闻,目所未尝见,务以相过,不用度量。宋之衰也,作为千钟。齐之衰也,作为大吕。楚之衰也,作为巫音。

这些都是“侈乐”败国的例子,《吕氏春秋》给它们下的结论是:

> 侈则侈矣,自有道者观之,则失乐之情。(《侈乐篇》)

除了主节欲、反侈乐之外,《吕氏春秋》又提出了“乐不乐论”。它认为在乱世不是没有艺术的创作,只是乱世的艺术是反映不快乐的艺术,是不能使人快乐的。《大乐篇》说:

亡国戮民,非无乐也,其乐不乐。

《侈乐篇》指出如果艺术失去了本意(使人得到快乐和快感)的话,便是不快乐的艺术,它说:

失乐之情,其乐不乐。乐不乐者,其民必怨,其生必伤,其生之与乐也,若冰之于炎日,反以自兵。

不快乐的艺术,是会使人民怨苦,生气受损,使爱好这种艺术的人自己受到伤害的(包括创作者、推动者与欣赏者)。显然的,《吕氏春秋》是认为艺术应当有利于人的,可以说,它主张功利主义和快乐主义的艺术。这一论点,倒与古希腊的爱奥尼亚哲学家德谟克利图斯(Democritus)所主张的快乐主义艺术功效论[①]是一致的。艺术的“不乐”,它认为,是与“侈”有关的,也与不知道艺术的本意有关,所以《侈乐篇》说:

此生乎不知乐之情,而以侈为务故也。

至于《吕氏春秋》之批判侈乐,德谟克利图斯也曾提及,不过他所持的立场与前者有所不同:他认为音乐生于奢侈,并非自然的产物而是人类的发明,但又不是人类的一种原始的活动。[②] 为了要使艺术成为快乐(使人快乐)的艺术,它提出了“和乐论”[③]。《适音篇》说:

---

① (波兰)佛拉第斯劳·达达基兹(Wladyslaw Tatarkiewicz)著,刘文潭译:《西洋古代美学》第二部第六章,台北:联经出版事业公司,1981年6月初版,2001年1月初版第5次印刷,第116—122页。

② 同上注。

③ 吉联抗《吕氏春秋中的音乐史料·适音》篇目下谓“一作‘和乐’”。

夫音亦有适:太巨则志荡,以荡听巨,则耳不容,不容则横塞,横塞则振;太小则志嫌,以嫌听小,则耳不充,不充则不詹,不詹则窕;太清则志危,以危听清,则耳谿极,谿极则不鉴,不鉴则竭;太浊则志下,以下听浊,则耳不收,不收则不抟,不抟则怒;故太巨、太小、太清、太浊,皆非适也。

太巨、太小、太清和太浊都是不适的音;那么什么是"适音"呢?《适音篇》说:

何谓适?衷音之适也。何谓衷?大不出钧,重不过石,小、大、轻、重之衷也。黄钟之宫,音之本也,清浊之衷也。衷也者,适也。以适听适,则和矣。乐无太,平和者是也。

所谓"衷""适"和"平和"就是《吕氏春秋》艺术思想的中心了,它主张依据度量,所以说"大不出钧①,重不过石②";依法度就自然会衷,衷则适,适则平和了。《过理篇》亦说:

亡国之主一贯。天时虽异,其事虽殊,所以亡同者,乐不适也。乐不适则不可以存。

它强调了不适的艺术,对政治会有不良的影响,严重的会导致国家灭亡,所以它极力主张放弃不适的艺术。《吕氏春秋》所提倡的艺术需要有适当的度量、平和、节欲等思想,在德谟克利图斯的美学理论中可以找到几乎完全一致的说法:他强调艺术的适度、应诉诸心情与总体上的简单性等。须注意的是古希腊哲学由公元前五到前四世纪开始,经过毕达哥拉斯学派(Pythagorean)度重、和谐、音乐的心境等美学思想,到达芒(Damon)所强调的音乐的宗教性,还有赫拉克利图斯(Heraclitus)"对立和谐"理论等等,在探索美学和艺术思想的时候,或多或

---

① 钧字有三种注解。高诱注:三十斤为"钧",陶鸿庆说:此指十二钟言,"大不出钧","大"当是"小"字,他们把"钧"作为重量单位。韦昭注《国语·周语下》认为"钧,所以钧者之法也。以木,长七尺,有弦系之,以为钧法",则"钧"是种调音方法的名称(于鬯《香草续校书》亦主此说)。吉联抗认为是指一个音列的整个幅度,即后来的"均""匀"等字,亦即现在的"八度"的意思,故他以"钧"为音的幅度。详见吉氏《吕氏春秋中的音乐史料·适音》译注6,第16页。

② 高诱注:百三十斤为"石"。见《诸子集成》本第50页。

少都强调了音乐这个范畴[①]，而其中许多主要的概念，都可以与《吕氏春秋》的艺术思想作进一步的比较研究，尤其是它们的年代相距较近（约二百多年），两者之间有没有文化交流的因，还是各自独立地先后发展而成的果？这会是一个颇为有趣的问题。

既然主张“适音”，《吕氏春秋》便提出了两个“适音”的指向：第一，主张“希声”，即《乐成篇》说的：

> 大智不形。大器晚成。大音希声。[②]

第二，主张放弃淫辞，《音初篇》说：

> 世浊则礼烦而乐淫。郑卫之声，桑间之音，此乱国之所好，衰德之所说。

“衰德”则会为国家带来不良的风气，一如《先识览》所说的：

> 中山之俗，以昼为夜，以夜继日，男女切倚，固无休息，康乐歌谣好悲，其主弗知恶，此亡国之风也。

六、《吕氏春秋》的修辞理论

因为反对淫辞的缘故，《吕氏春秋》便介绍了一套独特的修辞理论。首先它是从慎言出发的，《审应览》说：

> 人主出声应容，不可不审；凡主有识，言不欲先；人唱我和，人先我随；以其出为入，以其言为之名，取其实以责其名，则说者不敢妄言，而人主之所执其要矣。

它认为要“审言”，以“其实责其名”，务求做到名实相符，使人不敢妄言，而人君则要掌握言辞中的要约意义。《重言篇》亦说：

---

① 《吕氏春秋通检》，中法汉学研究所，1943 年，第二部第五章，第 107—115 页。

② 参考老子《道德经》第四十一章，宣统三年上海扫叶山房石印本，第 13 页。

人主之言不可不慎。

成王与唐叔虞燕居,援梧叶以为珪。而授唐叔虞曰:“余以此封女。”叔虞喜,以告周公。周公以请曰:“天子其封虞邪?”成王曰:“余一人与虞戏也。”周公对曰:“臣闻之,天子无戏言。天子言则史书之,工诵之,士称之。”于是遂封叔虞于晋。

周公旦可谓善说矣。一称而令成王益重言,明爱弟之义,有辅王室之固。

荆庄王立三年,不听而好讔,成公贾入谏,王曰:“不谷禁谏者,今子谏何故?”对曰:“臣非敢谏也。愿与君王讔也。”王曰:“胡不设不谷矣。”对曰:“有鸟止于南方之阜,三年不动不飞不鸣,是何鸟也?”王射之。曰:“有鸟止于南方之阜,其三年不动,将以定志意也;其不飞,将以长羽翼也;其不鸣,将以览民则也。是鸟虽无飞,飞将冲天;虽无鸣,鸣将骇人。……”

头三段引文表示出《吕氏春秋》的“慎言”主张,所谓“无戏言”和“重言”都是这个意思;第四段则更有修辞美学的意义,它一方面好像不喜欢讔言,但另一方面又表示出善用讔言的重要性,而这点,也是与“审言”“慎言”相通的,因为只有“慎言”才能善用“讔言”。

跟着,它分析“徐言”和“疾言”的不同用法。《精谕篇》说:

胜书说周公旦曰:“廷小人众,徐言则不闻,疾言则人知之;徐言乎?疾言乎?”周公旦曰:“徐言。”

接着又分析“精言”和“匆言”的用法:

胜书曰:“有事于此,而精言之而不明;匆言之而不成;精言乎?匆言乎?”周公旦曰:“匆言。”

从这两段,我们感觉到《吕氏春秋》的艺术思想指向,确是道家的;它主张“以不言说”“以不言听”,即所谓“不言之听”“不言之谋”“不闻之事”“目视于无形,耳听于无声”等①的意思。

言辞是拿来表达意思的。《离谓篇》说：

> 言者以谕意也。言意相离，凶也。
>
> 故古之人得其意则舍其言矣。听言者，以言观意也；听言而意不可知，其与桥言无择。

明显地，它是认为“意”重于“言”的。《淫辞篇》说：

> 非辞无以相期，从辞则乱；乱辞之中又有辞焉，心之谓也。言不欺心，则近之矣。凡言者以谕心也，言心相离，而上无以参之，则下多所言非所行也，所行非所言也；言行相诡，不祥莫大焉。

其实也是上一段《离谓篇》引文的意思；总的来说，它是以“达理明义”②为目标的。

所谓“言不欺心”等即是正言的意思；《音初篇》则极力指出“正德”的重要，它说：

> 流辟诽越慆滥之音出，则滔荡之气、邪慢之心感矣。感则百奸众辟从此产矣。故君子反道以修德，正德以出乐，和乐以成顺。乐和而民乡方矣。

“反道以修德”似乎是《吕氏春秋》论艺术的一个极主要的倾向。

七、其他美学思想

除了上述系统性极强的一列理论外，《吕氏春秋》还有一些片段的美学思想，是值得我们重视的。例如《应同篇》便指出“气”与物的关系，它说：

> 类固相召，气同则合，声比则应。鼓宫而宫动，鼓角而角动。

---

① 《吕氏春秋·审应览·精喻》，《诸子集成》本，第222页。

② 《吕氏春秋·审应览·不屈》，《诸子集成》本，第228页。

这就是所谓的在精神领域同性相吸的道理,可惜的是它在这方面发挥得不多。《去尤篇》则强调分辨美恶间的关系,它说:

> 鲁有恶者,其父出而见商咄,反而告其邻曰:"商咄不若吾子矣!"且其子至恶也,商咄至美也。彼以至美不如至恶,尤乎爱也! 故知美之恶,知恶之美,然后能知美恶矣。

《遇合篇》又提出音外之音、色外之色和味外之味等的"滋味说":

> 凡能听音者,必达于五声。人之能知五声者寡,所善恶得不苟? 客有以吹籁见越王者,羽、角、宫、徵、商不缪,越王不善;为野音,而反善之。

"野音"有音外之音,至少越王听出一些别人以为不雅正而他认为是美的音,这点不单止说破了艺术的遇合无常,也暗示了所谓滋味说的一种主观的欣赏与判断的态度。《遇合篇》又说:

> 若人之于色也,无不知说美者,而美者未必遇也。故嫫母执乎黄帝。黄帝曰:"厉女德而弗忘,与女正而弗衰,虽恶奚伤?"

正是因为黄帝看到了色外之色(第一个色字是客体本身的色,第二个色字则是观人者主体的色的感受),才会说出这番话来。同篇又说:

> 若人之于滋味,无不说甘脆,而甘脆未必受也。……人有大臭者,其亲戚、兄弟、妻妾、知识无能与居者。自苦而居海上。海上人有说其臭者,昼夜随之而弗能去。说亦有若此者。陈有恶人焉,曰敦洽雠麋,椎颡广颜,色如漆赭,垂眼临鼻,长肘而盭,陈侯见而甚说之。

这是述味外之味与色外之色的,一方面显示出艺术欣赏的主客体不同的关系,与它说的"遇合也无常"是互相配合的:

> 故曰:"遇合也无常。"说,适然也。

总之,以“适然”为标准,是从欣赏者主体的角度出发的,这点是属于主观的审美方法论。同时,它又提出“至味”“味之本”的说法,《本味篇》说:

> 汤得伊尹,祓之于庙。爝以爟火,衅以牺豭。明日设朝而见之,说汤以至味。汤曰:“可对而为乎?”对曰:“君之国小,不足以具之。为天子然后可具。夫三群之虫,水居者腥,肉玃者臊,草食者膻。臭恶犹美,皆有所以。凡味之本,水最为始,五味三材,九沸九变,火为之纪,时疾时徐,灭腥去臊除膻,必以其胜,无失其理。调和之事,必以甘酸苦辛咸,先后多少,其齐甚微,皆有自起,鼎中之变,精妙微纤,口弗能言,志不能喻。”

这虽是一段说烹饪理论的文字,但其中论“灭腥去躁除膻,必以其胜,无失其理”“鼎中之变,精妙微纤,口弗能言,志不能喻”等说法还是在美学上有一定的参考价值的;尤其是后者,更有艺术的不可说论的味道。

最后,它强调艺术是需要有知音的,否则艺术创作的热情,必会减低。《本味篇》说:

> 伯牙鼓琴,锺子期听之。方鼓琴而志在太山,锺子期曰:“善哉乎鼓琴,巍巍乎若太山。”少选之间,而志在流水,锺子期又曰:“善哉乎鼓琴!汤汤乎若流水。”锺子期死,伯牙破琴绝弦,终身不复鼓琴,以为世无足复为鼓琴者。

这个故事讲的就是知音对从事艺术工作者的重要性:是一种鼓舞与打击的关系。

八、小结

《吕氏春秋》无疑是一部庞杂的书,从其艺术思想看,这点尤为特出;不过它还是以道家的思想为重心,而主张艺术上的“心”与“物”二元的距离说的。

它认为艺术的起源有六种:

(一)起源自神秘、不可名的“道”

(二)起源自人类的内心感受

(三)起源自度量,即物质的范畴

(四)起源自人类与大自然搏斗的劳动

(五)起源自自然界的现象

(六)起源自游戏与宗教

而艺术是有社会功能的,它的作用有下列四方面:

(一)可以观察政治的好坏,从而逼使在权位者改善政治

(二)可使人民明白伦理

(三)可以匡正风俗

(四)可以教化民生

《吕氏春秋》认为艺术审美,是一种主客二体之间的关系,而最主要是要主体心情快乐,客体则表现适中;凡事顺着事物的自然规律去发展就自然可以做到的了。同时,它又认为艺术本身是有感情的;因为人与艺术都有本性,为了防止过分,它提出要"养性",反对"侈乐",主张节欲,要求急治国,缓治乐;它认为艺术是应该使人快乐的,所以反对不快乐的艺术,认为如果艺术失去了使人得到快感的这一点本意,就会变得没有意义。为了要使艺术成为使人快乐的艺术,它提出了"和乐论",主张"适音",反对"淫辞"。

因为反淫辞的缘故,《吕氏春秋》介绍了一套修辞论。从"慎言"出发,务求做到以"其实责其名",同时又表示要善用"�言";它认为"意"是比"言"重要的,主张"言不欺心",所以要求正言首先要正心,正心则要"正德"。

此外,《吕氏春秋》又指出"气同则合"的道理;强调分辨美恶之间的关系,也指出了艺术品的"遇合无常"与滋味说,最后提出了"知音"的重要性。

总的来说,《吕氏春秋》的艺术思想在庞杂中似乎又甚有系统,是一部值得我们再深入研究的重要古籍;而它本身的价值,又远比资料重要,因为它除了保存了很多先秦诸子的学说和思想(很多现在已经失传)外,它本身可能已经建立了一套系统的主张和学说,这点是我们不可忽视的,至少,我初步探索后感觉,它的艺术主张,是有系统的思想理论。

后记:拙文本乃八十年代呈 选堂先生之作业,未刊。今匆忙赴会,不及另撰新著,无奈以此稿搪塞,除个别字句或有所改动外,实未尝仔细修订。亦复聊作卅七载师徒情谊之纪念也。是为记。

尚闲与尚贤:严陵钓台意象分析

殷学国
韩山师范学院文学院

中国传统政治文化中,常言“选贤与能”,似乎“贤”“能”并举,实则“尚贤”更甚“重能”。“能”见于作为,而“贤”则多见于“无所作为”。而对“无所作为”状态的中性描述,则谓之为“闲”。对于“闲”的崇尚曲折见出德性之贤——在中国传统文化中,“闲”表现为对事功权势的疏离与不用心,而疏离与不用心多出于精神境界的超越或道德的优越,而这二者则是品格之“贤”的主要内涵。钱穆先生将严光这类“尚闲”的历史人物概括为“无表现的人物”,并高度评价其历史价值。① 对严光道德人格及交游行迹的诗歌书写,使其成为中国诗学渔樵形象的典范形态之一,而其把竿垂钓的高台则成为其人格和精神的载体。严陵钓台意象内涵之丰富远非隐逸或不事王侯、甘于清贫所能概括。不仅钓台本身,与钓台相关的物象如七里濑、桐江,物事如客星、羊裘、钓竿,以及人事如严君祠、光武、侯霸、方干、范仲淹、谢翱、文天祥,皆成为后世诗人歌咏的对象。从文学史的角度而言,对严陵钓台的歌咏始于谢灵运②,此后经孟浩然、李白、刘长卿、许浑诸人题咏,严陵钓台意蕴逐渐丰厚,题咏重心也由钓台物色转移到人格

---

① 钱穆:《如何研究历史人物》,《中国历史研究法》,北京:生活·读书·新知三联书店,2001年,第104页。

② 谢灵运《七里濑》:“羁心积秋晨,晨积展游眺。孤客伤逝湍,徒旅苦奔峭。石浅水潺湲,日落山照耀。荒林纷沃若,哀禽相叫啸。遭物悼迁斥,存期得要妙。既秉上皇心,岂屑末代诮?目睹严子濑,想属任公钓。”黄淳耀《七里濑》中“游者非康乐,长吟亦自豪”,即点出这层关系。

精神层面。[1] 宋诗多就严陵人格精神发论,宋词中描绘钓台风光的作品较多。与唐诗的一味表彰相异,宋人开始从名节与功业的关系方面反思严陵价值,此始于陆游和杨万里。[2] 宋后,易代之际的诗人多就严陵钓台表达忠义思想,谢翱西台意象逐渐凸显,成为严陵钓台意象的延伸和变形。至于严陵钓台的内涵,清人魏裔介《严子陵论》于破立之际列举诸多观点[3],清人王吉武《钓台谒严先

---

① 当然,对钓台周遭景物的描写贯穿整个严陵钓台文学史(如果可以这么描述的话),其原因有二:一者由于钓台自然风光确实独秀,二者由于富春江沿线是古代浙中、皖南士人离乡求仕和官员赴任睦州、婺州、衢州诸府的必经之途。古代交通不便,且浙中多山,迂回攀爬的艰辛往往令人却步,便捷舒适的水路自然是首选。由唐人严陵钓台诗题可见以上关系,兹举数首为例,如孟浩然《经七里滩》、刘长卿《奉使新安自桐庐县经严陵钓台宿七里滩下寄使院诸公》、刘长卿《严陵钓台,送李康成赴江东使》、许浑《严陵钓台贻行侣》和权德舆《宿严陵》等。

② 陆游《杂感》二:"志士山栖恨不深,人知已是负初心。不须先说严光辈,直自巢由错到今。"杨万里《读严子陵传》:"客星何补汉中兴,空有清风冷似冰。早遣阿瞒移汉鼎,人间何处有严陵。"杨万里《夜泊钓台小酌》:"牛狸送我止严陵,黄雀随人或帝城。海错未来乡味尽,一杯今夕笑先生。"

③ 魏裔介《严子陵论》:"箕山颍水世传其节而不见于孔子之论述。若史传所载,严子陵以光武故人被召,不屈,卒钓严滩,名高千古。其旷代之真隐、避世之奇士乎?余曰:否!否!子陵用世之士,非避世之士也。于何知之?于其答侯霸之言知之。霸使西曹属侯子道奉书于光。光口授曰:'君房足下位至鼎足,甚善。怀仁辅义天下悦,阿谀顺旨要领绝。'是子陵欲以仁义济世已微露其端矣。霸得书奏之帝。帝不深维其旨,以为狂奴故态。虽车驾幸馆、抚腹谈笑、升舆叹息、相对累日,于以论述故旧则可耳!非子陵受聘之初志也。帝之言曰:'咄咄!子陵不可相助为理耶?'子陵张目熟视,曰:'士固有志,何至相迫?'自其言视之,若志在挂瓢、洗耳矣,宁知光之羊裘钓泽以吕望自居也、三反后至以伊尹自待也?伊吕自待,当以伊吕处之,光之志斯得行矣。奈何以谏议大夫相吏,欲与周党、王良同其礼遇,不亦薄待子陵之甚耶?帝从容问光曰:'朕何如昔时?'光对曰:'陛下差增于往。'意其贫贱之时交称尔汝,谆谆仁义之言必大有所开发于帝。今兹之来,将以丹书敬胜敷陈,使斯世登于三代也,而帝身居至尊,有其一以慢其二,不复求益。此子陵之足所以直加于帝腹,欲悟帝而帝终不悟也。可胜惜哉!古之圣贤论道德、不论势位,故上下相得而益彰。子陵以文王、成汤待光武,而光武之待子陵乃不如桓公之于管仲。富春之耕、桐庐之钓,悠悠千载,此志竟谁识之?或曰:光武不任三公而任归。台阁大臣以切直死者有之,群臣以非忤而见罢黜者有之。子陵,刚介人也,不默默以固位必谔谔与之争,岂能堪此?与其用而有疏薄故旧之嫌,孰若不仕以全君臣之义。子陵诚为知几。范文正公作《祠堂记》曰:'微先生不能成帝之大,微光武不能遂先生之高。'是二者之论皆近之矣,而未足以尽先生之志也。若夫庸流俗子艳称夫客星、帝座之说,此又瞽史之见,何足论?"魏氏发明严光尊道、淑世之志,批驳避世隐逸之说,直斥客星帝座说之虚妄,于圣君名士相得和友道乾纲两全之说亦未惬心。见魏裔介著,魏连科点校《兼济堂文集》,北京:中华书局,2007年,第361页。

生祠》亦有所点醒[①]。以二氏诗文为参照,笔者拟专论逃名与钓名、尊道与淑世、友道与乾纲三个方面,至于西台意象因篇幅关系,姑且割爱。

一、逃名与钓名

台以人名,而严陵之盛名主要得自其对于政治权势的疏离。方干《题严子陵祠二首》其一:“物色旁求至汉庭,一宵同寝见交情。先生不入云台像,赢得桐江万古名。”是诗以“不入云台像”为严陵“赢得桐江万古名”的直接原因,而“不入”非不能够入而是不欲入、不愿入。中国文化中存在着一个对政治权势自觉拒绝的精神传统。

> 巢由等是未称臣,自占箕山颍水滨。(查慎行《严滩》)
>
> 范蠡忘名载西子,介推逃迹累山樊。先生政尔无多事,聊把渔竿坐水村。(陈贯道《题严陵钓台》)

由巢父、许由至范蠡、介子推再至严陵,直可看作一条拒绝名位的精神谱系。巢由不臣,范蠡忘名,介子推逃赏,皆古之仪范。严陵垂钓庶可比肩古人,上追古风,而古风又可以成为评价世风的价值尺度。

> 征帆来往桐江者,不为虚名有几人。(胡助《过钓台》)

由今人之不堪贫贱、奔走名利,更显严陵精神高贵。由上可知,承续古风与针砭后世士风是严陵得名之二端。

名有生前、身后之分。以上所谓“得名”主要指得身后之名。“伊无昔时节,

---

① 王吉武《钓台谒严先生祠》其一:“钓台突兀千山里,钓竿独拂桐江水。藏名遁迹山水间,为有故人作天子。眼底不知《赤伏符》,意中安有侯司徒。京华笔札非所惯,自笑故态犹狂奴。銮舆朝临只高卧,伸脚无端惊帝座。”其二:“中兴将相列宿明,不若江湖客星大。千秋片石何嶙峋,遗庙江边榱桷新。左方右谢同缝掖,且喜不染簪缨尘。行人系棹孤亭下,瞻拜高风心独写。纷纷名利独何为,堪叹征帆往来者。”是诗于名节、交道以及道德和功业的关系多有点醒。尤其可贵的是,诗中对于严陵钓台的人文传统(由严光—方干—谢翱可以构建一个以严陵钓台为依托的人文谱系)和衍生意象(谢翱西台)亦未曾遗漏。见申屠丹荣编《富春江名胜诗集》,杭州:浙江人民出版社,1990年,第356—357页。

岂有今日名。”当世节行是身后声名的前提条件。生前与身后之名皆与士人当世之立身行事关系重大。当然,亦不排除门第、出身与文化教养诸因素对声名的影响。另外,在古代社会,名不仅包含知名、闻名的意思,还意味着对一个人积极肯定的社会评价。在一个以道德伦理为价值原则的社会中,广泛称誉的名声具有无形的价值,随时可以“变现”,给主体带来利禄。正因为如此,在评价严陵钓台的诗文中,渗透着对严陵羊裘渔钓动机的质疑——是逃名还是钓名?

逃名有两重含义:一、不欲别人知晓自己的行事,即避世;二、拒绝因声名而带来的利禄,即不仕。前者需要避世,后者需要不动心。

> 当笑钓台上,逃名名却传。(苏拯《渔人》)
>
> 早悟君王物色求,子陵应已弃羊裘。绝知至德终难掩,女子亦称韩伯休。(赵蕃《渔父诗》)

从避世的角度而言,严陵本不欲人知,但因光武物色而天下知名;从拒绝出仕的角度而言,严陵因拒绝利禄而彰显品节,欲掩而不能。既然名能带来利禄,士人为什么逃避声名?

> 谁似当日严君,故人龙衮,独抱羊裘宿。试把渔竿都掉了,百种千般拘束。两岸烟林,半溪山影,此处无荣辱。荒台遗像,至今嗟咏不足。(范成大《酹江月·严子陵钓台》)
>
> 范蠡功成便五湖,鸱夷未了复陶朱。争如终老严陵钓,千古清名一事无。(郑清之《睡起戏笔》)

由范氏词作可知,有名节则有所守持,有守持则有“百种千般拘束”;且利禄终与名节异趣,因名节而荣者必因利禄而受侮辱。逃名则无精神之拘束和人格之侮辱。范蠡为逃名不惜易地、变名和更换产业。相比之下,严陵幸运多了,有名而不为名所累。“千古清名”谓身后清誉,“一事无”谓无为。无为不仅能够为主体带来清誉,于世道人心亦大有裨益。

> 可知遁世原持世,始信逃名是爱名。(郑江《钓台》)

遁世意在持世,严陵开出东汉节义风气;逃名不仕是出于珍惜名节而非钓名,不欲因官场污浊令品节蒙尘。[1] 吴应莲《过严陵钓台》别开机杼，“只缘秉性娱山水，不为逃名隐钓居”，谓严陵渔钓乃天性所好、意不在鱼，跳出逃名动机之外。与郑、吴二氏从行为动机着墨不同，何绍基《钓台》则从社会效果的角度入笔。

> 潜身为把姓名逃，想见渔竿在此操。无奈江河日趋下，几曾真个钓台高。（何绍基《钓台》）

严陵渔钓在于逃名，后世渔钓出于渔利动机。尽管诗人意在指斥世风日下、古道陵夷，但是一旦意在牟利，渔隐就只是钓名的伪饰。

钓名亦有二义：一谓以隐求名、以名求利，与终南捷径同趋；一谓舍弃当世禄位，博取后世清名。无论是求当身之利还是后世之名，逃名与钓名相异者几希，然几希之间不能不辨。

> 惟将道业为芳饵，钓得高名直到今。（方干《题严子陵祠二首》其二）[2]

方诗言及钓名和芳饵，只不过是一种比喻的说法，实质上诗人还是肯定严陵德行是赢得后世高名的主要因素。不过，此例即开，难免后人围绕此点大作文章。

> 知鱼淡然自乐，钓清名、空在丝纶。笑未已，笑严陵、还笑渭滨。（张炎《声声慢·赋渔隐》）

玉田等观严陵、渭滨，笑二者非真正的渔隐而是以隐为钓，在评判严陵“钓清名”的同时，隐含着对以“钓”猎名的工具理性的否定。

> 怕被刘郎认故人，披裘钓泽隐余生。无端伸足龙床上，多却严陵一姓名。（叶茵《严子陵》）
>
> 严滩片石旧渔矶，隐士曾经入帝畿。应悔羊裘招物色，钓师只合着蓑

---

① 沈德潜《清诗别裁集》评点此诗曰：“‘遁世原持世’，谓东汉节义之风，从羊裘翁开出也。‘逃名是爱名’，工于著辞，他手以钓台为钓名，浅而无味矣。”

② 该诗《全唐诗》两收。《增订注释全唐诗》卷六四七《题严子陵祠二首》诗题下附注“此首（第二首）一作杜荀鹤诗，题云《经严陵钓台》，见687·38”。见《增订注释全唐诗》（四），837，1245。

衣。(吴寿昌《严陵钓台》)

叶、吴二氏之诗进一步为严陵钓名找到“眠龙床”和“着羊裘”两条“证据”。不过,“眠龙床”并非先生本意,而“着羊裘”也未必一定导致“招物色”。[1] 对于以“钓名”苛责严陵的评论,亦不无反对意见。

终向烟霞作野夫,一竿竹不换簪裾。直钩犹逐熊罴起,独是先生真钓鱼。(黄滔《严陵钓台》)

桐江一片石,千古白云横。世乱无宁宇,岩栖得此生。渔樵亦偶尔,富贵岂吾情。寂莫空山士,安知后世名。(于慎行《戊午春月朔登子陵钓台》)

黄诗直言严陵与吕尚不同,其桐江垂钓意在得鱼而非名位;于诗则将严陵渔钓谋生的意思表露得显豁明白,以“安知后世名”反驳钓名“诬陷”。不过,严陵垂钓确实为其赢得后世令名,但其名节和行事客观上也起到扶持名教的作用。

帝座高悬汉客星,樵渔今亦想英声。钓台直下三千尺,谁谓先生只钓名。(李纲《严陵滩下作二首》)

羊裘那肯换簪缨,一曲桐江老此生。高节终扶炎汉祚,渔竿不是钓虚名。(魏偁《子陵垂钓图》)

上举二诗皆见出严陵钓台励节持世的教化意义。从动机而言,逃名钓名之别只在于有意还是无意;从社会效果而言,出于有心而能利众济世之举也不可一概

---

① 史书中多次言及羊裘。齐人娄敬“脱挽辂,衣羊裘”见高祖。马援散尽家财,“衣羊裘羊库”。高恭之言:“人生厉心立行,贵于见知,当使夕脱羊裘,朝佩珠玉。”子部著述亦涉及羊裘。《淮南子·齐俗训》:“贫人则夏被褐带索,含菽饮水以充肠,以支暑热,冬则羊裘解札,短褐不掩形,而炀灶口。”《淮南子·说山训》:“被羊裘而赁,固其事也,貂裘而负笼,其可怪也。”《说苑·反质》:“赵简子乘弊车瘦马,衣羖羊裘。其宰进谏曰:‘车新则安,马肥则往来疾,狐白之裘温且轻。’”由上可知,羊裘乃贫寒之人极普通衣服,非富贵华艳之装。且中国文化素有以衣食别文化高低的传统,相对于粒食棉帛而言,肉食裘革是粗野卑贱的象征。严陵着羊裘垂钓诚本色也,因此而被访求到,非关严陵,实是由于政府监察组织力量强大而致。诗人作诗求生新有趣,无可厚非,然文字背后所遮掩的精神不能不待研究者发覆。

抹煞。

在文学的描述中,严陵成为士人心目中的人格典范,其人格直成为士人灵魂上的一面明镜,对之令人警醒或心生惭愧。

回首严陵台上月,清风千古逼人寒。(杨时《过七里濑》其二)

敢将一片利名心,重宿高人钓游处。(萨都剌《再泊钓台次鲜于伯机韵》)

“清风逼人寒”形象表达了由于观瞻对象品节高峻而唤起的道德威严感,面对崇高的对象自然不敢有丝毫亵渎的想法,从而产生灵魂净化的作用。[①]

今夜子陵滩下泊,自惭相去九牛毛。(权德舆《宿严陵》)

雨蓑烟笠严陵近,惭愧清流照客颜。(查慎行《雨过桐庐》)

九牛一毛是价值比较的结果,“自惭”与“惭愧”则点出价值比较所带来的自惭形秽之感。[②] 道德人格力量常常通过自惭形秽的心理机制发生作用。自惭形秽,虽然未必导致对崇高对象的仿效,但至少使得个体行不仁不义之事时有所忌惮。

能缓阿瞒移鼎手,长鋋此日愧渔竿。(李廌《钓台》)

季年熏貂成党狱,阿瞒朵鼎终瑟缩。东都节义何为高,七尺之台一竿竹。(林景熙《谒严子陵祠》)

以上四例都指向魏灭汉祚这段史实,由此既见出道德名节对于维护政治稳定的

---

① 中国文化中的崇高感与西方的不同,既不是来自对象形体的高大,也不是来自对象所唤起的主体自我意识,而是源自对象身上所体现的“道”,即最高的价值原则。

② 惭与愧亦有细微差别。惭主要指因外界因素而唤起的道德自觉,常表述为“自惭”,愧主要指因自我未能对外在对象尽到责任而产生的内疚与不安,含有无法面对的意味。“惭”主要指向主体自我,“愧”主要涉及主体间的关系。李清照《钓台》:“巨舰只缘因利往,扁舟亦是为名来。往来有愧先生德,特地通宵过钓台。”因涉及主体间关系,词人言“愧对”而不言“自惭”。不过,对于外在价值原则的认同,二者则是一致的。

价值所在,又见出中国文化一大特色——道德超越政治而最终作用于政治。

当然亦有对严陵名节的功效作用提出质疑者。杨万里《读严子陵传》:“客星何补汉中兴,空有清风冷似冰。早遣阿瞒移汉鼎,人间何处有严陵。”诗人所提出的问题,也是明末清初士人反思有明一代士风时所感受到的最为痛心、迫切的问题——名节到底何用?如何实现由道德修养向经世实践转化?明末嘉定士人黄淳耀《登钓台》诗即云:“一丘难济世,不敢慕前贤。”这实际上已经不是逃名与钓名的关系问题,而是尊道与淑世的关系问题。

二、尊道与淑世

明代诗人许天锡《谒严子陵祠》:“一点微星炯,双厓钓石存。炎陵销旧业,过客酹清尊。草竹藏碑碣,渔樵问子孙。群英如耿邓,千载更谁论?”诗人谓东汉王朝早已消亡而对严陵的祭奠犹自长存,耿、邓之辈千年之后还有谁能够知道?是诗提出了一个大问题——道德与功业,哪个更长久?哪个更有价值?道德与功业之间也就是尊道与淑世的关系问题。严陵象征道德,耿、邓代指功业。道德的表征是名节,建功立业的主体条件是器识才具。道德名节于无形中扶持世道人心,事功才具济世益生于有形。过分推崇道德可能自尊其德甚至拒绝用世,一味用世有可能沉溺事务导致终极意义缺失。如之奈何?砥砺名节而不菲薄事功,斯为中道。

罗隐《秋日富春江行》云:“严陵亦高见,归卧是良图。”诗人认为严陵归卧钓台是有一番计较的,是有其淑世考虑的。

> 应怜渭滨叟,匡国只论兵。(王贞白《题严陵钓台》)

严陵用世的方式与吕尚不同。吕尚经武整军辅佐武王平暴息乱,而严陵却选择了与之相异的匡国途径——兴名节以止争夺篡乱。

> 汉家名节君知否,尽在先生一钓竿。(章才邵《钓台》)
> 东都名教西周业,不枉人间把钓竿。(凌云翰《渔隐图》)

章诗突出了严陵树立名节的功绩,而凌诗对举严陵、吕尚,点出二者间的关联。吕尚、严陵出处异趋,前者有待而钓、有遇而出,后者既遇而处、以钓为守,但二者皆可谓创业垂统者,吕尚奠基西周武功治统,严陵开创东汉名教士风。当然,对于严陵的作为,并非所有的诗人均持肯定的态度。

> 汉鼎重炎逆血熬,当时天子亦勤劳。不能乘作唐虞计,未会严陵所谓高。(王令《读东汉》)
>
> 世浊求清笑屈平,时清把钓诧严陵。行藏有道君应解,独倚危楼高处层。(郭印《张都统怀古四首》其四)

二诗写作角度不同,一谓天下未宁,不乘机纾解时难期至太平,“高”在何处?一谓天下清平,犹自独善其身,不合圣人之教。但是,二诗均表达了对严陵垂钓意义的“未会”、不解。下面的例子直可看作对上述疑问的解答。

> 太公严子陵,皤然两渔人。文王尚西伯,光皇已中兴。太公所以竟卷饵,子陵所以归垂纶。趋向固异辙,出处同一心。当日遭逢傥易地,两翁亦必随时而屈伸。钓台高兮渭水清,或隐或显俱彰千古名。(赵汝鐩《出处辞》)
>
> 千古桐江高隐,故人聊佐升平。独开风节汉东京,担承原不易,谁道钓竿轻?(郑德璜《临江仙·严子陵》)

严陵、吕尚因遭逢时机不同,所以出处异趋,但用心相同。与其他人锦上添花不同,严陵桐江高隐,独自一人担荷东汉一朝价值世界重建的重任,道德的担当并不比事功经营轻松、容易。

严陵选择道德担当,是否就意味着其没有事功才具?陆龟蒙《严光钓台》:“片帆竿外揖清风,石立云孤万古中。不是狂奴为故态,仲华争得黑头公。”是诗谓严陵若肯降志,如邓禹[①]辈功名又岂在话下。史浩《题严陵钓台》:“功名于道九牛毛,无怪先生抵死逃。漠漠桐江千古后,云台何似钓台高。”严陵的选择——逃名立节——建立在道与功名的价值比较的基础之上。钓台与云台就分别成为道德与功名的象征,钓台崇道德,云台矜功名。二者之间的意义张力成为文人借严陵钓台抒情言志和诗意翻新的依托。

---

① 邓禹,字仲华,南阳新野人,佐光武起事,东汉中兴名将,云台二十八将之首。禹二十四岁封侯,官拜大司徒。“邓禹笑人”成为慨叹功名迟暮的典故。

莫道羊裘欠图画,丹青难写子陵真。(戴复古《钓台》)

清风万古严陵濑,知有云台博士无。(王士祯《追和东痴[①]钓台怀古》)

戴诗谓云台所代表的功名不足以苑囿严陵的道德精神,王诗一方面点出严陵生命中的一段精光乃在钓台之上,同时"知有云台博士无"句还隐含着有德之士道德隐伏江湖却能间接辅佐政教,而朝廷奖掖事功却无视道德价值的意味。

百战关河血未干,汉家宗社要重安。当时尽着羊裘去,谁向云台画里看。(萨都剌《钓台》)

不有云台诸将力,钓台亦在战争中。(选自沈德潜《明诗别裁集》)

不为刘郎作谏官,桐江小艇载垂竿。高风想见千年上,何必云台画里看。(谢肃《题士廉所藏渔父图二幅》)

萨都剌和无名氏诗作谓汉祚复炎、国事殷重之际,个个推卸事功责任,哪里会有东汉一代的功业,哪里会有天下的安宁。诗中隐含着对只求自了思想的批评。谢诗是对萨都剌《钓台》诗的字面意思翻案,谓高风只能追想,何必向图画求形貌。严陵高风高在何处?

汉陵今日无抔土,惟独先生有钓台。(宋无《子陵祠堂》)

失去政治权力的庇护,汉陵已夷为平地;凭籍人格精神的感召,子陵祠堂仍然受到后人瞻拜。子陵祠堂直成为维系三代之道的象征和遵循古道、拒绝曲学阿世的表记。依自不依他的独立人格和自我树立、自我成就的自主精神,是严光高出事功人物的地方;而守持古道、以身行道的儒生本色是其高出同辈诸生之处。

道德和事功并非相互对立的,中国语汇中"功""德"并称即见出二者的关联。月鲁不花《寄倪云林》:"鲁连有志节,蹈海不复还。严陵不肯仕,归耕富春山。两公出处虽异代,千古同高天地间。"鲁连却秦救赵事功的背后是"不帝秦"之义,严陵逃名立节有开一代风气之大功。诗中鲁连、严陵并举一方面见出"功""德"之关联,另一方面包含着区别士、君孰贵孰贱的消息。

---

① "冬痴"即徐夜。徐夜(1611—1683),字东痴,山东新城人。明末诗人王象春外孙,王士祯姑表兄弟。

张继《题严陵钓台》云:“古来芳饵下,谁是不吞钩。”“芳饵”代指利禄,“吞钩”意味着食人利禄。求食必仰鼻息于人。如此,人格受到贬抑,道德威信下降,所信奉的“道”(价值原则和价值理想)亦随之贬值。萨都剌《钓台》“不是狂奴轻万乘,世间谁不受牢笼”则指出士人丧失人格的普遍现象和严陵矫枉之举的价值所在。“士之贵由道存”,道不尊则士不贵,由此形成士贱而王尊的社会情势。君王重士是看重士人的工具价值,而非士人所秉持的道;士人所自重者在其道,尊道之途有二:不求[①]和隆德[②]。

平生故人苦畏辱,坐定白云那肯来。(王阮《题严陵钓台题》)

尊居万乘不可屈,子陵当年耕富春。(李昱《题叶叔亨南溪耕隐》)

“坐定白云那肯来”是不求的表现,“尊居万乘不可屈”是隆德的后果。面对君王的权势,只有跳出其权势范围,方能获得价值和尊严。由此可知,中国文化中的隐逸传统不只是单纯的逃避,还意味着对王权势位影响的排除、消解和对主体人格尊严和价值理想的担保。

严生何耿洁,托志肩夷巢。汉后虽则贵,子陵不知高。(顾况《严公钓台作》)

世祖升遐夫子死,原陵不及钓台高。(罗隐《严陵滩》)

顾诗体现了超越权势、摆脱其限定后的价值自信,罗诗体现了士贵王贱的价值判断。价值主体的比较背后隐藏着价值原则的衡量。

平生久要刘文叔,不肯为渠作三公。能令汉家重九鼎,桐江波上一丝风。(黄庭坚《题伯时画严子陵钓滩》)

夷惠真为百世师,先生高节亦如之。只将立懦廉顽意,九鼎分明重一丝。(凌云翰《钓台图》)

---

① 薛嵎《下第归故园》:“浮生多事景逾促,自古求人道不尊。”由此语反推可得,欲尊道必须不求人,不求人是尊道的必要条件。

② 《孔子家语·王言解》:“道者所以明德也,德者所以尊道也,是以非德道不尊,非道德不明。”见《孔子家语》,沈阳:辽宁教育出版社,1997年,第5页。

在以上二例中,诗人使用“九鼎一丝”褒扬了隐士名节对于政教的价值。一缕钓丝是隐遁的符号,九鼎表面上指国之重器,实质上则喻指重要价值。黄诗首创“九鼎一丝”喻说严陵隐遁的当世意义,这种意义即是凌云翰《钓台图》所谓的“立懦廉顽”。在继承前人固定表达的同时,也继承了前人的价值立场。通过超越政治而影响政治,士人以自己的人生实践创造了一条整合道德、功业的另类途径。

三、友道与乾纲

姚勉《题严子陵钓台》三云:“封了全燕不复臣,友朋从此废天伦。子陵不为光皇屈,要识君王有故人。”诗中古典涉及窦宪和严陵,今事隐指南宋一朝弄权奸相。[①] 前两句谓窦宪自恃功高,权倾外朝与内廷,废弃君臣大义,朝廷威严不存;后两句谓严光不臣光武,傲视功名,是为了扬光武之善,使人知晓天子眷念故旧之情。是诗涉及朋友、君臣二伦。君臣有义,朋友有信。同样是“不臣”,严陵以天子故人的身份会见光武是重友道的表现,窦宪以亲贵大臣的身份弄权朝廷是乱臣贼子之所为。重友道体现了士人价值和尊严的诉求,尊乾纲在具体背景下是天下思治的反映。严陵与光武的交情为士人提供了思考友道和乾纲关系的话题。

范仲淹《严先生祠堂记》:“微先生不能成光武之大,微光武岂能遂先生之高哉?”[②]严陵不慕荣利、保全高节,光武富贵不忘贫贱交、不以权势屈人就己。朋友之间相知、相敬和相互成全之意味蕴含其间。

> 光武有天下,严陵为故人。虽登洛阳殿,不屈巢由身。(李白《送岑征君归鸣皋山》)
>
> 物色旁求至汉庭,一宵同寝见交情。(方干《题严子陵祠二首》其一)

保持故旧本色、不臣光武固然是严陵获致高名的原因,但一宵同寝共榻足见友情的珍重和超越王士、君民诸种关系之上的友朋情意之美。

---

① 南宋一朝弄权奸相前有史弥远、史嵩之叔侄,后有丁大全、贾似道二人。姚勉曾两次弹劾权奸误国,两次受黜。

② 陈亮《重建严先生祠堂记》:“惟得道之士,然后能全其高,惟乐道之君,然后能遂其高,惟慕道之贤,然后能崇其高。”陈亮此文是对范仲淹《严先生祠堂记》一文主旨的承续和发挥。董棻编:《严陵集》,北京:中华书局,1985年,第108—109页。

二蛇志不同,相得榛莽里。……变化虽各殊,有道固终始。光武与严陵,其义亦云尔。(梅尧臣《读范桐庐述严先生祠堂碑》)

乾坤交泰重弥纶,当日严陵道最淳。大汉中兴得英主,先生高退作闲人。(范师道《钓台》)

驱驰一世人物,相与济时艰。独委狂奴心事,未羡痴儿鼎足,放去任疏顽。(胡寅《水调歌头》)①

梅诗将严陵与光武间的关系提升到“道”的高度加以体认,“义”字点出了“友道”的价值原则。在范诗中,“义”体现为各尽本分、既不“挟贵而友”又不“挟友自贵”的消极自由②;在胡氏作品中,“义”表现为对他人意志的尊重和成全。光武、严陵成为朋辈之交的典范的原因亦在此中。田锡《登郡楼望严陵钓台》:“先生能保孤高节,英主尝师王霸才。”师友交情很多时候就是成就王道霸业的基础。③ 光武能够中兴汉室多仰赖师友相助④,以士为师、以士为友乃其一贯所为。友道在中国文化中价值之大毋庸费词。

当然,朋辈间的成全是相互的。“苟非伸脚眠,曷见光武大。”⑤光武成就严陵的高节,而严陵也成就了光武的圣德。

---

① 此词《全宋词》两存。朱熹《水调歌头》“不见严夫子”与胡寅词作,仅有个别用字不同,用意全同。

② 《孟子·万章下》:“不挟长,不挟贵,不挟兄弟而友。友也者,友其德也,不可以有挟也。”孟子此论乃针对居高位者的交友心态而言的。依据同样的原则,处下位者应当“不挟友自贵”。非此者,即“市道交”。这里使用“消极自由”这个概念意在强调交友原则——摆脱对权势的依赖性和对他人的依附性。

③ 钱穆《晚学盲言·二六　中国文化中之五伦》:“是知师与友乃同类,师即寓于友之中。”平等相待即谓友,提携助成即谓师,亦师亦友,师事谓相敬,友弟谓相知无间。师友间的分际视双方相待之态度为定。钱穆:《晚学盲言》,桂林:广西师范大学出版社,2004年,第216页。

④ 《战国策·燕一》:“郭隗先生对曰:‘帝者与师处,王者与友处,霸者与臣处,亡国与役处。’”秦观《袁绍论》:“师士者王,友士者霸,臣士者强,失士者辱,慢士者危,杀士者亡。”由上可见,师友关系对事业成就的重要性。杜淹《文中子世家》:“自天子至庶人,未有不资友而成者也。”杜氏将这种关系推之普遍,赋予其规律性。

⑤ 宋伯仁《梅花喜神谱·就实六枝》其四:“一竿风雨寒,独占严陵濑。苟非伸脚眠,曷见光武大。”王通:《文中子中说》,上海:上海古籍出版社,1989年,第48—50页。

一出聊为天子重,诸公莫道故人疏。(揭傒斯《题严陵独钓图》)

圣主狂奴自古容,溪山此意便无穷。(庄昶《闲叟为梅溪胡处士赋和光岳》)①

坚卧自难起,狂态乃中行。若无耕钓旧友,天子也非荣。(刘熙载《水调歌头·严子陵钓台》)

与侯嬴以一己倨傲成全信陵君“礼贤下士”美名不同,严陵与光武乃相得益彰、相互成全。这种相互成全既是价值信念的实践,又产生了扭转社会风气的范导效用。成全的基础是相知、相敬。知不深,无法成全;敬不重,不思成全。如果没有理解和敬意为基础,善意的成全说不定变成事实上的强制和迫害。成全合乎“忠”,敬意近乎“恕”。在这种意义上,友道即是成人成己之道。合乎友道是交友的理想状态,更多的情况则是不合乎友道或与友道相悖。

当年布衣交,一旦君臣礼。……但非鱼水会,往往委泥滓。(郑善夫《严陵滩》)

故人即轩冕,先生独樵渔。一出尽交态,拂袖归桐庐。(王恭《钓台怀古》)

由布衣间的倾心相交到君臣间的礼仪,由于权势的阻隔,双方的心态易发生微妙的变化。相知变为猜疑,相敬变为相责。② 横亘在严陵和光武交情之间的最大障碍就是乾纲独尊的意识,这种意识表现为“不相容”的褊狭、猜疑心态,易给对方带来羞辱感,事实上造成“但非鱼水会,往往委泥滓”的状况,最终导致“拂袖归桐庐”的后果。对此,严陵势必有所反动。

足加帝腹似痴顽,讵肯折腰求好官。明主莫将臣子待,故人只作友朋看。(陈贯道《题严陵钓台》)

怀仁辅义戒阿谀,万古先生两句书。(姚勉《题严子陵钓台》四)

---

① 诗题中“光岳”即徐光岳,庄昶门人。《定山集》中与徐光岳唱和的诗作达二十首,足见师生情谊深厚。

② 明人陈继儒《读书镜》卷一云:“今人富贵忘久要,困穷过责望,遂使岁寒之盟,殒越中路,王公高谊,削迹布衣。斯亦末世友道之羞也。”陈继儒:《读书镜》,北京:中华书局,1985 年,第 5 页。

“足加帝腹”似乎出于无心,但“怀仁辅义戒阿谀”显然是有意,责善的背后隐含着对以势骄人行为的回击。由上可见,乾纲独尊势必造成友朋仳离。

赞美友道和反拨乾纲独尊是出于对宽容的政治文化的期待。吴伟业《钓台》:“少有高名隐富春,南阳游学为亡新。高皇旧识屠沽辈,何似原陵有故人。”与高祖臣役旧识、屠杀功臣相比,光武以友道相待故人固然体现出其对过去一段生命的珍重,也见其政治胸怀之宽广。① 洪升《钓台》诗“千秋一个刘文叔,记得微时有故人”,赞美超越地位、财富之上的友道和贯通民间、朝廷的人情之美。友道是人道的具体化,宽容的、人道的精神是大一统的文化基础②。所谓大一统,不仅依赖权力功业和道德精神的维系,亦需要人情和友道进行维系。

四、结语

由严光的无所表现,到对严光渔钓之所的歌咏与表彰,严陵钓台意象成为中国传统文化“尚闲”与“尚贤”精神的象征。在传统文化中,这两种精神互相蕴含,互为表征——精神之闲见于道德之贤,品格之贤见于处事之闲。诗学作品中的严陵钓台意象,从逃名与钓名、尊道与淑世、友道与乾纲三个方面呈现出对道德价值的崇尚和尊重,每个方面又以两个相对的向度展开论述,而这两个相对向度分别涉及“尚闲”与“尚贤”主题的两个维度——人生实践和价值理想。而这两个维度,在看似相对的关系中,实则蕴含着相辅相成、相互转化的可能性。严陵钓台所象征的道德价值,超越政治而又促进政治生态的良性发展。

---

① 光武之胸怀与后世君王相比更形突出。明太祖朱元璋《严光论》:“聘士于朝,加以显爵,拒而弗受,何其侮哉!……朕观当时之罪人,罪人大者,莫过于严光、周党之徒。不止忘恩,终无补报,可不恨欤?”朱元璋手批奏折:“寰中士夫不为君用,是外其教者,诛其身而没其家,不为之过。”赵翼《廿二史札记》卷三十二“明祖行事多仿汉高”条:“甚至胡蓝之狱,诛戮功臣,亦仿菹醢韩、彭之例,此则学之而过甚者矣!”挟政治权势摧残士人人格与精神以致肉体生命,此固然是政治蒙昧的表现,也是文化不自信、胸怀不宽广的反映。

② 《公羊传·隐公元年》:“何言乎王正月?大一统也。”徐彦疏:“王者受命,制正月以统天下,令万物无不一一皆奉之以为始,故言大一统也。”《汉书·路温舒传》:“臣闻《春秋》正即位,大一统而慎始也。”由此见,大一统乃王道的基础,非所谓持之一律、排除异己,所谓“六合同风,九州共贯”亦只是表象。大一统谓正始受之统,即证明政权受之于天的合法性和合理性,具体包括“涤烦文,除民疾,存亡继绝,以应天意”等行政举措,而仁爱、宽容则是行政的核心内涵。

以无为而实现有为,一方面创造了一条合道德、功业为一体的人生践行路径,另一方面也透露出合二者为一而又超越二者的中国传统文化的政治智慧。对于以上关系的把握,既有助于理解中国诗学意象意蕴的丰富性和中国传统文化中各种思想形态的内在关联,又有助于发现中国诗学之大义和中国文化之美意,从而避免对待中国传统文化简单化、绝对化的思想态度。

论辛弃疾二十四首《临江仙》的体式及其审美价值

朱惠国
华东师范大学中国语言文学系

《临江仙》是两宋间最为流行的词调之一,被词人大量使用,现留存下来的词作多达486首。据刘尊明、范晓燕两位先生统计,该调在当时所有的词调中排为第九位①。而据邓广铭先生《稼轩词编年笺注》,辛弃疾有《临江仙》词24首,是两宋间留存《临江仙》词调最多的词人,在《临江仙》词调的创作以及发展史上占有重要地位。

辛弃疾词以雄豪著称,而《临江仙》采用平韵,以七言为主、杂以六言,和四言、五言混合组成,格律上与律诗比较相近。龙榆生先生认为,类似《临江仙》等"用平韵而以四言和五言或六言和五、七言混合组成的短调小令,它们的音节态度基本上也是属于流丽谐婉这一类型"②。因此在论及辛词时,《满江红》《水调歌头》等适宜于表现雄豪气概的词调被关注较多,而《临江仙》这类总体风格偏于流丽谐婉的小令则较少提及,这一定程度上影响了对辛弃疾词的总体把握。那么,《临江仙》一调为何能够受到辛弃疾的喜爱,他所作的《临江仙》在体式和格律上有何特点?在词调的发展过程中有何意义?这些均是我们感兴趣的问题。故本文不揣浅陋,尝试从体式、句式、格律、声情等词调要素入手,联系《临江仙》60字基本体的产生与定型过程,专门对辛弃疾24首《临江仙》的体式以及词谱学意义进行考察,希望能起到抛砖引玉的作用。

一、辛弃疾《临江仙》所用体式

现存词谱中,辑录词调最丰富的要数万树《词律》、王奕清等所编《钦定词

---

① 详见刘尊明、范晓燕《宋代词调及用调的统计与分析》,《齐鲁学刊》2012年第4期。
② 龙榆生:《词学十讲》,北京:北京出版社,2014年,第51—52页。

谱》以及秦巘的《词系》。考虑到《词系》流传不广,且其排印本尚有不完善处,故本文主要以《词律》和《钦定词谱》,即通常所说的"律""谱"为主要依据,结合龙榆生先生所编的《唐宋词格律》,对辛弃疾24首《临江仙》词的体式进行分析,探求辛词《临江仙》在句式结构、平仄变化以及声情、内容等方面的特点。

《词律》载《临江仙》词调14体,以和凝"海棠香老春江晚"(54字)一词为正体,另有56字、62字、74字、93字各1体,60字2体,58字7体。考虑到《词律》以字数为序,其正体的意义并非很大。《钦定词谱》载《临江仙》调11体,也以和凝《临江仙》(海棠香老春江晚)一词为正体,但"此词前后段两结句,俱七字,见《花间集》和词两首,唐宋元人无照此填者"[①]。也就是说,此体虽列为正体,但只留有和凝两首,唐宋人事实上并未照此填词。与《词律》相比,《钦定词谱》最大的区别是剔除了柳永的两首,即74字体和93字体。编者指出:"《乐章集》又有七十四字一体、九十三字一体,汲古阁本俱刻作《临江仙》,今据《花草粹编》校定,一作《临江仙引》、一作《临江仙慢》,故不类列。"(《钦定词谱》,卷十,第661页)按:柳永"变旧声,作新声"[②],改变、创制不少新调,因此他的74字体和93字体虽依然名为《临江仙》,实际已是新调,用《临江仙引》《临江仙慢》名之,反映出新调的音乐特点,无疑是正确的。因此《钦定词谱》于《临江仙》之外,将两调单独开列。卷十七收《临江仙引》两体,例词均为柳永之作;卷二十三收《临江仙慢》一体,例词亦为柳词,并注:"此调只有此词,平仄无别首可校。"(《钦定词谱》,卷二十三,第1541页)其后秦巘《词系》也沿袭此思路,但他从调名本意的角度来谈,在《临江仙》调后专门注曰:"此咏水仙祠,取本意为名,与《临江仙引》无涉,宜分列。"[③]因此除卷三收入《临江仙》15体外,又分别在卷八收入《临江仙》(93字)和《临江仙引》。其中93字体虽依然名为《临江仙》,但专门在例词后注明:"此与《临江仙》小令迥不相侔。叶《谱》有'慢'字,宜另

---

① 王奕清等:《钦定词谱》第十卷,北京:中国书店,1983年影印本,第662页。以下所引《钦定词谱》均为此版本,只随文注出卷数和页码。

② 李清照:《词论》,胡仔《苕溪渔隐丛话》后集,卷三三。北京:人民文学出版社,1962年,第254页。

③ 秦巘:《词系》,北京:北京师范大学出版社,2010年,第139页。

列。"[①]可惜龙榆生先生在《唐宋词格律》中再次收录93字体,虽然这由其谱例所定[②],并且注明"柳永演为慢曲,九十三字"[③],毕竟不妥。但龙先生此书以简明、实用为特色,于《临江仙》一调总共只收4体,除93字的慢曲,另3体为:58字2体,句式分别为:76745,76745和66755,66755;60字1体,句式为:76755,76755。大体反映出《临江仙》一调的实际创作情况。

辛弃疾24首《临江仙》[④]体式一致,为分析方便,试将其句式与平仄情况按韵句胪列于下:

第一韵

字序	1	2	3	4	5	6	7/句	8	9	10	11	12	13/韵
平	5	0	21	24	23	0	0	11	24	14	0	24	24
仄	19	24	3	0	1	24	24	13	0	10	24	0	0

第二韵

字序	14	15	16	17	18	19	20/韵
平	9	24	18	0	0	24	24
仄	15	0	6	24	24	0	0

---

① 秦巘:《词系》,北京:北京师范大学出版社,2010年,第450页。

② 龙榆生:《唐宋词格律》"凡例"第八条:"词有从七言绝句或单调小令增演为引、近、慢者,间亦依万树《词律》旧例,依次排列,以明发展因由。"(见龙榆生《唐宋词格律》,上海:上海古籍出版社,1978年,卷首"凡例",第1页。)按:万树《词律》发凡云:"词有调异名同者,其辨有二……他若《甘州》后之附《甘州子》《甘州遍》,《木兰花》后之附《减字》《偷声》,亦俱以类相从。盖汇为一区,可以披卷了然,而无重名误认、前后翻检之劳也。"(见万树《词律》,上海:上海古籍出版社,2013年影印本,第11页。)可见,万树设定此编例主要是为了解决调异名同的问题,防止重名误认。因《词律》之前没有比较完善之词谱,同名异调或同调异名的问题比较突出,故如此排列尚有一定意义。自《词律》《词谱》刊行后,调异名同的问题已基本解决,再将这些同源的令、近、慢分在一区,已无必要。

③ 龙榆生:《唐宋词格律》,上海:上海古籍出版社,1978年,第26页。

④ 本文所引辛弃疾《临江仙》词,均依据邓广铭先生《稼轩词编年笺注定本》,上海:上海古籍出版社,2007年。以下不再注明。

第三韵

字序	21	22	23	24	25/句	26	27	28	29	30/韵
平	7	24	24	0	0	13	0	0	24	24
仄	17	0	0	24	24	11	24	24	0	0

第四韵

字序	31	32	33	34	35	36	37/句	38	39	40	41	42	43/韵
平	6	0	15	24	24	0	0	9	24	10	0	24	24
仄	18	24	9	0	0	24	24	15	0	14	24	0	0

第五韵

字序	44	45	46	47	48	49	50/韵
平	11	24	18	0	0	24	24
仄	13	0	6	24	24	0	0

第六韵

字序	51	52	53	54	55/句	56	57	58	59	60/韵
平	9	24	24	0	0	14	0	0	24	24
仄	17	0	0	24	24	10	24	24	0	0

24首词的平仄使用总体非常有规律，但也有少量特例。如第一韵的第五字从格律上看，本应皆为平声，但《临江仙》(春色饶君白发了)"春色饶君白发了"中的"白"字为入声，这应该属于古人"以入代平"的情况，即沈义父《乐府指迷》所说"其次如平声，却用得入声字替"[①]。因此上表第一韵第五字的平仄统计虽然为23/1，其实可以视为全用平声。另，第一韵的第12字，其中《临江仙·和叶

① 沈义父：《乐府指迷》，唐圭璋：《词话丛编》，北京：中华书局，1986年，第280页。

仲洽赋羊桃》"忆醉三山芳树下,几曾风韵忘怀"中的"忘"字为平去两读,周兆基《佩文诗韵释要》于下平七阳中列入,注曰"遗也,忽也,漾韵同"①,因此也在统计中直接视为平声。

通过对上述24首《临江仙》的平仄统计,可总结出辛弃疾《临江仙》词的谱式为:

中仄中平平仄仄(句)中平中仄平平(韵)中平中仄仄平平(韵)中平平仄仄(句)中仄仄平平(韵)　　中仄中平平仄仄(句)中平中仄平平(韵)中平中仄仄平平(韵)中平平仄仄(句)中仄仄平平(韵)②

显然,辛弃疾《临江仙》选用的是双调60字体,采用76755,76755句式,前后段各五句三平韵。这一体在两宋间使用最为频繁,可视为《临江仙》词调的基本体。

二、辛弃疾《临江仙》格律分析

下面我们再将此谱式和《词律》《钦定词谱》中所载60字体作比较。

《词律》中所载60字体有两体,例词分别为顾夐"碧染长空池似镜"和秦观"千里潇湘接蓝浦";《钦定词谱》录《临江仙》60字体也是两体,例词分别为顾夐"碧染长空池似镜"和贺铸"巧翦合欢罗胜子"。其中被两谱都选为例词的顾夐"碧染长空池似镜"一词,前后段各六句三平韵,采用767433,767433句式,与稼轩《临江仙》采用的五句三平韵体式明显不同。因此《词律》和《钦定词谱》中的60字体与稼轩词体式相同的分别是贺词与秦词(以下提到的60字体均指该体,以与顾夐的60字体相区别)。兹将辛词与之相较。

《钦定词谱》中贺词的谱式为:

中中中中平中仄(句)平平中仄平平(韵)中平中仄仄平平(韵)仄平中仄仄(句)中仄仄平平(韵)　　中中中中平中仄(句)中平平仄平平(韵)中平中仄仄平平(韵)中平中仄仄(句)中仄仄平平(韵)

① 周兆基辑:《佩文诗韵释要》,上海:上海古籍出版社,1982年影印本,第62页。

② "中"表示可平可仄,"平"表示平声,"仄"表示仄声,以下均同。

与辛词比较,有几点不同:第一,《钦定词谱》中,贺词的可平可仄处有 21 字,占全词的 35%,而稼轩 24 首《临江仙》的可平可仄处只有 16 字,约占全词的 27%,显然,辛词的平仄要求严于贺词,也即严于《钦定词谱》。第二,辛词与贺词虽同为 60 字体,句式也相同,但经对校发现,两者在平仄安排上有三点不同:其一,上片第二句首字(第 8 字)处,贺词为平,辛词则有 11 平 13 仄;其二,上片第四句首字(第 21 字)处,贺词为仄,辛词则有 7 平 17 仄;其三,下片第二句第三字(第 40 字)处,贺词为平,辛词则有 10 平 14 仄。如果将《钦定词谱》视为定则(谱),那么辛词是否在此三处出律了呢?我们认为并非辛词出律,而是《钦定词谱》在整理词谱时存在问题。首先,从辛词这三处的平仄比例来看,分布比较均匀,应不是一时"出律"之作。其次,将《钦定词谱》和万树《词律》对校,发现《词律》所收秦观"千里潇湘接蓝浦"一词,在这三处分别是"兰"字、"微"字和"妃"字,均为平声,显然与《钦定词谱》也不一致。

为了进一步说明这一问题,我们可以对照其他词人所作同体《临江仙》词在这三个字上的平仄情况。《钦定词谱》中 60 字体选用的例词是贺铸的一首《临江仙》,但事实上贺铸总共写了 5 首《临江仙》,除了"暂假临淮东道主"一首为 58 字体以外,其余 4 首和稼轩词体式相同;苏轼是北宋第一个大量创作 60 字体《临江仙》的词人,共留存 14 首词,对此体《临江仙》的定型做出重要贡献;叶梦得也是两宋间创作《临江仙》较多的词人,留存的《临江仙》有 19 首,数量仅次于辛稼轩,除 1 首为 58 字体,其余均为与稼轩相同的 60 字体。现将《词律》用作制谱依据的秦观"千里潇湘接蓝浦"一首,连同这三位词人的《临江仙》作为参照对象,统计出的结果如下表:

	二句首字(第 8 字)		四句首字(第 21 字)		二句第三字(第 40 字)	
	平	仄	平	仄	平	仄
《钦定词谱》	平		仄		平	
秦 观	平		平		平	
贺 铸	3	1(入声)	3	1	2	2
苏 轼	8	6	9	5	4	10
辛弃疾	11	13	7	17	10	14
叶梦得	8	10	6	12	9	9

从上表可以看出,虽然《钦定词谱》选用了贺铸的一首《临江仙》词作为60字体的例词,但就贺铸本人的创作来看,都与《钦定词谱》中所规定的平仄要求不相符,在这三处均是有平有仄(但第8字的入声可视为平声)。而南宋辛弃疾、叶梦得以及北宋苏轼在这三个字上的平仄处理则非常相似,均为可平可仄。结合万树的《词律》,我们倾向于这样一种认识:第8字在北宋时用平声较多,但也可用仄声,南宋时则平仄均可;第21字和40字无论北宋还是南宋,均应是"可平可仄",《钦定词谱》定为仄声,明显不妥。因此辛弃疾在这几个地方上的平仄处理不仅符合《临江仙》的声律要求,甚至比《钦定词谱》所总结的谱式更符合创作实际。

再来比较稼轩《临江仙》与《词律》所收秦观的《临江仙》一词。先看秦观《临江仙》词以及谱式:

> 千里潇湘接蓝浦,兰桡昔日曾经。月高风定露华清。微波澄不动,冷浸一天星。　　独倚危樯情悄悄,遥闻妃瑟泠泠。新声含尽古今情。曲终人不见,江上数峰青。
>
> 平仄平平仄平仄(句)平平仄仄平平(韵)仄平平仄仄平平(韵)平平平仄仄(句)仄仄仄平平(韵)　　仄仄平平平仄仄(句)平平平仄平平(韵)平平平仄仄平平(韵)平平平仄仄(句)平仄仄平平(韵)

将此谱和24首辛词对照,有两点不同:其一是秦词首句结尾处"接蓝浦"三字为"仄平仄",辛词则为"平仄仄",但《词律》注曰:"起句'接蓝浦'用仄平仄,虽或不妨,然亦不必学。"①说明这是一个特例。事实上《钦定词谱》的处理是"平中仄",因此辛词的"平仄仄"是规范的。其二是该谱没有标注可平可仄的情况。按《词律》中《临江仙》共录14体,其中仅和凝与赵长卿两体注出了可平可仄处,其余均是字字皆定,秦词亦属此例。但事实上无论是按《钦定词谱》所制之谱,还是创作实际,《临江仙》一调的可平可仄客观存在,《词律》不加以标注,不知是遗漏还是其他原因。但这样就无法反映出《临江仙》一调的真实情况,无论如何都是不妥的。现姑且以辛词的谱式作为基准,将秦词与之相较。比较后发现,秦词与辛词的谱式并无相违背的地方。可见辛词《临江仙》不仅完全符合规

---

① 万树:《词律》卷八,上海:上海古籍出版社,2013年影印本,第199页。

范,而且比《词律》所列谱式更切合创作实际。

《词律》和《钦定词谱》历来被视为词的创作法则,据吴兴祚《词律序》,前者取名“词律”,含有律法的意思,所谓“名曰《词律》,义取乎刑名法制”[①]但作为两部大型工具书,前者收录660调,1180余体,后者收录826调,2306体,有个别体式处理不完善也是情有可原的。

那么有无与辛弃疾《临江仙》词一致,比《词律》《钦定词谱》更为完善的词谱呢?有的,这就是龙榆生的《唐宋词格律》。如上所述,《唐宋词格律》收录《临江仙》词调共4体,其60字一体以苏轼“夜饮东坡醒复醉”和陈与义“忆昔午桥桥上饮”两首为例词,所作之谱与辛词一字不差,完全吻合[②]。这说明龙榆生先生在制谱时已经纠正了《词律》《钦定词谱》的一些失误,并没有照搬照抄。

经过以上与《词律》《钦定词谱》《唐宋词格律》的比较和分析,不难发现,辛弃疾的《临江仙》词在平仄安排上十分有规律,且完全符合《临江仙》60字体的格律要求。辛弃疾词以沉郁雄放为特征,在一般人印象中,他与苏轼一样,恣意挥洒,不拘音律,以致有后世不晓音律而作词者“借东坡、稼轩诸贤自诿”[③]的说法,但从以上对辛弃疾24首《临江仙》的格律分析看,至少在这一调的创作中并非如此。事实上辛弃疾在词调的声律安排上非常严谨,据岳珂《桯史》卷三记载:“稼轩以词名,每燕必命侍妓歌其所作……特置酒招数客,使妓迭歌,益自击节。遍问客,必使摘其疵,逊谢不可。”[④]陈廷焯以为:“苏、辛千古并称。然东坡豪宕则有之,但多不合拍处。稼轩则于纵横驰骋中,而部伍极其整严,尤出东坡之上。”[⑤]这个评价很有见地。

三、辛弃疾《临江仙》句式、声情及其审美价值

《临江仙》本为唐教坊曲,作为词调,最早见于《敦煌词》。诚如秦巘所言,该调最初咏水仙祠,取本意为名,因此早期作品多咏水媛江妃,内容与曲牌名称大致相配,且不乏凄清幽怨之作。但该调后经长期演变,词调体式、作品内容、

---

① 万树《词律》卷首,上海:上海古籍出版社,2013年影印本。

② 龙榆生《唐宋词格律》,上海:上海古籍出版社,1978年,第27—28页。

③ 沈义父:《乐府指迷》,唐圭璋编《词话丛编》,北京:中华书局,1986年,第282页。

④ 岳珂著,吴企明点校:《桯史》,《唐宋史料笔记丛刊》,北京:中华书局,1981年,第38页。

⑤ 陈廷焯:《云韶集》卷五,吴熊和:《唐宋词汇评·两宋卷》,杭州:浙江教育出版社,2004年,第2344页。

风格类型均发生很大变化。由于该调格律近于律诗,就如龙榆生先生所指出的那样,风格总体上已偏于流丽谐婉这一类型。

辛弃疾24首《临江仙》的句式、韵位等主要由词调本身决定,但辛弃疾对词调、体式的选择以及对词调固有声情特点的遵循,依然能体现出一些自己的特点。

辛弃疾所用60字体为典型的双调小令,上下两片句式结构和平仄安排完全一致,分别由五言、六言、七言三种句式混合组成,构成76755,76755结构。五字句为上下片第四句、第五句,这两句的平仄为:中平平仄仄,中仄仄平平。上下句对偶十分工整,符合"奇偶相生、轻重相权"的八字法则。需要指出的是,《临江仙》60字体是从句式为76745,76745的58字体演变而来,方法是上下片最后两句各增一字,由原来四五的长短句式变为五五相对的齐言句式。这样一改,《临江仙》词在句式上更加向诗体靠拢,五言诗中一些诗人惯常使用的技法也可以被复制、平移到《临江仙》词调中,因此词调所能容纳的情感内涵更为丰富。诸如"更无花态度,全是雪精神"(《临江仙·探梅》)、"未须愁菊尽,相次有梅来"(《临江仙》(冷雁寒云渠有恨))、"病中留客饮,醉里和人诗"(《临江仙·壬戌岁生日书怀》)、"有心雄泰华,无意巧玲珑……从人贤子贡,自欲学周公"(《临江仙》(莫笑吾家苍壁小))、"枯荷难睡鸭,疏雨暗池塘"(《临江仙》(手捻黄花无意绪))等对偶句,使词调整齐和谐,情感丰富,读起来也朗朗上口。

七字句为上下片的第一和第三句,这两句的平仄为:中仄中平平仄仄,中平中仄仄平平。虽然两句中间隔了一个六字句,但偶数位的平仄相对十分严格,尤其是第一句后四字的"平平仄仄"与第三句后四字的"仄仄平平",平仄相对十分整齐。六字句为上下片的第二句,夹在两个七字句中间,平仄安排为:中平中仄平平,也相当有规律。总体上看,无论五字句、七字句还是六字句,它们的平仄与近体诗的格律十分相近,都可视为律句。词调在声律安排上接近于近体诗的法则,平仄上就相当和谐,从而所构成的音节也应当是和谐悦耳的。

另外从韵句的角度看,辛弃疾的《临江仙》词也非常讲究。全词上下片各用三韵,除第二韵句为单独的七字句外,其余两韵句分别由七六和五五句式构成。七六句式的平仄是:中仄中平平仄仄,中平中仄平平。两句虽然字数不一,但偶数位置的平仄对得很好。五五句式的平仄安排是:中平平仄仄,中仄仄平平。无论字数还是平仄,均十分齐整匀称。另外,两韵句的白脚处用的都是仄声字,这和韵脚处的平声韵平仄相对,类似律诗出句用仄,对句用平的格式。且每句的偶数位置的平仄基本固定不变,奇数位置的平仄则大多不拘,这种变化特点与近体诗的“一三五不论,二四六分明”的平仄规则相似。这种平仄迭用,接近于律诗的体式,也构成了音节和婉的特点。

与句式一起影响词调声情的还有韵位和用韵特点。词本质上是一种音乐文学,韵位的疏密以及平仄韵的选用,均会一定程度上影响旋律的节奏。王易先生认为“韵与文情关系至切:平韵和畅,上去韵缠绵,入韵迫切,此四声之别也”①。稼轩24首《临江仙》在用韵方面严格遵守了该调60字体式的规律,全部选用平声韵,且一韵到底,因此声情上总体比较平缓,没有转韵造成的起伏跌宕。在韵位安排上,该调上下片各有5句,其韵脚分别落在了第2、3、5句的句尾。也就是说,上下片除一处相邻句连续押韵,其余均为隔句押韵。龙榆生先生以为:“大抵隔句押韵,韵位排得均匀的,它所表达的情感都比较舒缓,宜于雍容愉乐场面的描写;句句押韵或不断转韵的,它所表达的情感,比较急促,宜于紧张迫切场面的描写。”②稼轩《临江仙》以隔句押韵为主,旋律总体比较舒畅,而中间一处相邻句连续押韵,又使节奏稍加收紧,于舒缓之中而略显活泼变化。总之,无论是平韵的选用,还是以隔句押韵为主的韵位安排,都使稼轩《临江仙》词呈现出舒缓流畅的声情特点。

以上是从体式格律上总结了辛弃疾《临江仙》词所应呈现的声情,即谐婉舒缓,流丽和畅。但辛弃疾运用这一词调具体写了什么内容,表现了哪些情感,这些内容与感情是否与上述的声情相一致?还需要结合其具体的创作来分析。

辛弃疾现存词629首,其中《临江仙》一调共24首,邓广铭先生在《稼轩词编年笺注》中以稼轩的行迹分卷,将其词分为了“江、淮、两湖之什”,“带湖之什”,“七闽之什”,“瓢泉之什”,“两浙、铅山诸什”五个部分,并以创作时间的先后编次。根据邓广铭先生的编年,稼轩词的丰收期当是在辛弃疾投闲置散的二十余年间,而《临江仙》一调犹是如此,创作时间大部分集中在闲居江西的二十来年中。纵观稼轩的二十四首《临江仙》词,从主题内容上看,大致可分为赠别、祝寿、酬唱、咏物、抒怀以及生活纪实等几类。总的说来,虽然这些《临江仙》词表现的内容广泛,情感层次多样,风格上也不拘泥于一端,但二十四首词中并无激越苍凉、雄劲悲壮或者凄厉哀婉的作品,总体上还是呈现出和谐冲淡、舒缓雍容的特点,与体式格律上体现出的流丽谐婉、舒缓和畅的特征相一致,达到了内容与形式的和谐。

---

① 王易:《词曲史》,北京:东方出版社,1996年,第246页。

② 龙榆生:《词曲概论》,北京:北京出版社,2004年,第190页。

稼轩 24 首《临江仙》这种声情特点的形成,其原因大致有二:一方面,从《临江仙》词调的源流发展看,虽早期不乏凄清哀婉之作,但入宋后总体风貌以清新婉转、洒脱自然为主。可见,在《临江仙》一调的创作上,辛弃疾是以尊重词调的声情特色和写作传统为前提而进行的,是在此基础上的丰富和发展。在他笔下,《临江仙》仍然保持着流丽谐婉的特色。另一方面,从创作的时间上看,辛弃疾《临江仙》词的创作时间绝大部分集中在被迫在江西农村隐居的二十来年中,在这段时间中,虽然他依然忧心国家政治,不忘恢复大志,但总体上感情生活比较丰富,有较多时间体验家居生活的乐趣、欣赏江西农村的美好景象,因此用《临江仙》这样一个流丽婉转的小调来作为自己的陶写之具,记录生活、排遣积郁、唱和咏怀乃至表达相思之意都是极其正常的,这也正体现了稼轩词创作的多面性、丰富性。

四、辛弃疾《临江仙》的词谱学意义

毫无疑问,辛弃疾 24 首《临江仙》以其创作数量和稳定的体式、格律在《临江仙》词调的发展史上留下浓重一笔,对该调的谱式及其词作风貌均产生重要影响。但《临江仙》是一个古老的词调,辛弃疾所用的 60 字体在北宋时期也基本成型,那么辛弃疾对该体式,乃至该调的发展究竟有何价值与意义?这是我们所要进一步讨论的问题。

刘庆云先生认为,辛弃疾所用的《临江仙》60 字体首见于滕宗谅。[①] 刘先生的文章过于简略,并未说明依据,但结论是对的。通过搜检《全宋词》,在能够确定生卒年的作者中,最早写作此体《临江仙》的确实是滕宗谅。而更为重要的是,通过对滕宗谅《临江仙》的分析,可以从《临江仙》词调发展的角度说明这一体《临江仙》的形成原因和滕宗谅的独特贡献。滕宗谅(990—1047),字子京,河南洛阳人,曾在湖南岳州任太守,因范仲淹《岳阳楼记》而为世人所知。其词如下:

湖水连天天连水,秋来分外澄清。君山自是小蓬瀛。气蒸云梦泽,波撼岳阳城。　帝子有灵能鼓瑟,凄然依旧伤情。微闻兰芝动芳馨。曲终人不见,江上数峰青。

---

① 刘庆云:《短调深情——〈临江仙〉词调及创作漫议》,《中国韵文学刊》1997 年第1期。

由于滕宗谅留下的《临江仙》仅此一首,没有同作者的同体之作对校,只能按实际用字标出谱式如下:

平仄平平平平仄(句)平平平仄平平(韵)平平仄仄仄平平(韵)仄平平仄仄(句)平仄仄平平(韵)　仄仄仄平平仄仄(句)平平平仄平平(韵)平平平仄平平(韵)仄平平仄仄(句)平仄仄平平(韵)

我们注意到,该词一个重要特点是上下片结尾部分均直接用了前人的诗句:上片"气蒸云梦泽,波撼岳阳城"两句出自孟浩然《望洞庭湖赠张丞相》,是描写洞庭湖的著名诗句;下片"曲终人不见,江上数峰青"两句出自钱起《省试湘灵鼓瑟》,也是咏娥皇、女英事的名句。从两首诗的形式看,孟作为五律;钱作为唐代省试诗,六韵十二句,也是五言律。也就是说,滕宗谅这首《临江仙》上下片的结尾两句,均直接用了五言律诗的句式。如上所述,《临江仙》60 字体来源于 58 字体,改动的方法就是增两字,将上下片结尾的四五句式改为五五句式。结合滕宗谅这首词的创作实际,我们认为改动的原因主要是为了套用唐人诗句,未必是刻意改造词调体式。在词乐尚存的背景下,这种改动在音乐上是可行的。但问题是经此一改,增加了律句,词调的声情变得更加谐婉,形式也更加整饬,很快受到文人的欢迎和效仿。这种模仿不仅在于将 58 字体四五句式改为五五句式,有的文人甚至还保留套用前人五律成句的做法,如被《词律》选为例词,并作为制谱依据的秦观"千里潇湘接蓝浦"一首,下片结句和滕宗谅词完全一样,直接套用了钱起"曲终人不见,江上数峰青"的成句。如果说滕宗谅的改动是无意之作,具有一定偶然性,后面文人的群起效仿就带有创立新体的意义。

文人中第一次大规模采用此种体式创作的是苏轼。苏轼共留下《临江仙》14 首,全是此种体式,而且谱式十分稳定。我们将东坡 14 首《临江仙》逐字逐韵统计,得出谱式如下:

中仄中平平仄仄(句)中平中仄平平(韵)中平中仄仄平平(韵)中平平仄仄(句)中仄仄平平(韵)　中仄中平平仄仄(句)中平中仄平平(韵)中平中仄仄平平(韵)中平平仄仄(句)中仄仄平平(韵)

与滕宗谅词的谱式相比,苏谱除了确定可平可仄的字外,主要有两点不同:第一是上片首句,滕谱为"平仄平平平平仄",而苏谱则是"中仄中平平仄仄",很明显，苏谱将滕谱第六字的“平”改为了“仄”；第二是下片第三句，滕谱为“平平平平仄平平”，而苏谱为“中平中仄仄平平”，将滕谱第四字的“平”改为了“仄”。这两处改动有一个相同点，就是将拗句改为顺句，也就是说，经过改动，全词又新增了两处律句，使《临江仙》的词调更加接近于律诗。这一定程度上影响了《临江仙》词的风貌特征，使其变得谐婉和顺。

由于苏轼影响大，加上是第一次大规模创作《临江仙》，其词体式对以后《临江仙》的创作产生较大影响。我们通过搜检《全宋词》发现：苏轼之后，这一体《临江仙》的谱式基本定型，并被大部分词人采用，成为《临江仙》词调中的基本体。但令我们疑惑的是，无论万树《词律》或《钦定词谱》，均无视这一事实，没有采用苏轼的谱式，也未将苏词作为例词。《词律》将秦观之作作为例词，但事实上秦观总共只留下两首《临江仙》，而且一首还是 58 字体。由于没有同作者同体之作对校，万树对该谱式作字字皆定处理，也许是出于无奈。但这样就与宋代《临江仙》的创作实际不相吻合了。《钦定词谱》将贺铸“巧翦合欢罗胜子”一首列为例词。其谱上片首句为“中中中中平中仄”，与滕谱相合，但与苏谱不合；下片第三句为“中平中仄仄平平”，与苏谱合，但与滕谱不合。四库馆臣将此首作为例词，或是取其介于滕谱和苏谱之间。但事实上贺铸留下 4 首《临江仙》60 字体，除去这一首，另外 3 首的谱式与苏谱完全一致。

《词律》或《钦定词谱》不采用苏轼的谱式，或有一种可能，就是词谱编撰者的备体意识。所谓词谱选词的备体意识，是指编撰者有意选择婉约之作为例词，以显示词体之正。这种主张最早见之于张綖的《诗馀图谱》，他在说明自己所选的例词时，有一段非常著名的话：“词体大略有二：一体婉约，一体豪放。婉约者欲其词情蕴藉，豪放者欲其气象恢弘。盖亦存乎其人，如秦少游之作，多是婉约，苏子瞻之作，多是豪放。大抵词体以婉约为正，故东坡称少游为今之词手，后山评东坡词‘虽极天下之工，要非本色’。今所录为式者，必是婉约，庶得词体。”[①]这段话由于第一次明确点出婉约、豪放的问题，因此被词论家广泛引用，其实就张綖的本意而言，只不过用来解释他选用例词的依据而已。以后的词谱编撰者未必明说，但这种意识还是有的。万树选秦观而不选苏轼之作，或有此方面考虑，但如上所述，秦观《临江仙》60 字体仅此一首，制谱者找不到同作者的同体之作对校，采用了字字皆定的方法，实际上违背了词谱的制作规则，留下很大遗憾。《钦定词谱》虽避免了字字皆定的问题，但如上所述，贺铸有 4

---

① 张綖：《诗馀图谱·凡例》，明嘉靖丙申本。

首《临江仙》60 字体,其他 3 首的谱式更符合宋代《临江仙》的创作实际,编撰者为什么不取其他 3 首的谱式,也令人费解。如取其他 3 首的谱式,既可顾及贺铸词的婉约词风,又可得《临江仙》60 字体的谱式之正,何乐而不为?

我们注意到一个现象:无论秦观的《临江仙》(千里潇湘接蓝浦),还是贺铸的《临江仙》(巧翦合欢罗胜子),词情都有凄清的一面,这在两首词的下片表现得尤其明显一些。如果词谱的编撰者从《临江仙》传统的风格、情调考虑,选用略带凄婉的词作制谱,也是勉强可以解释的。但问题又来了,贺铸另外的 3 首《临江仙》,其中也不乏词情凄婉者,如"鸦背夕阳山映断"一首,类似"湘弦弹未半,凄怨不堪听"这样的句子,同样有凄婉的况味,且整首词的风格也属于婉约一路。即使苏轼的 14 首《临江仙》,也有风格偏于婉约,且词情略带凄怨者。我们不妨抄录两首:

> 忘却成都来十载,因君未免思量。凭将清泪洒江阳。故山知好在,孤客自悲凉。　　坐上别愁君未见,归来欲断无肠。殷勤且更尽离觞。此身如传舍,何处是吾乡。

> 冬夜夜寒冰合井,画堂明月侵帏。青缸明灭照悲啼。青缸挑欲尽,粉泪裛还垂。　　未尽一尊先掩泪,歌声半带清悲。情声两尽莫相违。欲知肠断处,梁上暗尘飞。

这两首词的风格和情调,大家自可判断。

剩下最后一个原因,就是苏轼向有"曲子中束缚不住者"的名声,导致《词律》和《钦定词谱》不敢依苏词制谱。但实际上通过对苏轼 14 首《临江仙》的对校和统计,除个别文字平仄两读外,苏轼仅在第 23、24、53、54 字处有极少的出律,格律总体上比较严整。

与《词律》《钦定词谱》不同,秦巘《词系》和龙榆生《唐宋词格律》均以苏词为制谱依据,并将苏词列为例词。《词系》的例词是苏轼的"细马远驮双侍女"一首,《唐宋词格律》的例词是苏轼的"夜饮东坡醒复醉"一首。客观地说,抛开所谓备体的问题,这两本词谱的谱式和例词更加完美,也符合宋代《临江仙》60 字体的创作实际。

苏轼之后,创作《临江仙》数量较多的词人基本上采用苏轼的谱式。如上所述,秦观 1 首其实是符合苏轼谱式的,贺铸 4 首,其中 3 首符合苏轼谱式,这两位都是词风偏于婉约的词人，至于词风偏于豪放的词人更不用说。叶梦得和辛弃疾是创作《临江仙》数量最多，对该词调影响也最大的词人。叶梦得留下19首《临江仙》，是两宋间创作该调数量第二多的词人。他除了有1首58字体外，其余18首全部是60字体，而且全用苏轼的谱式。至于两宋间创作《临江仙》数量最多的辛弃疾，如上所述，存世的24首全部为60字体，也全部采用苏轼谱式，而且格律十分严整。上面提到，苏轼在第23、24、53、54字处偶然有出律的情况，而在24首辛词中，这四处的平仄统计分别24/0、0/24、24/0、0/24，守律几乎达到严苛的程度。

可以这样说，此体《临江仙》由苏轼初步成型，中间经叶梦得等人的创作实践，最后由辛弃疾确定其词调风貌和词谱定式，并通过大量创作而彰显其活力和影响。

五、结语

通过以上的讨论，我们可以得出几点结论：

第一，辛弃疾在创作《临江仙》时，遵守传统，选用的均为双调60字体，前后段各五句三平韵，采用76755，76755句式。这一体式在两宋间使用最为频繁，可视为《临江仙》词调的基本体。辛弃疾在词调格律上十分严谨，其平仄处理不仅符合《临江仙》的声律要求，甚至比《词律》和《钦定词谱》所总结的谱式更符合创作实际。

第二，辛弃疾24首《临江仙》的句式、韵位等主要由词调本身决定，但辛弃疾对词调、体式的选择以及对词调固有声情特点的遵循，使其词总体呈现出舒缓流畅的声情特点，与传统的《临江仙》60字体的声情保持一致。从词的内容上看，由于这24首词大部分创作于退居江西时期，作者有较多时间观察农村的美景，体验家居的闲适乐趣，因此词的题材虽然比较广泛，情感层次也比较多样，但总体上呈现出和谐冲淡、舒缓雍容的特点。这与《临江仙》60字体流丽谐婉、舒缓和畅的体式特征相一致，达到了内容与形式的和谐，体现出较高的审美价值。

第三，辛弃疾所用《临江仙》60字体较为后出，由该调58字体变化而来。但由于增加了律句，使其更加和谐整饬，普遍受到文人作者的欢迎。从留存的作品看，这一体式首见于滕宗谅，滕氏对58字体的改造有一定的偶然性，其方法主要是套用前人现成的五言律句，将四五句式改为五五句式。苏轼是文人中第一次大规模采用此种体式创作的词人，他留下的14首《临江仙》全用此种体式,而且句式、格律均十分稳定。《临江仙》60 字体的谱式由此基本成型。苏轼之后,包括秦观、贺铸等文人加以仿用,此体逐渐为大家所接受;又经叶梦得等人的大量创作,此体更加成熟,逐渐成为《临江仙》的最主要体式;辛弃疾是两宋间创作《临江仙》数量最多的词人,其留存的 24 首《临江仙》均为这一体式,对该体谱式的最后定型和词调风貌的确定,均做出重要贡献。

语气词修辞学特征:老舍和普希金

Pavlova Alena
Moscow City University

语气词(语气助词)最近吸引了许多语言学家的兴趣,特别是在这些语气词广泛使用的语言上:汉语、俄语、日语、德语等等。由于不同的语言类型,有几种方式在翻译中表达语气词的交际和语法功能。但是语气词在句子里的意义和功能是否可以完全翻译成外语?我们用两个世界著名的作家的译文来研究语气词的修辞学特征和翻译可能性。

在许慎《说文解字》中可以找到第一个汉语的语气词描述。我们现在所说的语气词在《说文解字》中被称为"完成句子的",表达发言者的意见(批评者、态度)。许慎先生提出五个语气词:矣(已)、只、乎(余)、哉、兮。《说文解字》反映了汉代科学家的观点:语已词—或—语之余。(段玉裁:《说文解字注》,北京:中华书局,1988)汉代之前肯定也有语气词,但是《说文解字》是第一个描述语气词的字典。俄语里的语气词起源于梵语[Starodumova E.A.],古斯拉夫语已经有了固定的语气词系统。

无论语气词的长历史,学者一直以来辩论"语气词"这个术语。中国语言学传统把这个现象叫做语气词、语助词;俄罗斯语言学传统叫做语气助词(модальные частицы)、句子语气词(фразовые частицы),西方语言学传统叫做:sentence-final particles, modal particles, utterance particles, discourse particles等等。

术语的多样性表示在了解语气词的功能中有不同的解释方法,以及不同的研究方法。分析语气词时,我们考虑到它们的功能、句子里的位置和符号(语音和汉字)之间的相互关系,在我们看来这是描述语气词比较客观的方式。

语气词的功能可以分为:

1)“语法”功能(例如,表示疑问语气)

2)交际功能

–文本内的相互联系

–表达发言者对情况的态度,与规范或一般性相关,说话者对听者的态度

3)强调功能

–暂停,重音,节奏

表 1

Position 位置		Function 功能		Symbol 符号	
	sentence initial 句首		Grammatical 语法		Phonetic 语音
	topic final 主题后		Communicative 交际		
	in the middle of the sentence 在句子中间		Emphatic 强调		Character 汉字
	sentence final 句尾				

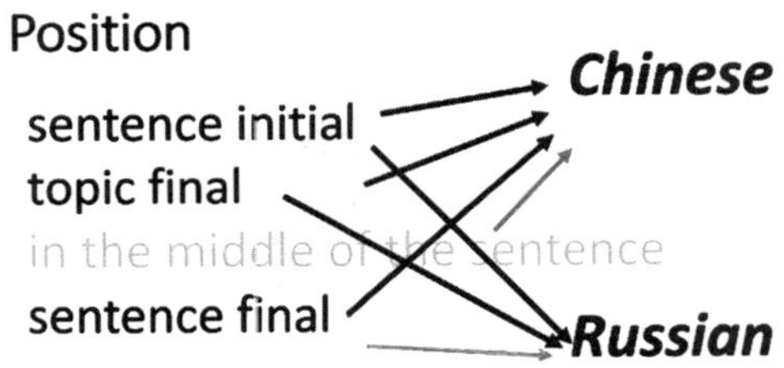

上述都是句子中所有可能的语气词位置(俄语和汉语)。有的只在方言或口语里才可以见到,有的古老的时候就有这样的用法。

语气词的位置在很大程度上取决于语言的语调特征、句子中的词语顺序,这与语言类型学直接相关。例如,俄语句子中的语调较弱,因此不用语气词,只用在单独的短语之间。

Ex.1.

Ой, нам ничего с мужем не хватает [вздох], эм…, (раздумывает) помогает сын, все потому что на лекарства, в основном, лекарства и питание, всё. Мы не одеваемся, ну вот так в общем…

汉语作为独立语,语调是严格管制的,在大多数情况下,不可以随着语调的

变化而改变句子的意义,就像俄语中那样。

Ex.2.

1)你是学生吧?

Ты студент? (降调)

2)你是学生吗?

Ты студент? (升调)

俄语中,语调更加灵活,在很多情况下它可以代替语气词,这样的句子可能听起来不够自然,但仍然是可以理解的。在某些情况下,语气词是必不可少的,不能用语调替代。

第二个原因是句子中单词的顺序。由于独立语语言句子的词序比俄语等屈折语言的词序更严格,因此语气词位置灵活性也有限制。从历史角度来看,句子结构上的变化总是导致语气词位置的变化(例如,了 le - 了 liao(动词)情况)[孙锡信]。

这项研究中,我们想集中讨论语气词在诗歌和散文中的特殊功能(如海德格尔),以及将语气词从一种语言翻译/解释为另一种语言的可能性。

1.亚历山大·谢尔盖耶维奇·普希金 诗选

我们对比了普希金的16首诗歌的原文(俄文)和译文(中文,翻译者是著名的查良铮)。

诗歌是表达思想的最广阔的形式,在这里一个多余的词没有,因此诗歌中使用语气词总是有条件的(起着重要的功能作用)。

我们的研究结果表明,普希金诗歌中所用的语气词的功能可以分为:

- 节奏(情况加剧,事情之间的快速变化)
- 强调主题或任何第一个单实词
- 强调感情(请求,绝望)

1)节奏(情况加剧,事情之间的快速变化)

Ex.3.

И села мирные, **и** грады в мгле пылают,
И небо заревом оделося вокруг,…

和平的村庄和城市腾起黑夜的火,远远近近,天空披上了赤红的云裳,……
(皇村回忆1814年)

描述从小到大:村、城市、天空;像火一样;从小到大。事情发生的节奏:快—快—慢。

用反复的语气词表达节奏。

Ex.4.

Унылая пора! очей очарованье! Приятна мне твоя прощальная краса — Люблю я пышное природы увяданье, В багрец и в золото одетые леса, В их сенях ветра шум и свежее дыханье, Имглой волнистою покрыты небеса, И редкий солнца луч, и первые морозы, И отдаленные седой зимы угрозы.	忧伤的季节!眼睛的陶醉!我喜欢你道别的美丽——我爱大自然豪华的凋零,森林换上红色和金色的外衣,林中是风的喧嚣和清新的气息,天空覆盖着波浪般的阴霾,有罕见的阳光,早来的寒冷,还有白发的冬天远处的威胁。(秋之韵)

事情发生的节奏:慢—快—快—慢。秋天的时候阳光和寒冷的时间很短,一下子就没了。听到这样的节奏我们可以感觉到秋天天气不稳定。

正如我们所看到的,在这种情况下,翻译时不可能传达语气词设置的节奏的含义和隐含意义。

2)强调主题或任何第一个单实词

Ex.5.

О страх! **О** грозны времена!	**噢**,恐怖的、惊人的时期!(皇村回忆 1814 年)

Ex.6.

Н ездесь **ли** мирны дни вели земные боги? Н есе **ль** Миневры росской храм?	岂不是在这里,时间的神祇良逍遥? 这岂非俄国的敏诺娃的庙堂? (皇村回忆 1814 年)

当语调强调注意力,翻译是可能的,一般在译文使用感叹词、反转、表示反诘的语气的词组。

3)动词后(或强调的实词后),加强感情

Ex.7.

Пируйте **же**, пока еще мы тут! Увы, наш круг час от часу редеет;	快快畅饮**吧**,趁我们还在世上!唉,我们的人数每一刻都在稀少;(十月十九日 1825 年)

实词后用语气词强调感情(语气)在译文中通常也用语气词。

总之,诗歌里的语气词的功能有三种:与节奏有关,这样的语气词因为语言的类型特征(语调、句子的词序等等)一般是翻译不了外语;强调主题或其他实词(平时有倒装语序)可以通过感叹词、反转、表示反诘的语气的词组等手段表达;加强感情的功能平时也是通过语气词表达的。

2.老舍《茶馆》

我们对比了老舍的话剧《茶馆》原文和俄文版(E. Rozhdestvenskaya - Molchanova 的译文)。此作品是话剧,因此语气词使用率比较高。比如,在第一幕语气词用了 175 次,第二幕 278 次,第三幕差不多 400 次。对比译文时,我们发现了这些翻译的问题:

1.语调变体:

Ex.8.

常四爷:(不肯示弱) 你问我**哪**?花钱喝茶,难道还教谁管着吗?	**Вы меня спрашиваете**?(语调不明显)

由于本文里没有任何语调指标,语调模式并不总是被规定的,即一些短语用俄语可以不同的语调模式说出,具有不同的语义细微差别,有时可以不完全按照作者的意图进行解释。

Ex.9.

二德子:你管我当差不当差**呢**!	**Чего тебе от меня нужно**?(缺少语气词)

一些例子表明,翻译中的句子比原来的句子不那么激动。这也与语调变体性有关,但用的语气词(或缺少语气词)并不足以完全表达原本的意义。这并不总是对句子的意义产生决定性影响,但是,例如,在上演的时候句子真正的含义、人物的态度,感情等方面我们不得不要自己猜测,因此会导致误解。

用外语表达语气词的意义不容易,但是语气词的多功能性、易变性对母语者来说也不是显而易见的事实。我们用《茶馆》里的小部分进行调查:从本文中删除了所有的语气词,请 48 位汉语母语者(18—45 岁)自己填空。下面画横线的语气词是原文的语气词,画波浪线的是被访者的答案,右边的数字表示多少人提供了这个答案,"0"这个标记表示没有用任何语气词。

Ex.10.

【〔街上卖报的喊叫:"长辛店大战的新闻,买报瞧,瞧长辛店大战的新闻!"

报童向内探头。报童掌柜的,长辛店大战的新闻,来一张瞧瞧?

王利发:有不打仗的新闻没有?

报童:也许有,您自己找!

王利发:走! 不瞧!

报童:掌柜的,你不瞧也照样打仗!(对唐铁嘴)先生,您照顾照顾?

唐铁嘴:我不象他,(指王利发)我最关心国事!(拿了一张报,没给钱即走)

〔报童追唐铁嘴下。〕

王利发:(自言自语)长辛店! 长辛店! 离这里不远**啦**-2[啊-17][了-9][0-7][呀-4][呐-3][哎-2][的-1][咯-1][哪-1])!(喊)三爷,三爷! 你倒是抓早儿买点菜去**呀**-8[啊-28][呢-1][0-6][吧-4][呗-1],待一会儿准关城门,就什么也买不到**啦**-15[了-26][啊-2][呢-1][0-4]! 嘿!(听后面没人应声,含怒往后跑)

〔常四爷提着一串腌萝卜,两只鸡,走进来。常四爷王掌柜!

王利发:谁? 哟,四爷! 您干什么**哪**-0[呢-33][啊-5][的-2][嘛-1][呐-3][0-3](去-1)]?

常四爷:我卖菜**呢**-16[呀-7][啊-13][0-7][呐-2](去-3)! 自食其力,不含糊! 今儿个城外头乱乱哄哄,买不到菜;东抓西抓,抓到这么两只鸡,几斤老腌萝卜。听说你明天开张,也许用的着,特意给你送来**了**-12[0-16][的-11][啦-2][啊-3][呀-2][呢-1][咯-1]!

王利发:我谢谢您! 我这儿正没有辙**呢**-33[0-10][呐-2][了-3]!

常四爷:(四下里看)好**啊**-25[0-11][呀-2][嘞-3][的-3][了-3][咧-1]! 好**啊**-25[0-12][呀-1][嘞-3][的-3][了-3][咧-1]! 收拾得好**啊**-25[0-18][呀-3][哇-1][嘞-1]! 大茶馆全关**了**-30[啦-6][0-6][呢-1][啊-2][咯-1][喽-2],就是你有心路,能随机应变地改良!

王利发:别夸奖我**啦**-11[了-22][啊-4][0-10][嘞-1]! 我尽力而为,可就怕天下老这么乱七八糟!

常四爷:象我这样的人算是坐不起这样的茶馆**喽**-5[0-8][咯-4][哦-1][啊-4][的-8][了-12][呀-3][啦-3]!

〔松二爷走进来,穿的很寒酸,可是还提着鸟笼。

松二爷:王掌柜! 听说明天开张,我来道喜!(看见常四爷)哎哟! 四爷,可想死我**喽**[啦-21][了-21][0-4][嘞-1][吗-1]!

常四爷:二哥! 你好**哇**-3[0-7][啊-17][吗-17][嘛-1][呀-1][么-1]?

王利发：都坐下**吧**-30[呢-1][0-12][了-2][啦-1](来-1 说-1)！

松二爷：王掌柜，你好？太太好？少爷好？生意好？

王利发：（一劲儿说）好！托福！（提起鸡与咸菜）四爷，多少钱？

常四爷：瞧着给，该给多少给多少！

王利发：对！我给你们弄壶茶来！（提物到后面去）

松二爷：四爷，你，你怎么样**啊**-11[0-8][了-17][啦-8][呢-4]？

常四爷：卖青菜**哪**[0-10][啊-10][呗-6][呢-6][呐-2][呀-4][了-4][啦-3][嘞-2][的-1]！铁杆庄稼没有**啦**-11[0-11][咯-1][呐-1][啊-4][了-17][呀-1][咯-1][喽-1]，还不卖膀子力气**吗**-10[啊-10][0-22][了-2][呢-2][呀-1][嘛-1]？二爷，您怎么样**啊**-6[0-14][呐-1][呢-5][了-18][啦-3][呀-1]？

松二爷：怎么样？我想大哭一场！看见我这身衣裳没有？我还象个人**吗**-35[0-6][啊-2][啦-3][呢-1][嘛-1]？

常四爷：二哥，您能写能算，难道找不到点事儿作？

松二爷：可是，谁要咱们旗人**呢**-10[0-10][啊-20][呐-5][哪-1][呀-2]！想起来**呀**-4[啊-6][了-11][0-23][啦-3][吧-1]，大清国不一定好**啊**-19 [0-23][了-1][呢-2][呀-2][哇-1]，可是到了民国，我挨了饿！

王利发：（端着一壶茶回来。给常四爷钱）不知道您花了多少，我就给这么点**吧**-7[0-15][了-14][呢-1][啊-3][呀-1][啦-5][吗-1](儿-1)！

常四爷：（接钱，没看，揣在怀里）没关系！】

总之，做语法功能的语气词基本上没有其他的选择，强调感情（语气）的语气词的选择不一致。译文中也一样，功能越明显（例如，疑问语气），差异越少；在表达加强语势的话，经常表达不准确或缺少语气词所表达的意义。以提高两种语言之间（以及人民）的相互了解，上述的翻译语气词的问题要继续进行研究。

参考文献

[1]段玉裁：说文解字注[M].中华书局，1988.

[2]老舍《茶馆》，https://www.douban.com/note/177852176/.

[3]Лао Шэ "Избранные произведения", издательство《Художественная

литература》, М. – 1991.

[4]普希金抒情诗选（上下）[M].查良铮译,译林出版社,1991.

[5] Пушкин А. С., Сочинения в трех томах, Т 1., издательство 《Художественная литература》, М. – 1986. Pushkin A. S., Essays in three volumes, V 1., Moscow. – 1986.

[6]孙锡信:近代汉语语气词[M].语文出版社,1999.

[7]Starodumova E.A. Russian particles, Vladivostok, 2002.

论吴梦窗词超验象征的朦胧美

孙虹　赵国强
江南大学文学院

吴梦窗是宋词四大家之一，著名的四明籍（今浙江省宁波市）词人。自叶嘉莹先生提出“梦窗词的现代观”以来，不断有论者从西方现代派特别是象征主义文学的视角讨论梦窗词，如陶尔夫先生就把梦窗词类归于含摄象征的梦幻型文学①。另一方面，作为梦窗词艺术渊源的李贺、李商隐的诗歌，也被认为是我国古代诗歌中象征型文学的范例。黑格尔认为象征型文学“随意任性”从客观世界中寻找表达主观理念（包括情感）的契合物②；象征主义诗人艾略特主张以“客观对应物”即通过直接经验（如意象、隐喻、对比、引语、神话、典故等）象征、间接而非直露地表达情感——也就是通过想象，创造出能充分表现主观的客体，连接经验世界与超验世界，表现出心灵的最高真实③。但理念的抽象性与客观外物的具象性无法达成真正意义上的契合，加上表达形式的非直接呈现而是隐约暗示，理解方面的无数可能性与差异性由此产生，象征型文学不可避免地带上了主观隐秘性与客观朦胧性。

我国文学样式中，词体最具超验象征的朦胧美感。缪钺先生指出：“用五七言诗表达最精美深微之情思，至李商隐已造极，过此则为诗之所不能摄，不得不逸为别体，亦如水之脱故流而成新道，乃自然之势。”④唐五代词人温庭筠、冯延巳等人的小令，是数帧具相画面，融会而成朦胧凄迷的“气象”——宛若水中月、

---

① 参见陶尔夫《梦窗词与梦幻的窗口》，《文学遗产》1997 年第 1 期。

② 参见黑格尔著，朱光潜译《美学》（第二卷），北京：商务印书馆，1979 年，第 4—5 页。

③ 艾略特《哈姆雷特》：“用艺术形式表现情感的唯一方法是寻找一个‘客观对应物’，换句话说，是用一系列实物、场景，一联串事件来表现某种特定的情感，要做到最终形式，必然是感觉经验的外部事实一旦出现，便能立刻唤起那种情感。”王恩衷编译：《艾略特诗学文集》，北京：国际文化出版公司，1989 年，第 13 页。

④ 缪钺：《论词》，《诗词散论》，上海：上海古籍出版社，1982 年，第 54—55 页。

镜中花,只可意会而不可置之眉睫,表现出深潜飘忽的心灵意绪。北宋初年柳永开创慢词,直接的叙事抒情淡化了这种朦胧,但至南宋,由于主观情意的渗透,慢词也开始回溯朦胧的特质。至宋季吴梦窗,汲取晚唐诗歌特别是李贺、李商隐的诗中精华,深婉流美的主体感情摇曳于物象之中,同样显示出"雾里繁花的朦胧凄艳"①。缪钺先生比较诗词特质时,曾指出词体有文小、质轻、径狭、境隐的特质②;杨海明师《唐宋词史》又总结出词体以悲为美、以艳为美、以柔为美、以文采为美、以含蓄为美的艺术风貌,所以同为象征型文学,梦窗词与二李诗也是同中有异。下面从心境幻化、内省隐喻两个层面,探讨梦窗词超验象征的朦胧美。

一、瑰丽奇谲的心境幻化

宋人张炎首次指出梦窗词多用李贺诗,"善于炼字面,多于温庭筠、李长吉诗中来",不少研究者视吴梦窗为诗家李长吉。孙麟趾《词径》:"余谓词中之有梦窗,犹诗中之有李长吉。"③郑文焯亦谓梦窗锤幽凿险,别构一格,如"唐贤诗家之李贺"④。近代学者则开始关注两者之间在风格意境方面的联系。吴熊和先生说:"他作词的意想和风格,也显著地受到温、李特别是李贺乐府的影响。……这种奇谲、夸诞、冷隽的风格,在词中原甚少见,自吴文英始畅此风,成为梦窗词的特点之一。"⑤寇梦碧也"深感其气格神味有绝似长吉者"⑥。梦窗腾天潜渊的美学气质确实接近李贺"鲸呿鳌掷,牛鬼蛇神,不足为其虚荒幻诞"⑦

---

① 刘学锴、余恕诚:《李商隐诗选》,北京:人民文学出版社,1987年,第26页。

② 参见缪钺《论宋诗》,《诗词散论》,上海:上海古籍出版社,1982年,第56—60页。

③ 孙麟趾撰,陈凝远校:《词径》,唐圭璋:《词话丛编》第3册,北京:中华书局,1986年,第2553页。

④ 郑文焯:《梦窗词跋》,郑文焯著,孙克强、杨传庆辑校:《大鹤山人词话》,天津:南开大学出版社,2009年,第304页。

⑤ 吴熊和:《唐宋词通论》,杭州:浙江古籍出版社,1989年,第262页。

⑥ 寇梦碧:《吴梦窗与李长吉》,《词学》第四辑,上海:华东师范大学出版社,1986年,第78页。

⑦ 杜牧:《李贺集序》,吴在庆:《杜牧集系年校注》,北京:中华书局,2008年,第3册,第774页。

的境界，从某种意义上说，他们都是赋予神鬼世界“新秩序”的文学家①。

严羽《沧浪诗话》指李贺诗境为“瑰诡”②，王思任《李贺诗解序》对此别有会心：“贺既唾空一世，世亦以贺为蛇魅牛妖。……顾其冥心千古，涉目万书，嘿空绣阁，掷地绝尘，时而蛩吟，时而鹦鹉语，时而作霜鹤唳，时而花肉媚眉，时而冰车铁马，时而宝鼎熇云，时而碧磷划电，阿闪片时，不容方物。”③陶文鹏先生指出，李贺诗歌意境以“天上的神仙世界和地下的鬼魂冥界这两种意境是最动人、也最能体现李贺诗歌‘虚荒幻诞’的艺术特色”④。李贺用神鬼传说幻化笔下实境，造成“牛鬼蛇神”“虚荒幻诞”——以非现实乃至超现实的幻觉组成阴森冷峭的诡异诗境。因为诗词体裁特征不同，吴梦窗对于神鬼传说的处理是摒弃“风樯阵马”“瓦棺篆鼎”“荒国陊殿”“梗莽邱垄”⑤的阴森幽冷，构造瑰奇侈丽、雷奔云谲的施丽词境。唐宋词人采用事典时，多借天上神仙世界丰富词境，如广寒仙宫、天台仙溪、水仙湘妃、巫山云雨、牛郎织女、罗浮梅仙、秦楼凤台等等，不一而足，这些都是词境不可或缺的想象空间；但地下的鬼魂冥界在词境则极为罕见。梦窗喜用的神仙传说较为冷僻，如芙蓉仙城、鲛宫汜人、雷神阿香、淀湖女神等等，他也在词中采用极为罕见的锁骨菩萨、马郎荡妇、兰昌女鬼、半面女髑髅等幽森鬼境。对于同为主观干预的鬼神世界，梦窗词与长吉诗的区别在于：李贺诗无烟火气而是以阴界森然悚人心魄，梦窗词则以人世情感温暖着冰冷的鬼界。可以分仙界与冥界两层叙述。

首先，梦窗词以仙境与现实难分彼此的空灵淡化天老地荒的阴森。可与李贺咏斑竹《湘妃》比较：“筠竹千年老不死，长伴秦娥盖湘水。蛮娘吟弄满寒空，九山静绿泪花红。离鸾别凤烟梧中，巫云蜀雨遥相通。幽愁秋气上青枫，凉夜

---

① 艾略特《尤利西斯：秩序与神话》：“在使用神话，构造当代与古代之间的一种连继性并行结构的过程中，乔伊斯先生是在尝试一种新的方法，而其他人，必定也会随后进行这种尝试。……它只是一种控制的方式，一种构造秩序的方式，一处赋予庞大、无效、混乱的景象即当代历史以形状和意义的方式。”王恩衷编译：《艾略特诗学文集》，北京：国际文化出版公司，1989 年，第 285 页。

② 严羽：《沧浪诗话·诗评》：“长吉之瑰诡，天地间自欠此体不得。”北京：中华书局，1985 年，第 38 页。

③ 王思任著，任远点校：《王季重十种》，杭州：浙江古籍出版社，2010 年，第 9—10 页。

④ 陶文鹏：《论李贺诗歌的色彩表现艺术》，《唐宋诗美学与艺术论》，天津：南开大学出版社，2003 年，第 138—139 页。

⑤ 杜牧：《李贺集序》，吴在庆：《杜牧集系年校注》第 3 册，北京：中华书局，2008 年，第 774 页。

波间吟古龙。”从斑竹切入,吟咏湘妃千年不散的哀伤,又从斑竹幻化出丝竹乐器传达出地老天荒的愁怨。神话与现实相并而行,竹梧与丝管转换莫测,巫山云雨与洞庭青枫隐显闪烁,幻觉臆想中可见离鸾别凤栖于竹梧之上,蛮娘笛声与波间龙吟共鸣。因此,李贺诗“能够产生极强烈的视觉效果,引起一种令人恍惚迷离心旌摇动的整体性情感效应”①。

梦窗词整合神仙传说纳于“我”之梦境,衍生出心造幻境,词人的主观情感宛若云雾闪烁隐显,使神仙世界与所咏之物、所咏之事神光离合、交织相叠:现实世界带上了梦境般的恍兮惚兮,神仙世界也经由梦境显示出与现实难分彼此的空灵。举证同样采用湘妃事典的词作为例。《夜游宫·竹窗听雨,坐久,隐几就睡,既觉,见水仙娟娟于灯影中》:

窗外捎溪雨响。映窗里、嚼花灯冷。浑似潇湘系孤艇。见幽仙,步凌波,月边影。　　香苦欺寒劲。牵梦绕、沧涛千顷。梦觉新愁旧风景。绀云欹,玉搔斜,酒初醒。

词以眼前雨窗灯下的水仙花比拟潇湘涛声里幽怨的水中仙女。宋代文学中水仙物性与人文特征已经形成某种固定的书写模式。宋人又多以溺水成仙的女子如湘妃、宓妃、江妃等喻水仙花,如高似孙《水仙花前赋·序》:“水仙花,非花也,幽楚窈眇,脱去埃滓,全如近湘君、湘夫人。”②黄庭坚水仙诗则融入了月下宓妃凌波微步、罗袜生尘的景象。如《王充道送水仙花五十枝欣然会心为之作咏》:“凌波仙子生尘袜,水上轻盈步微月。”基于此,梦窗耳中雨响、眼中花株在梦境与臆想中形成心造的幻象:夜来雨声,窗里灯晕结花,朦胧如月色,盘水中供养的水仙花宛如步月凌波而来的轻盈仙子。词人凭几入睡,劲寒所勒的浓香浸入梦境;窗外雨声又在梦境中幻化为湘江千顷沧涛。梦中惊觉,虽然面对的还是入梦前的水仙花,但却出现了绀叶花朵披纷欹斜,绝似不胜酒力的娟娟湘灵的幻相。由此可知,词作以湘妃的原型及相关水中仙女典故作为触发感兴的媒介,融合眼前景、心中事,重新编织成亦仙、亦人、亦花——真幻莫辨的梦中心

① 陶文鹏:《论李贺诗歌的色彩表现艺术》,《唐宋诗美学与艺术论》,天津:南开大学出版社,2003年,第133页。

② 高似孙:《骚略》,北京:中华书局,1985年,第15页。古人有称二妃中长为湘君,次为湘夫人。

境，从而连接起经验世界与超验世界，暗示出日常经验深处的心灵真实。湘妃的愁怨在心造的幻境中化为淡淡的哀伤萦绕不去。梦窗还将身世之感并入神仙传说中。如《惜秋华·木芙蓉》采用芙蓉仙城传说：书生王子高与仙女周瑶英同游仙境芙蓉城，并与芳卿也有情缘，这是一个梦中有梦的绮艳传奇。梦窗一生寓居地中唯有杭州西湖、绍兴镜湖堤岸载种木芙蓉，而梦窗词中又多以芙蓉仙城代指杭京西湖，《惜秋华》有“路远仙城”“长记断桥”“昨梦”“依约”等语回忆西湖游赏，故知写于绍兴。又因木芙蓉秋日始开，梦窗秋季居绍兴仅在淳祐五年（1245），此年梦窗已经四十四岁①。西湖幻景中游赏时的千红繁盛、马蹄踏香，承载着杭京幕中少年轻狂的美好追忆；如今异地看花，自有一种昨梦前尘的花是人非之感伤。

其次，梦窗词中的鬼魅形象超拔出墓冢的死亡气息。众所周知，象征主义能从令人厌恶和恐怖的腐朽尸体、残骨骷髅等丑恶事物中发掘令人颤栗的美感。李贺笔下的冥间鬼魅，画面幽森却偶有拂面的丝雨温柔。显例如《苏小小墓》，苏小小是南齐时的钱塘名娼，乐府《杂歌谣辞·苏小小歌》为传说原型，唐宋诗吟咏苏小小墓冢，皆描写坟冢景象与幻象，而李贺诗“创造出一个荒诞迷离的幽灵世界，一种充满阴森冷艳之美的意境。……把虚荒诞幻的墓地景象和有影无形、飘忽隐现的鬼魅形象描绘得奇诡而妥帖，使此诗妙得《楚辞·九歌·山鬼》的神韵”②。梦窗笔下多为自铸鬼魅形象，冷艳娩丽而被爱悦之情所温暖，如《思佳客·赋半面女髑髅》：

> 钗燕拢云睡起时。隔墙折得杏花枝。青春半面妆如画，细雨三更花又飞。　　轻爱别，旧相知。断肠青冢几斜晖。乱红一任风吹起，结习空时不点衣。

这是宋代偏于哲思的诗词题材，苏轼有《女髑髅赞》，径山大慧宗杲禅师有《半面女髑髅赞》，都是就禅宗即色即空的话锋，进行红粉诱惑与死亡不可抗拒的微义探讨。梦窗即空谈色，即色转空，以鬼语“玉楼清夜未眠时，留得香云半边在”为谈锋，创造出一个示人半面仍然青春逼人的美艳少女，至“细雨”句以花飞略点埋玉，却出之以芳草斜阳。“轻爱”三句归于空寂。结处二句出自《维摩经》天

---

① 参见拙文《吴梦窗年谱》，《词学》二十六辑，2011 年 12 月。

② 陶文鹏：《论李贺诗歌的色彩表现艺术》，《唐宋诗美学与艺术论》，天津：南开大学出版社，2003 年，第 140 页。

女散花典,所谓“结习未尽,故花着身;结习尽者,花不着身”①表达“色相俱空,故有不点衣之彻悟”②。另如《绛都春·燕亡久矣,京口适见似人,怅怨有感》有感于京口驿妓与已经亡故的歌妓旧燕容貌相似而兴发怀思:“雾鬟依约,除非照影,镜空不见……丹青谁画真真面。便只作、梅花频看。更愁花变梨雯,又随梦散。”表达的意思是,自旧燕殒谢,只有梦中才能依约得见她美丽的倩影,醒来时却如山鸡映水,孤鸾照镜,难以成双。眼下得见容貌相似之人,希望画下她美艳如梅的容颜,时时珍藏执玩,但惟恐画上娇面也会像梅花遭遇风雨而飘落凋零,再度晤面的希冀又会如梦消散——深寓世间好物不坚牢,美丽转瞬即逝的忧伤。

综上可知,梦窗笔下的神鬼世界,既不同于神鬼世界的原型本相,也不仅仅是心生的主观幻象,而是所咏之物自然与人文意象在幻觉中的深层凝聚与重构,是创作瞬间组合而成的情感与思想的载体,因此具有隐辞幽思的朦胧特质。

二、咽抑凝回的内省隐喻

研究者对梦窗词最直观的印象,就是与晚唐李商隐的惊人相似。《四库全书总目〈梦窗词〉提要》曰:“词家之有文英,亦如诗家之有李商隐也。”③严复认为梦窗表现词旨的方法与李商隐相似:“咽抑凝回,辞不尽意,而使人自遇于深至。”④虽然李商隐也写神鬼幻境,但他更是“能在日常生活上加上梦的朦胧美(梦的色彩)”⑤的诗人。现实生活梦幻化表达,实际上也是对自身经验世界内省之后所表达的超验感受。维姆萨特《实体的标准》指出:“无论强于或弱于实体形态,都是非常特殊的内在和内省的描写方式——一方面表现错综复杂的感受,如同普鲁斯丁(Proustean)对细节的经验意识;另一方面表现模糊的抽象性,如同诗中弥漫的朦胧。”⑥这种对经验世界的超验表述就是隐喻。李商隐诗、吴梦窗词都是以“内在和内省”方式冲击语言及时空的规定序列,颠覆从自我生活

---

① 彭大翼:《山堂肆考》,《景印文渊阁四库全书》第977册,台北:台湾商务印书馆,1986年,第31页。

② 杨铁夫笺释,陈邦炎等校点:《吴梦窗词笺释》,广州:广东人民出版社,1992年,第306页。

③ 《四库全书总目》,北京:中华书局,1965年,第1819页。

④ 严复:《与朱彊村书》,《词学季刊》创刊号1933年。

⑤ 顾随著,顾之京整理:《顾随:诗文丛论》,天津:天津人民出版社,1995年,第47页。

⑥ 转引自高友工、梅祖麟著,李世耀译,武菲校:《唐诗的魅力》,上海:上海古籍出版社,1989年,第60页。

中提炼极富主观色彩的“客观外物”的逻辑联系,并增强了转换、跳跃的偶然性——这种对客观外在的私人隐喻,使诗词意境整体显示出抽象与隐秘的色彩。吴梦窗词与李商隐诗具有传承为主的共趋性。

首先是在不同作品中反复重现记忆深刻的相同场景,以梦呓絮语强化内省思绪。这与象征主义文学热衷再现回忆中的场景,重构往事的幻象与幻境较为类似。波德莱尔就是这样处理经验世界:“深入到自己的内心中去,询问自己的灵魂,再现那些激起热情的回忆。”①奈瓦尔则认为现实与经验以外重合大多来自回忆:“一种神秘的通感在梦幻的超现实的世界之间建立起来,我不知道怎么解释,在我的思想里,人间的变故可以和超自然的变故相重合,这一点在明晰的回忆中最容易感觉到。”②回忆的本质是过往真实经历的陌生化,是自我再创造的幻美想象。李商隐诗歌正有类似特点:“迷蒙细雨和飘忽灵风、婀娜柳枝和纠结丁香、啼泪流莺和凄断秋蝉,还有烧残灯烛和五更钟声,都成了他的诗中一再出现的幻象。……这些雨中、月中、夕照中的幻境,在他的笔下连翩跃出。它们带着阴柔的美、朦胧的美、被阻隔被摧残被损伤的衰飒凄凉感伤哀怨的美,形成李商隐诗歌最富个性特征的现实性的幻象与幻境。”③

梦窗汲取回忆中自然与人文的现实幻象也是“一再出现”“连翩跃出”,他笔下的现实生活多是隔着时空的回望,追忆在内省的酝酿或选择性屏蔽中,增强“词情悲感”“词境美感”④的同时,这些缠缚着昨梦前尘的意象,被抽象成思念的隐喻符号。比如他年青时十年杭京的游冶生活,在内省的情意中凝聚成青楼绮梦,小蛮与樊素则隐喻着当年色艺精绝的侑觞歌妓。这些内省意象穿插于醒觉之间的回忆绮梦之中,笔下境界显得虚空朦胧:

> 《夜合花·自鹤江入京泊葑门外有感》:十年一梦凄凉。似西湖燕去,吴馆巢荒。
>
> 《西平乐慢·过西湖先贤堂》:追念吟风赏月,十载事,梦惹绿杨丝。
>
> 《莺啼序》:十载西湖,傍柳系马,趁娇尘软雾。

---

① 波德莱尔著,郭宏安译:《1846年的沙龙——波德莱尔美学论文选》,桂林:广西师范大学出版社,2002年,第65页。

② 奈瓦尔:《奥蕾丽亚》,转引自陈雅谦《超现实的梦幻》,海口:海南出版社,1993年,第11页。

③ 陶文鹏:《论李商隐的幻象与幻境》,《唐宋诗美学与艺术论》,天津:南开大学出版社,2003年,第165页。

④ 参见杨海明《唐宋词史》,天津:天津古籍出版社,1998年,第247页。

《霜叶飞·重九》:记醉踏南屏,彩扇咽寒蝉,倦梦不知蛮素。

再如与扬州歌妓交往的重午词,与节序相关联的腕系彩丝、发簪榴艾、梅雨、菰蒲、新月等等,都是此系列词中频繁出现的意象,这些看似寻常景物、人物,其实是从过去曾经发生、并长久留存于心的影像中提炼聚合而成的虚拟存在,词人借此表达出缠绵悱恻、当时惘然的不可自拔。梦窗词中反复出现的"纤手""玉纤""纤指"等隐喻的也是如此,唐圭璋指出:"因西园秋千而思及当时纤手曾执彩索游戏,因今日之黄蜂,频扑秋千彩索,遂思及索上尚有当日之纤手余香,诚情深而语痴也。……或因黄柑而思及当日擘柑者柔香之手,或因新竹而思及当日掐诗者之纤指,或因燕归而思及当日系绳于燕足者之纤手,皆同一细微,而同有无限深情,无限怅惘也。"①

其次是物象我化、与心徘徊。李诗吴词"意"(理念、情感)的扩张与"象"(物象、客观对应物)的弱化是显而易见的特点,品读其诗词,上岸舍筏,得意忘象。而情感(理念)大于形象正是象征主义的创作原则,波德莱尔说过:"既然感官的资料,可具'无限事物之扩张',所以一个欲望、一阵悔恨、一片思想——这些心灵的事物——能在意象世界里,唤醒一个对称的象征(相反的过程也可能)。"②李商隐诗歌(特别是情诗)是通过意象思考并感觉内心经验,正如庞德短诗《在一个地铁车站》"有一半成了自己才能了解的暗示"③。李商隐的内省隐喻是现代派理论中"象征"与"意象"的叠加,因而思想情感隐秘、模糊、抽象,卓然而成世人脍炙的警句。如:

《无题》:春蚕到死丝方尽,蜡炬成灰泪始干。

《碧城三首》(之一):若是晓珠明又定,一生长对水晶盘。

《无题四首》(之二):春心莫共花争发,一寸相思一寸灰。

《无题二首》(之一):身无彩凤双飞翼,心有灵犀一点通。

这些警句的内涵因为私秘而未可达诂,却反而能超越爱情上升到哲理层面。陶文鹏先生分析引例说:"李商隐有长期、隐秘的爱情生活体验。……象征的幻象

---

① 唐圭璋:《词学论丛》,上海:上海古籍出版社,1986年,第983—984页。

② 卫姆塞特等著,颜元叔译:《西洋文学批评史》,北京:中国人民大学出版社,1987年,第544页。

③ 马库斯·坎利夫著,方杰译:《美国的文学》,北京:中国对外翻译出版公司,1985年,第248页。

画出恋人莹洁的风韵，表达了纯真的爱情，更揭示出人们爱美、追求美的普遍人情与人性。在幻美中含哲思，令人心醉神往。”①

“词之为体，‘要眇宜修’，能言诗之所不能言，而不能尽言诗之所能言。诗之境阔，词之言长。”②宋词是最为“灵心善感”的文体，正是由于体性原因，词中写情应该“清泚”而非“秾挚”，即所谓“融会感怆”③。南宋晚期词体创作特别是吴梦窗的情感抒写多是曲笔隐喻，浮光掠影；哀而不伤，丽而有则。所写情意虽然哀婉凄厉，一往而深，但因深藏于景物之中而百转千回、咽抑不露。如：

> 《风入松》：楼前绿暗分携路，一丝柳、一寸柔情。
>
> 《解连环》：记湘娥、绛绡暗解，褪花坠萼。
>
> 《高阳台·丰乐楼》：飞红若到西湖底，搅翠澜、总是愁鱼。

《风入松》与李商隐诗相较，最可见相似的风神。《风入松》热烈深挚的情感丝毫不亚于《无题》诗的“春蚕”“蜡炬”名联，以柳丝喻情丝兼写与歌女的情意，在宋代已有先例，如晏殊《玉楼春》：“无情不似多情苦。一寸还成千万缕。”史达祖《夜合花》：“风丝一寸柔肠。曾在歌边惹恨，烛底萦香。”但此词以分携路边的映楼之暗绿柳丝为喻，情景更为交融，“极悱恻缠绵之致，极伤离惜别之心”④，天下伤别之人皆可在这柳丝化作的情绪表述中获得心灵的共振。另如前引《绛都春》词句与李商隐《碧城》中“若是”一联最为近似，用情却愈转愈深。梦窗处于浮华末世，生活偃蹇困顿，敏感的内心与自然景物纠结成情意结：细雨落花、轻云笼月、草长莺飞、柳暗新晴、飞絮蒙蒙、红莲解衣、碧荷香消、金桂飘砌、水仙凌波、暗香浮动……所有良辰美景都是那样凄美飘忽、冷艳哀恻，隐喻出“东风临夜冷于秋”独特况味。

梦窗词从未清晰有序地描述过去、现在和未来，而是在“映梦窗，凌乱碧”式的写景、抒情、叙事中明灭闪现已然模糊的回忆，读者只能借此游走于梦窗内心的时空隧道，与词人迷离飘忽的感伤情绪达成瞬间目成心会的美丽邂逅，他的词作有一种近乎超验象征的朦胧美，整合了二李诗的某些特质，更带上个人及词体的鲜明特征，是我国词史独特存在的艺术奇葩。

---

① 陶文鹏：《论李商隐的幻象与幻境》，《唐宋诗美学与艺术论》，天津：南开大学出版社，2003 年，第 156—157 页。

② 王国维撰，徐调孚校注：《校注〈人间词话〉》，北京：中华书局，2003 年，第 37 页。

③ 参见张炎《词源》，唐圭璋：《词话丛编》第 1 册，北京：中华书局，1986 年，第 264 页。

④ 陈匪石编著，钟振振校点：《宋词举》，杭州：江苏古籍出版社，2002 年，第 33 页。

论《碧城仙馆女弟子诗》之艺术特色

何韵诗
香港大学饶宗颐学术馆

陈文述(1771—1843)继袁枚(1716—1797)后,在推动清代妇女文学上贡献不少,他创立了"碧城仙馆",并广收女弟子。梁乙真《清代妇女文学史》载:"清一代,提倡妇女文学最力者,有二人焉,袁随园倡于前,陈碧城继于后。……其红粉桃李,虽不及随园门墙之盛,而执经问字之姝,要皆一时之彦也。"[①]"碧城仙馆女弟子"是一个大型女性吟咏群,当中包括一些颇具名气的女作家,如吴藻和钱守璞等,她们的作品收载于《碧城仙馆女弟子诗》中,本文会透过审视此书,尝试探究这个女性吟咏群的书写风格和诗歌艺术特色。

《碧城仙馆女弟子诗》版本

本文所用的《碧城仙馆女弟子诗》版本,是西泠印社于1915年所印的吴隐石潜聚珍印本。在《碧城仙馆女弟子诗》中,陈文述辑录了十位碧城女弟子的作品,依次列举如下:王兰修(生卒年不详)[②]、辛瑟婵(生卒年不详)[③]、张云裳(生卒年不详)[④]、汪逸珠(生卒年不详)[⑤]、吴飞卿(生卒年不详)[⑥]、吴苹香(1799—

① 梁乙真:《清代妇女文学史》,北京:中华书局,1932年,第165页。

② 王仲兰,清人,字兰修,嘉定人。著有《昙红阁诗》。

③ 辛丝,清人,字瑟婵,太原人(今山西太原)。著有《瘦云馆诗》。

④ 张襄,清嘉庆道光人,字云裳,又名蔚卿,云章,蒙城人(今安徽蒙城)。苏州参将张殿华之女,吏部主事汤云林之妻,善骑射。著有《支机石室诗》《锦槎轩集十卷》和《织云仙馆诗词遗稿》。

⑤ 汪琴云,清人,字逸珠,钱塘人。汪玉璋之妹,汪端的族姑。著有《沉兰阁诗》。

⑥ 吴规臣,清人,女,字飞卿,又名香轮、蜚卿,金坛人(今江苏金坛)。长洲知县顾鹤妻子,精诗词,工书画,通医理,悟剑术。著有《晓仙楼诗》和《随月楼诗词》。

1862)[①]、陈妙云(生卒年不详)[②]、钱寿芝(1801—1869)[③]、于蕊生(生卒年不详)[④]和史琴仙(生卒年不详)[⑤]。

《碧城仙馆女弟子诗》与明清文学美学观的呼应

陈文述初名文杰,字谱香,又字隽甫、云伯、英白,后改名文述,别号元龙、遹龛、退庵,又号碧城外史、颐道居士。[⑥] 在乾嘉之际的诗坛上,陈文述是袁枚的忠实追随者。[⑦] 刘靖渊透过袁枚和陈文述的生活地域相同、家庭文化相似和与同样广收女弟子等契合之处,解释陈文述何以在舆论中被视为袁枚薪火相传的继承者,并体现了"性灵说"的地域文化性[⑧],由此,我们可知陈文述与袁枚的文学美学观基本上是一致的。从《碧城仙馆女弟子诗》中,我们的确能看到陈文述麾下女弟子的诗歌与袁枚的文学观"性灵说"遥相呼应,而且陈文述和女弟子们之间的唱和互动,亦进一步延续和深化了"性灵说"。

袁枚提倡的"性灵说"着重于性情、个性和诗才,他的文学观同着重考证与说教的"格调说""肌理说"对立。"性灵说"推崇作者在诗歌中真实、直率地表达情感,呈现个性和才情。于"性灵说"的论述中,袁枚特别在意"才",即天赋对诗人的影响。"性灵说"重视"情"与"才"等观点,我们都能在《碧城仙馆女弟子诗》中看到其痕迹。

"性灵说"与《碧城仙馆女弟子诗》"谪仙"的书写特色

在《碧城仙馆女弟子诗》中,每位女弟子的诗歌前,都辑录了一段陈文述的

---

① 吴藻,字苹香,号玉岑子,又名花帘词人,仁和人(今浙江杭州)。俞陛云在《清代闺秀诗话》中将其与徐灿、顾春列为清代女性词人三大家。著有《花帘词》《香南雪北词》和《花帘书屋诗》。

② 陈滋曾,清人,字妙云,钱塘人(今浙江杭州)。著有《崇兰馆诗》。

③ 钱守璞,字寿芝,又名藕香、莲因、莲缘,虞山人(今江苏常熟)。著有《绣佛楼诗稿》二卷和《梦云轩诗》。

④ 于月卿,清人,字蕊生,金坛人(今江苏金坛)。著有《织素轩诗》。

⑤ 史静,字琴仙,溧阳人(今江苏)。著有《停琴伫月楼诗》。

⑥ 钟慧玲:《陈文述年谱初编》,《东海中文学报》2004 年 7 月第 16 期,第 172 页。

⑦ 刘靖渊:《陈文述论》,《山东师范大学学报(人文社会科学)》,2003 年第 3 期,第 62—68 页。

⑧ 刘靖渊:《陈文述论》,《山东师范大学学报(人文社会科学)》,2003 年第 3 期,第 62 页。

题词,当中表达了老师对学生的看法。陈文述的题词对其女弟子称赞有加,这些赞誉之词有赞美女弟子的外貌与姿态,例如他形容辛丝的容貌“仙骨瘦玉,芳颜胜花”;形容善骑的张襄身形“初花纤秾”,在马上的姿态“跨小骊驹,翩翩如画”。除此以外,题词中多表彰女弟子们多方面的才华,如他称吴规臣“妙悟剑术,慧通医理”;谓吴藻“亦精音律”;谓于月卿“合璧句丽,编珠字香”;谓史静“落笔花开,停琴月上”。这些题词中呈现出的碧城女弟子皆才貌兼备。

除了上述的赞誉之词外,陈文述题词的另一个鲜明特点就是他把多位女弟子当作是仙女或才女托世,有“谪仙”与前世今生的意味。他形容王仲兰“月府侍书,如叶小鸾①”;辛丝“是藐姑射②,是萼绿华③”;汪琴云“明月吹箫,配曹比玉④”;吴藻“前生名士,今生美人”;陈滋曾“茂漪⑤善隶,道韫⑥攻书”;史静“金庭洞天,隐居弟子”。

题词切合女弟子本身的才学和特点,例如他以晋代著名女书法家卫铄比陈滋曾,指出陈滋曾善于书法,而她确实为西湖三女士书写墓碣,陈滋曾在《坐松颠阁作擘窠诗赠游女》中指出自己“双鬟游女簪花笑,看我淋漓泼墨书”⑦。又如陈文述以元代女书画家曹妙清比女弟子汪琴云,他认为汪琴云与曹妙清一样“行书点画,皆有法度”⑧。而女弟子吴藻是一位对性别进行多番思考的闺秀作

① 叶小鸾(1616—1632),字琼章,一字瑶期,吴江(今属江苏苏州)人。文学家叶绍袁、沈宜修幼女。貌姣好,工诗,善围棋及琴,又能画,绘山水及落花飞碟,皆有韵致,将嫁而卒。著有《返生香》。

② 藐姑射是神话中的山名。《庄子·逍遥游》提到:“藐姑射中山有神人居焉,肌肤若冰雪,绰约若处子。”

③ 萼绿华是传说中的道教女仙。南朝梁陶弘的《真诰·运象篇第一》提到:“萼绿华者,自云是南山人,不知是何山也。一月十日夜降羊权。”

④ 曹妙清(生卒年不详),元人,字比玉,号雪斋,杭州女子。曹妙清事母孝谨,三十不嫁。善鼓琴,工诗章。行书点画,皆有法度。著有《曹氏弦歌集》。

⑤ 卫铄(272—349),别称卫夫人,名铄,字茂漪,河东安邑(今山西夏县北)人,是晋代著名书法家。

⑥ 谢道韫(生卒年不详),字令姜,东晋时人,是宰相谢安的侄女,安西将军谢奕的女儿,也是著名书法家王羲之的儿子王凝之的妻子。

⑦ 陈滋曾:《坐松颠阁作擘窠诗赠游女》,载陈文述编《碧城仙馆女弟子诗·崇兰馆诗》,第 2 页上下。在诗中,陈滋曾自言“为颐道夫子书菊香、云友、小青墓碣”。

⑧ 杨维祯(1296—1370)在《西湖竹枝集》中形容曹妙清为“士女曹妙清,字比玉,自号雪斋,钱塘人。善鼓琴,工诗章,三十不嫁,而风操可尚。观其所赋竹枝词,可识其人焉。行书点画,皆有法度。”

家，她的杂剧《乔影》充分表现出她对自己身为女子的愤慨不安，在《乔影》中将谢絮才“描成小影一幅，改作男儿衣履，名为《饮酒读骚图》。敢云绝代之佳人，窃诩风流之名士，今日易换闺装，偶到书斋玩阅一番，借消愤懑”①，陈文述为吴藻所题词曰“痛饮读骚……前生名士，今生美人”，正指出她前世为才子。从这一点来看，陈文述的题词用了很多典故，除了用古代著名女子来比喻自己的弟子外，更隐晦地透露出一点前世今生的意味。

至于陈文述在题词中仙化女弟子的现象更是昭然可见，他用以形容辛丝的“藐姑射”和“萼绿华”分别是道教的神山和仙女；他说王兰修“月府侍书，如叶小鸾”，即认为她是仙女，并像叶小鸾一样在月府中管理藏书；而在史静题词中，陈文述提到的“金庭洞天”亦是道教神话中的仙山。在《碧城仙馆女弟子诗》的题词中，我们看到老师视众弟子为仙女的浪漫幻想。

另一方面，女弟子对老师的评价，亦是充满了仙化老师的倾向。在《碧城仙馆女弟子诗》中，我们除了看到弟子们对老师陈文述有种“狂热的崇拜”②外，她们的字句中常有神化老师的踪迹，如辛丝把陈文述比为仙家，说自己得到报梦，得知唐代仙人李腾空③要特地来谢老师，辛丝诗中言“先生说诗匡解颐，风流儒雅真吾师。仙家好名乃过我，梦中亦感琼瑶词。我得公诗凡几首，名已附公同不朽”④。又如王兰修评价自己的老师为“坛坫虽众，故当首屈一座。苦心酝酿见清华，亦是仙才亦大家”⑤。再如吴规臣则曰“珍重西泠好诗格，谪仙空复擅诗才”⑥。在女弟子的论述中，我们多次看到她们强调老师有仙才，活像神仙转世。

而当师生在形容自己问字请业时，亦描绘出一副仙境般的画面，老师陈文述在众女仙的簇拥下，谈经讲学，呈现了一门风雅的情境。例如于月卿写“碧城

---

① 吴藻：《乔影》，收入郑振铎编《清人杂剧·初二集》，香港：龙门书店，1969 年。

② 陈志平：《碧城仙馆女弟子略论》，《广西社会科学》2012 年第 3 期，第 153—156 页。

③ 李腾空，道教人物。唐朝宰相李林甫之女。虽出身富贵，但寡欲而慕仙道。于德宗年间入庐山隐迹修真，居北凌云峰下。多年苦修而道成。

④ 辛丝：《乙酉二月望后夜梦……自称唐时庐山道士李腾空，仙人为余师颐道先生，以诗中表章之，故来谢也。方欲致询，为竹风所惊而寤，因赋此诗寄此呈先生》，载陈文述编《碧城仙馆女弟子诗·瘦云馆诗》，第 56 页。

⑤ 王兰修：《颐道夫子》，载陈文述编《碧城仙馆女弟子诗·昙红阁诗》，第 6—7 页。

⑥ 吴规臣：《呈颐道夫子并题碧城仙馆诗集》，载陈文述编《碧城仙馆女弟子诗·晓仙楼诗》，第 4 页上。

十二丽云霞……天上书仙列绛纱,我亦子昂诗弟子……"①,她把女弟子们写为"书仙",并强调自己也是女弟子之一。此外,陈文述请汪琴云所绘的《碧城仙馆图》中,也是表现出这种氛围。陈文述于《乞逸珠画碧城仙馆图》诗三首中的其二言"十眉环侍拥华鬘,问字花前袛玉颜。为有碧城诗弟子,乞君添写几云鬟"②。而汪琴云绘成《碧城仙馆图》后,答《为颐道先生写碧城仙馆图,即用原韵题之》曰"雾阁云窗四面开,游仙毕竟是仙才……绛帐金钗诗弟子,此中画壁有双鬟……骖来白凤与青鸾,花满层城月满坛……"③,当中"游仙""仙才""白凤"和"青鸾"等形容都把女弟子们问学的情境塑造得充满道教色彩。

可见,《碧城仙馆女弟子诗》整本呈现出群仙高会的氛围,"谪仙"和"前世今生"的意味浓厚。这种风格的呈现,除了跟陈文述本人笃信道教外,亦跟袁枚提倡的"性灵说"可能有关。在近代美学中,浪漫主义与现实主义的主要分歧在于,前者重"才",而后者重"识",而"性灵说"其中一个重点就是推崇天才④。袁枚说"作诗如作史也,才、学、识三者宜兼,而才为优先……诗人无才不能役典籍,运心灵,才之不可已也如是夫"⑤,在排击"格调说""肌理说"和"神韵说"时,他引用了杨诚斋的话:"从来天分低拙之人,好谈格调,而不解风趣。何也?格调是空架子,有腔口易描;风趣专写性灵,非天才不办。"又在《随园诗话》中引用陶篁村的话曰:"然亦视其人之天分耳。与诗近者,虽中年后,可以名家;与诗远者,虽童而习之,无益也。磨铁可以成针,磨砖不可以成针。"可见"性灵说"一派对天才推崇备至。问题是,如何能证明自己有"天才"?"谪仙"和"天才转世"或许是最有力,最不可推翻的论调。

在《碧城仙馆女弟子诗》中,老师和女弟子们花了很多笔墨去互相"仙化"。陈文述在题词中描述女弟子的才华时,根据各人的特点,在书写时渗入跟其形象对应的"前世形象",他以女书法家卫铄比喻善于书法的女弟子陈滋曾;以女画家曹妙清比喻善于画画的女弟子汪琴云;以才子名士比喻不满自己女儿身的吴藻。女弟子的"才"似乎是受到了"才女/才子转世"的影响而成,这满足了

---

① 于月卿:《奉题颐道夫子重修西湖三女士墓诗》,载陈文述编《碧城仙馆女弟子·织素轩诗》,第8页上。

② 陈文述:《颐道堂诗外集》(清道光年间刊本)卷十三,第31页。

③ 汪琴云:《为颐道先生写碧城仙馆图,即用原韵题之》,载陈文述编《碧城仙馆女弟子诗·沅兰阁诗》,第2页。

④ 周来祥主编:《中国美学主潮》,济南:山东大学出版社,1992年,第648—650页。

⑤ 蒋心余:《蒋心余藏园诗序》,《小仓山房文集》卷二十八,第25页。

"性灵说"中对于天赋的要求。在明清男性文人对于女性身份的想象中,大量描述是把有非凡才华的闺秀视为"谪仙",男性热衷于记录她们奇异的降生,生活状态和死亡,把这种非凡、扭曲的存在视为其才华的来源。[①]《碧城仙馆女弟子诗》中"谪仙"的形象也一样,当女弟子群起在诗歌中仙化老师,强调老师的仙才,就是向外肯定老师能满足"性灵说"中对"天才"的要求。《碧城仙馆女弟子诗》整本书都充满关于仙气和仙才的描写,这种老师与女弟子的文学互动很有趣,可能是对于清代文学美学观"性灵说"的回应和反响。

《碧城仙馆女弟子诗》和美学观"清"的关系

沈善宝评《碧城仙馆女弟子诗》为"碧城女弟子合刻,清新华丽,不下随园"。"清"是一个中国的美学观念。《说文解字注》解释"清"字时,曰:"清,朗也,澄水之貌。朗也,明也。澄而后明,故云澄水之貌。引申之,凡洁曰清,凡人洁之亦曰清,同静。""清"所蕴含的审美意义,不但可用在文学批评上,而且能套用于人格上。一般来说,"清"在中国古代大多与男性的正面道德价值有关联,高洁之士为"清士",优秀之人为"清才";而在文学批评中,"清"意味着真率,质朴,典雅,淡泊等文风。[②] 最初"清"常用来形容男性文人高洁的品格和脱俗的文风,但到明清时期,情况渐渐改变,因为明清以降的文人把"清"的美学推广到才女的身上,并把"清"等同于女性诗歌的品质。[③] 孙康宜认为,把"清"视为女性文学属性的论调是明清男性文人的一大发明,而且他们这种说法是用作提拔女性文学的主要策略。[④]

对于这种对于女性诗歌"清"的审美,受部分明清男性文人所推崇,而当时的女性文人都高度认可,如沈善宝就常用"清"来点评女诗人的作品,并颂扬她们高尚的品行;而汪端亦说"诗不可不清,而尤不可不真,清者,诗之神也……真者,诗之骨也",强调了女性诗歌中"清"和"真"的重要。

其实,"性灵说"和女性文学"清"的特质有密切关系。"性灵说"提倡诗人写诗时,发自内心真情,表现真实个性,如能表现出灵秀之气,更为上品。明末

① 李小满:《清代闺秀词研究》,陕西师范大学博士论文,2015年,第40页。

② 孙康宜:《明清文人的经典论和女性观》,《江西社会科学》2004年第2期,第208—209页。

③ 王郦玉:《明清女性的文学批评》,华东师范大学博士论文,2015年。

④ 孙康宜:《明清文人的经典论和女性观》,《江西社会科学》2004年第2期,第208—209页。

著名学者葛徽奇说“非以天地灵秀之气,不钟于男子;若将宇宙文字之场,应属乎妇人”;赵世杰(编撰《古今女史》)说“海内灵秀,或不钟男子而钟女人,其称灵秀者何盖美其诗文及其人也”;邹漪(《红蕉集》编者)说“坤清淑之气不钟男子,而钟妇人”。可见,时人认为女性的书写有一种“灵秀之气”,是男性文人不能比的。

在清代社会中,女性不得出外当官,一般女子的生活都比较纯朴,人事关系亦比男性士大夫单纯,文学中的“清”可能是源于她们生活中的自然与纯真。正如明末诗人钟惺在《名媛诗归》序中说“若乎古今名媛,则发乎情,根乎性,未尝拟作,亦不知派……惟清故也。清则存慧……男子之巧,洵不及妇人矣”,钟惺认为男性作品中的“巧”和心机,抹杀了诗歌源头的自然感情,亦呈现出他们在世俗社会逐渐失去了高尚的质量。袁枚说:“诗境最宽,有学士大夫读破万卷,穷老尽气,而不能得其阃奥者。有妇人女子、村氓浅学,偶有一二句,虽李、杜复生,必为低首者。”[①]所以,“性灵说”中对真情和个性的要求,自然而然突出了女性书写时的“清”,让她们的文字像浊流中的一丝清泉。而沈善宝评《碧城仙馆女弟子诗》为“碧城女弟子合刻,清新华丽,不下随园”,跟当时的“性灵说”与文学风潮是有关系的。

小结

本文抛砖引玉,试图以《碧城仙馆女弟子诗》一书为例子,把其放置于明清社会对女性文学审美的脉络下探讨,发现陈文述和女弟子们的某些书写角度可能是为了满足袁枚“性灵说”的要求,而且当时的女性文学观与外界对于此诗刻的评论,也是受到“性灵说”的影响而出现的。此文只是很初步的观察,论述颇粗疏,望得到各位老师的指评后能加以修改,从而发展为更完善的论述。

① 袁枚:《随园诗话》,卷五十。

秦观词史地位的定量分析

——兼论《踏莎行》“雾失楼台”在秦观词中的经典地位

陈雪军

浙江大学宁波理工学院

一、秦观的词史地位

刘尊明、王兆鹏两位先生曾经用定量分析的方法,得出宋代词人的综合排行,其中名列前十的是:辛弃疾、苏轼(周邦彦并列第二)、姜夔、秦观、柳永、欧阳修、吴文英、李清照、晏几道、张炎。但是无论是排名前三的辛、苏、周,还是排名略后的姜、吴、张,在近千年来的接受中,历代对他们的长短得失及词史地位等多有争议,秦观似乎是唯一的“例外”。秦词几乎被所有词学者公认为“当行本色”和婉约正宗,吴梅甚至视秦观为开“婉约之风者”。吴梅选了八家代表性的北宋词人,认为秦观“开婉约之风”:“余谓承十国之遗者,为晏、欧;肇慢词之祖者,为柳永;具温、韦之情者,为张先;洗绮罗之习者,为苏轼;得骚雅之意者,为贺铸;开婉约之风者,为秦观;集古今之成者,为邦彦。此外或力非专诣,或才工片言,要非八家之敌。”①这并非吴梅先生的一家之言,秦观的这种词史地位可以说是千年以来的共识。与秦观同时代的词人对其多有称颂之语,如晁无咎云:“近来作者,皆不及少游,如‘斜阳外,寒鸦数点,流水绕孤村’,虽不识字人,亦知是天生好言语。”陈师道誉之为“当代词手”(陈师道《后山诗话》)。至南宋张侃尤言:“秦淮海词古今绝唱。”(张侃《张氏拙轩集》卷五)叶梦得亦云:“少游乐府,语工而入律,知乐者谓之作家歌……”(《避暑录话》卷三)无不对秦观推崇备至。

综上可知,秦词在两宋被接受的原因首先是其音律和婉柔美,秦观作为“专业作家”和“职业歌手”早已声名远扬,秦词由此进入经典之林。

---

① 吴梅:《词学通论》,上海:上海古籍出版社,2006年,第47页。

至明代,秦观的词史地位继续上升。明人追求“近情”的审美理想,婉约为宗成为有明一代词学的主流。如张綖云:“少游多婉约,子瞻多豪放,当以婉约为主。”(张綖《诗余图谱》)又如蔡伯世云:“子瞻辞胜乎情,耆卿情胜乎辞,辞情相称者,惟少游而已。”(沈雄《古今词话》卷上)“因此,尽管明词中衰,但秦词却因其符合明词的审美观而被认同,秦观的词史声誉仍稳步提升,并逐渐确立了宗主的地位”①。

清初秦词正宗的地位再度提升。沈谦称赞少游词“铲尽浮词,直抒本色”(沈谦《填词杂说》)。先著《词洁辑评》称秦观为“词家正宗”。王士祯词学深受云间派影响,严持正变之分,视易安、少游词为婉约之极致:“正调至秦少游、李易安为极致,若柳耆卿则靡矣;变调至东坡为极致,辛稼轩豪于东坡,而不免稍过。”(王士祯《分甘余话》)朱彝尊和浙西词派倡导骚雅清空,旨在提升词体,因此在浙西词派的词学视野中,少游词因不合时宜而稍有冷落。尽管如此,《词综》选秦观词仍多达 18 首,且皆为与其他词选相同的秦观经典之作。至清中后期,常州词派又将秦观的词史地位推到了极致。张惠言《词选》中选词数量最多的三家是:温庭筠 18 首,秦少游 10 首,李后主 7 首。张惠言将少游划归“千古词宗”,陈廷焯转述张惠言云:“千古词宗,温、韦发其源,周、秦竞其绪,白石、碧山各出机杼,以开来学。嗣是六百余年,鲜有知者。得茗柯一发其旨,而斯诣不灭。”(陈廷焯《白雨斋词话》卷五)陈廷焯甚至将秦观推向了婉约词绝代至尊的位置,他认为周、秦、姜、张“皆负绝世之才,而又以沉郁出之,所以卓绝千古”(陈廷焯《白雨斋词话》卷六)。至晚清民初,王国维论词强调性情之真,故其论词极推北宋:“词之最工者,实惟后主、正中,永叔、少游、美成,而后此南宋诸公不与焉。”认为南宋词家中,“堪与北宋人颉颃者,唯一幼安”(王国维《人间词话》)。朱祖谋编选的《宋词三百首》是 20 世纪以来最优秀、最流行的宋词选本。朱祖谋谈论词学的言论极为少见,因此想把握他的词学思想极为困难,但我们通过《宋词三百首》对秦观的接受,亦可以看出秦观词在晚清民初的词史地位。据 1931 年第 2 版《宋词三百首》统计:吴文英 26 首,位居榜首,其次是周邦彦 23 首,然后晏几道 18 首,姜夔 16 首,柳永 14 首,苏轼、贺铸各 12 首,欧阳修、辛弃疾、晏殊各 11 首,秦观、史达祖各 9 首。秦观与史达祖并列排名第八。尽管朱祖谋《宋词三百首》有明显的崇尚吴文英、周邦彦词的倾向,但作为非格律派的

---

① 朱丽霞:《八百年词学接受视野中的秦观词》,《云南大学学报》(社会科学版)2008 年第 1 期。

秦观仍排在前十的位置。

以上主要就定性的角度,分析了历代词论对秦观词的接受情况,下面我们从定量的角度来看看秦观的词史地位,跟前述的定性分析是否相称。

刘尊明、王兆鹏在《唐宋词的定量分析》一书的“宋代词人历史地位的定量分析”一章中,通过“两宋词人现存词作的篇数”“现存宋词别集的版本种数”“宋代词人在历代词话中被品评的次数”“宋代词人在当代研究中的成果数量”“历代词选中宋代词人入选的词作篇数”和“当代词选中两宋词人入选的词作篇数”等六项指标,得出宋代词人的综合名次排行榜。其中名列前十的是:辛弃疾、苏轼(周邦彦并列第二)、姜夔、秦观、柳永、欧阳修、吴文英、李清照、晏几道、张炎。秦观排名第五。尤其值得注意的是,秦观的词作虽不多,名篇却不少。对“宋词三百经典名篇”定量分析发现,秦观有 17 首入选,其名篇数量仅在周邦彦(40 首)、苏轼(23 首)、辛弃疾(23 首)之下,名列第四位。在“作品分论”中,被赏析、品评和考辩的秦观词也多达 17 首,而尤以《踏莎行》《鹊桥仙》《满庭芳》《千秋岁》《浣溪沙》《望海潮》《好事近》等篇最受读者喜爱,赏析研究成果也最多。以上统计数据表明,秦观词作总量虽只有约 90 首(其中有些作品还存在疑问),却有 17 首之多的名篇佳作千古流传,备受赏爱,其名作的比例约占其词作总量的 18%,充分说明秦观词具有极强的艺术魅力和审美特性。①

那么这 17 首名篇中,哪一首又是淮海词名篇中的名篇呢?还是让我们先从《踏莎行》“雾失楼台”在历代词论中的接受入手吧。

二、《踏莎行》“雾失楼台”在历代词论中的接受

秦观的《踏莎行》很早就进入了宋人的接受视野,同为苏门弟子的黄庭坚在《山谷题跋》卷九《跋秦少游踏莎行》里说:“右少游发郴州回横州,反顾有所属而作。语意极似刘梦得楚蜀间诗也。”南北宋之交的周辉《清波杂志》卷九亦有相似记载。而南宋的胡仔在《苕溪渔隐丛话前集》卷五十引《冷斋夜话》记录了苏轼对此词的称赞:“少游到郴州,作长短句云:‘雾失楼台(略)。’东坡绝爱其尾两句,自书于扇,曰:‘少游已矣,虽万人何赎!’”但同时,胡仔在《苕溪渔隐丛话前集》卷五十里又引了范元实《诗眼》里的一段话:“……后诵淮海小词云:‘杜鹃声里斜阳暮。’公(指黄庭坚)曰:‘此词高绝。但既云“斜阳”,又云“暮”,

① 刘尊明、王兆鹏:《唐宋词的定量分析》,北京:北京大学出版社,2012 年,第 142—152 页。

则重出也。'欲改'斜阳'作'帘栊'。"

由此引起对于"斜阳暮"是否重出的争论,并在争论中促进了此词的传播。宋人王琳在《野客丛书》卷二十反驳道:"《诗眼》载前辈有病少游'杜鹃声里斜阳暮'之句,谓'斜阳暮'似觉意重。仆谓不然,此句读之,于理无碍。谢庄诗'夕天霁晚气,轻霞澄暮阴'一联之中,三见晚意,尤为重叠。……古人为诗,正不如是之泥。"明人杨慎也认为不是"重出",其在《词品》卷三云:"秦少游《踏莎行》'杜鹃声里斜阳暮',极为东坡所赏,而后人病其'斜阳暮'似重复,非也。见斜阳而知日暮,非复也。犹韦应物诗:'须臾风暖朝日暾。'既曰'朝日',又曰'暾',当亦为宋人所讥矣。此非知诗者。古诗'明月皎夜光','明''皎''光',非复乎?"反驳极其有力。先著、程洪《词洁》卷二称赞道:"'斜阳暮'犹唐人'一孤舟'句法耳。升庵之论破的。"之后对于秦观此词再无责备之声,而多为称赞之语,如王士祯《花草蒙拾》:"'郴江幸自绕郴山,为谁流下潇湘去。'千古绝唱。秦殁后,坡公尝书此于扇云:'少游已矣,虽万人何赎!'高山流水之悲,千载而下,令人腹痛。"不仅肯定苏轼对于秦观末两句的欣赏,而且对于知音之遇,也极为感叹。黄苏《蓼园词选》也如苏轼一样品出了末两句的凄苦之情:"次阕言书难达意,自己同郴水自绕郴山,不能下潇湘以向北流也;语意凄切,亦自蕴藉,玩味不尽。"王国维《人间词话》:"少游词境最为凄惋。至'可堪孤馆闭春寒,杜鹃声里斜阳暮',则变而凄厉矣。东坡赏其后二语,犹为皮相。"陈匪石《宋词举》则将此词放到词史发展的角度来评论:"盖自写羁愁,造境既佳,造语尤隽永有味,实从晏氏父子出者。……惟此词超脱浑厚,宜东坡爱不释手也。至此调做法,前后之末二句最着力,前后起平叙,第三句一顿,几于千篇一律,层次分明,虽属小令,已开引、近之端。"给予了非常高的评价。

因此,杨海明先生在《唐宋词史》里认为:

> 秦观在当日词坛上,堪称是"得票最多"的"最佳词人"——因而明代的张綖,在首标"婉约"与"豪放"二目时也即把秦观尊为婉约派的代表作家了。……其实,平心而论,秦观的词,不仅数量不如柳、苏之多,究其"质量",也并无"石破天惊"式的突破。但它却备受着当时人的热烈欢迎,这中间就必有其奥妙在。而这种奥妙正在于:它融和了前代婉约词之短、长两派的各自长处,创造了一种雅俗共赏、既含蓄又明畅的"情韵兼胜"(《四库

提要》)的新型词风。①

秦观的《踏莎行》"雾失楼台"正是此种新型词风的代表,在秦观词中具有经典地位。

三、《踏莎行》"雾失楼台"在秦观词中的经典地位

我们先通过定量分析的方法来确定《踏莎行》"雾失楼台"在秦观词中的经典地位。分析的依据是学界已有的成果,主要有两个:一个是刘尊明、王兆鹏的《唐宋词定量分析》,一个是钱锡生、陈斌的《从历代词选、词评和唱和看秦观词的传播和地位》。

刘尊明、王兆鹏两先生在《唐宋词定量分析》的第六章里对宋词三百经典名篇进行了定量分析。他们就历代词选、历代唱和、历代评点、20 世纪以来的宋词研究成果、国际互联网的权威搜索引擎谷歌和百度所链接的关于宋词的文章数目等五个方面的数据进行统计分析。其中"历代词选"一项,共选取宋元明清以来有代表性的词选(包括词谱)107 种,其中宋代选本 4 种,明代选本 22 种,清代选本 21 种,20 世纪以来的各种词选和作为高校教材的文学作品选 60 种,用以统计每首词作在不同时代的入选次数,计算各首词作的入选率,根据词作入选率的高低判断其影响力的大小强弱。"历代唱和"则对《全宋词》《全明词》《全明词补编》《全清词·顺康卷》中唱和宋人词作数量的统计分析,考察宋代词人词作对历代文人词作的影响。而"历代评点"是通过对吴熊和主编的《唐宋词汇评·两宋卷》中的总评、本事及汇评资料的统计分析,进而观察宋代词人词作在历代精英读者群中所具有的影响力。"20 世纪以来的宋词研究成果"包括 20 世纪有关宋词赏析、评论和研究的论文和著作,通过考查宋代词人词作在 20 世纪以来被研究的成果数量,来衡量其所具有的影响力和经典性。国际互联网的权威搜索引擎谷歌和百度所链接的关于宋词的文章数目,则用来考察一首词作在新世纪被当前大众传播接受的程度。其方法是"首先计算宋代不同词作的古今选本入选率、历代唱和率、历代点评率、20 世纪的研究率以及互联网的链接率,并根据以上各项传播效应的高低乘以不同的权重,最后得出不同词作自宋代以来被关注的综合指数,据此确认宋词经典名篇"②。

① 杨海明:《唐宋词史》,天津:天津古籍出版社,1998 年,第 375 页。

② 刘尊明、王兆鹏:《唐宋词的定量分析》,北京:北京大学出版社,2012 年,第 171 页。

统计结果,秦观词排名在最前面的正是《踏莎行》(雾失楼台),列综合排名第二十位,前十九位依次为:1.苏轼《念奴娇》(大江东去)、2.岳飞《满江红》(怒发冲冠)、3.李清照《声声慢》(寻寻觅觅)、4.苏轼《水调歌头》(明月几时有)、5.柳永《雨霖铃》(寒蝉凄切)、6.辛弃疾《永遇乐》(千古江山)、7.姜夔《扬州慢》(淮左名都)、8.陆游《钗头凤》(红酥手)、9.辛弃疾《摸鱼儿》(更能消)、10.姜夔《暗香》(旧时月色)、11.苏轼《水龙吟》(似花还似非花)、12.姜夔《疏影》(苔枝缀玉)、13.辛弃疾《水龙吟》(楚天千里)、14.李清照《如梦令》(昨夜雨疏风骤)、15.史达祖《双双燕》(过春社了)、16.李清照《醉花阴》(薄雾浓云)、17.贺铸《青玉案》(凌波不过横塘路)、18.辛弃疾《菩萨蛮》(郁孤台下清江水)、19.周邦彦《兰陵王》(柳阴直)。

钱锡生用类似的方法,进一步统计秦观词作内部的排名。钱锡生选择了 17 种历代有代表性的重要词选,来统计秦观词入选的篇数,这 17 种词选分别是曾慥辑《乐府雅词》、黄升编《花庵词选》、赵闻礼编《阳春白雪》、佚名编《草堂诗余》、杨慎编《词林万选》、陈耀文编《花草粹编》、卓人月编《古今词统》、茅瑛编《词的》、潘游龙编《精选古今诗余醉》、朱彝尊编《词综》、先著、程洪辑《词洁》、沈辰垣等编《御选历代诗余》、黄苏编《蓼园词选》、张惠言编《词选》、董毅编《续词选》、周济编《宋四家词选》、陈廷焯编《词则》等。他通过不同时代的词选对秦观词的入选与否,计算其每首词作的入选率,得出其由高到低的排序,选出最受历代词选家青睐的词作前五名。前五名依次是 1.《满庭芳》(山抹微园)、《踏莎行》(雾失楼台),被 13 种词选收录;2.《满庭芳》(晓色云开)、《八六子》(倚危亭)、《江城子》(西城杨柳弄春柔),被 11 种词选收录;3.《阮郎归》(湘天风雨破寒初),被 10 种词选收录;4.《鹊桥仙》(纤云弄巧)、《千秋岁》(水边沙外),被 9 种词选收录;5.《浣溪沙》(漠漠轻寒上小楼)、《水龙吟》(小楼连苑横空)、《如梦令》(门外鸦啼杨柳)、《如梦令》(遥夜沉沉如水),被 8 种词选收录。这些词作在历代各类词选中的入选率都达到 50%以上。

钱锡生还统计了历代评点中秦观词被品评的的次数,通过不同时代词评家对秦观词评论数量的多少,得出其品评从多到少的排序,以此了解其词作被关注的程度,排在前五位的依次为:1.《踏莎行》(雾失楼台),30 条评论;2.《满庭芳》(山抹微云),28 条评论;3.《水龙吟》(小楼连苑横空),22 条评论;4.《千秋岁》(水边沙外),21 条评论;5.《八六子》(倚危亭)、《好事近》(春路雨添花),各有 12 条评论。以上这些词和秦观其他词有所不同的是,它们在宋代就受到特别的关注,有多条评论,明清时期则继续保持这种态势,并扩大了评论的范围。

词选家和词论家对秦词的选择有高度的一致性。如《踏莎行》(雾失楼台)和《满庭芳》(山抹微云)在词选中并列第一,在词论中分列第一和第二。[①]

综上可知,秦观在两宋十大词人中排名第四,是当之无愧的宋代经典词人;其《踏莎行》(雾失楼台)在三百首宋词经典中排名第二十位,则是经典中的经典。

---

① 钱锡生、陈斌:《从历代词选、词评和唱和看秦观词的传播和地位》,《中国韵文学刊》2014 年第 2 期。

冯幵的文学、书法及交往

张 波
宁波市天一阁博物馆

一、冯幵的文学

冯幵(1873—1931),初名鸿墀,字阶青,又字君木,号木公,慈溪县城(今宁波市江北区慈城镇)人。25岁起由拔贡官丽水训导。文主汉、魏,诗宗杜、韩,词则出清真、梦窗。是近代著名国学家,"亦浙东积学能文者也"①,"清季民初以诗文蜚声当世"②。

关于冯幵的文学,其学生沙孟海有一段比较详细的论述:

> 先生于学,无术不综,广稽约守,包括道要,不为门户异同之论。文章渊雅,尚规汉魏,言典致博,造次必尔。盖自文笔别涂,不相合谋,骋辞华者,日靡于繁富;矜省净者,拜遗其风骨。先生假长补短,独重气体,剥散浮华,归于简朗。用能巧不伤理,隽不害道,安帖审固,情彩并茂,可谓修辞立诚文质彬彬者也。诗主萧澹,不涉凡响,蕲向所届,惟在介父(介甫)、无己(师道)。故其所为,植骨必坚,造意必刻,运息必微,导声必涩,裒然自成一家言焉。③

其他类似论述尚有:"其人博闻强识,能文章。散文内纯外肆,诗则宗法杜韩,而所诣与玉溪为近,后又稍稍取法西江。晚更离乱,声华益刊落。每有吟咏,融冶情性而出之。尝曰:'作诗当于无味处得味,无材处见材。'"④"其诗,古

① 汪辟疆:《光宣以来诗坛旁记》,沈阳:辽宁教育出版社,1998年,"冯君木"条。
② 太虚:《人物志忆(十三则)》之五《忆慈溪冯君木》,善缘网·善缘文库。
③ 沙孟海:《沙孟海论书文集》,上海:上海书画出版社,1997年,第174—175页。
④ 汪辟疆:《光宣以来诗坛旁记》,沈阳:辽宁教育出版社,1998年,"冯君木"条。

风胎息魏晋、六朝，间亦染指温、李、昌谷诸家；近体办香江西，大抵蚤年诗清婉秀逸，中岁最警健，晚年多应酬，不无颓唐之作。”①(《瓶粟斋诗话五编》二)

可知冯幵为文宗汉、魏，正所谓“华实相资，丽则以遒，匣锷弢铓”，在当时备受推崇；诗出入杜(甫)、韩(愈)、黄(庭坚)、王(介甫)、陈(师道)，深受江西诗派的影响，“酝酿万有，镕冶以情性”；兼工倚声，其词多出于周邦彦(清真)、吴文英(梦窗)。

冯幵的文学创作主要受江西诗派代表人物黄庭坚诗歌理论的影响。黄庭坚最著名的主张是“夺胎换骨”“点铁成金”。即或师承前人之辞、或师承前人之意，创作中“以故为新”。主张多读前人作品，汲取艺术营养，熟练掌握炼字、造句、谋篇等技巧。同时力求打破技巧的束缚而进入“不烦绳削而自合”的境界，并争取超越前人而自成一家。因此冯幵自年轻时就博览群书，锲而不舍打基础，精读细研增开悟，重视文字的推敲技巧。对他的诗文，与他相处四十年的莫逆之交陈训正，在《慈溪冯先生述》一文中有极高评价：“先生为文务其大不遗其强，博闻强识如王深宁。其文章高华峻洁，风蕴而外肆，则如汪容父。盖并先生世，一时无有当者。诗初宗杜韩，所诣近玉溪，中年稍稍取法江西，晚更离乱、声华益刊落，每有谣咏，必千灌百辟融注情性而出之。尝曰：‘作诗当于无味处得味，无材处购见材。’悉今世畴知之哉。”②

冯幵还积极组织文学社团活动，1903 年左右组织“剡社”。沙孟海记载：“雅怀恬介，不乐仕进，三十而后，即栖迟邑里，结志坟典，萧条高寄，不与时务经怀。与同县陈镜堂晋卿、郑光祖念若、冯毓孳汲蒙、陈训正无邪、应启墀叔申、钱保杭仲济、魏友枋仲车诸子为剡社。”③民国初年，冯幵与陈屺怀等在宁波后乐园(现中山公园)创办国学社，招徒十余人，讲授经史文学，国学社曾培养出陈布雷、冯定、冯宾符、沙孟海等名人。陈屺怀与冯幵诗文齐名，他们二人既常与友人忻绍如(忻江明)、张于相(张原炜)、洪佛矢(洪允祥)等交游唱和，又培养了一批弟子，形成了密栗精严而又“文从字顺各率职”的自成一流派的“慈溪文体”。

关于“慈溪文体”，民国张慧剑《辰子说林》之《领袖诗》提到：“先生帷幄中

① 沈瘦东：《瓶粟斋诗话》五编卷二，张寅彭主编：《民国诗话丛编》，上海：上海书店，2002 年，第 208 页。

② 陈训正：《慈溪冯先生述》，《文澜学报》1935 年第 1 期，第 11—12 页。

③ 沙孟海：《沙孟海论书文集》，上海：上海书画出版社，1997 年，第 174 页。

所拔用之文士,多鄞江数县籍,比间文学本自成一流派,世称‘慈溪文体’,老辈中如冯君木先生等,文致高古,非一般人所能至。陈布雷先生即出冯先生门下,故其作品,无论‘文’‘白’皆密栗精严,殆无违于慈溪派‘不苟作’之训者也。”① “慈溪文体”老一辈以冯幵与陈屺怀为代表,沈瘦东认为“二君皆慈溪人,负文望,时有‘冯陈’之目”。新一辈则以蒋介石的两大秘书陈布雷和沙孟海为代表。文胆陈布雷文名大,沙孟海书名大,其实文章也好,早在青年时期就得到冯幵高评,他的习作《书嘉兴赵烈女事》,深得冯幵赏识,冯幵在《致吴希韩书》中这样说:“右为敝徒沙生作。沙生年甚少,好古能文章,他日又一朱炎父也(冯君木弟子,多才)。文学虽若无用,然无用之用,其潜势正复甚大。吾甬人骛于事功,诗文一道,将成绝响,英绝领袖,望之斯人。霜降木落,得此差足自慰,非欲阿其所好也。”②据沙孟海日记记载,他也常为冯幵代笔。其他学生,如冯都良、冯宾符、冯定、冯孟颛、陈寥士、徐韬、童第德、陈秋阳,或任编辑、总编辑,或任主笔、特约撰稿人,或任秘书,都从事文字工作,有相近的文风。对这两代文人所形成的“慈溪文体”,目前尚无专文研究。

冯幵的文名不限于浙东,1925 年春,秦润卿在上海钱学会馆创建修能学社,请冯幵出任社长,冯幵慷然允诺。在修能学社,冯君木除了与门生沙孟海、陈布雷、王个簃、陈巨来等人朝夕相处,还与况蕙风、吴昌硕、朱古微、程子大等人过从甚密,也相唱酬。“时吴兴朱古微、桂林况夔笙(周颐)、长沙柱子大(颂万)、安吉吴昌硕(俊卿),并世名宿也,皆推重之”③。还应吴昌硕、况周颐生前遗愿,分别撰写了《安吉吴先生墓表》和《清故通议大夫三品衔浙江补用知府况君墓志铭》。应高僧太虚之邀为其诗文作序。以吴昌硕、况周颐、太虚的地位和声望托于重望,也可以想见冯幵的文学水平。

冯幵遗著有《回风党诗文集》14 卷,其中诗 9 卷,文 5 卷,有诗 546 首,文 80 篇,1941 年由其弟子王贤等“检出原稿,重加录定”后,由中华书局出版。另有《回风词》一卷,已辑入《彊村词选》。沈瘦东《瓶粟斋诗话》五编录有其诗 12 首及一些佳句。

---

① 张慧剑:《辰子说林》,《民国史料笔记丛刊》,上海:上海书店,1997 年,第 3 页。

② 沙匡世编:《沙孟海年表》,杭州:西泠印社出版社,2000 年,第 7 页。

③ 沈瘦东:《瓶粟斋诗话》五编卷二,张寅彭主编:《民国诗话丛编》,上海:上海书店,2002 年,第 208 页。

二、冯幵的书法

《中国书法大辞典》称冯幵“书法结藻清英,摆脱时径,但不多作,得者珍之”。[①]《中国书法鉴赏大辞典》刊有《但有日相书轴》行书一幅,称其“将晋韵、唐法、宋意浑然无迹融于一体,笔下遒丽天成,创造了一种‘玉壶买春’般的独具风韵的境界,其品格情调清雅绝俗,不同凡俗,令人一唱三叹,玩味无穷”。[②]《中国近现代书法家辞典》称“其书法擅长行书,结体端稳,笔锋多含蓄,墨色多润泽,张条流畅”。[③] 说明冯幵是擅书法的。根据沙孟海日记,冯幵对其学生沙孟海的书法、篆刻多有评论、指导,对历代碑多有题跋。沙孟海晚年自述《书学师承交游姓氏》列“冯君木”一条云:“我的本师,一直指导我学习”[④],早期对沙孟海书法影响较大。沙孟海 19 岁时书写的《戊午中秋录朱坨〈天玺纪功碑〉跋》,“近冯君木先生神韵”[⑤]。笔者将之与冯幵先生《题宋刻梅花喜神谱》和郑逸梅藏《木居士读〈世说新语〉十则》相比较,也深以为然。因此对于存世作品不多的冯幵的书法渊源及特色也有作一番分析的必要。

冯幵好学不倦,转益多师,其书法融碑、帖于一体,自成面貌。帖学二王,具魏晋风韵,同时深受慈溪本地书家的影响。慈溪一地在清末孕育出别具特色的浙东书风。著名书法家梅调鼎(1839—1906),字友竹,号赧翁,是一位在书法艺术上极有造诣的人物。他年轻时曾“补博士弟子贤”,后因“书法不中见黜,不得与省试”,深受打击和刺激,从此绝意仕途,发愤习书,终有所成。梅调鼎的字,早年宗“二王”,旁及诸家,写得既漂亮又朴实,像年轻纯朴的村姑,“不施脂粉,自然美好”。中年后开始掺入欧法,变圆为方,笔力拗拔。晚年潜心北碑,尤得力于《张猛龙碑》及《龙门十二品》,笔势转为沉雄剽悍。由于坚持数十年不断临摹,不断创新,博采众长,开创了以用笔方圆兼施、结体典雅、风神秀逸为特色的具有明显地域特色、传承有序的浙东书风。冯幵对梅调鼎有极高的评价:“梅赧翁书,其用笔之妙,近世书家殆无有能及之者。清代书家当推刘文清,然较之

① 《中国书法大辞典》,香港:书谱出版社,1984 年,第 125 页。

② 刘正成主编:《中国书法鉴赏大辞典》,北京:中国人民大学出版社,2006 年,第 82 页。

③ 周斌主编:《中国近现代书法家辞典》,杭州:浙江人民出版社,2009 年。

④ 沙孟海:《书学师承交游姓氏》,朱关田总编:《沙孟海全集》,杭州:西泠印社出版社,2010 年,第 29 页。

⑤ 周律之:《沙孟海先生早年书法寻踪》,《二十世纪宁波书坛回顾:书法论文史料选辑》,宁波:宁波出版社,1999 年,第 272 页。

梅先生,正复有径庭之判,余子碌碌,更无足数矣。特梅先生孤僻冷落,不屑与士大夫通问讯,声名寂寥,自甘埋没。百世之下,坐令铁保、梁同书辈流誉书林,此可为累欷者尔。士林不平至多,岂独书法。"[①]并有《岁暮怀人诗》写梅调鼎:"老梅圣八法,下笔发天巧。耻与肉食谋,甘受市儿嬲。袖中说饼文,寂寥艰一饱。"又有《何条卿贻余梅赧翁书赋此报谢》云:"老梅一逝忽三年,墨妙流传更值钱。能使光尘照寥廓,直回苍老作清妍。弄丸手法凭谁解,脱佩心期感子贤。今日人间无此笔,相看狂喜复潸然。"1907年,冯先生得病,甬上名医范文甫来慈城诊治,不肯受酬。冯先生"强以梅赧翁墨迹赠之",并作诗云:"割爱相酬同脱剑,此情须抵白金千。"[②]可见冯幵深爱梅调鼎书法。而观其作品,确有梅氏浙东书风之面貌。

碑则学蔡邕和郑道昭。1931年5月,冯幵先生病逝于上海寓所。沙孟海撰写挽联:"陈太丘文为德表,范为士则;郭有道贞不绝俗,隐不为亲。"认为"先生生前喜爱蔡邕的金石文字,我以蔡邕集中所题褒的汉代师儒陈寔、郭泰两人比拟先生,时人韪之"[③]。明言冯幵喜爱蔡邕金石文字。周律之在《冯君木和他的书法弟子》说:"书法具魏晋风韵,又参郑道昭、苏东坡意,气格高雅,情彩并茂。"[④]则冯幵又学习过郑道昭,主要是魏碑代表的《郑文公碑》。

蔡邕(133—192),字伯喈。陈留郡圉县(今河南省开封市圉镇)人。东汉时期著名文学家、书法家,著名才女蔡文姬之父。因官至左中郎将,后人称他为"蔡中郎"。蔡邕精通音律,才华横溢,师事著名学者胡广。蔡邕除通经史,善辞赋等文学外,书法精于篆、隶。尤以隶书造诣最深,名望最高,有"蔡邕书骨气洞达,爽爽有神力"的评价。创"飞白"书体,对后世影响甚大。唐张怀瓘《书断》评蔡邕飞白书"妙有绝伦,动合神功"。郑道昭(455—516),北朝魏诗人、书法家。是我国古代著名书法家,魏碑体鼻祖,工书善正书,体势高逸,作大字尤佳。被誉为"书法北圣",与王羲之齐名,有"南王北郑"之誉。他的书艺风格特点是,下笔多用正锋(偶用侧锋),大起大落;起落转折,处处着实;间用侧锋取势,忽而峻发平铺,既有锋芒外耀,尤多筋骨内含。妙在方圆并用,不方不圆,亦方亦圆。或体方而用圆,或用方而体圆。故能给人以结体宽博,笔力雄强的感受。

---

① 宁波市江北区政协编:《梅调鼎书法集》,杭州:西泠印社出版社,2013年,第2页。

② 以上诸诗转引自胡迪军《近代书法家冯君木先生》,陈之佛艺术馆官网。

③ 沙孟海:《沙孟海论书文集》,上海:上海书画出版社,1997年,第789页。

④ 周律之:《冯君木和他的书法弟子》,《二十世纪宁波书坛回顾:书法论文史料选辑》,宁波:宁波出版社,1999年,第112页。

康有为《广艺舟双楫》把郑道昭云峰刻石 42 种列于“妙品”上。称“云峰山刻石，体高气逸，密致而通理”。其《郑文公碑》结字宽博舒展，笔力雄强圆劲，字体近楷书，并有篆隶意趣相附，为魏碑佳作之一。

下面我们具体分析冯幵的作品。其行书多浙东书风面貌，参以苏轼浓墨、丰腴之意，又略有郑道昭遗绪。以常见天一阁藏“圆妙太上”联和出版物上多见的“尊前雨后”联为例。观此二联，词语典雅，对仗工整。书行体，略有隶意，应规入矩，却不为绳约，深得浙东书风遗绪。落笔精妙凝练，含筋抱骨，虽细毫发，亦无孱弱之相。笔势往来迎送的痕迹非常明显，起是轻捷，收则从容，无淹滞，无枯竭，灵活秀润，风流蕴藉。结体宽绰，骨格清纤，仪态端庄平正，观而后知其胸中所养。

细观此二联，行书间融入隶法，用笔婉转流畅，不以雄强深厚见长。圆劲飞动，未入扁削一路。点画风姿绰约，眉目可人，妍美中又具温和简静之情趣，不至妩媚过甚。笔势收敛多于舒扬，含蓄多于直露，笔短意长，风味隽永，耐人咀嚼。起始处略带锋芒，即便是逆入藏峰之起笔也稍具锋势，劲拔清越，神采焕发。结体承袭二王，又有同乡梅调鼎所创浙东书风面貌。章法布局上强调字形的大小、宽窄、长短、斜正的对比，上下避让，左右顾盼，着着映带，处处周密。虽字字独立，少作牵连，仍一气贯注，相互关联，疏朗而不松散。通篇洋溢着文质彬彬、潇洒自如的君子之风。可谓书法妍美，风流婉约，是他雅怀怡悦的自然流露，乃文人书法的典型。

冯幵小字宗晋唐，时楷时行，多《郑文公碑》笔意，落笔精妙凝练，含筋抱骨。其《题宋刻梅花喜神谱》和郑逸梅藏《木居士读〈世说新语〉十则》，结体宽博整饬，气魄雄伟，骨肉匀适，气象渊穆雍容，通篇透露着“荡荡乎君子、穆穆乎仁人”的大儒风范。单字或以侧得妍，或以正取势，笔势尚有隶意，笔调凝炼，集端稳、刚劲、姿媚于一身，宽和而谨束，平实而峻肆，朴茂而疏宕，沉雄而清丽，笔笔舒畅，字字安适，行行流动。博学、严谨的国学大家形象跃然纸上。

顺便提一下，冯幵还善画，曾自作《逃空图》，画上有自题诗一首。此画多名人题诗，已知有名僧太虚大师，近代著名词学家朱彊村，名僧八指头陀，被誉为中国最后一位古典诗人的陈三立和冯幵的表兄、慈溪励志学社八子之一的何其枚。惜此画不见，仅可凭诗感悟其意境。冯幵印鉴有“偶然题作木居士”“冯幵唯印”“回风亭”“冯幵之印”“君木”等。

三、冯幵的交往

冯幵博览群书、博古通今,然述而不作,除有诗词留世外,几无著作,很难引起人们的重视。其最大功绩在教育,因冯门弟子出色而被牢记。冯门弟子众多,取得不凡成绩者十四位:王个簃、吴泽、陈布雷、沙孟海、冯都良、冯宾符、秦康祥、冯定、冯孟颛、陈寥士、葛旸、徐韬、童第德、陈秋阳。有人说"师以徒贵",其实冯幵在当时就有很高的社会地位,这从他的交往中就可窥见一斑。

冯幵的交往从时空看,可以按时间分为20世纪初的慈溪、20世纪10年代的宁波、20世纪20年代的上海三个圈子。

慈溪:1903年左右,"与同县陈镜堂晋卿、郑光祖念若、冯毓孳汲蒙、陈训正无邪、应启墀叔申、钱保杭仲济、魏友枋仲车诸子为剡社。日月要晤,会文辅仁,一时溪上号多士焉"[①]。"三十后,栖迟里㸑,与天婴及陈晋卿(镜堂)、郑念若(光祖)、冯汲蒙(毓孳)、应叔申(启墀)、钱仲济(保杭)、魏仲车(友枋)、姚贞伯(寿祁)诸子结剡社,以气节学艺相砥砺"[②]。这一时期以诗社为基础,以"慈溪四才子"之间的交往为代表。

"慈溪四才子"指"三病夫"陈训正、应启墀、冯幵和"一狂夫"洪允祥。清末民初,慈溪有四位文人,其诗文人品均为人们称道,被誉为"慈溪四才子"。四人年龄相近,情趣相投,互有酬唱。其中国文教师冯幵和历史教师洪允祥曾一起在省立第四师范执教,同为尔后成为书法大师的沙孟海的恩师。冯幵、陈训正和洪允祥均为剡社(系南社分社)的主要成员。应启墀、冯幵和洪允祥三位慈溪人的小传,均载于陈训正、马瀛编纂的民国《鄞县通志》文献志。

宁波:民国初年,冯幵与陈屺怀等在宁波后乐园(现中山公园)创办国学社,招徒十余人,讲授经史文学,国学社曾培养冯定、冯宾符、沙孟海等名人。冯幵新交的友人主要有忻绍如(忻江明)、张于相(张原炜)、虞含章(辉祖)等,常交游唱和。同时,冯幵作为宁波僧教育会佛教会居士,与洪允祥及助办宁波僧教育会佛教会的陈屺怀、冯汲蒙二公,皆与名僧八指头陀以诗相唱和。而且通过八指头陀认识名僧太虚,成诗中至契。

上海:1925年春,宁波商人秦润卿在上海钱学会馆创建修能学社,请冯幵出

---

① 沙孟海:《沙孟海论书文集》,上海:上海书画出版社,1997年,第174页。

② 沈瘦东:《瓶粟斋诗话》五编卷二,张寅彭主编:《民国诗话丛编》,上海:上海书店,2002年,第210页。

任社长,冯幵慷然允诺。修能学社成为若干宿学名士会文谈艺的场所。冯君木除了与门生沙孟海、陈布雷、王个簃、陈巨来等人朝夕相处,还与况蕙风、吴昌硕、朱古微、程子大等人过从甚密。"时吴兴朱古微、桂林况夔笙(周颐)、长沙程子大(颂万)、安吉吴昌硕(俊卿),并世名宿也,皆推重之"①。对冯幵都甚为敬重。冯幵且与况蕙风结为儿女亲家。而吴昌硕则在去世前三天还为他画了一帧兰花。冯幵在画幅上题写道:"缶老人丁卯十一月六日卒,是帧为三日前所画,翌日即中风不能语,盖最后之绝笔也。苍劲郁律,意气横出,岂非庄周所谓神会者邪!"并有"衰腕犹能百屈伸,自濡秃笔挽余春,芬芳后土吾将老,窈窕山阿若有人"的诗句。② 吴昌硕和况蕙风临终前都还留下遗言,要求由冯幵来撰写他们的墓志铭,可见关系之密切。此外还有兴化李审言、南城刘未际、福建夏剑丞、绍兴任堇叔等人。

这一时期,冯幵还是康有为家的座上客。康有为好客,他的家里常常成为朋友们聚会之地,清茗散香,厅堂宽敞,或漫无边际畅谈,或切磋诗词文章,高雅文风,郁馥芳馨。座上常客有朱古微(孝臧)、沈曾植(寐叟)、罗振玉、郑孝胥、徐乃昌(积余)、章乙山等。冯幵与沈、罗、郑、徐、章均有比较多的交往。他与国学大师章太炎也有交往。冯幵常带着沙孟海或参加雅集,或拜谒康有为、吴昌硕、章太炎,或访客,使沙孟海接触到近代一流的国学家、书家和文坛宿耆,并执弟子礼,转益多师,研书法篆刻。

1930 年 1 月,观海艺社于上海成立,由冯幵和郑孝胥、狄平子、吴湖帆、杨杏佛、王一亭、徐志摩、李毅士、程子大等十八人共同发起。该社以研究国画、西画、书法、篆刻、诗文、词章为宗旨,参加活动的均为上海知名书画家和诗人,惜活动时间不长。

无论时空如何转换,冯幵以自己的学识、人品结交的都是当时当地的一流人物,而他在海上结交的人物也是国内一流的人物。这至少从一个侧面说明他确实不愧为一流的国学大师,而不是什么"师以徒贵"。

---

① 沈瘦东:《瓶粟斋诗话》五编卷二,张寅彭主编:《民国诗话丛编》,上海:上海书店,2002 年,第 210 页。

② 冯幵:《题吴缶老画兰》,《回风堂诗集》卷七。

艺术

龙凤合体纹或龙凤并列纹
——二神物的混合或并列纹饰造型意念探究

李晓红
法国索邦大学远东研究院

前言

殷代青铜器常装饰有非常精美的纹饰,龙纹在当时被认为是商周青铜器纹饰中的一个重要图像,它是容庚在《商周彝器通考》中所列举的两三种幻想动物纹之一。与龙纹关系密切的还有商末周初铜器纹饰中的饕餮纹和雷纹。[①] 当时的青铜器与玉器的纹饰构成,“虽很多是以动物形象为题材,但大部分属于非真实性的奇怪动物”[②]。青铜器艺术风格和形象演变是与当时社会物质生活条件分不开的。而这最早出现的,来自工匠们对天国世界或海里世界或陆上想象空间形塑出的幻想动物——龙,从形式或构成意念上都极大地影响了当时其他幻想动物的构成。上古的龙凤纹是中国传统纹样中重要的幻想动物纹样。从新石器时代开始,中国就出现单独存在的类龙纹和鸟纹,也有龙凤合体纹(即以其中一神物为主体,另一神物的部分“器官”或局部纹样为装饰),或是龙凤并列纹。其中出现过不同程度的加强某一神物力度的痕迹。在湖北荆门、荆州(古称江陵)地区的文物收藏品中,发现有大量的加强凤鸟力度的丝织艺术品、漆木图案及玉器,留下了楚人对凤鸟崇拜的痕迹。图像是观念的载体,并体现了观念的延伸和演变。本文主要是运用图像学的方法,对龙凤纹作一历史性的考察,上溯新石器时代的类龙纹和鸟纹的合体纹样,下及青铜器上双龙纹的并列,

---

① 容庚、张维持:《殷周青铜器通论》,《考古学专刊丙种第二号》,北京:文物出版社,1984 年,第 19 页。

② 容庚、张维持:《殷周青铜器通论》,《考古学专刊丙种第二号》,北京:文物出版社,1984 年,第 103 页。

肥遗纹的成双成对出现，再到龙凤合体纹造型实例中某些神物力度的加大，并进一步探讨龙凤图像造型及其图像造型的意蕴。

一、龙凤合体纹和龙凤并列纹研究的不足

至今为止，对龙纹或凤纹的研究成果颇丰，但未见有对龙凤合体纹（混杂或交杂）做过系统阐述的。

关于龙纹或凤纹的论述或研究，国内外的研究者都曾做过很多工作。容庚在他的《商周彝器通考》第六章《花纹》中阐述了与龙纹有关的饕餮纹、两头夔纹、三角夔纹、两角龙纹、蟠夔纹、蟠龙纹、两尾龙纹等，还有包括鸟纹和凤纹在内的两类共十二种形式鸟纹和凤鸟纹。① 马承源在《商周青铜器纹饰》一书的《商周青铜器纹饰综述》里，将龙的纹饰分为三种：1.爬行龙纹；2.卷龙纹；3.交龙纹。在马氏文章里，他特别列举出花冠龙纹，并说明花冠龙纹头上没有角却以凤鸟式的花冠来替代。至于青铜器上数量惊人的夔纹或夔龙纹，他认为是概念不清和形象混乱的一大堆龙类纹饰的缀合。至于对颇多神话传说有争议的“夔一足”形象，他则认为：“在任何立体的铸像中从没有见过一足的龙。因此，把这种一足的侧视龙类的图像与‘夔一足’的神话传说联系在一起是不妥当的。”马承源在文中说明了“夔”的形象以及“夔”②的神话故事，并建议将“宋代以来金石学家们称为夔纹或夔龙纹的图案统一分类在龙纹之中”③。在《双龙纹簋》一文中，袁德星做了有关双龙纹龙角及二龙相交的研究，他认为：“甲骨文的‘**䖵**’神，即商周的双龙纹，汉以后的女娲伏羲像，汉以后的太极图即古代‘**䖵**’神纹之演变。”④谭旦冏在《肥遗和龙凤配》一文中介绍了侯家庄1001号大墓的椁顶模写下来的一头二身的蛇形木器遗痕，他认为这个纹样就是李济先生命名的“肥遗纹”⑤最早的例子之一。谭旦冏详细讨论了李济古器物研究之一的《殷墟出土青铜器鼎形器之研究》书上记载的四鼎“肥遗纹”纹饰（R2053、R2049、R1111、R1106）作为“肥遗纹”母体的规律仪器的严肃表现手法。⑥ 他特别谈到

---

① 容庚：《商周彝器通考》第六章《花纹》，哈佛燕京学社，1941年，第99—126页。

② “夔，神魖也，如龙一足。”参见许慎《说文解字》，北京：中华书局，1963年，第112页。

③ 上海博物馆青铜器研究组：《商周青铜器纹饰》，北京：文物出版社，1984年，第8—9页。

④ 袁德星：《双龙纹簋》，载《故宫季刊》第十二卷，第一期，1977年，第85页。

⑤ 李济先生建议用“肥遗”这个名称，来指称商周青铜器当中正面兽面而左右都有较细长的身体向外伸展的花纹，参见李济《殷墟出土青铜器鼎形器之研究》，载《中国考古报告及新编——古器物研究专刊第四本》，台北：历史语言研究所，1970年，第71页。

⑥ 谭旦冏：《肥遗和龙凤配》，《东吴大学中国艺术史集刊》第六卷，1976年，第3—8页。

蟠龙纹在商代的另一种圆形器上(只有很少数的),以饕餮纹面或以人面为器盖,而蛇状身躯盘绕在器身上的装饰风格,例如台北故宫博物院所藏的“作宝尊彝簋”和美国华府佛瑞尔美术馆所藏“人面蛇身盉”等器物,但是谭旦冏只谈到了纹样的装饰风格,并未谈到器盖上由于两对完全不同形状的龙角所可能显示的阴与阳、雌与雄对应的关系。在1976年殷墟发掘的殷王武丁的配偶妇好墓的出土文物中,虽龙纹数量不多,但都饰于重器。由于此墓墓主与墓葬年代均较清楚,殷代极丰富的文化遗存方便了学者的研究,《殷墟妇好墓》《殷墟玉器》和《殷墟青铜器》的陆续出版,给我们的龙凤纹,甚至其他怪异的动物纹的研究及其相关的内在联系提供了可靠的依据。

若谈到做过鸟纹或凤纹研究的学者,据陈公柔、张长寿先生的著作介绍①,容庚是将鸟纹和凤纹分成两类十二种来论述的②;陈梦家是以断代学的角度来讨论介绍鸟纹的③;美籍华人学者张光直的《商周青铜器与铭文的综合研究》,则从发掘报告、历代图录和公私收藏中搜集了四千件有铭铜器,按器形、纹饰、铭文等,逐件逐项填入电脑打卡、汇成材料。他把鸟纹分为三十五种形式。④ 陈公柔、张长寿在国内外很多学者对鸟纹的分析研究基础上,进一步对鸟纹做断代分析,作为一种以分析花纹为手段的铜器断代方法的新尝试⑤,陈公柔、张长寿的文章分为文字、图、表三部分。他们以小鸟纹、大鸟纹、长尾鸟纹分三类分别叙述。从他们的表示鸟纹的发展图表上,可以清楚地看出鸟纹在商代能工巧匠的手中如何自然形变为图案形,自然界的鸟走向超自然的幻想中的凤纹的路径,看出古人造型的手法、造意的理念。专门对凤鸟或凤凰的图案造型进行研究的还有几位学者:顾方松《凤鸟图案研究》⑥,徐华铛、班昆和张明川《中国凤凰造型艺术研究》⑦,这几位作者将凤凰从商代到清代分成六个阶段按艺术特点来探述。

古代文献成书较晚,(一些怪异的纹饰)“所著录的也不完全是指商代铜器

---

① 陈公柔、张长寿:《殷商青铜器上鸟纹的断代研究》,《考古学报》1984年3期,第265—285页。

② 容庚:《商周彝器通考》第六章《花纹》,哈佛燕京学社,1941年,第123—126页。

③ 陈梦家:《西周铜器断代》(三),《考古学报》1956年1期,第91—93页。

④ 张光直:《商周青铜器与铭文的综合研究》,台北:历史语言研究所,1973年,第160—163页。

⑤ 陈公柔、张长寿:《殷商青铜器上鸟纹的断代研究》,《考古学报》1984年3期,第266页。

⑥ 顾方松:《凤鸟图案研究》,杭州:浙江人民出版社,1984年。

⑦ 徐华铛、班昆、张明川:《中国凤凰造型艺术研究》,天津:天津人民出版社,2004年。

的纹样”①。出于这些因素考虑,因此对一些怪异的纹饰的构成和文化内涵,笔者希望通过对商周青铜器、玉器、骨器等纹样资料的比对研究(本文在研究商周青铜器动物纹饰龙凤纹过程中也把玉器、骨器中的龙凤纹纳入),从图像学的角度对其进行分析和比较。本文将关注作为装饰艺术而出现的商周青铜器和玉器、骨器动物纹饰中龙凤纹的造型、造意的过程,探寻它们相融或并列形象的历史脉络,生成原因及内在关系,比如它们为什么会成双成对地出现等问题。

二、龙凤合体纹和龙凤并列纹的构成形态

这里先介绍龙凤合体纹。龙凤合体纹又可分成以龙为主体纹的龙凤合体纹和以凤为主体纹的凤龙合体纹。在介绍以龙为主体纹的龙凤合体纹等纹的造型特征之前,我们先看一例龙纹(单体的爬行龙纹)和甲骨文、金文里的龙字形态,以便于我们了解龙凤合体纹以及龙凤并列纹中龙的装饰风格及其角色(涵义)。

现藏于中国国家博物馆的安徽阜南龙虎尊,出土于1957年,属商代早期青铜器物。高达50.5厘米,直径过肩的青铜尊的肩部饰有三条浮雕龙,它们无足,且为典型的蛇身龙。三个龙头以圆雕手法装饰,头部饰有一对类似长颈鹿角的龙角。三条龙蜿蜒盘绕,顺着一个方向“爬行”。这条龙没有足,我们可以推断它正处在从蛇到龙的演变过程中(或是因为工匠们在器物上的造型需要而省略了足),但是它具备了龙纹构成的明显特征:蛇躯和龙角,以及那饰满菱形花纹的龙体纹。这个龙虎尊的主体纹龙、虎、人纹饰的造型意念和相互之间的关系都处理得极其巧妙,突显了商代早期器物造型注重的神祇崇拜。此龙纹对后世龙形象的塑造产生过极大的影响(图1)②。

图1 安徽阜南月儿河出土的龙虎尊上的龙纹

① 张孝光:《殷墟青铜器的装饰艺术》,载中国社会科学院考古研究所编著《殷墟青铜器》,北京:文物出版社,1985年,第108页。

② 李晓红:《神龙——中国古代龙图像学》,巴黎:法国友丰书店,2001年,第98—101页。

甲骨文、金文里的龙字形态不少,根据笔者的研究,将它们按身躯形态来分,分成两种:或作“S”形,或作“C”形,一共有大约37个形态(包括偏旁)。① 不管是甲骨文还是金文,它们都有相似之处:1.或有角,或无角;2.身躯都呈弯曲状;3.多是大口;4.头部很大且夸张。依笔者浅见,呈“S”形身躯的应是以蛇形为参照物,呈“C”形身躯的应是以虫形为参照物(图2)。②

关于龙的形态,笔者曾请教过自己博士论文指导教授之一的法国汉学家Jean-Pierre Diény (桀溺)③,并就此题有过一段探讨,桀溺教授认为龙虽是蛇

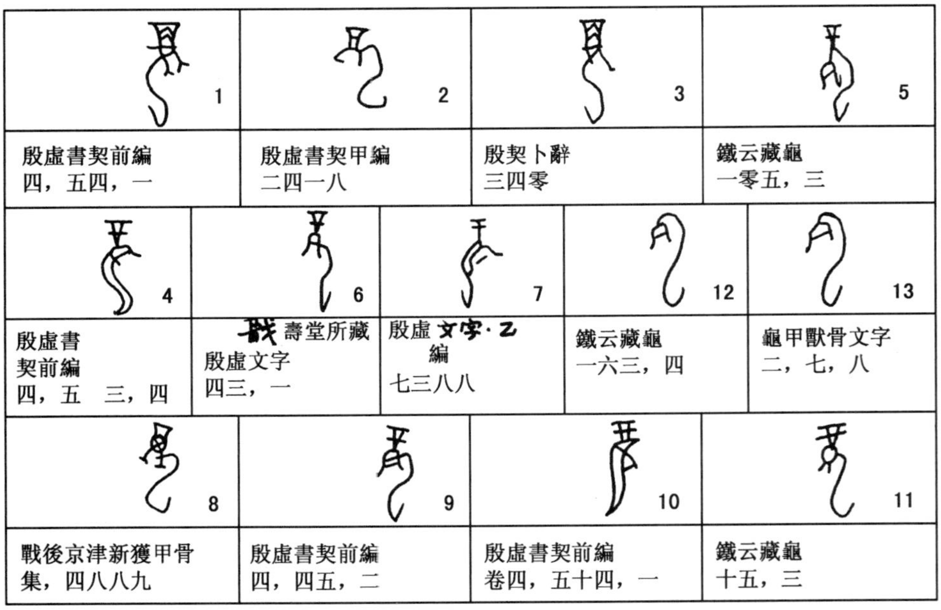

图2 甲骨文和金文中的部分龙字字例

---

① 李晓红:《神龙——中国古代龙图像学》,巴黎:法国友丰书店,2001年,第264—268页。

② 李晓红:《神龙——中国古代龙图像学》,巴黎:法国友丰书店,2001年,第265页;1—7,12—13,上海博物馆青铜器研究组:《商周青铜器纹饰》,北京:文物出版社,1984年,第4页;8—9,陈仲玉:《殷代骨器中的龙形图案之分析》,《历史语言研究所集刊》第41册,1969年,第461页;10—11,那志良:《龙与龙纹——玉器纹饰研究之一》,载《故宫季刊》第二卷,第二期,第12—13页。

③ Jean-Pierre Diény (桀溺),法国汉学家,曾著有关于《中国古代龙的象征》一书:*Le symbolisme du dragon dans la Chine antique*, 中国古代龙的象征,Paris, Collège de France, Institut des Hautes Études chinoises (法兰西学院,高等汉学研究所),1987年。

躯，由于龙是传说中虚构的动物，龙能升天，能潜渊，是因为它有角的缘故，它也应有足，如果只有角而没有足就不能算是龙（也就是说，角是让它升天的神器）。笔者则认为："因为龙的神性是逐渐形成的，所以这图2的第12例，无角又无足，是没有角及足的龙纹，可否认为它正处在形成的过程中？"对古代相传的龙，笔者曾在《神龙——中国古代龙图像学》一书中"解剖"分析过100例龙纹例子，对龙的身体的形态做过统计，它的原型是蛇的可能性大于其他的诸如鳄鱼或蜥蜴等类型的动物，笔者更赞成是蛇身的说法，正与甲骨文和金文中部分龙字形态相符。至于"C"形的那类字例也许正是玉器里的龙形玦的形象。

1.以龙为主体纹的龙凤合体纹纹饰的构成形态

龙凤合体纹的纹样包括以龙为主体纹的带有凤元素的合体纹。比如，在龙的蛇躯身体的两端，一端加龙头，一端加凤鸟喙。或是在龙身上加上鸟的羽毛、鸟的爪子等，如殷墟妇好墓出土的商代的双首一身龙纹（青铜器适合纹样）的龙凤合体纹（图3）。

这个龙凤合体纹，龙头鸟身，既夸张，又收敛，整个纹样被细密的云雷纹填得没有空隙，突出了粗犷线条的龙凤纹，并且看得出来青铜器模子的痕迹。完

图3　龙凤合体纹，商，殷墟妇好墓，M5：785①

① 中国社会科学院考古研究所：《殷墟妇好墓》，M5：785，青铜器适合图案，北京：文物出版社，1980年，第30页，图19-8。

全不相同的两个神物的头分布在图案的两个斜角顶端，右上角的鸟喙转角显坚硬而明确，鸟喙上的两根小小的角质物激活了底纹空间的布白，鸟头后边象征“尺木升天”的鸟的角与鸟嘴平行，右下角处的鸟形爪撑稳了整个纹样。左下角的龙首却表现得笨拙可爱。整个纹体(龙凤身)布满了云雷纹，呈倒“L”形的身躯转角处饰有一羽毛，增加了一点鸟的元素。一个巨大的龙角呈“T”形填上了倒“L”形龙躯的空白，这个适合纹样的对比：黑与白、粗与细、密与疏、满与空，相得益彰，龙凤二神悠然自得。

也有花冠龙凤合体纹。西周早期匽侯盂上的一龙凤合体纹属于回顾式的花冠龙凤纹(图4)。体纹装饰上有反向的“D”字形的鳞片。在云雷纹细密的曲线衬托下，工匠们甚至没有忘记在空白处加填几根羽毛，小小的羽钩像极了似有动感的风神，这个龙凤合体纹样，从图像的完美构成，到龙凤二神物神威的彰显，精美绝伦，阴阳并济，极其合拍。

图4　花冠龙凤合体纹，回顾式，分尾，西周早期，匽侯盂①

这个凤化了的龙凤合体纹中的反向“D”字形的鳞片的出处，我们在凤字的甲骨文字里找到了答案(参看图5，商甲骨文凤字)，顾方松所选用的凤字是加以美化的甲骨文写法(拟参考马承源文章第9页上的甲骨文凤字)③。在中心的那个甲骨文凤字的尾羽上发现的古代匠人加的一个密码，笔者一直存疑，为何在龙的身上总发现有这样的纹样：反向的“D”形纹，有时还加上三个尖角(同时形成两个凹进去的缺口)，原来竟然是类似孔雀尾巴上那个美丽的图形符号：当龙纹上需要加上凤的元素时，工匠们就加上这个小符号，这也许正是凤纹的标志之一，这版甲骨文字右下角的凤字也有类似的纹样，但在线条表示方法上略

① 上海博物馆青铜器研究组：《商周青铜器纹饰》，北京：文物出版社，1984年，图313，第112页。

② 顾方松：《凤鸟图案研究》，江苏：浙江人民出版社，1984年，图版4。

有不同。而甲骨文凤字身上稀疏的羽毛则成了在需要填纹时，与作为填纹用的云雷纹呼应，形成粗细对比、面积对比、疏密对比和黑白对比不可缺少的纹样因素。

马承源《商周青铜器纹饰综述》[②]里，列举了花冠龙纹或是以龙纹为主体，加上凤纹的羽毛，凤的爪子，以及凤的尾羽，合龙凤为一，此处便是。

商殷墟妇好墓 M5:866 出土的青铜器上的龙凤合体纹(一身双首纹)(图 6)，非常别致，它其实是一个一身双首龙纹，李济称之为垂花周带花纹[③]。

图 5　商甲骨文凤字[①]

图 6-1　全纹样　　**图 6-2　从三个不同角度去看的视觉效果**

角度 1　角度 2　角度 3

图 6　龙凤合体纹，殷墟妇好墓，M5:866[④]

---

① 上海博物馆青铜器研究组:《商周青铜器纹饰》，北京:文物出版社，1984 年，图 313，第 9 页。

② 上海博物馆青铜器研究组:《商周青铜器纹饰》，北京:文物出版社，1984 年，图 313，第 112 页。

③ 李济:《殷墟出土青铜器鼎形器之研究》，载《中国考古报告集新编:古器物研究专刊第四本》，台北:历史语言研究所，1970 年，第 74 页。谭旦冏:《肥遗和龙凤配》，《东吴大学中国艺术史集刊》第六卷，1976 年，第 3—8 页。

④ 中国社会科学院考古研究所:《殷墟妇好墓》，M5:785，青铜器适合图案，北京:文物出版社，1980 年，图 9-1，第 18 页(文)，第 20 页。

此纹是一条长条龙纹,两个凤鸟形龙头面对面,朝向中心,蛇形身躯则向下折去,在纹样下方形成三角形,三角形尖角地带饰有鸟尾纹样。有一蝉纹正巧饰于鸟的视线下方,三角形尖角之上,吸引了观者的视线,似是纹饰中心。鸟的钩嘴之上有且形龙角。

若从三个不同角度去看的视觉效果图如下:

1.如果从图 6-2 角度 1 去看,腹部下有龙爪,龙面朝向纹样中心;

2.如果从图 6-2 角度 2 去看,则可看到龙头转向纹饰中间,但身躯腹部朝外,抽象的羽纹爪被作为地纹的云雷纹衬出;

3.如果从图 6-2 角度 3 去看,则可看到带有短尾,尾巴朝向天空的龙头。

如果从这个纹样的纹饰构成去探讨龙纹的含义,我们可以推测出古人的用意,拟赋予龙凤合体纹样以神性,让它们互补,呼风唤雨,无所不能。

另外,还有鸟喙蛇躯的龙凤合体纹,如商代安阳出土的龙凤合体纹(见图7)①。

这个合体纹具有比较明显的龙倾向,蛇躯,龙身挺拔,呈竖状。在接触地面处向左转了一个弯,向上再向右呈钩形。爪子是通常见到的龙纹之爪。鸟头后边象征“尺木升天”的角与“鸟”嘴平行,右上方的“鸟喙”转角坚硬明确,“鸟喙”上的一根角质物打破了从左边的龙角拉到右边的“鸟嘴”的一根平线。右下角处的鸟形爪撑稳了纹样的右部。左上方龙尾处有一只似乎为了活跃气氛而置放的小鸟纹,与龙头分别朝向相反的两个方向,龙体上置有“S”形的卷云纹,可以说是个鸟喙蛇躯的龙凤合体纹。

图 7　龙凤合体纹,安阳出土,商代

还有非常抽象的龙凤合体纹,如西周中期龙纹方鼎中出现的龙凤合体纹(图 8)②。一身两头纹样,二纹呈回顾状,二龙头皆回首,朝向自己的尾部,“S”形身躯的下端,朝向左边(或朝向右边)有一个鸟的尖嘴造型,这对相背的龙凤合体纹,线条简练明快,曲线的纹样,置于直线的框中,极其美丽和优雅。

---

① 王大有:《龙凤纹图案》,北京:朝花出版社,1988 年,第 32 页。

② 上海博物馆青铜器研究组:《商周青铜器纹饰》,北京:文物出版社,1984 年,图 322。

图 8　龙凤合体纹，西周中期，龙纹方鼎

2. 以凤为主体纹的凤龙合体纹纹饰的构成形态

凤凰是幻想动物纹样，马承源在《商周青铜器纹饰综述》一文中把凤纹、鸟纹都归于凤鸟纹类，而他判定凤纹的标准基于甲骨文中的凤字："凤纹包括凤纹与各种鸟纹，皆为禽鸟之属。一般的鸟纹由于其特征比较明显而容易识别，但是对凤纹我们主要依靠甲骨文字作为辨别的参考。"①

凤龙合体纹就是以凤为主体纹的带有龙元素的合体纹。比如，凤鸟纹身上加上龙头（或兽头）或龙的蛇身躯，或抽象简化了的单线条"蛇身"。如商二里岗期（商早期）郑州白家庄遗址出土龙纹盘边缘的凤龙合体纹（图 9）②，龙纹附于鸟身，则可架云升天。

该龙纹盘高 30 厘米，直径 10.5 厘米。此纹样是凤龙合体纹，装饰于龙纹盘边缘，纹中显示的四只凤龙纹朝着一个方向排列。

图 9　凤龙合体纹，郑州白家庄遗址出土龙纹盘边缘，商二里岗期（商早期）

① 上海博物馆青铜器研究组：《商周青铜器纹饰》，北京：文物出版社，1984 年，第 9 页。

② 上海博物馆青铜器研究组：《商周青铜器纹饰》，北京：文物出版社，1984 年，图 707；李晓红：《神龙——中国古代龙图像学》，巴黎：法国友丰书店，2001 年，第 94—95 页。

此纹与殷墟时期(即商晚期)的青铜器器物上的夔龙纹饰明显有别,它几乎没有什么具体形象,头和爪都不明显,身上布满了带钩的"羽毛"。纹样的主体似乎就是龙头与两根"S"形的带羽钩的长线组成,这两根"S"形白线(或阴线)既是身躯,又是龙纹的长鼻。头部似乎是龙纹的头部,而不能算作单纯的凤纹。表示眼睛的圆点下方伸出曲线般的下颌,这带有尖钩的下颌同时似乎又是鸟喙。这羽毛和鸟喙的特征让我们更偏向于把它算作凤龙合体纹。

图 10-1 是类似于肥遗纹的凤龙纹纹样。我们把它跟李济先生所选的肥遗纹(图 10-2)相比较,就可以看出它们的异同。

图 10-1　青铜凤龙纹①,编号 R15478

图 10-2　肥遗纹,侯家庄出土,编号 R1111

"肥遗"这个词来自《山海经·北山经》,是蛇的名称,"有蛇,一首两身,名曰肥遗,见则其国大旱"。李济建议用"肥遗"这个名字指称铜器上当中是正面兽面而左右都有较细长的身体向外伸展的花纹——"肥遗"型:"每一单位的中间为一个大头面;有头部的两旁,各向外伸出一长条身,分占左右各半。"②这个所谓大头面其实就是一个类似于饕餮的纹样,居中(图 9-2)。

图 10-1 中的纹样是以凤纹为主体的双尾凤龙合体纹,纹样上面布满了鸟的羽毛,鸟头后的冠状羽毛也非常漂亮,以颠倒"T"形纹的方式垂挂在脑后,飘

① 李济:《殷墟出土青铜器鼎形器之研究》,载《中国考古报告集新编:古器物研究专刊第四本》,台北:历史语言研究所,1970 年,第 70 页,插图 35-3:单圈周带带花纹之 R15478。

② 李济:《殷墟出土青铜器鼎形器之研究》,载《中国考古报告集新编:古器物研究专刊第四本》,台北:历史语言研究所,1970 年,第 70 页,插图 35-5:单圈周带带花纹之 R1111。

逸潇洒。两个相背的鸟头组成了类似饕餮纹(就是一个兽面纹)的纹样中心,两个侧身的凤形纹反向安置在纹样框内。这个纹样虽不是肥遗纹,但是具有与肥遗纹相似的左右对称、成双成对的纹样置放方式。

有趋向于抽象的变形凤龙合体纹,如春秋晚期卷龙镈上的变形凤龙合体纹(图 11)[①]。对比我们前边的凤龙合体纹,这个纹样明显抽象,几乎看不出来鸟或龙的形态。我们把它算作凤龙合体纹是因为它有很多尖尖的貌似羽毛的触角,它的盘旋的龙身已经趋向西周、春秋时代的变形的窃曲纹形式(这里我们不展开讨论)。

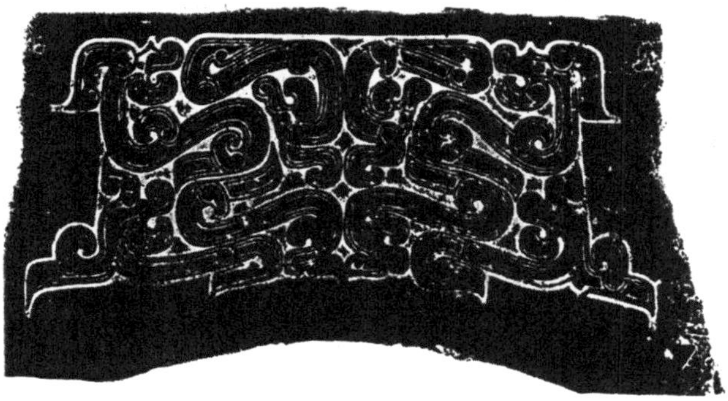

图 11　春秋晚期,卷龙镈,变形凤龙合体纹

可见,在商代,龙凤相交的现象,以龙纹为主体纹的龙凤合体纹或以凤纹为主体纹的凤龙合体纹,都繁花似锦般以各种形式出现,不再是早商前后的简单纹样,着意刻求的怪异诡秘的商代纹饰在巫师的设置和工匠们的实施下借想象去征服自然,包括对自然力量的幻想形象化,对自然神的崇拜。

3.龙凤并列纹纹饰的构成形态

这一类龙凤二神物并列依存的纹样,有龙凤呈祥的意味(此处不详议),仅举以下三例。图 12、图 13 都是殷墟妇好墓出土的凤鸟与龙合体的玉器纹样。

---

① 上海博物馆青铜器研究组:《商周青铜器纹饰》,北京:文物出版社,1984 年,图 439。

图 12 龙凤并列纹玉器纹饰，殷墟妇好墓,M5:993①

高 12.5 厘米,厚 0.4 厘米

图 13 龙凤并列纹玉器纹饰，殷墟妇好墓,M5:408②

高 5.6 厘米,宽 8.1 厘米

图 12 表现的是一只巨大的凤鸟托住了一只小龙,这只凤鸟身上布满云纹,这又是龙附于鸟,则可架云升天之一例。而这小龙就好似这只大鸟的“角”,或鸟冠(也有学者认为是龙衔着大鸟)。图 13 底下的鸟纹呈鹦鹉状,具双角;而在它身上的这个龙纹翘起了向天上甩上去的龙尾,在龙身的转角处有一个大目纹,视线朝向天空。刘一曼先生亦对此纹谈到这样的观点:“是否意味着龙正在升天时,需时刻观察天空的复杂心情。”③图 14 展现的是战国帛画中的龙凤呈并列状,显出相互呼应状,应是龙凤呈祥的佳例,凤纹具典型的楚地风格,似是漆器或丝织品纹样。④

① 中国社会科学院考古研究所:《殷墟妇好墓》,M5:785,青铜器适合图案,北京:文物出版社,1980 年,第 164 页,图版 CXLI-2。

② 中国社会科学院考古研究所:《殷墟妇好墓》,M5:785,青铜器适合图案,北京:文物出版社,1980 年,第 157 页,彩图版 XXXII-1。

③ 刘一曼:《略论甲骨文与殷墟文物中的龙》,载《21 世纪中国考古学与世界考古学》,《考古学专刊甲种第二十八号》,北京:中国社会科学出版社,第 275 页。

④ 该帛画于 1949 年在湖南陈家大山楚墓中发现。参见徐华铛、班昆和张明川:《中国凤凰造型艺术研究》,天津:天津人民出版社,2004 年,图 2-21,第 11 页。

图 14　战国楚墓出土的人物龙凤帛画

三、龙凤合体纹和龙凤并列纹纹饰出现的渊源

凤或龙等幻想动物纹样在现实中其实并不存在。在新石器时代曾经出现过类龙纹[①]和鸟纹。早于商周时期的河南偃师二里头文化中,就出土过有着羽状尾巴的带爪龙类纹样,它或许就是我们看到的最早以龙为主体的龙凤并列纹(图 15)[②]。

① 笔者曾列举十九例考古发现的上古时代的原始形态的“龙”纹:有的像猪,有的像鳄鱼,有的像虎,有的像鱼,有的像兽等(本文不展开讨论),参见李晓红《神龙——中国古代龙图像学》,巴黎:法国友丰书店,2001 年,第 75—77 页。

② 中国社会科学院考古所洛阳发掘队:《河南偃师二里头遗址发掘简报》,载《考古》1965 年第 6 期,第 215—224 页。

图 15　河南偃师二里头文化中的类龙纹

当时出土的四个残片中的两片：右边的残片上的纹样是一个一头两身的蛇纹样，左边的残片上有一条有齿的带爪蛇形“龙尾”，很像鸟尾。这两个类龙纹(因为它尚未具备后世的龙纹形态)显示了从蛇的自然形变为图案形的过程，那时的纹样趋于写实。青铜器纹饰应来源于中国的龙山文化和二里头文化，这类石器和陶器纹样应该是商周青铜器、玉器上出现的龙纹和凤纹的雏形，它们的超自然性在新石器时代并未完全显现，它们彼此之间甚至没有什么联系，文化的内涵、相互依存等关系是随着社会的发展、物质条件的改变而演进的。

饕餮纹(即兽面纹)、夔纹都与龙纹息息相关，从造型到造意。而龙凤二神物的交往，或以龙或凤的并列纹样出现，或以它们的合体出现，就是一种形式的鸟配兽或夔配兽的复合纹样。

“商代青铜器上装饰种种自然神的形象，其作用可以从《左传》宣公三年王孙满对楚庄王问九鼎的答复中见其仿佛：‘昔夏之方有德也，远方图物，贡金九牧，铸鼎象物，百物而为之备，使民知神奸。故民入川泽山林，不逢不若。螭魅罔两，莫能逢之，用能协于上下以承天休。’虽然所讲是夏的九鼎，但商代青铜器纹饰‘铸鼎象物’这一点上却与之非常相似”。[①]

纹饰因素的增减其实与创造者的造意有关。商周时代直至春秋，青铜器、玉器、骨器等器物或承载物与它们身上的装饰纹样，都因时代的变迁，从商早期(即郑州商二里岗时期)的纹样的抽象、粗犷，到中晚期殷墟的满花装饰风格时

① 引录上海博物馆青铜器研究组《商周青铜器纹饰》，北京：文物出版社，1984 年，第 9 页。

期的具象，再到西周、春秋时期的再次抽象、变形，我们从龙凤合体纹和并列纹的图例中都可以见到这样的历史痕迹。

商代的工匠给龙的甲骨文龙字加角，或给龙纹加角都是为了给器物上的“百物”增加神性，使人望纹生义，让器物和纹饰起到与天地沟通的作用。

关于给龙加角，谭旦冏对商承祚所著《殷虚文字类编》里所辑的龙字和凤字字首上具角是这样介绍的：“龙字从，凤字所从亦与龙同。”[①]他又指出：“商氏在龙字按语中认为角，而在凤字按语中则云‘此于古必有说，今无由知之矣’；其实，是被安置在龙和凤的首顶上，是一种神兽、神鸟的表征，可称之为彩冠，也可称之为瑞角。在古代载集里，对于龙头上的这种装置，称之为尺木。如东汉王充撰《论衡・龙虚篇》载：‘龙无尺木，无以升天。’”[②]

董琦文中介绍了学术界一般对类似这个符号认为的观点：“……是王权的象征，含有‘帝’与王的意义，因此演化为‘帝’之上半部。”[③]另有学者认为：“……帝为殷人观念中之神明，亦称上帝，主宰风雨及人间祸福。……为禘之初文，后由祭天引申为天帝之帝及商王称号。”[④]

图16　凤、龙与帝三个甲骨文字比较，都拥有一个冠或类似角的“辛”[⑤]

---

① 谭旦冏：《“肥遗”和龙凤配》，《东吴大学中国艺术史集刊》第六卷抽印本，1976年，第8页。

② 谭旦冏：《“肥遗”和龙凤配》，《东吴大学中国艺术史集刊》第六卷抽印本，1976年，第8页。

③ 董琦：《说龙角》，载《2000濮阳“龙文化与现代文明”学术讨论会论文集（一）》，北京：中国经济文化出版社，2003年，第67页。

④ 徐中舒主编：《甲骨文字典》卷一，成都：四川辞书出版社，1988年，第7页。

⑤ 李晓红：《神龙——中国古代龙图像学》，巴黎：法国友丰书店，2001年，第429—430页。

笔者倾向于信赖这个像“辛”字的角形物,可能是中国先民文化中古人给龙或凤等神幻动物添加的通灵意念的说法,凤、龙与帝三个甲骨文字比较,都拥有一个冠或类似角的“辛”(图16)。自鸟到凤,先民们,更准确地说是工匠们在图解的密码中进行了“人文加冕”的重要尝试,加冠或加“角”,增强了龙或凤作为神物沟通天地的象征意义。所以我们可以得出一个带有推测但也有依据的结论,上古时期把龙与凤放在一起(包括龙凤纹的出现),是因为它们都是神物,可以起着沟通天地(战国时期还有帛画为佐证,如图14的“战国楚墓出土的人物龙凤帛画”)。

四、龙凤合体纹和龙凤并列纹——从图像造型到图像意蕴

纹饰是青铜器、玉器、骨器等的图纹语言,是青铜器物的精神和灵魂所在,除了很多有约定俗成的抽象化的符号以外,工匠们常常会创造出新的带有文化底蕴的纹样。龙凤合体纹或并列纹纹样的组织与装饰特色都反映了工匠们与器物沟通、与天地沟通的意愿,同时也都是他们个人艺术审美语言的创造。比如安徽阜阳龙虎尊的龙、虎与人之间纹样的关系处理,设计者在器物中每一个部位、每一个纹样间都考虑突出什么、隐藏什么,还考虑三物皆要有与天沟通的空间和余地,比如圆雕的兽头,比如浮雕的龙身和虎身,都浮出器身呈弧度凸起。比如白家庄遗址出土的龙纹盘的边缘图案,抽象的凤龙合体纹,它们头尾相接地顺列反复,每个纹样的羽钩互相间都钩连并扣合。

通过本文对相关的龙凤合体纹和龙凤并列纹纹饰构成的分析,对它们的含义,我们可以推测一下:

4-1 为龙加角的寓意(龙凤均被加角),可以因此推测,古人希望这两个神物都同样具有神性。

4-2 从鸟到凤的纹样演变,龙与凤在龙凤合体时逐渐完成了“人文加冕”的“任务”(图17)。

凤鸟纹①,商

给鸟加角②,商

完成凤龙合体纹的演变③,商

图 17　从鸟到凤的演变,再从龙和凤经过的历史的演变,直到龙凤合体,逐渐完成了“人文加冕”的任务

4-3 从孔雀尾部彩斑纹样的移植到龙凤合体纹上(见图 4,花冠龙纹),可见龙身上凤因素的来源,彰显了龙和凤的神威。

4-4 龙凤并列玉器上龙身上朝天的大目纹的启示(见图 12),我们的推测是有与天对话的意趣。

4-5 龙凤合体纹躯体转动时视角变换的启示(见图 6),龙的神性体现,它无所不能。

商代纹饰怪诞、抽象而且狂热的形象反映了对鬼神的崇拜。鸟纹或凤鸟纹大约出现在殷周之际,而盛行于周初,但那时,它们已经只作为装饰用了。

五、结语

以上论述了龙凤合体纹和龙凤并列纹中龙与凤之间的纹饰造型,并探讨了龙与凤之间内在的联系及成因。主要论证了以龙为主体纹的龙凤合体纹纹饰的构成形态,以凤为主体的凤龙合体纹纹饰的构成形态,龙凤合体纹及并列纹中的渊源,从图像造型到图像造意,探讨了龙凤合体纹和龙凤并列纹纹饰的图像含义。强调龙凤合体纹或并列纹现象,特别是合体纹的图像的寓意以及象征层面,至今学界解读甚少。通过具体图像例证,发现古代工匠们的设计意念里,

---

① 中国社会科学院考古研究所:《殷墟妇好墓》,M5:785,青铜器适合图案,北京:文物出版社,1980 年,彩图版 XXXII-3。

② 中国社会科学院考古研究所:《殷墟妇好墓》,M5:785,青铜器适合图案,北京:文物出版社,1980 年,第 414 页。

③ 陈仲玉:《殷代骨器中的龙形图案之分析》,载《历史语言研究所集刊》第 41 册,图 41-3,1969 年,第 466 页。

“畏天威”,敬鬼神,或是选择龙头或凤头作为适合纹样,将其巧妙地将安置在青铜或玉器器物特定的框架里,用“因器施纹”的手法,以阴阳相错的美学概念,来反映他们对自然神崇拜的信念;或是以其中一个神物为主设计,通过添加另一神物的身体器官的某些部件的手段,达到加强另一神物神威的目的。羽毛的增添,鸟爪的置换,甚至龙体上孔雀尾部鳞片图案“D”形纹的增添,或许就能使龙具有附于鸟,即可升天的神威;龙凤合体纹上图案视角的变换,也使人感到龙作为神物的无所不能。通过对龙凤合体纹或龙凤并列纹图像造型的解读,到对图案意蕴的解读,上升到图像寓意和象征层面,可以探求其背后的文化意义和社会意义。有些图例纹饰的排列组合,让人惊叹不已,构思的巧妙让人回味无穷。古代工匠们的尝试使龙凤合体纹或凤龙合体纹千姿百态、光彩夺目,它们在青铜器装饰中成双成对(也包括双凤或双龙的出现),正反映了古代雌雄对立或阴阳合体的文化观念。

鉴赏家之事
——兼论范大澈的碑帖鉴藏观

刘晓峰
宁波市天一阁博物馆

范氏《集古印谱》记载了一段这样的对话："不佞有痰疾，每疾作，则命雪儿出种种于前，疾便退却。人欲夺，重直不售，真成蛊癖。文寿承曰：'希奇之物，人多罕见，今遇目而又得重价，夫何吝哉？'余曰：'此驵估射利之徒，非鉴赏家事也。'"[①]这段话，除了揭示了范大澈的嗜古成癖，也引出另一个有趣的话题——鉴赏家之事。很显然，在范大澈（1524—1610）眼里，鉴赏家是一个很荣耀的身份，它与射利之徒有着严格的界限。那么何谓鉴赏家，哪些为鉴赏家之事呢？范大澈在《集古印谱》中并没有给出答案，但在其另一重要著作《碑帖纪证》中，似乎给出了些许答案。

一、范大澈与《碑帖纪证》

万历十三年（1585），六十二岁的范大澈致仕归里[②]。此后生活中，翻经阅史，品画评书原本将成为他的人生快事，但怎料天灾人祸，几使其早年收藏散失殆尽。"畴曩豪兴消耗尽矣，仅存秦汉之识三千六百有奇。命儿汝桐集为一部，盖虑其亦散也"。[③] 此书，便是学界所熟知的范氏《集古印谱》。除此之外，范大澈常被提及的另一著作便是《碑帖纪证》。《碑帖纪证》对六十一种碑帖作了相

① 范大澈：《集古印谱》，参见桑椹《历代金石考古要籍序跋集录》卷二，杭州：浙江古籍出版社，2010 年，第 208 页。

② 《集古印谱》自序中云："乙酉归来，六十二岁。"《寒村诗选 · 讷庵范公传》载其六十七岁致仕，此处采自序之说。

③ 范大澈：《集古印谱》，参见桑椹《历代金石考古要籍序跋集录》卷二，杭州：浙江古籍出版社，2010 年，第 208 页。

关跋录,但更为可贵的是它不仅记述了碑帖的内容,而且相关的来源、递藏、评鉴都有记录。故而,此书成为了解嘉万年间碑帖鉴藏的重要著作。

范大澈的古物收藏在当时非常有名,康熙《宁波府志》载:“好聚书,闻有异集,遍求藏本缮写。购古拓、法帖、名画、彝鼎,见识精微……”①他在《集古印谱》序中尝言:“每以笔耕之入,捃摭书画碑帖,三代秦汉器识,饥以为食,寒以为衣……”②其收藏已近痴迷之态。而对于其碑帖鉴藏的能力,《讷庵范公传》有详尽描述:“家藏拓本最富,一切初本、肥本、原拓、赝拓、硬黄纸、枣木版、银锭纹、李廷珪墨,过眼便悉秋毫……”③足见其古物收藏之丰富及碑帖鉴定之精准。

《碑帖纪证》自罗振常刊刻后,才得以行世。张寿镛序云:“考鄞《艺文志》,范子宣氏所著有《灌园丛谈》《古印谱》,余未见。《碑帖纪证》一卷为罗叔韫得杨龙石手写本,爱其博洽,印以行世者也,而《艺文志》未及焉。”④旧志所未载,往往让后人生疑。张寿镛虽将其收入《四明丛书》,然两次提及鄞《艺文志》无载,似对真伪仍有些许疑虑。那么,作为著名藏书家的罗振常,又如何看待此书呢?罗振常序云:“《碑帖纪证》一卷,四明范大澈撰,数年前得杨龙石手写本,爱其博洽,录副藏之。编中有赵晋斋案语。徐紫珊刻《英光堂帖》,跋中亦引其说。然自来未见刊本,诸家第互相移录耳……作者生于嘉靖之初,与文衡山并世。其余赏鉴家,如董思白、邢子愿、孙退谷诸人均出其后,虽考订较详而所见则不能逮。矧在今日,是虽戋戋小帙,以为后学参据之资且有余矣。”⑤罗振常此语,有两点值得留意:一是赵魏的案语、徐渭仁的引用。此二人皆为清代金石鉴赏大家,凡其入眼之物足以证其价值之高。罗提及此点,似由此证是书之真。二是刊刻的目的,一方面是因只见写本,未见刊本传世;另一方面则因时代较早,所载之物可资后世。由此,有两点可以明确:首先,在罗振常之前《碑帖纪证》并未刊刻,流传也极为有限;其次,流传诸版本实际均以杨龙石(澥)手写本为底本。

对于是书真伪,成书时间,除了提及赵跋徐引之外,罗振常没有做过多考订,但就其中内容来看此书确为范大澈所著,而成书时间至少应为其六十五岁(1589)以后。书中所载事情与其他文献记载较为吻合,如己酉年随仲父赴京与

① 李廷机修,左臣黄、姚宗京纂:《宁波府志》卷二〇,康熙刻本,第47页。

② 李廷机修,左臣黄、姚宗京纂:《宁波府志》卷二〇,康熙刻本,第47页。

③ 郑梁撰:《寒村诗文选·寒村见黄稿》卷一,康熙刻本,第44页。

④ 张寿镛辑:《四明丛书》第八集,民国十九年刻本,第1页。

⑤ 张寿镛辑:《四明丛书》第八集,民国十九年刻本,第5页。

传记、方志相符，范钦所藏《历代钟鼎彝器款识》与全祖望所记相合，而且所记载事件多有具体年份，记录详尽且合情境，特别是与范钦、丰坊同里人的交往，若非亲身经历似难伪造。根据罗氏序言，是书应为随笔，随见随记。[①] 其中，《雪溪堂帖》条云："此帖刻于燕京，余寓京几四十年，遍访竟不可得。"乾隆《鄞县志》载："年二十六游京师。"[②]这也正与此书所记"己酉年随仲父赴京"相符，是年正为嘉靖二十八年（1549）。按其在京师四十年，故记录此条时为万历十七年（1589），如若此条为最后记录，此书也应在其六十五岁之后才写毕。

二、范大澈眼中的"鉴赏家""好事者"与"射利之徒"

在《碑帖纪证》中，范大澈对当时三种看似为鉴赏的行为进行了批评，从而可以更加明确范大澈的鉴藏观。一是关于王世懋（1536—1588）的记录，"闽人陈姓者，将近日泉州新刻用梨板翻于燕台，加以银锭纹，用好墨佳楮，精拓精装，求售于王麟洲（世懋），获直百二十金。后，王讼之锦衣，众奸受刑，直则乌有，人皆嗤王之不鉴"。嘉万年间，王麟洲也是比较有影响的文人收藏家，但仍有不鉴之时。虽是他人嗤王不鉴，但范大澈记于此，显然也是对王鉴赏家身份的怀疑。二是关于《大观帖》的记载，"今徽人将得孙氏第二卷，余竟将晋府《宝贤堂》糊板刻之，名曰大观。好事家亦购之，良可笑也"。在范大澈看来，此类人更不是鉴赏家而只能算是好事者。三则是《泉帖》条载："今书驵持一部来索观，渠初不知宋拓较余者胜，余因而并得之耳。鉴如此，所谓然灯取火，甚可发笑……"虽然没有像对话中提及书驵的射利行为，但是对其如此低的鉴赏水平，范大澈不免有身为鉴赏家的优越感。

对此三种现象的"发笑"，似乎正对应其所谓鉴赏家的三个层次：虽为鉴赏家但鉴别真伪尚不够好，王麟洲之徒；喜欢收藏但基本不具备鉴赏家的眼力，只能谓好事者；从事古物交易，不具鉴赏之眼，重在射利的书驵。当然，书驵亦有例外，沈复魁便是其中之一。范大澈对他进行了详细的记述："余南北往来见天下书驵，未有如复魁之博雅精鉴者。丰南禺、许茗山辈俱雅重之，其背曲而孤贫，与人相善，忠于谋事而不重利，杭人呼曰沈驼。余识之时年已六十七，甚惜，

---

① 罗序云："此编仅为随笔，未著意考订……惟原本碑帖错杂，时代紊乱，纪录初稿未加排类，固宜如此。因粗为厘订……"显然，原书在顺序排列、种类分别上都经罗氏重新编排。

② 钱维乔修，钱大昕等纂：《鄞县志》卷十七，乾隆刻本，第7页。此处记载与《讷庵范公传》不符，传为三十六岁。从此书所载乙酉年来看，应为二十六岁。

相见之晚也。”通过这段文字,至少有两点较为明确:一是博雅精鉴;二是不重利。这虽是对书驵的评语,其实也正是其心目中鉴赏家需具备的品质。“博雅精鉴”是鉴赏家必须要有的专门知识,这是前提;虽然专门重要,但若重利,则往往会沦为作伪射利之类。所以,此条规定了鉴赏家的品格。

如此而言,范大澈心目中的鉴赏家须是精通古物知识而品格高尚之辈。品格高尚与否自有公论,而博雅精鉴,特别是就碑帖而言又是指哪些具体知识呢?

三、《碑帖纪证》所见范大澈的碑帖鉴藏观

从收藏史的角度而言,金石学家的收藏多以刻石为主,重在拓片内容;以研习书法为主的帖,则是以《淳化阁帖》为代表的诸帖,多为书画家所聚。这本是两个不同的体系,关注的视角也各不相同,但自宋以来无论是《集古录》《金石录》等以考录碑刻为主的书籍,还是《法帖谱系》《法帖刊误》等辨章法帖的著作,均大量出现。《洞天清录集》《东观余论》等书更是将碑刻、刻帖乃至彝器款识融为一书。这一方面多因其均为拓片的形式,而且部分碑刻也兼具学习书法的功用;另一方面则是在关注视角上往往以考辨为主,虽为一书但互不影响。元明以来,以“碑帖”命名的著作虽然极少,但已有出现。除了《碑帖纪证》,还有一部则是朱晨《古今碑帖考》,其自序云:“宋以前碑刻考,朱伯原采录间多脱误,晨为之订次;宋以后碑刻考并法帖,晨窃增入……”①可见,此书尽管以碑帖命名,但其实正类似于《墨池篇》的补正,只是在考辨内容上增加法帖部分。法帖毕竟不同于墨迹,刊刻之后便有了独立性。其刊刻好坏、传拓技巧、纸墨选择、原刻翻刻都已成为重要元素,抑或说书法高低仍是法帖的重要标准但却已不是唯一标准,如果不能对其他知识有深入的精研则很难成为碑帖鉴赏家。相比较而言,《碑帖纪证》则似乎成为以鉴赏家之眼而视碑帖专门之作。那么,这就有必要来梳理一番令范大澈自信的碑帖知识及其鉴赏着眼点!

首先,碑帖摹刻要能传底本神韵且以双钩之法摹勒为佳。范大澈记述《庆历长沙帖》时云:“庆历间,僧希白重摹《淳化阁帖》于长沙,高二字,瘦而有风神。余得一部……黄长睿《东观余论》跋法帖逸少书后曰:‘玉局翁云,希白作字自有江左风味,故长沙法帖比淳化待诏所摹为胜。世俗不知,争购秘阁本,误矣。此逸少一卷,尤妙。’仆谓此语固当,亦有不然。白摹书真似骑生马不暇施鞚勒,时有骤跌,不害其妙处,但㳟字要当如陶华阳摹杨、许书法,乃佳耳。’”对

---

① 朱晨:《古今碑帖考》,台北:台湾商务印书馆,1977 年,第 3 页。

此帖的评论,范氏借用《东观余论》之说表达了自己的看法。“骑生马不暇施鞚勒”便指出了书法家在临摹古帖时的困窘,而最后一句“拓字要当如陶华阳摹杨、许书法,乃佳耳”则是指碑帖摹勒要像陶弘景(456—536)摹写杨、许二人之书,纤毫不差。在范大澈看来,刊刻之法虽有钩摹,有影写,但要做到这一点则以钩摹为佳。如《唐孟法师碑》条云:“张王屋(之象)木刻本不善,缘非钩摹乃影写也。”《淳化阁帖》条云:“潘氏亦复翻刻,钩既不佳,刻又不善,殊不足观。”《太清楼帖》条云:“然京恣意钩摹,虽有风神而欠浑厚……丹阳孙氏刻第二、第八卷,乃文寿承钩摹,颇佳。”钩摹是较好的方法,但何人钩摹,怎样钩摹却也极为重要,蔡京恣意,文彭颇佳便见出高低。这并不是说哪者的书法水准之高低,而是基于再现原作风神、形貌的多少。

其次,碑帖作品要纸墨俱佳,拓法精妙。关于碑帖的纸墨,前人已有谈及,但纸墨在具体碑帖的比较、品鉴中却几乎不见①。《碑帖纪证》中则几乎随处可见,如《十七帖》条云:“上海顾汝和有一本,刻同而墨色较余藏者胜。”《澄清堂帖》条云:“上海顾中书汝和有之,宋纸、宋墨而且精……”《泉帖》条云:“此用匮纸拓,可宝之……正统间拓者,非匮纸也,相传如此。余于南北好事鉴赏家所见匮纸者只五部,并余所藏共七部。”《历代钟鼎彝器款识》条云:“武陵高瑞南鸿胪有全部,第纸墨不善耳。”《群玉堂帖》条云:“余得第六卷苏东坡书,纸墨拓法甚精,刻手亦妙。”《忠义堂帖》条云:“北墨录纸,刻亦清劲。”《太清楼帖》条云:“蝉翅拓法,颇为精妙。”“宋纸”“北墨”“匮纸”“蝉翅拓法”都已进入范大澈之眼,成为鉴赏碑帖的重要指标。

再次,翻刻佳者,亦可收藏。范大澈的碑帖收藏视野比较开,主要体现在两个方面:一是对翻刻碑帖的不排斥,《唐云麾将军李思训碑》条“近翻刻有两种,内一种亦可观”;《十七帖》条:“今归吴门王百谷。何克泉知姑苏时,乃命章简甫即此本摹刻,亦佳”;《淳熙秘阁帖》条“丰存叔翻刻绝交书,亦可赏”……都体现了他对翻刻的欣赏。二是一种穿越时空的收藏视野,他在记述《淳化阁帖》时云:“宋时去古未远,晋唐真迹尚富。及至近世,不惟阁本祖帖足贵,即泉、潭、临江诸刻亦足宝矣。吴门袁尚之(袠)有全帙,归云间潘氏。顾汝和中舍摹刻之,亦得七分。若越百年,所贵不下今日之泉、潭。”虽然翻刻只得七分,但他仍觉得百年后会更足珍贵。这种并厚古不薄今的收藏态度,是他长期收藏的经验,亦

① 《洞天清录》中专列条目言“北碑纸”“北墨”等内容,但在具体的鉴赏中却较少应用。参见赵希鹄《洞天清录》,杭州:浙江人民美术出版社,2016年,第43—52页。

是对收藏的一种敏感,在收藏史上并不多见。

除了以上几点外,《碑帖纪证》还注意到了碑帖的新旧、残全等相关问题。在拓本的新旧问题上,范大澈的态度与翻刻相一致。类似“旧拓足赏,近拓亦可尚观”的评价,书中多有出现。在版本的残全问题上,范大澈非常注重残本的重要性。他不但比较各本的残全情况,而且他还曾购买过《宋高宗真草孝经》宋拓数页、《琳光楼帖》几张。多年的碑帖鉴藏实践,使范大澈形成了自己独到的眼光。《碑帖纪证》没有指导他人如何鉴藏碑帖问题,而是将临摹、刊刻、纸墨、新旧、残全等诸要素更为具体地纳入平日的鉴藏实践中,从而更为具体地揭示了明人碑帖鉴藏的知识与态度。

四、《碑帖纪证》与嘉万年间的碑帖鉴藏

应该说,《碑帖纪证》向人们展示了明代嘉万年间一个广阔的碑帖世界。这个世界中,能看到碑帖鉴藏家们如何千方百计地获取碑帖,射利者们如何绞尽脑汁地作伪以及他们之间的互动与交往……如果说,这些与其前后的时代都有很多的相似性,那么书中展现的鉴藏视角,却体现出范大澈这个群体自己的时代特点。

自欧阳修以来,碑帖的研究或收藏多以“可与史传正其阙缪者,以传后学”①。赵明诚在其序文中说:“《诗》《书》以后,君臣行事之迹悉载于史。……岁月、地理、官爵、世次,以金石刻考之,其抵牾十常三四,盖史牒出于后人之手,不能无失,而刻词当时所立,可信不疑。”②这些著作几乎纯以考录为主。至清初,证经补史仍是主流。顾炎武《金石文字记》云:“余自少时,即好访求古人金石之文,而犹不甚解。及读欧阳公《集古录》,乃知其事多与史书相证明,可以阐幽表微,补阙正误,不但辞翰之工而已。”③钱大昕更进一步指出:“州县之名当从其时本称,史臣秉笔,任意更易,非得石刻,何由决其然否?此金石之有益于史学也。”④直至清中晚期,随着金石学的复兴,金石碑版与书法有了更多内在关联,最终促成了碑派书法的诞生。梁启超先生在总结清代金石学时指出,考证

① 欧阳修著,邓宝剑、王怡琳笺注:《集古录跋尾》,北京:人民美术出版社,2010年,第1页。

② 赵明诚:《金石录》,北京:中华书局,1991年,第2页。

③ 顾炎武:《金石文字记》,四库全书本,第1页。

④ 钱大昕:《潜研堂金石文跋尾》卷八《李抱真德政碑》,第221页。

经史、研究义例、专讲鉴别、美术研究四大类别，几可涵盖金石学发展之全貌。①

显然，《碑帖纪证》的关注点则似乎有别于以上诸种。可以说，它所关注的是鉴赏家如何观看、品鉴碑帖，关切的内容更多的是碑帖自身的摹刻、纸墨诸问题，还不同于翁方纲等人“专讲鉴别”之类。由此，《碑帖纪证》在展示范大澈碑帖鉴藏的同时，也成为明代金石学发展与嘉万年间风雅之好的一个重要联结点。

① 梁启超：《清代学术概论》，上海：上海古籍出版社，1998年，第58页。

古·劲·逸

——丰坊的书法审美观

陈斐蓉
宁波市天一阁博物馆

审美是人类情感的高级活动,是判别事物的准则或者说基准,它通常表现为理性与感性相结合的体验和评价。这种体验和评价与审美个体的生活环境、人生经历、知识结构等因素密切相关。虽说是个体的情感体验,但是,审美离不开所处的时代背景,不可避免带有时代的烙印,甚至在一定程度上是一个时代智识的反映。本文关注明代嘉靖年间(1522—1566)的书法家丰坊,他的书法审美标准是什么?由审美而产生的书法批评又是怎样?他的审美的时代背景和影响又有哪些值得探讨的地方?这些问题构成本文的主要内容。

一、丰坊及其书论

丰坊的书法审美包含在他的书论中,尤其突出表现在他对书法现象以及一些书法家的品评之中。丰坊(1494—1570),字存礼、存叔,后改名道生,字人叔、人翁、人季,号南禺、南禺外史、南禺世史等,浙江鄞县(今宁波)人。少警敏好学,是正德十四年(1519)的解元,嘉靖二年(1523)的进士,授礼部主事,第二年因随父谏"大礼议"受杖阙下①,迁为南京吏部考功司主事。嘉靖六年(1527)京

① "大礼议"事件是明代嘉靖年间影响最大的政治事件。由于明武宗(正德皇帝)没有后代,"兄终弟及",庶支的堂弟朱厚熜入继大统,是为明世宗(嘉靖皇帝)。在如何称呼孝宗(弘治皇帝)和生父的问题上,世宗极力追尊自己的父亲为正宗皇帝。因此,遭到大多数守护宗法制度的大臣们的反对,引起激烈的论辩。它实质上是皇权与阁权的政治斗争。丰坊和他的父亲丰熙也卷入此事件中,丰熙更是领袖之一。嘉靖三年(1524)七月,因进谏无效,丰熙、杨慎、何孟春等八人带领二百多名大小官员跪伏左顺门,大呼高皇帝和孝宗皇帝,惹怒世宗。最终一百八十多名官员,包括丰坊及其父亲被廷杖,更有一百三十多名官员入狱(此事又称"左顺门事件")。

察中,被贬扬州府通州同知,后辞职以归,从此刻意著述、深研书法、沉溺收藏。《书诀》和《童学书程》可视为他存世的两种书论,从中亦可见他是一位书法理论家与教育家。

存世的《书诀》有《文渊阁四库全书》本[①],张寿镛于民国二十三年(1934)所辑的《四明丛书》本[②],黄宾虹、邓实所编的《美术丛书》本[③],以及国家图书馆收藏的清抄本。《书诀》不是丰坊完整的本子,它是后人的录抄本,它的内容还零星散见于台北故宫博物院收藏的丰坊《书诀》墨迹册中[④],以及王世贞的《古今法书苑》中[⑤],并且这两部分内容与上述版本之间有许多不尽相同的地方,有些观点更能反映丰坊的书学主张,所以,应是《书诀》重要的组成部分。《书诀》中的《历代书法论文选》序文有言:

> 是编皆论学书之法,而尤注意于篆籀。此选论笔诀、书势四段,论篆法三段和次论古文、大篆、小篆、隶书各一段。原书所列法帖书迹,极为繁夥,综计所载目录,几占全书十分之八九。所载书迹目录,今佚者颇多,故删去不录。末一段论悬腕用笔之法,亦可供参考。[⑥]

余绍宋在《书画书录解题》中也称《书诀》"所列法帖书迹尤为繁夥,综计所载目录几占全书十分之八九,末一段论悬腕用笔之法,全编虽言诀法者不甚详尽,然所载书迹目录今已佚者颇多,亦得藉以窥见当时所存之数,足为考论书法之资"[⑦],指出丰坊所列目录的独到价值。其实,除庞杂的碑帖目录外,书中丰坊对一些书法家、碑帖的优劣点评颇能反映他的书学思想、书法史观、实践理论以及审美鉴赏等。总之,《书诀》是丰坊作为一位书法复古者,对追慕实践"二王"书

---

① 丰坊:《书诀》,《景印文渊阁四库全书》第816册,第153—187页。

② 张寿镛辑:《四明丛书》,扬州:广陵书社,2006年,第13册,第7833—7864页。其后征引,只注书名、页码。

③ 黄宾虹、邓实编:《美术丛书》,杭州:浙江人民美术出版社,1997年,第三集第六辑,第1647—1671页,其上标识"依旧写本"刊。

④ 丰坊各体《书诀》册现藏于台北故宫博物院,分上、下两册,共二十八开。(其后征引从省。)此册是丰坊以各种书体写成,作于嘉靖十四年(1535)。

⑤ 王世贞摘录有丰坊《书诀》的部分内容,散见于《古今法书苑》卷八、卷一二、卷一五、卷七二、卷七六中。载卢辅圣主编《中国书画全书》第3册,上海:上海书画出版社,2000年。由于王氏所录标题为"笔诀",以至后人误认为丰坊曾作有两种书论。

⑥ 上海书画出版社编:《历代书法论文选》,上海:上海书画出版社,1979年,第503页。

⑦ 余绍宋编:《书画书录解题》,北京:北京图书馆出版社,2003年,第222页。

法的总结,它是丰坊对何为书法正统、书家如何拓宽眼界以及如何实现书法中兴等问题的个人认识。

同样,《童学书程》是丰坊从另一个角度,即如何为孩童学习书法设定理想的道路,主要内容围绕学书次第图展开,且从楷书、行书、章草、篆书和八分书各个方面来规划和选定相应的碑帖,甚至碑帖的可鉴版本他都一一标出。此外,书中所论的用笔、次第、名言、法帖、墨迹、临摹等各个主题均能反映出丰坊复古的书学思想与审美。

二、丰坊的书法审美观

丰坊是当时颇有影响的书法家,甚得文徵明的赏识,文氏称他的书法“无一笔一划不自古人中来”,在后人的一些书法评论中,他也时常被并置于祝允明和文徵明之列。纵观丰坊存世的书法,确都是渊源有自,从经典中来。归纳总结他的书法审美,主要体现在以下几方面:

(一)古

丰坊浸古极深,书学观念保守,痛恨一切“时尚”的现象,对不符合自己审美的尚意书风以及书家表现出强烈的抗拒与反感,他曾批评书坛现象道:

> 永、宣之后,人趋时尚,于是效宋仲温、宋昌裔、解大绅、沈民则、姜伯振、张汝弼、李宾之、陈公甫、庄孔旸、李献吉、何仲默、金元玉、詹仲和、张君玉、夏公谨、王履吉者,靡然成风,古法无余,浊俗满纸。况于反贼李士实,娼夫徐霖、陈鹤之迹,正如蓝缕乞儿,麻风遍体,久堕溷厕,蒲伏通衢,臃肿蹒跚,无复人状,具眼鼻者,勇避千舍。乃有师之如马一龙、方元涣等,庄生所谓“蝍蛆甘带”,其此辈欤!①

他又说:

> 今人不问古诀,不见古帖,妄以小慧杜撰为书,或体势俗恶,或锋毫仄戾,如李西涯、空同、何大复、张东海、王履吉、华仁卿之流,丑态洋溢,流俗鼠孙,谄其爵位,慕其时名,更相效习,转成画虎,皆古法之所以益泯也。②

---

① 丰坊:《书诀》,张寿镛辑:《四明丛书》本,第7835页。

② 丰坊各体《书诀》册(台北故宫博物院收藏),上册第二开。

不只一次发表这样的论说，足以表达丰坊对“古法无余，浊俗满纸”的书法强烈不满。“书虽小学，然非师法古而用功深，岂能成字？”[①]学书之人，不认真学习临摹古帖，不提高自己的眼界，妄意杜撰，更可恨的是，一些谄媚者“更相效习”这些俗书，误人不浅。丰坊对这些不“古”的书家的批评不可谓不严厉，甚至带有侮辱的口吻。他还借古人所云“取法乎上，仅得乎中；取法乎中，斯为下矣”来呼吁书法要师古人，学习源头，多见古帖，如是方可于“结构、布置、行间、疏密、照应、起伏、正变、巧拙，无不默识于心”，下笔才有古意，才能做到“无一点一画不自法帖中来，然后能成家数”[②]。在《书诀》开始处丰坊列举了八十二位历代书家，如晋谢安、羊欣、陶弘景、智永，唐代欧、虞、褚、薛，宋代苏、黄、米、蔡，元代赵孟頫，明代文徵明、祝允明等，丰坊说他们的共同点都是有所师法的人，非孟浪者。

那么丰坊所谓“古”具体又体现在何处？以楷书为例，统计《书诀》中丰坊使用的品评词汇，并按出现频率从高到低排列，得出下表：

	品评词汇
频次从高到低	有锺法
	淳古、古雅、古质
	清劲、端劲、劲健
	俊逸、劲逸、遒逸、雄逸
	清逸、清丽

丰坊的审美标准一目了然，“有锺法”成为他评价楷书的最高准则，他曾说“书中有锺繇，犹儒有孔子，学书以欧为门户，以锺为归宿，而王右军、颜鲁公则其羽翼筌蹄也”[③]。他对锺繇、王羲之的推尊达到无以复加的地步，“学书必宗锺、王，此万古不易之定论”[④]。王羲之临锺繇的《宣示表》他更是赞赏不已，认为此表

① 丰坊：《书诀》，张寿镛辑：《四明丛书》本，第 7835 页。

② 丰坊：《书诀》，张寿镛辑：《四明丛书》本，第 7835 页。

③ 丰坊：《童学书程》，载卢辅圣主编《中国书画全书》第 3 册，上海：上海书画出版社，2000 年，第 857 页。

④ 丰坊：《跋华氏小楷》，见《万卷楼遗集》卷二，《北京图书馆古籍珍本丛刊》（第 109 册），北京：书目文献出版社，2000 年，第 40 页。

“合锺王之妙,得今古之宜,乃至极无上,通玄神化,天下法帖第一,学者当服膺终身而弗失也”①。“有锺法”代表着书法是否具有古意的评判标准,正如“淳古”“古雅”“古质”这些审美词语一般。

丰坊眼中的“古”除上述取法源头外,还体现在他对文字的重视中,书家能否严格考证并规范书写的文字,成为丰坊品论书法高下的依据之一,如他对虞世南的《小楷破邪论》这样说:“亦清丽,学《黄庭》。然其中‘鬼谷’作‘峪’,‘松木’作‘苌’,‘长松’作‘苌’,‘寝’不用六书,有此谬笔,所以不得与欧方驾也。”②因为文字不规范,所以虞世南的书法比不上欧阳询,这种严苛要求,虽不免死板,但亦能反映出丰坊于书法的审美取舍。

丰坊的“古”还体现在他对篆书的重视与品评中。篆书是最早发展的书体,是隶、楷、行、草诸体演变的源头。丰坊说“学书必先篆,非惟欲穷六义之本,且熟圆劲古雅之法,真行草用笔之妙实出于此”③。篆书用笔圆劲,结体均整,加之远古的神秘感,因此深得丰坊重视,在《童学书程》的学习设定中,此书体学习时间最长,达十一年。《书诀》中丰坊把最常用的篆书归为古文、奇字、大篆、小篆、缪篆、叠篆六种,并详细论述了前四种,罗列碑帖目录古文 109 件,奇字 90 件,大篆 28 件,小篆 96 件。学习篆书必须精通六书,这也可以解释丰坊为什么热衷于古文字,他生前曾著有自认“极博而精”的古文字著作《书海溯源》。对篆书的重视,使得笔端是否具有篆籀笔意成为丰坊品评书法的又一重要标准,例如对于行书,丰坊认为“学行书以‘二王’为祖宗,而魏晋为羽翼,王氏四子传其家法,元常而下五人,皆淳古有篆籀笔意”④。于隶书,丰坊仍说“分书以方劲古拙为尚,元人能此者虞伯生、熊明来、李申伯、吴主一,皆得古法,而龚圣予全用篆笔,有水匜之遗意,最为可重”⑤。隶书也要有篆意,丰坊的隶书观于此可见。

“古”即追寻源头,它是丰坊褒贬书法首先且最核心的主题词,“淳古”“古

---

① 丰坊:《跋华氏小楷》,见《万卷楼遗集》卷二,《北京图书馆古籍珍本丛刊》(第 109 册),北京:书目文献出版社,2000 年,第 40 页。

② 丰坊:《书诀》,张寿镛辑:《四明丛书》本,第 7846 页。

③ 丰坊:《题解学士书法卷后》,《万卷楼遗集》卷二,《北京图书馆古籍珍本丛刊》(第 109 册),北京:书目文献出版社,2000 年,第 38 页。

④ 丰坊:《童学书程》,载卢辅圣主编《中国书画全书》第 3 册,上海:上海书画出版社,2000 年,第 859 页。

⑤ 丰坊:《童学书程》,载卢辅圣主编《中国书画全书》第 3 册,上海:上海书画出版社,2000 年,第 862 页。

雅”“古意”是他的审美依托,“不古”就会陷入“俗”,“浊俗”“肥俗”使人生厌,这也不难理解《书诀》中,丰坊为何不厌其烦地罗列他认为具有古意的历代碑帖目录,其目的是为学书者提供切实可依的古帖,以追求书法的古意,实现书法的复古。

(二)劲

《书诀》中丰坊品评书法时经常可见“笔法清劲”“遒劲秀逸”“用笔古劲”“笔力劲健”“笔法劲逸”“骨力清劲”等用语。其核心是“劲”,劲有“劲健”“劲利”“劲爽”“遒劲”“清劲”“端劲”等等,表达的是书法的一种笔力的审美范畴。丰坊对欧阳询书法的推崇最主要的原因也是因为欧阳询符合了劲的标准,尤其楷书,丰坊认为必须先学欧阳询的《虞恭公碑》,因为可以“定其骨格,使八法全备,斯为得之”①。有无骨法亦是丰坊评判书法重要的一个方面,对无骨法的书法或书法家丰坊决不留情面,如他说“国初陈璧、滕权差为可取,若危素、沈度,惟尚多肉,骨法荡然,岂成书乎?”②同样,他对同乡且名气较大的金湜的书法也批评“软媚无骨,如煮烂面条,俗恶可厌”③。姜夔曾说“用笔不欲太肥,肥则形浊,又不欲太瘦,瘦则形枯”④;欧阳询则说“瘦当形枯,复不可肥,肥则质浊”⑤;项穆说“肥则体态常妍,而骨气每弱”⑥。可见,肥在一定程度上表现为臃滞,无骨气,它是劲的反面。肥在丰坊眼里就是俗,他评论徐浩的字由于肥浊,所以“多俗气”。大名鼎鼎的苏东坡的书法在丰坊眼里也是“扁阔肥浊,可厌”,他对颜真卿《多宝塔碑》的厌恶也是出于此因。

书法要劲,即要有骨,骨力是书法美学中极重要的范畴。卫夫人《笔阵图》说:“善笔力者多骨,不善笔力者多肉;多骨微肉者谓之筋书,多肉微骨者谓之墨猪;多力丰筋者圣,无力无筋者病。”⑦台北故宫本的《书诀》上丰坊也写有一段:

---

① 丰坊:《书诀》,张寿镛辑:《四明丛书》本,第 7845 页。

② 丰坊:《书诀》,张寿镛辑:《四明丛书》本,第 7846 页。

③ 丰坊:《书诀》,张寿镛辑:《四明丛书》本,第 7842 页。

④ 姜夔:《续书谱》,载上海书画出版社编《历代书法论文选》,上海:上海书画出版社,2007 年,第 386 页。

⑤ 欧阳询:《传授诀》,载上海书画出版社编《历代书法论文选》,上海:上海书画出版社,2007 年,第 105 页。

⑥ 项穆:《书法雅言》,载上海书画出版社编《历代书法论文选》,上海:上海书画出版社,2007 年,第 516 页。

⑦ 卫铄:《笔阵图》,载上海书画出版社编《历代书法论文选》,上海:上海书画出版社,1979 年,第 22 页。

"书有筋骨血肉,筋生于腕,腕能悬,则筋脉相连而有势;骨生于指,指能实,则骨体坚定而不弱。"①好的书法应是骨肉相兼,而丰坊所说的骨与指,也即要有正确的执笔之法,这是丰坊实现书法复古最重要的途径之一。他的执笔之法相较其他书论被后世学者普遍关注与赞赏。② 丰坊将执笔之法归纳为十六字:双钩悬腕,让左侧右,虚掌实指,意前笔后。此法虽非独创,但是有自己的见解。例如"双钩悬腕",丰坊说"食指、中指圆曲如钩,与拇指相齐,而撮管于指尖,则执笔挺直。大字运上腕,小字运下腕,不使肉衬于纸,则运笔如飞"。③ 他花费大量笔墨强调各个手指的分工协作,认为只有如此书才有骨力。在"虚掌实指"中丰坊提出"妙在无名指得力",三指齐撮于上,用第四指抵于笔管的下部,这样"俯仰进退,收往垂缩,刚柔曲直,纵横转运,无不如意。则笔在画中而左右皆无病矣"。④ 正锋用笔,笔尖就会做到灵敏变化,运笔会收放自如,这个"无名指得力"之说是丰坊首创。为此,他对窦蒙的"概以五指包管"之说提出疑义,"则径寸以内不以三指摄管于上,不以无名指抵管于下,不面几端坐而书,颤掣倾侧且堕落,点画焉施?"并且认为正是由于用笔的不正确,才使窦蒙"所以虽作此赋(指《述书赋》)而不以书名"。⑤ 同样,丰坊对苏东坡的书法颇有微词,还有一个原因也是他没有运用正确的执笔方法,"执笔无定法,大要虚而宽,由不能虚掌实指而肉必衬纸"⑥。

有了正确的执笔之法,才会有正确的运腕,进而产生沉着而痛快的书势——"如屋漏痕,如壁坼,如锥画沙,如印印泥,如折钗股",也即自然不造作、浑厚不轻浮、峻拔不凝滞。这些词汇是丰坊取颜真卿、怀素、褚遂良和张旭之说,但是丰坊结合自己体悟,阐发更到位,比喻更形象,也更具操作性。只要做到这些,丰坊认为"古人岂难到邪?"除手指外,丰坊将手腕与书写的大小关系也纳入考虑,他说:

伯高、鲁公皆言大字运上腕,谓径尺以上也。小字运下腕,谓径寸以内

① 丰坊各体《书诀》册,下册第七开。

② 如向彬的《论丰坊的书法学习观及其得失》,《云梦学刊》第25卷第1期,第57—59页;郑玉浦《丰坊及其〈书诀〉》,《宁波师专学报》1983年第2期,第85—88页。

③ 丰坊:《书诀》,张寿镛辑:《四明丛书》本,第7835页。

④ 丰坊各体《书诀》册,上册第一开。

⑤ 丰坊:《书诀》,张寿镛辑:《四明丛书》本,第7864页。

⑥ 丰坊:《书诀》,张寿镛辑:《四明丛书》本,第7864页。

也。若径丈以上,如文信公魁字,人必立起,以一身全力自肩及肘运之,则以五指齐撮墨池之端,似握铁槊画沙,使手离纸三尺,然后八法完整,左右无病。若字三尺至于五寸,可以端坐而书,亦必运肩及肘之力,使手离纸尺许,所谓上腕也。[①]

径尺以上运上腕,径寸以内运下腕,径丈以上则手要离纸三尺,这种细致的规划也是丰坊想要书法达到"劲"的经验总结。同样,关于笔锋的使用,丰坊也有其看法:"用笔必以正锋为主,又不必太拘,隐锋以藏气脉,露锋以耀精神,乃千古之秘旨。"[②]又说:"古人作篆、分、真、行、草书,用笔无二,必以正锋为主,间用侧锋取妍。分书以下,正锋居八,侧锋居二;篆则一毫不可侧也。"[③]可见丰坊并不是一味追求正锋,因书取法,于今天也是十分合理。

(三)逸

《书诀》中丰坊品评书法时常用的词语还有"俊逸""劲逸""遒逸""雄逸",这是描述书法的一种意态与体势,而体势自然与书法的结体密切相关。丰坊对结体的重视不亚于用笔,他对许多书家的批评也大都与结体有关,如丰坊认为宋克的楷书"学锺繇,遒劲清雅,但上太疏而下太密,识者有寿星之讥,盖信袁昂之过也"[④];如李阳冰的篆书,丰坊举例道:"《琅邪新囗泉题》,得《羽阳宫盘》笔势;《庶子泉铭》,结体可亚《会稽山碑》;《滑州新驿记》,《泉铭》之次;《千文》,《驿记》之次……《孝德训》运笔虽熟,结体不古……"[⑤]同样,对于赵孟頫,丰坊既肯定他对书法复古的贡献,但又认为:"赵公深入右军之室,但结构扁阔近俗,以此与王不同,识破此病,学其笔法而于结构则专取太清楼修内司星凤楼所刻二王佳帖及集书诸刻,宗之则其密迩永和,岂但虎贲之于中郎而已。"[⑥]可见,对赵孟頫扁阔的结体丰坊认为是书法上的一种病,十分俗气。

对结体的批评最典型的莫过于丰坊对王宠书法的态度。王宠是一位有名的吴门书家,由于天性孝友,谦逊好学,高标脱俗以及性格温醇而得到侪朋的推崇,尤其受到文徵明等人的喜爱,在苏州文艺圈中是一位极具人气的恭良之人,

① 丰坊:《书诀》,张寿镛辑:《四明丛书》本,第7863页。
② 丰坊:《童学书程》,张寿镛辑:《四明丛书》本,第855页。
③ 丰坊:《书诀》,张寿镛辑:《四明丛书》本,第7837页。
④ 丰坊:《书诀》,张寿镛辑:《四明丛书》本,第7859页。
⑤ 丰坊:《书诀》,张寿镛辑:《四明丛书》本,第7841页。
⑥ 倪涛:《六艺之一录》,《景印文渊阁四库全书》第833册,卷160,第451页。

即使他离世后,他的形象也一直得到赞许。[①] 但是,丰坊把他归入“今人不问古诀,不见古帖,妄以小慧杜撰为书,或体势俗恶,或锋毫仄戾”之流,诟病他的书法“丑态洋溢,流俗鼠孙,谄其爵位,慕其时名,更相效习,转成画虎,皆古法之所以益泯也”[②]。诚然,这样的批评部分由于丰坊狷介偏激的性格所致,但是,王宠书法的结体不合丰坊审美标准却是事实。如王世贞说“人翁(即丰坊)生平不齿王履吉,以其结构疏故”[③]。詹景凤(1532—1602)也说王宠的书法“有肉无筋,疏散而气不固”[④]。对王宠深有研究的薛龙春教授指出,王宠在书法学习中没有更多的机会接触实物,取法“木板气”的《阁帖》,所以表现为骨力的不济与结构的不严密。他极力张扬苏轼所高标的“守骏莫如跛”的文人意趣,“以拙为巧”,不注重结体,因此受到后人如詹景凤、莫云卿、王弘撰等人的批评。[⑤] 诚然,从书法结体而言,丰坊对王宠的批评有其一定道理。其实,丰坊提倡书法的学习要究探本源,注重篆籀,其出发点也是为使结构淳古,用笔劲逸。[⑥]《书诀》中所罗列的一千多件碑帖目录,其目的也是让后人能从古帖中学到结构、布置、行间、疏密、照应、起伏、正变、巧拙等各个方面。

三、丰坊审美观的形成及影响

书法发展到明初,一方面承元代余绪,对赵孟頫的尊崇取代了对王羲之的信仰,整个书坛笼罩在赵氏书风之下,书法的帖学实际上已背离“二王”的轨道。另一方面,明成祖下令广征善书者,授以中书舍人之职,书法成为应制,迎合帝王喜好的手段,端庄雍容,拘泥于风规的“台阁体”书法日嚣尘上,影响朝野。明代中期,由于商品经济的发展,王阳明心学思想的启蒙,王氏对本心、良知的倡导以及主体意识的强调,在社会意识形态领域形成一股冲破程朱理学对人性束

---

① 薛龙春:《雅宜山色——王宠的人生与书法》,上海:上海书画出版社,2013 年,第 68—70 页。

② 丰坊各体《书诀》墨迹册(上),第二开。

③ 王世贞:《弇州四部稿续稿》,《景印文渊阁四库全书》第 1284 册,卷 164,第 380 页。

④ 詹景凤:《詹氏小辨》,《四库全书存目丛书》子部第 112 册,卷 40,第 555 页。

⑤ 薛龙春:《雅宜山色——王宠的人生与书法》,上海:上海书画出版社,2013 年,第 119—134,164—177 页。亦可见薛龙春《王宠的人生经历和书法风格解析》,载范景中、曹意强主编《美术史与观念史》(第五辑),南京:南京师范大学出版社,2007 年,第 279—321 页。

⑥ 丰坊:《书诀》,张寿镛辑:《四明丛书》本,第 7837 页。

缚的力量,这股力量体现在书法上,就是出现许多不拘一格的书家,他们上溯晋韵、唐法、宋意,张调主体意识,尤其如祝允明、徐渭等人的书法更代表了一种主体精神的崛起。因此,明代的书法一方面传统的书家学者举起书法的复古主义大旗,希冀重新树立书法正统。另一方面新兴的思潮者欲突出个人主体意识在书法创作中的能动性,摆脱赵氏影响,以宋代尚意书风为楷模,不拘成法,掀起反帖学运动,丰坊时代的书法就这样在"沉滞与反叛"的两股势力中行进。

丰坊从小痴迷书法,究心文字,自然对于书法的发展极为敏感,也深感肩负扭转时弊的责任感。他曾言:"余口幼书学垂卅年,痛扫时尚,力追古法。"[①]他眼中的"时尚"就是那些不见古帖、不究笔法、不讲结体、纵意而书的行为。他认为只有大力批判这些行为,才能拯救书法日益衰落的现象,因此,他设计学习正统书法的道路与时间,罗列繁杂的自认古意的碑帖目录,希冀重新燃起对二王、锺繇的热情,所有这些都是丰坊作为典型的书法复古主义者的理想,也是他的儒家道统思想在书法上的体现。他书法审美最核心的内容是"古",而他强调用笔和结体则是"古"的细节深化。当然,一旦出现与自己相违的"时尚"时,狷狂的性格又使丰坊表现出激烈的批判,哪怕这位书家还在世,哪怕他是自己的朋友,丰坊也决不留情面。

这种因审美带来的强烈批评在上述文章中已多有关涉,这里还有一例,据文献记载,有次丰坊与文徵明、王同祖[②]、吴子孝(1496—1563)[③]等坐而谈论当今的书法,文徵明问他,现今有许多人竞相夸耀自己的书法,对此你有何看法?丰坊答曰:

> 马孟河书如盲师批命,不辨点画;沈凤峰书如老觋扶鸾,诘屈难识,王逢元书如小儿乳臭,学语未成;陈鹤书如麻风丐子,臃肿秽浊;杨珂书如胠箧偷儿,探头侧面;沈仕书如夏四倚主,妄骋骄狂,迫而视之,毕逞奴态。[④]

---

① 丰坊各体《书诀》册,张寿镛辑《四明丛书》本,下册第十四开。

② 王同祖,字绳武,号前峰,昆山人。文徵明外甥,为诗清丽,有唐风。善草隶,二十四岁荐南宫,明年始廷试,改翰林授编修,终国子司业。

③ 吴子孝,字纯叔,号海峰,晚号龙峰,长洲(今江苏苏州)人,吴一鹏之子。嘉靖八年(1529)进士,历官湖广参政,被谗免官。著有《玉涵堂集》。

④ 王世贞:《古今法书苑》,《中国书画全书》第5册,上海:上海书画出版社,2000年,第141页。

从书法上检视被丰坊批评的几位,发现后人对他们的评价也并不高,如马一龙(1499—1571)自谓书法为怀素以后第一人,而王世贞认为其“用笔本流迅而乏字源,浓淡大小,错综不可识。拆看亦不成章”[①];陈鹤自谓楷书出锺繇,被批评为“第太肥乏锋颖……草效狂素,亦枯硬,结构未密”[②]。可见,他们的书法根本原因还是不符合丰坊的审美标准,虽然他在评论的用词上有些露骨和偏激。

丰坊的书评中最鲜明与引人注目的是他对书家的这种“随心所欲”的指责,甚至有时达到痛诋的程度。把在世的书家也列入品评行列,丰坊可谓第一人,这对其后的何良俊(1506—1573)和王世贞(1526—1590)不无影响。黄惇在《中国书法史》中说王世贞:“在评论古代书法的同时,王世贞特以对当代书法家的批评为己任,这在当时的文学艺术批评界,应是一个很先锋的举动。”[③]如是,则年长王氏一辈的丰坊无疑更是先驱。同样,丰坊这些基于审美的批评观在一定程度上也为项穆(约1550—1600)所继承,如项穆在评论杨珂、张弼(1425—1487)、马一龙的“梅花体”书法时说:“正如瞽目丐人,烂手折足,绳穿老幼,恶状丑态;齐唱俚词,游行村市也。”[④]他批评黄庭坚的书法“伸脚挂手,体格扫地”,苏东坡的字如“肥艳美婢,抬作夫人,举止邪陋而大足,当令掩口”[⑤]。这样的论调与丰坊如出一辙。

余论

丰坊追求书法的复古,因此“有锺法”“淳古”“古法”“古意”“有篆籀气”成为他书法审美最核心的内容,如“不古”就会陷入“俗”“浊俗”“肥俗”的境地。“清劲”“端劲”“劲健”则又是他在用笔,执笔上的要求,只有正确的执笔之法才能达到书法的“俊逸”“劲逸”“遒逸”和“雄逸”,而这一切都以魏晋的书法为旨归。可以说,这些要求在一定程度上体现出丰坊中庸、中和的书法取向,而这些取向与当时书法追求尚意,走向个性发挥的趋势多少显得有些格格不入。

丰坊道统主义的书法审美观,归根结底是以锺、王为书法学习的不二法则,

---

① 王世贞:《弇州四部稿》,《景印文渊阁四库全书》第1281册,卷一五四,第483页。

② 倪涛:《六艺之一录》,《景印文渊阁四库全书》第837册,卷三七〇,第838页。

③ 黄惇:《中国书法史·元明卷》,南京:江苏教育出版社,2010年,第294页。

④ 项穆:《书法雅言》,载上海书画出版社编《历代书法论文选》,上海:上海书画出版社,1979年,第523页。

⑤ 项穆:《书法雅言》,载上海书画出版社编《历代书法论文选》,上海:上海书画出版社,1979年,第533页。

尤其把锺繇推崇到儒学中孔子般的地位,这对于明初书法以赵孟頫为尚,书法日益陷入狭隘无疑具有重要的指向作用。正如《中国书法批评史》说丰坊“在理论观念上彻底摆脱明代初期奉赵孟頫为正宗的立场,而将崇王入晋的孙过庭中和理论在明代恢复,从而重新树立起王羲之的权威,这对从根本上清除赵孟頫对明代书法的观念笼罩是具有较深刻的理论转换意义”[①]。这一点项穆早已洞悉,他说丰坊与祝允明在书法上的贡献就是“令后学知宗晋唐,其功岂少补邪?”也因此,《书法雅言》中项穆的书法审美、批评,甚至一些书论都能看到丰坊的影响。此书受到《中国书法批评史》的高度评价:“在《书法雅言》中,项穆彻底否定了赵孟頫的历史地位,而将帖学道统又重新定位在王羲之身上。这对于挽救帖学无疑是具有积极价值的,也正是在这个意义上,我们认为项穆《书法雅言》的历史意义足以与孙过庭的《书谱》相提并论。”[②]这种地位的获得,丰坊的功劳自不可磨灭。

① 姜寿田主编:《中国书法批评史》,天津:天津古籍出版社,2010年,第150页。
② 姜寿田主编:《中国书法批评史》,天津:天津古籍出版社,2010年,第153页。

董其昌、张瑞图书法形式的异同
——以天一阁藏《虎丘和许周翰太守诗卷》《张九龄和圣制诗卷》为例

乌莹君
宁波市天一阁博物馆

董其昌与张瑞图均活跃于明代晚期的书坛,董其昌书法淡雅秀润、清朗洒脱,张瑞图的书法锋芒凌厉、恣肆纵横,两者在书法风格上形成了强烈对比。张瑞图虽与邢侗、米万钟、董其昌并称"晚明四家",然他的书风与邢、米、董三家迥然有别,而与稍晚的黄道周、倪元璐、王铎、傅山等人创立的奇崛狂逸的书风颇为相似。本文以天一阁博物馆藏董其昌行书《虎丘和许周翰太守诗卷》及张瑞图行书《张九龄和圣制诗卷》作为研究对象,从多个方面来阐述两位艺术家在书法形式上的异同及其原因。

概述

董其昌(1555—1636),字玄宰,号思白、香光居士,上海华亭人。明万历十七年(1589)进士,官至礼部尚书。董其昌天才俊逸,早负盛名,通禅理、精鉴藏、工诗文、擅书法、精绘画,是明代后期中国书画史上最重要的一员。《虎丘和许周翰太守诗卷》,通篇行草杂糅,绢本,纵25.9厘米,横273.5厘米,共三十五行,一百二十九字。内容为董其昌自书诗《虎丘和许周翰太守》四首之一、二,款署"董其昌书"。卷前钤"玄赏斋"朱文印,卷末钤"宗伯学士""董玄宰"白文方印。许周翰即许维新(1551—1628),字周翰,山东堂邑人,于万历二十六年至三十一年(1598—1603)任松江知府。① 本卷称其为周翰太守,故该书当作于此数年间。

张瑞图(1570—1644),字无画,又字长公,号二水,别号果亭山人、白毫庵

① 见宋如林修,孙星衍、莫晋纂《嘉庆松江府志》卷三十六,职官表,清嘉庆年间影印本。

主、白毫庵道人，福建晋江人。明万历三十五年（1607）探花，官至建极殿大学士。因入逆案，为士林所不齿，后坐赎徒为民。张瑞图幼负奇气，尤擅书法，与邢侗、米万钟、董其昌齐名，时称“邢、张、米、董”。《张九龄和圣制诗卷》①，通篇行草杂糅，绢本，纵 31 厘米，横 591.5 厘米，共五十七行，二百二十六字。内容为张说《和圣制饯王晙巡边》、张九龄《奉和圣制送燕国公说赴朔方》两首五言律诗，款署“瑞图”。卷前钤“文学侍从之臣”朱文印，卷末钤“张长公”“张瑞图印”白文印。

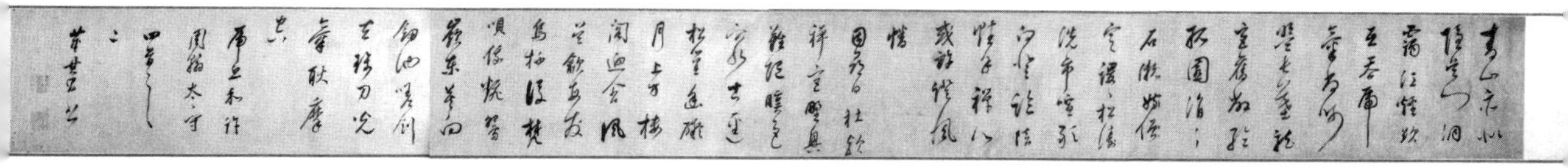

明　董其昌《虎丘和许周翰太守诗卷》

青山亦似隐吴门，洞霭江烟欲互吞。虎气尚呵盟长墓，龙宫旧敞给孤园。
涓涓石濑妨僧定，谡谡松涛洗市喧。敢向登临陪赋手，禅心或许证风幡。
因寻白社款禅宫，野兴难随暝色穷。古径松篁幽碍月，上方楼阁迥含风。
吴歈每发乌栖后，梵呗俄翻鹫岭东。莫向剑池嗟剑去，佩刀光气耿摩空。
虎丘和许周翰太守四首之一二，董其昌书

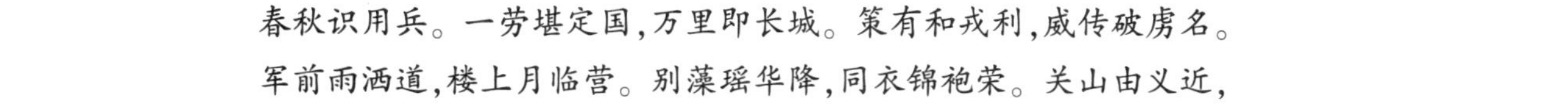

明　张瑞图《张九龄和圣制诗卷》

六月歌周雅，三边论夏卿。欲知攻战法，先作简稽行。礼乐知谋帅，
春秋识用兵。一劳堪定国，万里即长城。策有和戎利，威传破虏名。
军前雨洒道，楼上月临营。别藻瑶华降，同衣锦袍荣。关山由义近，
戎马为恩轻。丝竹路傍散，风云马上迎。朝廷谓吉甫，邦国望君平。
张说和圣制饯王晙巡边
宗臣事有征，庙算在休兵。天与三台坐，人当万里城。朔南方偃革，
河右暂扬旌。宠锡从仙禁，光华出汉京。山川勤远略，原隰轸皇情。
为奏熏琴唱，仍题瑶剑名。闻风六郡伏，计日五戎平。山甫归应疾，

① 作品名称参见《天一流芳》书法卷，北京：国家图书馆出版社，2016 年，第 45 页。

留侯功复成。歌钟旋可望,枕席岂难行。四牡何时入,吾君忆履声。

张九龄奉和圣制送燕公说赴朔方

瑞图

相似性

董其昌比张瑞图大 15 岁。除生活年代相近外,在擅长书体、幅式、使用的书写材料、篇章布局、取法对象及临帖的态度等方面都具有许多相似之处。这种相似性,与他们所处的社会环境有很大关系。

董、张均擅长小楷和行草书。从现存的董其昌与张瑞图的作品数量来看,行草书是两位皆擅长且创作量最多的书体。除个人喜好外还与大量的书法应酬活动有关。天启二年(1622),张瑞图曾拜会董其昌,董云:"君书小楷甚佳,而人不知求,何也?"[①]从董其昌的言语中可见其对张瑞图的小楷相当认可。而"人不知求"又透露出当时张瑞图的应酬活动已经非常活跃,并且应该常以书写速度较快的行草书应求,其原因很可能是因索书人更偏向于个性张扬、新异奇崛的行草书风。而董其昌的书法应酬也多用行草书。其自云:"吾书无所不临仿,最得意在小楷书,而懒于拈笔,但以行草行世。亦多非作意书,第率尔酬应耳。"[②]其不仅称尤擅小楷,还承认自己的许多行草作品不过是率意的应酬之作。

相对于小楷而言,行草书不仅书写速度快,还有两个重要的特点就是单字的放大与作品尺幅的增大。立轴与长卷相较,立轴往往单字更大,字数亦少。上述两件长卷,均为中等大小的字,单字直径约为 5—8 厘米,张瑞图的较董其昌的略大。一般而言,元代以前我们所知的古代书作基本上都是寸字,一般多用硬毫书写。当小字展大后,书写的方法也随之变化,比如从运指转变为运腕,从自然的轻重变化到有意识地提按顿挫,以及连续书写多字的需要,于是相对应的书写材料——绫绢与羊毫在此时被广泛使用。[③] 笔者认为上述两件长卷均是用羊毫笔完成的。羊毫笔柔软和蓄墨饱满的特性,使书家在书写时能够赋予线条更多的变化,如轻重、飞白、涨墨等,带给书法艺术更多偶然的书写趣味。

---

① 张瑞图书《读易诗二首》之款题,图版见赤塚忠等著,于怀素、戴兰村译《书道全集》第 13 册,台北:大陆书店,1989 年,第 24 页。

② 董其昌:《画禅室随笔》,《历代书法论文选》,上海:上海书画出版社,1979 年,第 548 页。

③ 薛龙春:《从"点画"到"线条":论晚明书法的小大之变》,《文艺研究》2014 年第 7 期,第 113 页。

在董其昌的作品中“青”(图1)、“后”(图2)等字,笔势连贯,轻重变化极大,这是用硬毫笔无法完成的。

图1

图2

通过对董、张二人存世书作的比较,可以发现董其昌与张瑞图经常使用相类似的工具材料来书写巨幅的行草书作品。尽管两位的书法在风格上展现出截然不同面貌,但在篇章布局、取法对象及临帖的态度上同样也具有一些相似之处。

立轴与长卷是董其昌与张瑞图常用的行草书样式,二人在处理篇章布局上也格外相似。以天一阁两件馆藏为例,均为长卷,且字距近行距宽,行距约为一字的直径甚至更大。而他们的立轴作品同样如此,且大部分都是三行。从视觉上看,这种字距紧密、行距宽疏的篇章布局,更能够突出点画跌宕、飞动之姿,章法上疏而不空、密而不窒,巧妙地解决了整体与局部可能的冲突。

董其昌与张瑞图的取法对象均是以学习传统“帖学”开始。从少年时代,董其昌便大量临摹古代书家名迹,欧阳询和颜真卿是他初学楷书的范本。在行草书方面,董其昌则从王羲之、王献之父子创立的“二王”传统,后又将米芾作为终生超越的对象。而张瑞图学书初期同样也遵循传统“帖学”的圭臬。张瑞图的小楷取法于锺繇,古朴稚拙,无一点雕琢之气;行草则“初学孙过庭《书谱》,后学东坡《醉翁亭》”①,最后摒却前贤,自成一家。从两者的取法对象来看,董其昌与张瑞图一开始都以占据当时书坛主流地位,历经唐、宋、元的持续发展而形成的“帖学”传统为学习对象。

然而,伴随着时代与审美风尚的改变,书家对“传统”的解读也会产生变化。董其昌曾自谓“吾书无所不临仿”,据朱惠良先生统计,在1571—1636年间,董

① 梁巘:《评书帖》,《历代书法论文选》,上海:上海书画出版社,1979年,第576页。

其昌观古、临古达276种。[1] 但是在实际临写时,董其昌的临作几乎看不出原作的本来面目,这恰恰反映了其独特的临古观。他认为临古不必细究点画的形态,应专心观察其内涵,所谓“临帖如骤遇异人,不必相其耳目、手足、头面,而当观其举止、笑语、精神流露处”[2]。张瑞图也有类似的书学主张。其在草书《后赤壁赋》(1625)中题:“孙过庭论草,以使转为形质,点画为情性,此草书三昧也!旭、素一派流传,此意遂绝。余书草书,亦少知使转而已,情性终不近也!”[3]从这段题跋可见,张瑞图对孙过庭的书论推崇之至,然而反观自己的草书,其用笔方法与传统草书笔法截然不同,由此可见张瑞图更强调“崇尚个性,标新立异”的书学主张。

董其昌、张瑞图在书法形式上都追求“奇”。董其昌曾云:“古人作书,必不作正局,盖以奇为正。”又云:“字须奇宕潇洒,时出新致,以奇为正,不主故常。”(《容台别集》卷四)董其昌的书学思想为晚明书法家提供了一种新的思考方式,这种思考方式启发了包括张瑞图在内的其他晚明书家开始大胆突破传统规范,追求个性的解放。如果说董其昌的所追求的“奇”尚在“传统”的藩篱之内,那么张瑞图的“奇”则更为彻底和反叛,我们从张瑞图的书迹中可见一斑。

差异

展观董其昌《虎丘和许周翰太守诗卷》,用笔虚和而骨力内蕴,章法疏空而气势流宕,用墨淡润而神韵反出,所谓丰采姿神,飘飘欲仙,高超的运笔技巧之外流露出“简淡”“真率”的审美企向。而张瑞图的《张九龄和圣制诗卷》,笔法硬峭纵放,结体狂怪野逸,墨酣力重,风神激荡,给人以“粗猛”“张扬”的视觉感。同样追求“奇”,为什么书风会截然不同呢?

一种新奇的艺术风格、面貌的确立,往往建立在对旧有的审美习惯及其形式要求进行否定和超越的基础上。[4] 审美企向的不同直接决定了他们的创作方法与形式特征的不同。下面,就以上两件行草手卷为例,试从用笔、使转、结体、用墨几个方面进行书法形式的比较。

---

① 朱惠良:《临古之新路——董其昌以后书学发展研究之一》,《故宫学术季刊》1993年第10卷第3期。

② 朱惠良:《临古之新路——董其昌以后书学发展研究之一》,《故宫学术季刊》1993年第10卷第3期。

③ 张瑞图:《苏轼后赤壁赋》,《果亭翰墨》卷二。

④ 刘恒:《奇崛雄峭 力辟新天——张瑞图书法评说》,《中国书画》2005年第5期。

1."藏"与"露"

"藏"与"露"是中国传统美学的一对范畴。在笔法中"藏"象征着含蓄蕴藉,暗藏机锋;而"露"倾向于视觉表现力。中国传统的审美观念偏向于"藏",而现代的书法观念更偏向"露"。董其昌的笔法完全来自于传统帖学,并且他十分强调用笔的技巧,他所推崇的"无垂不缩,无往不收"[①]说的正是藏锋用笔。而张瑞图则恰恰相反,陈振濂在《历代书法欣赏》一书中是这样阐述的:"张瑞图反叛于传统的温文尔雅之旨,强调激烈的尖锐跳荡意识,抛弃历来被尊为戒律的藏头护尾的藏锋一说,以笔锋的大胆坦露与表现意识为后人一开眼界,这不仅是单一的技巧变革,而更集中地反映在审美价值观的变迁上。"从作品上看,其在"横划"起笔时多采用清捷的露锋入笔,如"事"字(图3),五个横划由上到下,线条锋芒外露,不求含蓄,给人以简明、痛快之感。

2."圆转"与"方折"

图3

一般来说,行草书的用笔主要以圆转流畅为特色。杨宾在其《大瓢偶笔》中给予了董其昌很高的评价,论董书"纵横飞动,叹以为不可及。……轻圆温润,而气足神完"[②]。观董其昌的行草,线条圆转,笔势连贯,可谓笔笔中锋、柔中有绵力。如第五行"气尚呵"三字(图4)展示出了不可遏止的飞动之势。线条瘦劲流畅,墨色随着毛笔蓄墨渐次递减,并随运笔着力、速度的不同而显出微妙的变化,在流动中追求飞动的意趣。相反,张瑞图却开创了"有折无转"新笔法。梁巘在《承晋斋积闻录》云:"张二水书,圆处悉作方势,有折无转,于古法为一变。"[③]如长卷中的"万""河"字(图5),在书写"横折"笔划时,笔先向右上倾斜,然后再突然翻转下折,使笔划的右上方呈现锐角式的转折,这种用笔方式减弱了行草书的流畅感,在笔划的形态和笔势的基本走向之间造成了张力,与董其昌用笔的闲适舒缓形成了鲜明的对比。[④]

---

① 刘恒:《奇崛雄峭 力辟新天——张瑞图书法评说》,《中国书画》2005年第5期。

② 杨宾:《大瓢偶笔》,《历代书法论文选续编》,第533页。

③ 梁巘:《承晋斋积闻录》,《中国书画全书》第10册,上海:上海书画出版社,2009年,第528页。

④ 白谦慎:《傅山的世界:17世纪中国书法的嬗变》,北京:生活·读书·新知三联书店,2006年,第33页。

图 4

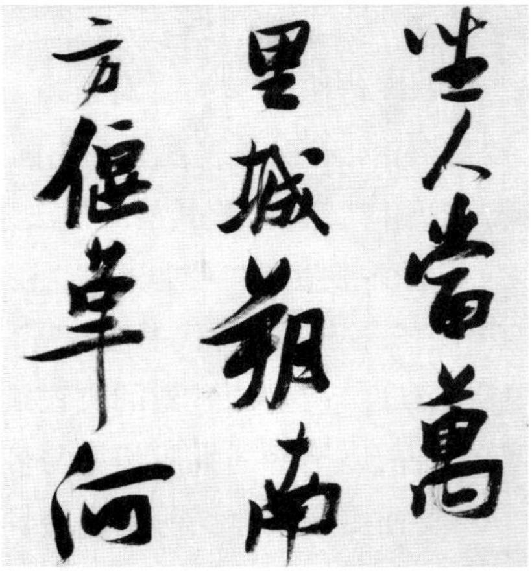

图 5

3.侧锋与顿挫

张瑞图擅长侧锋用笔,张宗祥曾在《论书绝句》中形容张瑞图的字“侧锋刚腕势雄奇,狭巷兵回相杀时”。张瑞图追求“险崛”与“狂怪”,还将侧锋笔法另加演绎,在侧锋行笔的过程中增加顿挫。顿挫,是笔法中造成力感和节奏感的重要手段。如作品中的“知”字(图 6),受到孙过庭《书谱》的启发,将《书谱》中偶然性的“节笔”[①](图 7)转化为张瑞图式的独特用笔技法。这种技巧还运用到草书的“捺法”,见作品中的“廷”字(图 8)。纵观历代行草书家,在用笔上都有自己的特色,但却仍然离不开传统的用笔技法。在这一点上,张瑞图与董其昌不同,他的创造远远大于对传统的继承。

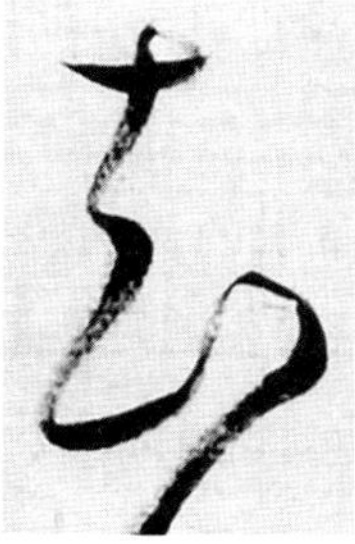

图 6

图 7　孙过庭《书谱》“知”

图 8

① “节笔”是孙过庭《书谱》中相当特别的一种笔法,这种笔划出现的原因,乃是因为笔毫在运行过程中,碰触到折纸时所产生的凸痕,而产生无预期的跳动所造成。详见何炎泉《张瑞图行草书风之形成与书法应酬》(台湾大学《美术史研究集刊》,2005年)一文。

4.平淡与奇崛

董其昌的书法特征，给人印象最深的莫过于“淡”与“秀”。在书法的结体上，他依然坚持传统帖学的态度。其草书结体宗法怀素，结字欹正，寄变化于“平淡”之中。董还自称其行书随手所如、错落有致。董其昌还特别讲究用墨。“淡”来源于墨色，董其昌喜欢用淡墨进行艺术创作，无论是书法还是绘画。我们看到董其昌的行草书，基本上都用淡墨书写，尽管淡如清烟，但作品依然精神弥足。“用墨须使有润，不可使其枯燥，尤忌浓肥，肥则大恶道矣。”（《容台别集》卷四）他在论用墨中还强调墨要润，不可枯燥，在润墨中使点画富于圆润秀美的韵致。

张瑞图的书法结体，奇得出格，史无前例。他不循传统帖学道路，“锺、王之外，另辟蹊径”。总的来说，其字字形结密、横向撑拉。比如行草诗卷中的“右”（图 9）、“与”（图 10）两字，密处密不透风，难以辨识。又如“轻”（图 11）、“河”（图 5）等字，单字被压扁了，而横向则有两个力向左右两边拉扯。而“仍”（图 12）字，左高右低，左大右小极不和谐。这样结构的字在此卷中还有许多。梁巘在《评书帖》中客观地评价张瑞图独特的结体，称其“用力劲健，然一意横撑，少含蓄静穆之意，其品不贵”。张瑞图无疑是晚明书坛“奇崛”书风的领军人物，然而过分地注重变形而导致的用笔不够精致，使其终将被其他标新立异者所取代。

图 9

图 10

图 11

图 12

结语

一件书法作品,从单字、单行的书写到篇章布局,都贯穿着书法家的审美理想。董其昌与张瑞图,一个"淡雅、率意",一个"刚劲、奇崛"。人的性情,差别之大,终将反映在自己的艺术作品中。尽管两位在书体、样式、使用的书写材料、篇章布局、取法对象及临帖的态度方面都有许多相似之处,但用笔、结体、用墨"嗜好"的差异使两位的作品有着迥然不同的风格面貌。从形式特征上看,董其昌的书法更注重细节的趣味,而张瑞图则偏重于整体的节奏感,张瑞图的大胆创新在很大程度上接受了董其昌的影响;当董其昌以突破赵孟頫为目标时,他却开创了挑战帖学传统审美的新范式。

传统美学视野下古籍装帧形式——“金镶玉”

于美娜
宁波市天一阁博物馆

一、美的探寻

1.什么是美

东汉许慎《说文解字》中对“美”字有这样的解释:“美,甘也,从羊大,羊在六畜主给膳也。美与善同意。”清代著名学者段玉裁《说文解字注》对“美”字做了更为详尽的阐述:“甘部曰,美也。甘者五味之一,而五味之美者皆曰甘,引申之,凡好皆谓之美。”说明古代人对“美”的理解,首先是从味觉上感受事物美好的。

究竟什么才是“美”? 以学科概念而论,美是指能引起人们美感的客观事物的一种共同的本质属性。说明美不但与客观事物有着必然的联系,而且美还是人类生命的本质追求。学术界对美的定义可谓众说纷纭,研究角度不同,社会和文化背景不同,思想方法和观点不同,对美的解释和说明也不同。但是无论从哪个角度去定义美,他们都有一个共同的特性,即与人类自身和社会活动有着密切的联系。

2.审美意识的源起

在原始社会,人类的生产生活水平较低,他们靠围猎和采集来满足自身的生存需要。随着社会生产力的进步,人类将工具打磨得更加精细耐用,以获取更多的物质与拓展更广阔的领域。随着物质生活的丰富,人类开始在实用性的基础上增加了一定的装饰。“东胡林人”遗址是新石器时代早期的人类文化遗址,在遗址中发现的人骨化石经鉴定属两个成年男性个体和一个少年女性个体。在少女遗骸的颈部位置有用小螺壳串制的项链,腕部佩戴有牛肋骨制成的骨镯。这说明在新石器时代早期,人类创造美的审美意识已经初步形成。

3.美学概念的产生

美学是人类关于美的本质、定义、感觉、形态及审美等问题的认识、判断、应用的过程。美学的建立经历了人类审美意识的产生。被称为“美学之父”的德国人鲍姆嘉登于1750年出版学术专着《美学》一书,至此,美学作为一门独立的学科正式宣告成立。然而,中国二十四史光耀天下,却难见一本美学史。以致国人形成一种说法:“中国没有美学,或者说是有美无学。”中国的美学从西方引进,最早的是王国维,后有蔡元培、朱光潜等。北京大学教授叶朗先生出版了中国第一部系统的美学通史《中国美学史大纲》,开创了中国美学史之先河。

4.美的运用

随着人类的进步与发展,人类的审美意识不仅仅满足于“羊大”“味甘”的味觉感受,而是不断丰富起来。随着审美主体所获得的审美感受不同,人类对美的追求慢慢扩展到视觉、听觉、触觉等方面的感受。同样,人类感受美的对象也逐渐变得更具多样性,不再局限于硕大的羊,所以就有了诸如“美景”“美事”“美人”“美轮美奂”“精美绝伦”“尽善尽美”等词汇的产生。人类在生产生活中不断寻求着美,感受着美,体会着美给人们身心带来的改变,并将美运用到一切能够带给人们美好体验的事物中,古籍就是其中之一。

二、古籍中的美——以“金镶玉”为例

我们知道,古代书籍的产生经历了一段漫长的过程。人类传递信息,进行思想交流,需要有记录的载体。而这个载体必须要具备携带方便、易于书写等特点,于是纸张就取代了甲骨、简策等笨重的书写载体,古代书籍的繁盛得到了质的飞跃。浩如烟海的古代书籍大大地促进了文化的传播与发展。随着人类对美好事物的不断完善,纸张逐渐由单一粗糙发展到多样精良。书写文字也从原始的刻画符号逐渐演变为现今通用的宋体字。版式从无章可循到有序排列,装帧从单调粗陋到复杂美观。这一切的改变,源于古人对书籍臻美的要求和对书的精神享受的不断追求。没有生活需要,人们就不可能进行审美创造,审美享受更加无从谈起。正如诗人荣荑所说,“古籍在校勘、用纸、装帧、刻印等角度,体现了国人在文明传承方面用心的极致,它不只是知识的承载物,还是一件艺术品”。

笔者是一名古籍修复师,通过对一本本古代书籍的版式、纸张、装帧等特征的观察,渐渐发现古籍中的美无处不在。笔者在长期的修复工作中,发现古籍

装帧中“金镶玉”这种形式，特别能体现古籍中的美。下面就这一装帧形式做具体的阐述。

1.古籍中的“金镶玉”

1.1 “金镶玉”的由来

林明在《古籍“金镶玉装”杂谈》一文中讲述了“金镶玉”名称的由来：“金镶玉典故来自西汉末年王莽篡政后，派王寻、苏献胁迫孝元皇太后交出玉玺。太后一怒之下将玉玺取出摔在地上，传世国宝当场被崩掉一角，王莽后来命能工巧匠用黄金镶上缺角，于是得名‘金镶玉玺’。金镶玉由此而来。”①

1.2 什么是“金镶玉”

在《“金镶玉”末议》一文中提到“金镶玉”并非玉的名称。文中指出，“金镶玉”指一种镶嵌工艺，即用两种东西配合成一个整体。“唐代的《唐六典》还记着14种镶嵌工艺，现在已不知详”。“宋代以后传说的‘金镶玉式’工艺品，大概有三种：1.真金压模片做底，上边镶嵌宝石者，……在丝织物中穿金丝线代替金模者；2.以金条、金片镶玉石某部者，……3.非金非玉，只是黄白二色互衬者亦叫‘金镶玉’……”②由此不难看出“金镶玉”在我国古代是一种镶嵌工艺的代名词。

1.3 什么是古籍“金镶玉”

《图书学大辞典》中这样定义：“【金镶玉】图书修理法。（活锻）及（衬纸）条。”③《简明古籍辞典》中介绍：“【金镶玉】古籍修整工艺术语。古书因受潮、虫蛀或书品太小修理时，页内衬入白纸，天地各长出几分（约为上六下四），以保护书籍、延长使用寿命。因原书纸旧色黄，称之为‘金’；衬纸崭新洁白，名之为‘玉’。这种镶衬之法，在我国南方称为‘袍套装’，意为衬纸大而原书小，犹如古人穿着袍褂；又称‘惜古衬’，含有爱惜古书之意。”④叶德辉《藏书十约·装潢三》云：“书不装潢，则破叶断线，触手可厌。”又云：“书内破损处，觅合色旧纸补缀。上下短者，以纸衬底一层，无书处衬两层，则书装成不至有中凸上下低之病。书背逼至钉线处者，亦衬纸如之。衬纸之处钻小孔，一孔在衬纸，一孔在原

---

① 林明：《古籍“金镶玉装”杂谈》，《图书馆论坛》2012年3月第2期，第32卷。

② 马思周：《俗言俗谈》，北京：商务印书馆，2011年，第276-277页。

③ 庐震京：《图书学大辞典》，北京：商务印书馆，1971年。

④ 胡道静主编，陈光贻、虞信棠主纂：《简明古籍辞典》，济南：齐鲁书社，1989年，第74页。

书之边,以日本薄茧纸捻条骑缝跨钉,而后外护以面纸,再加线钉。线孔占边分许,而全得力于纸捻。日久线断而叶不散,是为保留古书之妙法。"①这说明,古籍中的装帧形式"金镶玉",是一种装修古籍的修理技法。它区别于其他古籍装帧形式,如蝴蝶装、包背装、线装等。也就是说,古籍"金镶玉"即属于装帧形式中的一种,又是古籍修复方法之一。这是其他装帧形式所没有的。至于后人从何时起将这种古籍装修方法命名为"金镶玉"已不得知,但是有一点不难看出,"金镶玉"的主色调为黄白二色,这与"金镶玉"古籍的色调如出一辙。前者运用"镶"的工艺将二色巧妙融合,后者亦如此。

2.古籍"金镶玉"的美

既然古籍"金镶玉"装如此独特,本文也试图通过中国传统美学实践与这种特殊技艺的审美对接,和大家一起分享古籍"金镶玉"带给我们的感官体验、文化内涵和精神享受。

2.1 形式之美

中国传统美学思想认为,世间万物是多样性的统一,是审美主体与审美客体的相融合一,是性质相异的元素和谐共处于一个统一体中。作者在文章中指出,古籍"金镶玉"既是装帧形式之一,又是一种修复方法,它具备形式审美与功能审美两方面特质。翻开用"金镶玉"修复技法装修出来的古籍,书页四周镶衬的白色纸条十分醒目。这延伸出去的白色纸条,是古籍"金镶玉"形式的最核心特点。它与古旧书叶镶衬在一起,既保护了书页不再受损,又可供读者题写批注和读书心得。这样的结合,丝毫没有不和谐的感觉,反而增加了几分美感。二者"共生",给读者以自然、稳定、浑然天成的审美享受。

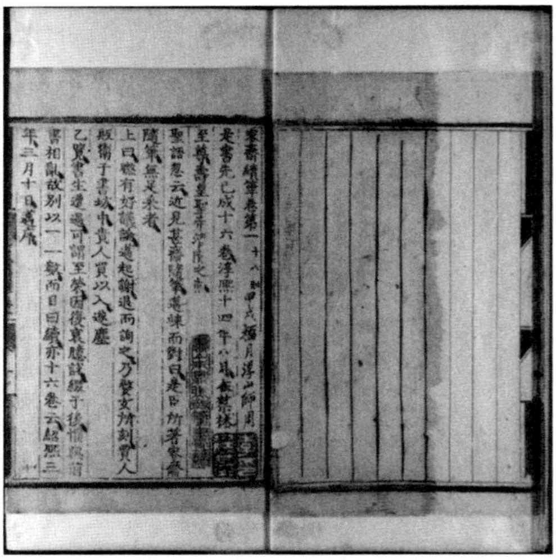

中国古人讲,美是"和谐",是"和合"。镶衬于古籍"金镶玉"书叶上下的白色纸条,名为"天头""地脚"。在书画装裱中,画芯上下的部分称之为"天头""地头"。不

① 叶德辉:《书林清话》,北京:燕山出版社,1999年,第69页。

仅如此,这“天头”“地脚”还有大小之分、比例讲究,即“天大”“地小”“三七”“四六”。这样细致的区分,似乎与天地自然、宇宙苍穹有着某种必然的联系。我们知道,美离不开人类对它的认知与感同,离开人类活动去谈美是苍白而无生机的。古籍“金镶玉”这种形式中,古旧书叶置于“天头”“地脚”之间,好似人类在天地之间一切活动的呈现。天、地、人,和谐共处,相生相融,具永恒之美。

古人对天地的崇敬与探索亘古不止。葛洪引《浑天仪注》云:“天如鸡子,地如鸡中黄,孤居于天内,天大而地小。”①东汉的陆绩认为:“天大地小,天绕地,半覆地上,半周地下,譬如卵白,白绕黄也。”②古人认为,天比地大,天把地裹于其中,天地结构就此形成。在古代,古人把说不明白的现象归为天地神明的旨意,尊重“天意”的安排,顺应“天意”行事。《易传·系辞上》认为:“天尊地卑,乾坤定矣。卑高以陈,贵贱位矣。”③这表明,人在顺应自然法则的同时还应遵守一定的规律,不能肆意妄为,随波逐流。应效法天地之道,心存敬畏,才能立足于天地之间。古籍“金镶玉”形式中的“天头”“地脚”,取“天大地小”的自然之法,在区分其大、小时,利用“黄金分割律”④进行分割布局,这样的比例关系,给人以稳定有序、协调匀称的视觉美感。除此之外,这延伸于古旧书叶之外的白色空间,与泛黄了的书叶相互映衬,也正符合陆绩《浑天说》中“天大地小”“白绕黄也”的空间意象描述。从美学角度来看,空白与文字、图片等具有同等重要的意义,那是无限延伸的,供人们想象的虚无空间。如同天际之苍穹,宇宙之浩瀚。正如古人所说,“不着一字,尽得风流”。

2.2 结构之美

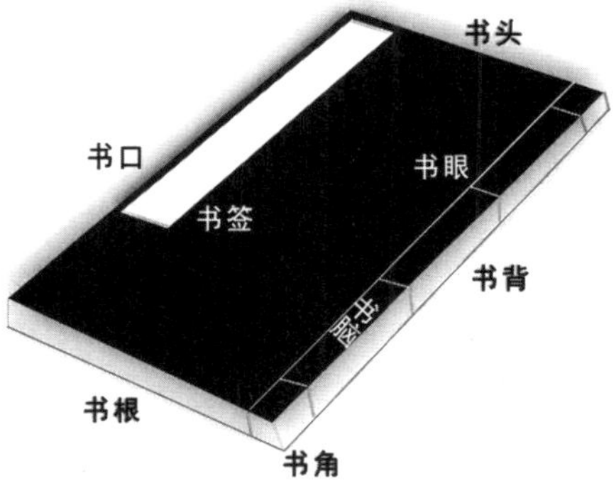

古籍的结构是指一本古籍的外在形式和内容的各个组成部分。它包括:书签、封面、书眼、订线、书头、书脚、书口、书背、书根、书角。古籍“金镶玉”从外观上看有两种结构,即“金镶玉”包背装与“金镶玉”线装。目前常见的古籍

① 周桂钿:《秦汉思想研究(7)秦汉思想史(下)》,福州:福建教育出版社,2015年,第92页。

② 杨文衡:《中国地学史(古代卷)》,南宁:广西教育出版社,2014年,第253页。

③ 南怀瑾讲述:《易经杂说》,上海:复旦大学出版社,2015年,第74页。

④ 王秋霞:《美学原理在科技期刊目次页的应用》,《广西经济管理干部学院学报》2002年12月。

"金镶玉"大部分是线装结构。从结构图中,可以清晰地看到,订线位于古籍"金镶玉"封面的右侧边缘,自上而下有序排列。从几何学上讲,书眼就是"点",点在视觉上具有吸引力,点可以视为焦点,目光的中心。在古籍"金镶玉"封面的边缘出现的纵向排列的点,具有秩序之美。把每一个书眼连成线,并区分长短、间隔,给人以挺拔之势。点线结合,增加了古籍"金镶玉"外观的层次感与稳定性。这恰恰是古人推崇"定能生慧"思想精髓的文化呈现。

古人"尚左",认为"左为尊,右为卑""男为左,女为右""左为上,右为下""左为阳,右为阴"。《老子》三十一章云:"君子居则贵左,用兵则贵右……吉事尚左,凶事尚右……"①民俗礼仪也讲究"男左女右",《礼记·内则》:"凡男拜,尚左手。凡女拜,尚右手。……子生,男子设弧于左门,女子设帨于门右。"古代以左为尊,空着左边的位置以待宾客叫"虚左"——"虚左以待"。《史记·魏公子列传》记载:"魏有隐士曰侯嬴,年七十,家贫,为大梁夷门监者。公子闻之,往请,欲厚遗之,不肯受。……公子于是乃置酒大会宾客,坐定,公子从车骑,虚左,自迎夷门侯生……"②古代先民崇拜太阳(神),房屋多为坐北朝南。他们认为,旭日东方为左——上,日落西山为右——下。因此,左为阳,右为阴。封建王朝文官居左,武将居右,体现出"文治武功"的统治思想。

在古籍"金镶玉"中"尚左"思想也有体现。从外观结构来看,订线位置在右侧边缘,于左侧留出大量的空间。左上角粘贴书签,用以题写书名、册数或姓名。这恰恰说明了古人对这个左上位置的高度重视。古人书写习惯是自上而下,从右至左。古人认为,左是空间无限。从右向左行笔,视线可不受手臂遮挡,对篇幅整体布局和气韵的把握可以顺势而为,一泻千里。从传统审美角度而言,古籍"金镶玉"线装这种结构,对古籍的保护更加科学,更能突出古籍的古朴雅致。它具有鲜明的民族特征,是人与自然的完美结合,是古人护帙有道,寄情于物的精神体现。

2.3 匠心之美

工匠精神,是时下最流行的话题之一。什么是"匠"?在旧社会,有些职业被称为"匠",例如:砖瓦匠、木匠、石匠、铁匠、剃头匠……这类工作,多是穷苦人家的被迫选择。有些从事教师职业的人,被称为"教书匠"。笔者是一名古籍修

---

① 马将伟:《道德经译注》,北京:商务印书馆,2015年,第60页。

② (西汉)司马迁著,东篱子解译:《史记全鉴》第2版,北京:中国纺织出版社,2014年,第185页。

复师，也有许多人称我们的职业为“修书匠”“手艺人”。然而，随着现代生活节奏的加快，现代化生产生活的量化高产。曾经的那些“匠”已渐渐消失，手艺后继无人。李克强总理在2016年《政府工作报告》中，在说到“提升消费品品质”时，强调“培育精益求精的工匠精神”，显示了国家对培育工匠精神的诉求，已经上升到国家意志和全民共识的高度。什么是“工匠精神”？我们可以把“工匠精神”理解为有手艺且不断进取，最终把一件事情做好、做到极致的意识和思维。

古代书籍的发展，经历了从简策、帛书、卷轴、旋风装、蝴蝶装、包背装到线装的漫长演变过程。几千年来，古人不断探索有利于古代书籍延续发展的更好的方法。古籍“金镶玉”的装帧形式与装修方法就是其中之一。它的美是符合自然规律的人类智慧结晶。是古人爱书、藏书、护书，为古书延续生命的美好意愿。正如天一阁主人范钦，一生藏书、护书，制定“代不分书”“书不出阁”“外姓人不得登楼”“女子不得登楼”等一系列严苛的护书制度。其爱书之心，情真意切。其质朴而纯粹的护书精神令世人钦佩。

三、古籍“金镶玉”装修技艺之美

古人云：“天有时、地有气、材有美、工有巧，含其四者，然而可以为良。”这句话用来形容古籍“金镶玉”的装帧形式与装修技艺，十分恰当。下面就古籍“金镶玉”装修技艺之美做进一步阐述。

技，巧也。在中国古代，各种具体的操作途径或方法被称为“技”或“术”，如技术、技艺、绝技、技巧等。古籍“金镶玉”装修技艺是古人在长期的实践操作中，总结出的一套保护古代书籍的修复方法。古籍经过修补、衬纸、折页、裁剪、装订等一道道科学的工序之后，重获新生。古籍“金镶玉”装修技艺融入了古人“天人合一”的哲学思想，是造物中最接近天地和谐的产物之一，是古人在数千年历史长河中寻求“天人合一”历程的完美呈现。

1.“工有巧”——工具

《论语》云：“工欲善其事，必先利其器。”这里的器，指的是工具。工具是人类生活中必不可少的一部分。中国古代，人类就已经学会利用身边的石材、贝壳、兽骨等材料，制造简单的工具。随着社会生产力的不断提高，人类将工具制造得越来越精细，甚至是作为艺术品，完全脱离实用功能。在现代，人类制造机械工具替代一部分繁重的手工劳作。人类通过对工具的熟练运用，将自身对生活的美好追求与向往，雕琢得精致细腻，刻画得多姿多彩。

古籍修复专家潘美娣女士，在给学生授课时，多次提到自己制作纸捻的经历。她回忆自己年轻时学习古籍修复技艺,起初她的师傅并没有教她修复技艺,而是让她搓纸捻(纸捻是通过手工搓成的细纸卷,用来连接散页古籍)。北京肆雅堂古籍修复师汪学军先生,他的爷爷和父亲人称“大刀汪”,二人是有名的裁书师傅。据汪学军先生口述,“那把刀七斤半重,纯铁打造,刀面有点像正方形,刀柄比较短小”,他还说,“磨刀是个体力活,必须先把铁刀在粗砂石上磨,然后再在青石上反反复复磨几个小时。裁切纸张前,还要在青石上‘背’几下。”①通过汪学军的口述,我们可以了解到,过去从事古籍修复的师傅们对工具好坏的看重。笔者也是古籍修复师,在从事这门技艺之前也有过打磨和制作工具的经历,例如:磨棕刷、磨马蹄刀、做竹启子、做针锥等,如今每次修补之前,都要检查修整工具,这已经成为一种习惯。还有一些老师傅的工具从不外借,他们也用不习惯别人的工具,这种感觉只有内行人才能够体会得出来。在匠人看来,工具是自身的一部分,工具状态的优劣直接会引起匠人身体的相应反应。当我们认识了工具不再是静态的“冷兵器”,而是带着匠人体温并成为身体得心应手的一部分时,我们就会对“三分手艺,七分工具”这句话有更深的理解。

装修古籍“金镶玉”所用到的工具,造型独特,用途专一。例如针锥,大小不同,用途也不同。小号针锥用来确定古籍书叶与衬纸的位置,大号针锥用来打孔方便订线。例如,形似马蹄子的“马蹄”刀,人将“马蹄”刀的刀柄紧靠人手虎口处,寓意着“有靠山”,大拇指与其他四指并拢将刀夹紧,五指协同发力,将一叠纸裁切整齐。“马蹄”刀的造型设计完全符合人体工程学原理,比起现在的美工刀,不知好用多少。例如木尺,也十分具有中国特色。它使用两条狭长的木条,将两片长条形木片固定在一起,制作成厚度为 1 厘米左右的长方体。木尺较塑料尺的优势在于,它与古籍书叶之间会产生一定的摩擦力,放置在古籍书叶上裁切多余纸边时,木尺不会滑动移位,用行话讲,不会“跑刀”“上尺”。又例如毛笔,为什么用羊毫,不用兼毫或狼毫?因为古籍书叶纸质焦脆,需要用到质地柔软的羊毫毛笔来修复,方能完善。人类通过制造工具,选择和改良工具,达到造物的极致完美。从艺术形式以及审美特点来讲具有很大的价值。工具与人体最为接近,其上有历史积淀下来的痕迹,更有人类内心活动的印记。

2.“材有美”——材料

《髹饰录·乾集》中开宗明义指出:“凡工人之作为器物,犹天地之造化。所

---

① 苑利、顾军主编:《北京非物质文化遗产传承人口述史》,北京:首都师范大学出版社,2015 年,第 114 页。

以有圣者有神者,皆以功以法,故良工利其器。然而利器如四时,美材如五行。四时行、五行全而物生焉……乾所以始生万物,而髹具工则,乃工巧之元气也。”[①]古人认为工具如天时,材料如地利,两者完美融合,方生万物。工具、材料的运用是所有工作和制作活动的前提与基础。

古人对书籍材料的运用和选择十分考究,制作古籍“金镶玉”的用材更是讲究。修补用纸,必须选择纯手工抄造的纸张。这类纸张质地柔软,韧性强,色泽均匀。此外,纸张质地必须与要修补的古籍书叶的纸质一致。修补用纸的厚度与颜色,也应比古籍书叶纸张略薄、略浅。对于古籍“金镶玉”来说,在修补古籍书叶时,必须要溜口,如果不溜口,书口就很容易开裂。溜口最好选用薄棉纸,把薄棉纸按竖纹裁成1厘米左右宽的长纸条,顺书口自下而上粘贴整齐。制作古籍“金镶玉”的衬纸,最好选择安徽泾县宣纸中的棉连纸和单宣纸。这两种纸张的主要原料是青檀树皮和稻草,制作工艺复杂而又精细,所以这种纸张质地柔韧细腻、纸色洁白如玉,纸面平滑均匀、纸张耐久利于保存。采用这类纸张镶衬的古籍“金镶玉”线装书,中间黄色似金,上下白色如玉,黄色的书叶在洁白柔韧的棉连纸衬托下,显得格外美观大气。

“书衣”,又称封面,古代也称之为“袠”,“袠”是从卷轴式书籍的轴套演变而来的,所以也叫“帙”,《通雅》卷三十二云:“袠,犹幐,书衣也。”《示儿编》卷二十一云:“书帙谓之书衣。”书衣就是线装书的面子,如同人的外衣一样,加强对古籍的保护,所以才叫做“书衣”。书衣有单双层之分,单层的叫“扣皮”,双层的叫“筒子皮”。古籍“金镶玉”的书衣,最好是扣皮,避免纸捻外露,影响美观。书衣的颜色也有讲究,通常不用白纸,需将棉连纸染成磁青色、栗壳色、米黄色、湖蓝色或豆绿色。一般是湖蓝色和磁青色居多。更珍贵古籍还选用丝绸做书衣。

包角,是在古籍“金镶玉”上下两个角,用事先加工过的丝织品,裁成合适大小,粘到书角的平面上,借以保护书角过度磨损。包角一般用米色、湖色比较好,古朴雅致。

古人注重材质与色彩,善于运用自然材质的亲和力使得中国传统的书籍在视觉上产生美感。古籍“金镶玉”通过考究的丝线订线,以上等的纸、帛材料装修,再配以较明亮的米色书签,通过明暗对比,使暗沉滞重的色彩得到缓和,显得庄重而肃穆,古朴而典雅。

---

① 《髹饰录》,1927年紫江朱氏刊本。

3."技有道"——原则

古籍"金镶玉"不仅是一种装帧形式,还是修补方法之一。有三种情况适合用这种装修技艺:一、书叶局部有糟朽发脆的古籍,而且破损位置又处在书的四边。二、古籍书品过小,其天头、地脚以及左右栏以外的空白处过于狭小。三、古籍天头有批注文字。肖振棠、丁瑜先生认为毛装书纸边长短不一,也可采用"金镶玉"装修方法。但是朱振彬先生认为,毛装古籍不适宜采用"金镶玉"装修技法,应尽量保持其装帧形式的古朴自然。潘美娣女士认为,古籍"金镶玉"装修技艺复杂,唯善本、珍本外,普本古籍很少使用。还有学者认为古籍"金镶玉"虽然保护了书叶不再受损,但它同时也改变了文献的原始面貌。因此,一般认为古籍"金镶玉"这种修补装订形式违反了古籍修复"整旧如旧"的修复原则。究竟是"整旧如新"还是"整旧如旧"?学术界众说纷纭。

《少林寺古本佛经保护记》中这样记载:少林寺所藏古本佛经中,一多半是明永乐南藏刷印本,还有一些清朝刷印本和民国时期的印本。再就是一些散印的经典,其中比较有代表性的有明朝万历年间刷印的《紫柏老人集》和明嘉靖年间刷印的《佛说佛名经》,后者拥有众多版画,雕工精美,印制优良,世所罕见。两部经典均有破损,当年他们请中国书店肆雅堂修复技师董书承先生进行修复。他个人也因为修复技艺高超而被业内誉为"江北修书第一人"。《紫柏老人集》因是方册装,董师傅采用传统金镶玉的方法。而《佛说佛名经》是经折装,只能采取局部修补的方法,用的是与该经书同时代的棉纸。经过修复,这两部珍藏已重放光彩,整旧如旧后,变得美观大气。

从这个事例中我们可以得知,并非每件文献都适宜采用"金镶玉"装修技艺,而要具体问题具体分析。例如有些古籍带有书根字,就不能使用"金镶玉"装修。因此,在采取古籍"金镶玉"装修技艺时,要遵守修复原则,把握尺度。抛开固有思想,立足大局,遵循事物发展规律,谨慎为之。这些原则都是中华传统美学思想"中庸""中和"在修复工作中的体现。至于修复界争议的古籍"金镶玉"装修技艺,到底是"整旧如新"还是"整旧如旧"的问题,我们还应该从客观的角度来看待。我们不能仅仅着眼于技艺本身,而是要在不断的思辨过程中建立更加完善缜密的理论体系。尊重历史,尊重规律,以科学的理论为支撑,落实到实际修复中对"度"的把握上,真正达到天人合一的大美境界。

四、结语

美学大师朱光潜先生在《谈美书简》中说:"研究文学、艺术、心理学和哲学的人们如果忽略美学,那是一个很大的欠缺。”在科技日渐发达的今天,虽然社会物质丰富进步,但是人们的精神世界却极度匮乏。人们逐渐遗失了感受自然之趣和发现传统文化之美的能力,这对中国传统文化的传承是极大的损失。笔者是一名从业10余年的古籍修复师,为古籍续命是我的职责所在。在修复工作中发现,古籍中的美无处不在,且以古籍装帧形式之一“金镶玉”为例,加以论述。旨在说明,从事古籍研究和古籍修复的工作人员,如果忽略美学,也将是极大的欠缺。技术和技巧,只是体现着作品的工艺水平,但是并不显示她的魂。我们只有透过细节,体会到中国传统的哲学与文人情趣,在审美的高度上,统摄技巧的运用和材质的选择,才能实现与古人的心灵相通,让每一本古籍从工艺品上升为艺术品,我觉得这才是“大匠”风采,这才抓住了传统之美。

天一阁园林中体现的审美主张

李瑶瑶
宁波市天一阁博物馆

明清以来,以江南园林代表中国园林实不为过①,而在众多的江南园林中,天一阁园林自有其独特之处。那么同样处于江南地区,同样始自明代建立的天一阁园林是如何以其独特的审美主张在江南园林中独树一帜的呢?笔者试图在本文中通过考证天一阁园林逐步规划建立的过程以及目前呈现出的大体风貌研究天一阁园林中体现的审美主张,即独特的书香特色。

一、天一阁园林的规划建立过程

目前普遍认为,天一阁的园林规划始自清代。范钦在1561年至1566年(明嘉靖年间)创建天一阁藏书楼时,仅在楼前凿一天一池,开凿天一池的目的,也并不是为了挖地成池、堆土成山建造园林,而是为了以水克火,也就是消防应急之用,并没有配套的园林设计和修建。笔者以为这个说法并不准确,有以下文字为证:

> 伏日偃仰天一阁中,池林过雨,凉飔荐爽,四望无人,蝉鸣高树,遂披襟散帙,漫书此篇。已而云影低昂,新月吐照,欣焉会于予心。据胡床,披鹤氅,停麈尾,抚无弦琴,歌白云之章、清商之曲,啜杯茗而寝,殊忘其为盛暑,顾城漏已下二鼓矣。(范钦:《书本事诗后》)

显然天一阁于此时已经建成,范钦此时正在天一阁中读书,他同时能欣赏

① 汉宝德:《物象与心境:中国的园林》,北京:生活·读书·新知三联书店,2014年,第171页。

到雨后的自然美景，尤其其中的“池”“林”二字，都是园林的典型要素，我们可以推测，天一阁周围是有园林的，而这个园林大致是以天一池为中心，周围树林茂盛，是比较有野趣的。

至迟于清顺治十二年(1655)，范钦的曾孙范光文在天一阁前“增构池亭，环植竹木”，且堆砌“九狮一象”假山。今天的天一阁南庭院园林虽屡经修缮，但基本仍展现了范光文当时的设计理念。

道光九年(1829)，天一阁已历经近三百年的风雨侵袭，此时，范氏后人竭尽全力，发起了一次大修，据周彦《范氏重修天一阁记》，当时范筠甫、范邦冉等“节省祀田之余，鸠工庀材。上自栋瓦，下至阶庭，左右墙垣，罔不焕然一新，阅八月而告成。明年，更复修砌岩石(假山)，浚深池水，所费计千余缗”。这段纪实性的文字能看出此次大修并未改变天一阁园林的面貌。

1933年至1936年，在修葺天一阁的同时，又在阁前假山右侧补筑一亭，壁上嵌丰坊临兰亭刻石，因名“兰亭”。移原府学中的尊经阁于宝书楼之后，并增筑明州碑林。这次大修基本形成了如今东至天一阁西墙、西至千晋宅、南至天一阁的南侧庭院，北至尊经阁的大体面貌。

1959年，在其东南面一片荒地上，平整土地，修建道路，移建两座石亭，且于林间置以市郊觅得的石马、石虎和铁牛等物，后又搜得碑石数十方，嵌入新筑围墙上，东园面貌初具，1982年至1986年，挖土成池，堆土成山，移建清末硬山式和歇山式木结构平屋各一幢，修建环廊等，形成我们今天所见到的东园。

1994年，秦氏支祠修复原貌，归属天一阁。

1996年至1998年，天一阁南园修建，1995年抱经楼和水北阁先后迁入南园，从而达到今天的规模。

可以说，如今的天一阁本身是一个包含着数个藏书楼的有书香特色的大园林。

二、天一阁园林的书香特色

(一)规划设计均以书籍保护为第一要义

范钦在设计建造天一阁的时候，为了将其书籍完好地保存下来，除了上文提到过的开凿天一池以备防火之用，还采取了多项举措，可谓用心良苦。一是将藏书楼设计在生活区域之外，并且将藏书楼和生活区之间设一弄堂隔离开来，将天一阁的东西两面墙都建得很高，俗称封火墙，用来防止其他地方的火势蔓延至书楼。二是在取名上，“阁之初建也，凿一池于其下，环植竹木，然尚未署名也。及搜碑版,忽得吴道士龙虎山天一池石刻,元揭文安公所书,而有记于其阴,大喜,以为适与是阁凿池之意相合,因即移以名阁"。(全祖望:《天一阁藏书记》)用天一生水、以水克火的寓意来希冀藏书能免于失火。三是在建筑形制上也体现天一和地六的格局,上层为一大通间,下层为六个小开间,下层厅堂的藻井上有水波纹、水兽、水草等彩绘图案,上层为天,下层为地,正好照应了"天一生水,地六成之"的说法。

自范钦建楼以后的数次藏书楼修缮不作赘述,藏书楼的修缮就是为了给藏书提供更好的保存条件。1949 年以后,天一阁继续执行了合理的防火制度,阁内不装电灯,不准吸烟,又安装了避雷针和消防设备,保障了书楼的安全。

20 世纪 60 年代,围绕着藏书楼整修东园的规划设计工作开始逐步展开。东园位于天一阁之东墙外,其设计规划历时二十年之久,从 1963 年底开始做第一个方案,其间屡经变迁,但是其规划设计的方案始终体现了对书籍保护的重视。"天一阁虽为一方名胜,但它不同于一般的名胜古迹,它是以收藏、保护文献古籍,提供学术研究和交流的文物机构,应保持其特有的严密性和封闭性,以防火、防窃、保障安全为第一要义。"①这一条原则在宁波天一阁总体规划设计说明历稿中均第一条强调。这里还选择了《天一阁总体规划方案》1983 年 3 月版及 1984 年 1 月版的第二条摘录如下:

"新辟庭院规划就是根据这种原则进行的。以水面为主,利于防火;同时不使游人停留,以利防窃。在天一阁旧有垣墙外侧不开孔、不打洞,不设回廊亦不置山石,只砌加固墙基而已,使人不能靠近,其用心也在此。"

"新辟庭院就是根据以上原则进行的,接近天一阁部分不设建筑,不堆假山,不植大树,使游人保持一定距离,以利防火、防窃,且大水池贮水既利观赏亦可备消火之用。"

在天一阁后期的园林设计中(主要是东园和南园),大体都体现了这些原则。东园内设明池,南园内设雷池,水面聚而不散,既有利于观赏,又可以备消火之用。靠近天一阁不植大树,不设建筑,不堆假山,使游客保持一定距离,以利于防火防窃。

(二)园林建筑体现书香特色

以藏书文化为特色的天一阁园林,在不断的规划扩展中,汇集了自明代至

---

① 路秉杰设计,陈从周审核:《天一阁总体规划方案(1983.3 版)》,《天一阁总体规划方案(1984.1 版)》。

清代的三座藏书楼:抱经厅、水北阁、天一阁。

抱经厅是清代学者卢址的书厅,卢址的藏书楼抱经楼建于乾隆四十二年(1777),其名取自韩愈《寄卢仝诗》:“春秋三传束高阁,独抱遗经究始终。”卢址(1725—1794),鄞县人,世居距离月湖二里许之君子营,出身诗礼旧门,自少博学嗜古。晚年双目失明,遂绝意仕进,专心图籍。袁钧《瞻衮堂集》云,卢址“生平喜聚书,遇有善本,不惜重价以购。朋旧中有异书,必宛转借抄。晨夕校雠,往往至废寝食”。于是乎“以故叶氏菉竹堂、丰氏万卷楼、毛氏汲古阁、祁氏澹生堂、汪氏古香楼、金氏文瑞楼诸旧本,如水归壑”(黄家鼎:《抱经楼藏书颠末记》)。又得谢三宾博雅堂之精品、全祖望双韭山房之遗书,益恢广之。历三十年之搜罗,得书之富达数万卷,计四十七橱,可与范氏天一阁相匹敌,所谓“数两浙藏书家,范氏之外,知尚有卢氏,浙西抱经堂而外,莫不知有浙东抱经楼也”(倪象占:《抱经楼藏书记》)。抱经楼与天一阁有密切的关系,在天一阁的历史上,学习天一阁最彻底的就是卢址的抱经楼。其书楼建造形制完全仿照天一阁,管理之法也照搬天一阁,还与天一阁比藏书。清乾隆三十八年(1773)诏修四库全书向全国征书,范钦八世孙范懋柱进呈图书六百余种,深得清高宗弘历欣赏,嘉赏《古今图书集成》一万卷“以为好古之劝”。卢址“羡天一阁之有《图书集成》也,竟至北京购得《图书集成》底稿以归,以为抗衡范氏之资。当时一为底稿,一为赐书,竞美一时,甬上引为艺林佳话”[①]。1995年旧城改造,原计划将抱经楼迁入天一阁文物保护区内,后因场地所限,仅恢复了抱经厅。

水北阁为清代学者徐时栋的藏书楼。徐时栋自幼喜聚书,自言“吾十龄外即喜聚书”,徐时栋最开始的藏书楼名为烟屿楼,藏书六万卷,同时在宁波城外的城西草堂藏书也达五六万卷,后太平军入宁波城,混乱中烟屿楼藏书或被人所窃,或为无知者作火引而毁,所剩无几。而城西草堂的藏书在同治二年(1863)复焚于火,于是徐时栋十万余卷藏书尽毁。但是徐时栋并不气馁,继续将满腔心血投入访书、购书、藏书、理书中去。同治三年(1864),他在城西草堂旧址重新建造新宅,将书楼与住宅建筑分隔开来,因书楼在河之北,故名“水北阁”。经过几年的努力,藏书几复旧观。民国《鄞县通志》载:“同治三年(甲子),重建新宅,续仿得者,贮之水北阁,即城西草堂故址也。凡三十橱,得书七百九十八种,九千八百十五册,分列经、史、子、集、丛书五部,浸浸乎复其旧观

---

① 张传保、赵家荪修,陈训正、马瀛纂:民国《鄞县通志》卷四十三本传,鄞县通志馆1935—1951年出版。

矣。”1994 年 9 月,因城市拓展,水北阁在原地无法保存,便迁移至天一阁南园,已恢复原貌,加以保护。

天一阁前文已表,此处不作赘述。书楼在园林内的汇聚是天一阁园林书香特色的最明显体现。

(三)楹联体现的书香特色

天一阁园林目前有楹联 38 副,其中赞颂藏书楼的有 13 联:

1.天一遗形源长垂远,南雷深意藏久尤难

2.好事流芳千古,良书播惠九州

3.建阁阅四百载,藏书数第一家

4.游范宅瞽人间庋阁千夫悦口碑天一,怀儒家闻域外黉宫万国倾心拜仲尼

5.杰阁三百年老屋荒园足魁海宇,赐书一万卷抱残守阙犹傲公侯

6.承梅涧柳汀以后清节衣冠世泽永四明司马,比南雷东硐之奇图书泉石高楼仰百尺元龙

7.人间庋阁足千古,天下藏书此一家

8.高阁凌虚有清流激湍映带左右,宸章在上胜商彝周鼎传示儿孙

9.天章特奖图书富,世泽长期子姓贤

10.十万卷签题缃帙斑斑笑荛竹绛云之未博,三百年清秘祥光冎冎接东楼碧沚以非遥

11.南望蜜岩为道石质储藏都归杰阁,西瞻祁市应怅澹生沦落早逊高门

12.峥嵘一阁东南美,书卷长藏天地间

13.禹穴卧游思谱志,书城坐拥达堪舆

描写读书生活的有 5 联:

1.此地有崇山峻岭茂林修竹,其人读三坟五典八索九丘

2.家酿满瓶书满架,山花如绣草如茵

3.博览缃帙能解玄言达阆苑,雅集群贤可调素琴阅金经

4.夜雨闲吟左司句,时晴快仿右军书

5.绵世泽莫如积德,振家声还是读书

天一阁内楹联全用白底黑字,显得古朴雅致,与白墙黑瓦的建筑风格相一致。同时,“天一阁博物馆的匾联是读者和游客参观游览天一阁时最能直接感受的文化艺术载体之一,它们已成为天一阁景区每个景点的标志和点睛之笔,

更是天一阁景区有别于其他景区的文化特征……”①

(四)环廊体现书香特色

廊是园林中最常见的建筑物之一,廊在园林中不仅是联系建筑物之间的脉络,而且往往是风景游览线,是一条带屋顶的道路,通常作木构卷棚顶,让人避免日晒雨淋。天一阁东园内环园都是直廊,廊顶部为单坡形,滴水檐,单侧为立柱,漆成朱红色,乍一看与其他园林并无差异,但其特殊之处在于在东园的东侧南侧的廊中都嵌入了石碑,南园的北侧廊中也嵌入了石碑。在东园建造完成以后,陈从周先生为东园撰写了《天一阁东园记》,文中道:“环园皆廊也……园多石刻,为历年所收存者,邱君嗣斌见其散置于断垣颓壁间,隐然有感,蓄整理之心久矣,遂商于余,期以碑廊为主,而增园林出之,两全其美也。”文中说东园的设计原本是以碑廊为主,使园林为碑廊增色,可见碑廊是园林的一重要元素。

天一阁园林内的碑林统称为明州碑林,共有173通碑。年代最早的为宋碑,共8通,其中以北宋熙宁元年(1068)的《众乐亭诗刻》为最早。该碑刻有钱公辅、王安石、司马光等15人诗20首。最晚的为1988年立的《天一阁东园记》,系陈从周所撰,沈元魁所书,顾廷龙篆额,张根芳刻字,碑文记述了天一阁东园的建设情况。明州碑林的内容以书院学校碑为主,其余的内容有谕告规约、祠庙寺观、法帖图像、墓志杂事等。总体内容由五大类组成:学校教育和人才培养方面的资料,碑林中保存自元世祖至元二十九年(1292)至光绪二十四年(1898),前后16次重修府学的碑记,如《宁波府儒学进士题名碑》,便记载了明初至嘉靖二十九年(1550)间本府考中进士的名单;人物传记资料,如《唐刺史吴侯庙碑》《宋张循王庙碑》《方国珍德政碑》《庆元路总管王侯去思碑》以及明清时期的几方墓志铭;经济史料,碑林中还有十余方清代官府“勒石永禁”的告示碑,其中十方从反面透露了自咸丰九年(1859)至光绪二十三年(1897)这半个世纪中,宁波部分手工业工人罢工,引起劳资纠纷的情况;近代反侵略斗争史料,例如《镇海防夷图记》和《镇海防夷图记书后》两碑;文学艺术资料,例如北宋熙宁元年《众乐亭诗刻》集刻了明州守钱公辅与王安石、司马光等十余人的诗篇,南宋嘉定三年《耕织图诗》,为文学家楼钥七十四岁时所书。

碑是刻在石头上的“地方史书”。碑林元素在游廊中的加入,使游客在环廊中欣赏园林美景的同时也可以从石碑内容中了解宁波地方史,真可谓是“阁有

---

① 龚烈沸:《书城木石香——天一阁博物馆匾联释读》,宁波:宁波出版社,2014年,“撰著说明”第1页。

书香,园有雅趣”。

(五)景与物的书香特色

①亭台轩榭的书香特色

天一阁园林内共有亭6座,分别是天一阁前假山上东亭、兰亭,东园内百鹅亭、八狮亭、四明亭和鲒埼亭。“《释名》云:亭者,停也。人所停集也。司空图有休休亭,本此义。造式无定,自三角、四角、五角、梅花、六角、横圭、八角至十字,随意合宜则制,惟地图可略式也。”①

天一阁内藏有明刻神龙本《兰亭序》,因为1934年天一阁大修时便增筑了“兰亭”,亭后壁上嵌以丰坊所临《兰亭序》石刻。天一阁兰亭为六角亭,三面栏杆临天一池,凭栏可以仰观古樟树、假山、书楼之景,也可以俯察池中游鱼,作濠濮间想。“花间隐榭,水际安亭,斯园林而得致者。”②除了观景之用,兰亭也使人想到王羲之之《兰亭序》不仅是一部精湛的书法作品,也是一篇难得的翰墨文章,亭两边的楹联为:“此地有崇山峻岭茂林修竹,其人读三坟五典八索九丘。”“三坟”“五典”“八索”“九丘”都是传说中我国最古的书籍。1934年重修天一阁时建兰亭,虽然褒贬不一,但是兰亭在书楼前的确增加了园林的书香之气。

四明亭和鲒埼亭分别在天一阁东园假山东侧和西侧,掩映于花木之间。四明和鲒埼,名字听起来就十分风雅,其实这名字与宁波地方文献的关系十分密切。四明山绵延宁波境内,故宁波也泛称四明,宋元郡志题名四明图志或四明志。民国时期张寿镛先生编刊《四明丛书》,博采约收,卷帙之巨,在我国郡邑类丛书中实为罕见。鄞县古时有鲒埼亭,清代史学家、鄞县人全祖望自号“鲒埼亭长”,其文集名《鲒埼亭集》。全祖望是清代浙东学派的重要代表人物,他专研宋和南明史事,留意乡邦文献,尤其爱好搜罗古典文献及金石旧拓。他与天一阁也有莫大的渊源,他曾数次登上天一阁,写成《天一阁藏书记》《天一阁碑目记》。《藏书记》不仅探讨了阁中书籍的来历,而且记录了范家析家产的故事;而《碑目记》则为天一阁中一部分无人问津的金石拓片编录了碑目。四明亭和鲒埼亭在天一阁园林之中,往往引发人们对天一阁内所存放的乡邦文献以及天一阁所代表的宁波地方文化的探讨和重视,这正是书香特色的重要体现。

②植被的书香特色

园林的一个重要元素就是植物。中国人历来将植物与人的品性联系起来,

---

① 计成著,李世葵、刘金鹏编著:《园冶》,北京:中华书局,2011年,第88页。

② 计成著,李世葵、刘金鹏编著:《园冶》,北京:中华书局,2011年,第66页。

牡丹代表雍容华贵，菊花代表隐逸生活，梅花代表凌寒傲骨……在屈原的《离骚》中出现的植物就有十八种之多，如江离、辟芷、秋兰、木兰、宿莽、申椒、菌桂、蕙茝等，其中各种各样的香草代表了三闾大夫不与世俗同流合污、遗世独立的人格追求。

天一阁的园林中也有各种植物点缀池边、廊边、阶下，春有香樟，夏有广玉兰，秋有桂花，冬有腊梅，一年四季芳香绕园。中国文人历来与香有着不解之缘，香是文人案头不可缺少的风雅之物。调素琴，品茗，论道，书画会友，无香便觉得少了兴致，因此可以说是书香难分。天一阁园林内还有一种异香时常出现，那是芸香草散发出来的味道，芸香草是一种可以发出奇异香味的花草，其特殊的香味可以使书蠹远离藏书，范家传统便是用这种香草夹在书中间来避书虫的，清代袁枚有诗为证："久闻天一阁藏书，英石芸草辟蠹鱼。"芸香草既有风雅的香味，又有避蠹虫的特殊功效，几乎可以成为藏书楼的一个象征，可以说有芸草香的地方，就有书香。

天一阁园林内还有一种特色植物，那就是书带草。书带草，顾名思义，是可以其坚韧的草叶做带捆扎书籍，从用途来看，这种草就与书有着密切的关系。书带草遍布了天一阁的各个角落，全祖望在《久不登天一阁偶过有感》一诗中有"为爱墨香长绕屋，只怜带草未开花"的慨叹，天一阁藏书楼内也有一副楹联"长喜青葱多带草，遥知呵护有卿云"，陈从周先生特别钟爱书带草："我爱它的性格，长青不变，处处适应，在待遇上是最低的要求，在服务对象上，没有地位高低的差别，因此我们的祖先用它来作为造园的重要植物，非仅其用，实颂其德。"虽说如今珍贵的古籍已经不用书带草来捆扎，但是陈从周先生在设计建造东园的时候，还是在东园广泛种植了书带草，这种默默无闻的普通植被给园林增色不少。

天一阁园林与其他江南园林最大的不同在于其以书香为特色，目前规划中的珍宝馆、家谱馆，主要陈列天一阁最珍贵的古籍、书画、器物等馆藏文物以及馆藏家谱，也体现了天一阁始终以书香为特色的独特的审美主张，天一阁园林在未来的发展中，也应该始终以体现书香特色为主要发展脉络，方不失其本真。

宁波市天一阁园林营造分析

林清清
宁波市天一阁博物馆

前言

藏书楼是以收藏图书典籍为主要功能,同时兼具阅览学习,吟诗会友的场所。我国私家藏书楼于隋唐初显端倪,至宋末渐盛,明清达到繁荣,并在环境、功能、设施等方面日趋完善。其追求环境的园林化处理,将环境与藏书文化、建筑有机结合的同时,追慕一种质朴的自然之美①,为古人的藏书、研读和生活起居提供了理想场地。

宁波天一阁始建于明嘉靖年间(1561—1566),是中国现存最古老的私家藏书楼。"天一遗形源长垂远",天一阁至今已历400余年,其园林景观虽几经修葺,但总体仍保持原貌。天一阁作为藏书楼的典范,对后世不论是皇家藏书楼还是民间藏书楼,均产生深远影响。乾隆皇帝修撰《四库全书》之时,所造文渊阁、文津阁、文澜阁等七阁,便是"数典天一之阁",并于院中凿池叠石,营藏书环境。作为我国珍贵的历史文化遗产,天一阁一直以来饱受国内外众多学者的关注。但是目前对于天一阁的研究,多见于建筑型制、藏书文化、历代名人等方面,而往往忽视了天一阁的园林环境。园林环境是天一阁的重要组成部分,同时也是天一阁留存至今的重要因素之一,具有很高的历史文化价值和科研价值。所以,本文以民国(1912)以前所建的天一阁为研究对象,即以宝书楼为中心,南至前假山南侧围墙,北以后假山为界,以及东西两侧围墙所围合成的园林空间。通过实地调研及文献查阅,对天一阁的谋篇布局、植物营造、人文意境三方面进行分析,以期揭示天一阁的造园特色及文化内涵。

① 陈小慈、张纵、秦健:《从甘熙故居藏书楼谈我国古代藏书楼环境意象》,《广东园林》2010年第32期,第9—12页。

一、谋篇布局

天一阁的空间布局,讲求以藏书功能为出发点,同时兼顾园林景观的营造。据清代学者全祖望《天一阁碑目记》载:“阁之初建也,凿一池于其下,环植竹木……”[①]可见范钦在建阁初期,便已将天一阁的景观与功能统筹考虑,为整体的园林布局打下基础。而天一阁园林景观的真正形成,则为清顺治十二年(1655)范钦曾孙范光文在修葺天一阁时,“增构池亭”,最终形成意趣天然的山水格局。

1.1 天一生水,构藏书之胜地

生活方式是产生园林的最根本的社会文化基础。中国传统园林,最早见于文字记载的园林形式是囿和园圃[②]。可见园林的形成,首先是要满足功能的需求。天一阁在建阁之初,便着眼于书楼本身的藏书功能,在空间布局上非常注重所藏书籍的防火需求。

在藏书楼的园林环境中,水是必不可少的元素。为做到以水克火,天一阁在空间布局上非常注重水环境的营造。“故凡造作,必先相地立基”,天一阁自选址开始,便注意水源的寻找,建阁于月湖之西,又临近北斗河,形成左湖右江的外部格局。另据民国《鄞县通志》《宁波府城厢图》所载,天一阁外原有一条既连接马眼漕、菱池,又与月湖、北斗河相通的自然河道。[③] 周围水系丰富,除景观上的需求外,想必也是希望以水克火。同时考虑到远水解不了近火,为蓄水防火,范钦又于阁前凿天一池,其东北隅又为曲池,并与外部水系相连,从而形成一道双重的防火体系。而范钦建书楼,署其名为“天一阁”,也是有“以水制火”之意。全祖望《天一阁碑目记》载:“阁之初建也……然尚未署名也,及搜碑版,忽得吴道士龙虎山天一池石刻,元揭文安公所书,而有记于其阴,大喜,以为适与是阁凿池之意相合,因即移以名阁。”后乾隆欲仿天一阁之制建四库七阁时,命杭州织造寅著亲往询查,寅著复奏云:“传闻凿池之始,土中隐有字形如‘天一’二字,因悟天一生水之义,即以名阁。”二者所载虽有异处,但以“天一生水”之义名阁是相同的。

天一阁在建造之时,其选址、布局、命名均是服从于“藏书”的防火需求,在

---

① 骆兆平编纂:《天一阁藏书史志》,上海:上海古籍出版社,2005 年,第 175—176 页。

② 周维权:《中国古典园林史》,北京:清华大学出版社,2010 年,第 43 页。

③ 徐炯明:《“水”与天一阁——从“水”文化说到天一阁保护的灵魂》,《津图学刊》2004 年 2 期,第 69—72 页。

内外空间和寓意上均是注重水环境的布置,除了在景观上营造宜人的园林环境外,更主要是为了在功能上做到以水克火,从而形成一个绝佳的藏书胜地。

1.2 叠石引水,筑林泉之天趣

在传统园林的布局理景中,山、水是不可或缺的造园要素,所谓“水令人远,石令人古。园林水石,最不可无”①。天一阁的空间布局,以宝书楼为核心,叠石引水,自北向南形成“山池—台—楼—池—山”的空间序列(图1)。模山范水,宛若天然,古阁幽幽,融于其间,从而达到“身居闹市而有林泉之乐”。

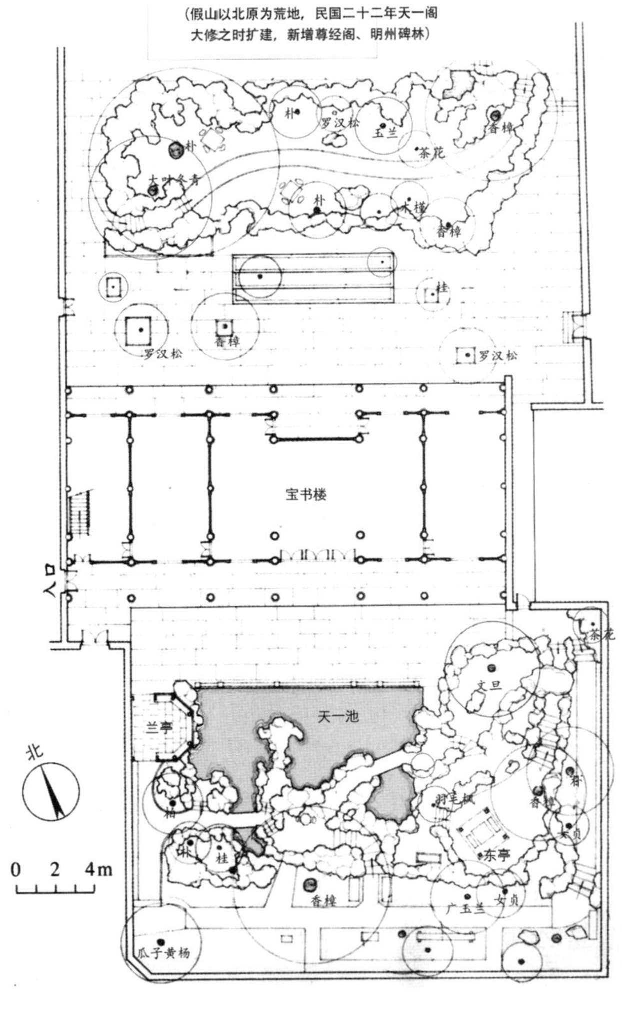

图1　天一阁平面图(改绘自《江南理景艺术》)

① 文震亨:《长物志》,北京:金城出版社,2010年,第25页。

阁前南庭模拟天一湖泊的一角，讲求的是诗画的山水意境。山石清瘦，以天一池为中心，呈环抱之势，向东西延伸两翼，将天一池拥入其中。水池岸线除北侧平整设置护栏，其余三面均与假山相接，错落有致、相互咬合。《园冶》曰："疏水若为无尽，断处通桥。"天一池水系末端分别在两端置平桥，营造一种深远之感。假山保留了宋代"叠置结合"的风格，巧妙搭叠，高低错落，取其画意。同时，又在池中置一小山，并以石梁连接主山，分隔水面，丰富空间层次。南庭山环水绕，岸线曲折有致，山石通透玲珑，创造出"一勺则江湖万顷"之意。

阁后的北院，则以山石为主景，巍然而立，追求的是自然的山林野趣。假山造型简朴，采用土山戴石的做法，整体形状近四方形，如一台地，以敦厚雄浑为特点。拟天然山岭，左右两侧皆有石阶可上下。假山体量较大，却无拥塞之感，主要得益于山麓及山洞的处理。山麓收放有致，山体中部靠西有一山洞，左右延伸有洞壑，可直通假山而过。同时，山前有一规整石砌花台，共三层，上植花木，与自然的山体相对，恰好烘托出山麓的蜿蜒曲折。北院山石层层叠叠，山上竹木森森，有"咫尺山林"之境。

明代计成《园冶》在"书房山"一节有云："凡掇小山，……书房中最宜者，更以山石为池，俯于窗下，似得濠濮间想。"天一阁的园林布局，以山池为胜，构景得宜，有天然意趣，古人登阁而览，纵观云物，苍然远岫自到书窗(图2)。

图2 天一阁图(清光绪祝永清绘，民国李良栋刻)

二、植物营造

宋代画家郭熙有言:“山得水而活,得草木而华。”天一阁在营构的过程中,也非常注重草木的选择,精于植物配置。植物景观的营造追求顺应自然,拟山林之境,同时在植物种类的选择上,也是以藏书“能久”为出发点。

2.1 古木生晖,营山林之翳然

天一阁的植物景观,自造园伊始“环植竹木”,又经后世的多次补栽,逐步形成了现在古木阴翳的景观效果。花木虽为人工栽植,但力求重塑自然之美。古人通过营造近似自然的园林环境,以人造的自然装点环境的不足,从而营造出了充满野趣的山林风貌。

天一阁的花木种类简单朴实,并不追求名花异木,而是选取易于成活、方便管理的树种,如香樟、柏木、瓜子黄杨、罗汉松等。园中以大量的常绿植物为背景,通过适当地点缀玉兰、木槿、南天竹、茶花等树种,来丰富四季变化之美。同时,植物多数保持自然形态,少施人工,追求植物自然生长的姿态美。园内的主景树香樟挺拔苍劲,墙角的瓜子黄杨树枝如盘龙,枝叶交错,姿态婀娜,远胜于人工剪裁的花木。古人将植物与假山、亭子等园林要素相结合塑造庭院空间,为书楼提供读书、游憩之所。天一阁南庭花木萧疏,树姿自然委婉,采用点植的手法,与山石相配,层次分明,充满诗画的意境(图3)。这种疏朗的植物种植手

图3 天一阁南亭樾图(民国二十四年袁寅绘,周埜刻)

法,同时又保证了书楼充足的光线。而天一阁北院的假山上,古木林立,以大叶冬青为主景,又有大量南天竹、丛竹栽植其上,营造出了山林野逸的氛围。

天一阁的园林环境在有限的空间内塑造植物景观,以少见多,林木翳然,展现了草木的自然之美。所谓“餐翠腹可饱,饮绿身须轻”,植物与山池结合所营造的园林环境为古人创造了清幽静谧的读书环境和游赏之处。

2.2 芸香四溢,衬书香之幽远

天一阁园林环境中的植物选择,很大程度取决于植物被赋予的实用功能。书楼最忌星火,藏书又怕蠹鱼。所以植物一方面被要求少落叶、不易燃,避免火灾的发生,另一方面还要求具特殊气味,能驱避蠹虫,从而形成适宜藏书的环境气候。

园中所植花木,以常绿植物为主。长势繁茂的香樟、柏木、罗汉松、广玉兰、女贞,片植的丛竹,乃至植于假山一角用以点缀的柚、茶花、瓜子黄杨等,均是四季长青,少有落叶。一方面是为了防止落叶堵塞瓦垄,造成屋面漏水;另一方面主要还是为了防止火灾的发生,常绿植物不易着火,且能够保持环境内一定的湿度,保证书籍不会过于干燥。另外,在植物品种的选择上,天一阁还运用了大量的芳香植物,以求达到“芸香辟蠹鱼”的效果。阁前所植大香樟,可分泌大量具特殊气味的挥发油,对蠹虫有驱避作用,是藏书楼的首选佳木。而据《藏书纪要》所载:“书柜须用江西杉木或川柏、银杏木为之。”[①]可见院中所植柏木,同样能够散发出对蠹虫具有驱避作用的气体。

黄宗羲曾叹:“读书难,藏书尤难。”天一阁藏书之所以“能久”,除了范家一直以来严格的书楼管理制度外,同样离不开园林环境所形成的小气候。天一阁的植物景观,以香樟、柏木等芳香植物为主景,又配以各类常绿树种,形成驱虫避火的环境氛围,从而使幽幽书香,历400余年仍能垂远。

三、人文意境

传统园林的营造,讲求“文以明道”的理念,把园林的自然美和人文美结合起来。天一阁在构筑之时,同样讲求寓情于景的构园思想,叠石引水,莳花植木,构筑“壶中天地”,不仅倾注着园主人退隐求道的人生抱负,更有追求林泉花木的怡情志道作用。

---

① 祁承㸁、孙从添:《澹生堂藏书约·藏书纪要》,上海:上海古典文学出版社,1957年,第52页。

3.1 阛阓相远,抒隐逸之高志

在中国传统文化中,隐逸文化并非消极遁世,而是作为另一种积极人生的开始,或办学或藏书,积极致力于社会事业。范钦亦是其中一典范,其因看破宦海,退隐求道,藏书构楼,“林木阴翳,阁前略有池石,与阛阓相远,宽闲静闭”,远离喧嚣市井,追求内心的精神世界,把天一阁作为实现人生理想的舞台。

“小隐隐于野,中隐隐于市,大隐隐于朝。”中唐以后“中隐”思想被士大夫广泛接受,特别是明清之时在城市中大量构园,或是用以致仕还乡颐养天年,或是用以读书自娱,把理想寄托于林泉之中。范钦于嘉靖三十九年(1560)辞官归里,致力于藏书事业,后又于月湖西畔营构天一阁。一方面他希望能遁隐于市井,醉心于咫尺山林之间,“苑风应节舒梅柳,径雾含香散绮罗”(范钦《上元诸彦集天一阁即事》),“良时引客坐清辉,杰阁雕甍俯翠微。青岭露花欹野鬓,碧池春水媚游衣”(沈明臣《灯夕范司马安卿天一阁即事》)。[①] 另一方面,范钦壮志未酬,却无奈仕途险恶:“尔负尔躯,尔率尔趍。骯脏宦海,隐约里闾。将为断断之厉?抑为嫚嫚之愚乎?古称身不满七尺而气夺万夫,陆沉人代而名与天壤俱,盖有志焉而未之获图也。吁!”[②]退而求其次,范钦将治国理想转化为“藏书立家以传万世”,博雅好古,以诗文山水为娱,将人生抱负寄情于方寸园林中,隐于闹市而享隐逸之乐。从范钦邀两位挚友光临天一阁的邀请函《邀竹墟东沙过湖上小启》中也可看出这一点:“节届清和,神当游衍,爰傍西湖之渚,乃开北海之尊,画栋珠帘,虽远愧于滕阁;瑶台仙峤,或可希于鉴湖。敢修芜楮,敬展私忱,将期奉竹林之清娱,亦以追兰亭之高会……”[③]

园中的楼阁亭台、碧池竹木,均倾注着园主人的远大抱负和精神追求。在这里园主人的自我价值得到了施展和升华,从而使天一阁的园林景观超越了简单的自然审美,上升到了意境美的高度,营造出一种远离宦海市井之喧、闲适宁静的精神空间。

3.2 竹木之兴,怡花石之雅韵

天一阁不仅是园林游憩之地,更为范氏族人藏书、读书、刻书的重要文化场所。园主人在构园之时,就非常注重园林景观的陶冶作用,利用模拟的自然山水、人格化的植物景观和隽雅的楹联匾额,营造修身养性、潜心研读的人文空间

---

① 骆兆平编纂:《天一阁藏书史志》,上海:上海古籍出版社,2005年,第300页。

② 范钦著,袁慧整理:《天一阁集》,宁波:宁波出版社,2006年,第389页。

③ 范钦著,袁慧整理:《天一阁集》,宁波:宁波出版社,2006年,第375页。

和精神家园。

“片石多致，寸草生情”，士人讲求寄情于山川花木，偏爱在优美的自然中寻找精神的契合点。范光文在修葺天一阁时，叠山构池，意“与戾献互分竹林之兴”（范光文《来青吟》），希望借清闲的环境氛围来陶冶精神世界。山水有道，自古强调人文修养与自然山水的相互联系。天一阁的园林景观以山池为胜，通过模拟近似自然的只山片水来化育人格品质，陶冶情操，进而培养大山大水的仁智之德。同时，天一阁的园林花木在种植之时也被赋予了一定的象征意义。纵观全园，以樟、竹、松、柏为主。《南史・王俭传》载：“宰相之门也，栝柏豫章虽小，已有栋梁气矣，终当任人家国事。”①可见樟自古有贤者栋梁之意。而竹则有“经寒不动，静处养性”的品格，松柏有坚韧不拔之秉性。利用植物的人格化处理，把植物之美与人格品质相联系，并通过“君子比德”的方式，在自然花木的审美情趣中培养高尚的道德情操。另外古人还借楹联匾额这种最喜闻乐见的方式来营造文雅的园林空间。东亭的石柱上便刻有“开径望三益，高谈玩四时”，利用文字所产生的意境，使人获得深刻的人生启迪和感悟。清人钱维乔登天一阁阅书之时，曾赞天一阁的清幽之景“室因山气人初静，坐有春风竹自修”，由景生情，感“朝报可观当世事，暮怀为慨盛时游”。

古人讲求从赏心悦目的平泉花木中体悟自然，达到怡情养性的目的，园林中到处渗透着古人的哲学思想和伦理道德。天一阁也不例外，通过构筑宁心静神、宜学宜游的林亭景物，陶冶心性，从而营造出了清秀淡雅的人文意境。

小结

天一阁构于范宅之东，虽兼有私家宅园的功能，但少了明清时期私家园林的华丽精致，而是追求士大夫特有的质朴天然、清幽淡雅的风格。其以藏书楼的功能需求为出发点，“形式源于功能”的造景理念始终贯穿于造园的各个方面，同时结合传统造园手法，形成“林泉雅洁多奇石，楼阁清癯类硕儒”的园林环境。天一阁的园林营造特色可归纳为以下三点：其一，园林以水为重，构筑意趣天然的林泉山石，形成“左瞰月湖右大江，苍然远岫到书窗”的景观格局；其二，胜于运用樟、柏、松、竹等常见植物，尊其自然之理，构其山林野趣，营造宜人的藏书小气候；其三，园中的林亭景物被赋予深刻的精神内涵，呈现清秀淡雅的人文氛围，可谓读书研习的一方静土。

---

① 《南史》，北京：中华书局，1975 年，第 392 页。

而民国之后,天一阁在修缮的同时被逐步建设成为天一阁博物馆。多次扩建,新增了诸多园景,导致原来的藏书功能不断弱化,其质朴淡雅的气质也逐渐被周遭的喧嚣氛围所淡化。本文以期通过对天一阁园林营造特色的归纳总结,唤起人们对天一阁作为藏书楼本身的重视。望“天一”之名起于藏书,而能忠于藏书。

从天一阁东园看陈从周造园艺术与中国传统园林美学

朱莹毅
宁波市天一阁博物馆

"万卷诗书来左右,小园容我一藏身。"这是著名的古建筑学家、园林艺术大师陈从周先生在天一阁东园发出的感慨。陈从周(1918.11—2000.3),原名郁文,晚年别号梓室,自称梓翁,浙江杭州人,同济大学教授、博士生导师,擅长文、史,兼工诗词、绘画。天一阁东园位于天一阁藏书楼东南,占地约6000平方米,以假山、水池、树木、亭阁、碑林为主体,舒展而又幽婉。东园始建于1959年,重修于1983年至1986年,如今已成为宁波市天一阁博物馆的一部分,真正是"阁有书卷,园存雅趣,洵甬人之清福也"。

2017年夏,笔者在整理天一阁档案资料时偶得当年重修东园期间的规划、园林图纸等资料,便有心将东园修建的来龙去脉以及与陈从周先生的关系加以梳理,结合《天一阁东园记》,试图浅析陈从周先生的造园思想和美学主张。

一、东园兴建始末

历史上东园曾是明代吏部尚书闻渊天官第宅园的一部分,后逐渐荒芜。据前辈骆兆平描述[①],天一阁藏书楼的东墙外原是比较荒凉的,东边是一块无人管理的田园,南边是三间摇摇欲坠的破屋和一道长达一百公尺的石砌倒墙,西边是一块到处是杂草的荒地。除了倒墙瓦砾和高低不平的土地之外,更糟糕的是离阁不到十丈地方还有十四具荒芜的坟冢。

1959年5月,宁波市政府拨出专款征购天一阁东首民房五间、荒地十亩,改

① 参考骆兆平编纂《天一阁藏书史志》,上海:上海古籍出版社,2005年,第30页。

建为园林。[①] 宁波市古物陈列所(当时的天一阁管辖机构)开始拆除坟冢,翻土绿化,整理环境,广植香樟,又从城南祖关山迁建了精美工巧的明代万历间石构建筑“百鹅亭”,在林间置以市郊觅得的石虎、铁牛等,扩建工程年底竣工。[②] 1960 年又对园中绿化做了规划,一片略经点缀的绿地初步形成,因为在天一阁之外,故而俗称“天一阁花园”或“外花园”。

1963 年,宁波市文物管理委员会[③]开始着手编制天一阁总体规划设计,并邀请古建筑园林艺术专家、同济大学建筑系教授陈从周先生作为顾问指导,这是陈从周先生首次参与天一阁及东园的规划设计。根据天一阁总体规划说明记载,此规划历经二十余载,其间屡经变迁和修改,先后参与其事者有路秉杰、臧庆生、邬三人、朱谋隆等同志。[④]

1983 年开始,在天一阁总体规划设计的指导下,天一阁文保所[⑤]再次兴造东园。工程是在陈从周先生指导下进行的,历时三载,投入资金 26 万元。对于东园的规划和营建,陈从周先生倾注了大量的心血,设计图纸几易其稿,每稿陈先生都亲自审阅并签名[⑥]。在建造东园时他婉言谢绝住在当时宁波最好的饭店——华侨饭店,执意住在范氏故居耳房,自始至终监督工程,现场商略亭台,安排泉石。东园整体布局围水构筑,园中凿有大池塘,为“明池”[⑦];环园长廊墙垣中嵌入收集的百十方碑刻;迁建清末古建筑两幢;南隅用新购的海礁石堆作

---

① 谢典勋编撰,骆兆平校补:《天一阁大事记》,宁波:天一阁博物馆印,2011 年,第 27 页。后征引只列书名、页码。

② 参考 1959 年天一阁修建竣工图、1960 年天一阁花园绿化规划图。1959 年古物陈列所工作总结:“从 5 月 9 日—12 月 12 日,拆除坟冢,清理了环境,填平了洼地,种植了树……用去人民币一万九千八百十九元,共六千九百三十四工,其中泥木石工二千八百四十工。”

③ 当时天一阁的管辖机构,由 1960 年 2 月古物陈列所变更为宁波市文物管理委员会。

④ 资料来源:《天一阁总体规划设计(1984.1.5)·设计说明》“本规划自 1963 年底开始做第一个方案以来,恰为二十年,其间屡经变迁,方案亦屡经修改,在上海同济大学建筑系教授陈从周的指导下,先后参与其事者有路秉杰、臧庆生、邬三人、朱谋隆等同志”。

⑤ 1978 年 2 月,省文化局批准成立宁波市天一阁文物保管所,简称天一阁文保所,作为天一阁的管辖机构。

⑥ 资料来源:《天一阁总体规划设计图(1984.01 版)》,路秉杰设计,陈从周审核;《天一阁总体规划设计图(1986.02 版)》,路秉杰设计,陈从周审核;《天一阁园林设计图(1986.01)》,路秉杰、臧庆生、朱谋隆规划,路秉杰设计,陈从周顾问。

⑦ “明池”与“东园”结合起来就是范钦的号“东明”,以此来纪念这位天一阁的创始人。

假山,峰峦起伏,横贯东西。园内曲岸弯环,水漾涟漪,林木蓊翳,舍径幽曲,清新自然,不见雕琢。

1986年9月,天一阁东园修建工程竣工,陈从周先生为新建成的天一阁东园"凝晖堂"题词"述古承先",并附书"丙寅之秋,明州天一阁东园建成,构是堂以为休憩之所,爰题共勉,庶几范氏永垂千古也。园以胜景,贵在高德,此与他园所异者"①,一语点出了东园独特的气质。

1988年3月,陈从周先生在东园为之撰记《天一阁东园记》,并在东园勒石,此碑屹立在天一阁明州碑林中至今,如实地见证东园的这段兴建历史和陈先生的情怀。整体碑文如下:

> 环园皆廊也,而水石樟林尤胜,以位于天一阁之东,故名东园。
>
> 园多石刻,为历年所收存者,邱君嗣斌见其散置于断垣颓壁间,隐然有感,蓄整理之心久矣,遂商于余,期以碑廊为主,而增园林出之,两全其美也。小住阁中,偕洪君可尧漫步其间,商略亭台,安排泉石。园有积水,樟木蔚然成林,适甬上有古木构二,尺度相宜,移建之,宏敞轩举,今之凝晖堂也。堂成一园之主体存焉,疏池叠石,皆因地制宜,未损乔木,宛若天成。园属天一阁,墨香衍芬,二而一也,故不以藻饰出之。复饶水景,昔范尧卿先生有东明草堂,故以明池名之。曲岸弯环,水漾涟漪,堂之影,亭之影,山之影,树之影,皆沉浮波中,虚实互见,清风徐来,好鸟时鸣。而万竿摇空,新篁得意。阁有书卷,园存雅趣,洵甬人之清福也。
>
> 余惟四明一隅,以藏书闻世,学者文人辈出,信山水钟灵,然不能不归功文风之盛,而文风之盛,又不能与藏书佳处须臾离者。嗣斌守天一阁三十年,以余勇营此东园,良有以也。万卷诗书来左右,小园容我一藏身。戊辰之岁,阳和三月,读书阁中,抛卷成此记,存建园之始末耳。
>
> (岁次戊辰　陈从周撰文　顾廷龙篆额　沈元魁谨书　张根芳刻字)

二、东园营造思路和布局

仔细研读《天一阁东园记》,可以挖掘出陈从周先生建造东园的思路和布局。

---

① 谢典勋编撰,骆兆平校补:《天一阁大事记》,第44页。

（一）园阁相依，墨香衍芬

天一阁虽为一方名胜，但它不同于一般的名胜古迹，它是收藏保护文献古籍、提供学术研究和交流的文物机构，应保持其特有的严肃性和封闭性。因为东园紧邻天一阁藏书楼，在造园初，就定下“新辟庭院要以防火、防盗保障安全为第一要义”[①]的宗旨，接近天一阁部分不设建筑、不堆假山、不植大树，园内池蓄水有利于观赏亦可备消火之用。陈从周先生认为，天一阁是“古到底”。对于东园建设，是辅助天一阁的，不能超越天一阁，要以静为主，不能过分华丽，两者要有分有合，总体风格要统一。[②] 所以东园的园林之色，以淡雅为主，与书香匹配，将书香寄情于园林，突显藏书文化和地域文风特色。

（二）环园皆廊，透逦相续

东园四周环廊，东、南两面均是碑廊，作为天一阁明州碑林的延续。明州碑林始建于1933年至1935年天一阁维修时期，碑主要来源于宁波府学，一部分双面碑耸立在尊经阁前后，同时将部分残碑和帖石嵌入天一阁围墙中。1973年8月至1974年4月，为保护宁波的金石古迹，将散置甬上各地的具有历史、艺术价值的碑石六十九方移至天一阁集中保管，并嵌入东园围墙[③]，构成了今天明州碑林的整体布局，也成就了东园碑廊的书香特色。1987年6月，陈从周先生设计了东园明州碑林的护廊[④]，一方面使东园碑廊蔽日挡水得以保护，另一方面以增园林出入，提供游人鉴赏驻足之处，一举多得。另外，东园西面的廊道设有红色木制漏窗，阳光透过木窗投射入园，玲珑剔透，以增园林之情趣。

（三）疏池叠石，因地制宜

天一阁东园沿用了挖土成池，堆土成山的传统方法，因园内原有部分积水，因地制宜地在园中挖凿水池，又天一阁主人范钦先生号“东明”，故以“明池”名之。明池的塑造尊重自然，池面是以聚为主的不规则平面，驳岸为多样自然式驳岸。池的南面设计贯以东西方向的假山，利用挖池余土堆山，缀以石块，以求

---

① 《天一阁总体规划设计(1984.01版)》“设计说明”第三条。

② 1984年9月，宁波市文化局《文化简报》第二期发表了陈从周教授关于天一阁问题谈话的记录稿。

③ 资料来源：谢典勋编撰，骆兆平校补《天一阁大事记》，第44页。

④ 资料来源：《浙江省宁波天一阁东园明州碑林互廊平、立剖图(87.6)》，设计：同济大学陈从周。

土石平衡。除靠近建筑部分为突兀的石山外,大部门是石包土的丘冈。[①] 假山用石为宁波地产海礁石,具有浓郁的地方特色。在假山的东西两侧设有"四明亭"和"鲒埼亭"遥相呼应、高低错落,从四明亭朝西北俯视,池水、书楼、回廊,皆于树石间隐隐相现,虚实相间,全园生动。

(四)古木构二,傍水而建

早在东园设计之初,天一阁规划中已有建筑迁入保存。1983 年,文化部文物局复文浙江省文物局,将两座清末硬山式和歇山式建筑迁建东园[②],后命名一为凝晖堂,一为林泉雅会馆,为园林的建筑主体。但在东园的设计中,考虑到建筑稍大,故安排其傍水而建,以山石树木遮掩之,破除呆板生硬之感,走近看时又显宏敞轩举。林泉雅会馆中陈列明清时代名人的书法帖石,其文字之隽永,书法之美妙,以增园林之灵气,令人一唱三叹,徘徊不已。

(五)未损乔木,宛若天成

香樟树是宁波的市树。1959 年,天一阁东园广植香樟,二十多年来,早已蔚然成林。东园的草木设计采用"同一种树植之成林"的布置手法,在天一阁规划思路说明中有记载,将原有 150 株径长 20 厘米以上的樟树一株未动,全部保存。新植绿化仍以香樟、翠竹为主,地面则大面积种植书带草。如今,樟树已经成为东园最大的特色,樟树形体松秀,株干古拙,高大的樟木,又能引人仰视,万竿摇空,新篁得意。参天的樟树环绕,望去诸多不尽之意义,仿佛置身于天然丛林中。

三、东园的园林美学赏析

中国园林是一种由山水、建筑、花木等组合而成的综合艺术品。中国园林讲究师法自然,"虽由人作,宛自天开",山贵有脉,水贵有源,脉源贯通,虚实结合。中国园林亦言意境,是文人气质的体现,是文人的精神家园。天一阁东园很好地体现了陈从周先生对中国古典园林的审美。

(一)园林之水,首在寻源

园内明池的池面塑造崇尚自然,水面利用不规则的平面,以聚为主,以求辽阔之感,辅以山涧曲溪,以求不尽之意,池上架以小桥,仅搁石板,不施栏杆,极

---

① 资料来源:《天一阁总体规划设计(1984.01 版)》"设计说明"第五条:利用挖池余土堆山,缀以石块,切忌琐碎繁冗。

② 资料来源:谢典勋编撰,骆兆平校补《天一阁大事记》,第 40 页。

尽质朴之意。水池的岸壁也富有变化,有方整条石驳岸,也有自然朴素的块石驳岸,也有土石兼用的自然驳岸。水体亦与月湖相通,“问渠那得清如许,为有源头活水来”。池边留心曲岸水口设计,故意做成许多弯头,上贯以小石桥,桥底于岸,略与水平,有深壑藏幽之感。园中的建筑、廊道、假山、绿植均依水岸而建。园中水景,倒映出各岸之景,可谓“池水无色,而色最丰”。无怪乎陈从周如此赞叹:“曲岸弯环,水漾涟漪,堂之影,亭之影,山之影,树之影,皆沉浮波中,虚实互见,清风徐来,好鸟时鸣。”

(二)园林之山,贵在丘壑

东园的假山多是利用原有地形,略加整理,上覆以海礁石而成。造园之石,有骨有肉,方称上品。东园的假山据说是在陈从周的现场指导下叠石而成,也许是宁波八百里四明山在他心境的艺术缩影。东园的山不在高,贵有层级,下层隐有3个形态各异的供人穿梭的石洞,中层是古拙铺满绿色的修竹山石,上层亦有高耸突兀的石山,石上还依稀粘了牡蛎壳,小颓风范,丘壑独存,苍古之境,有胜藻饰。在假山的东西两侧点缀的两座亭台,隐映于茂林修竹之间,从“鲒埼亭”沿着铺满青苔的石阶迂回而下可到达明池处,连接处是低于石岸的小石板桥,凌波而过,山石愈形俊俏,一池玲珑之水,使整座假山亭台生机盎然,所谓“水随山转,山因水活”,大意就是如此。

(三)园林之木,重在姿态

中国园林中的植物大多蕴含一定的品格和气质,在天一阁东园中广植的樟树,是宁波的市树,标志着宁波的天然秀色,土生土长的树木存活率高,成长得快,几年即可茂然成林。东园中的樟树如拙政园的枫杨,网师园的古柏,都是一园之盛。翠竹在东园被广泛栽种,历代文人都喜爱翠竹,因为其谦虚、有气节、刚直不阿的气质,所谓“宁可食无肉,不可居无竹”。另外,东园中还大面积地铺有书带草,全祖望在《久不登天一阁偶过有感》一诗中有“为爱墨香长绕屋,只怜带草未开花”的慨叹;天一阁藏书楼内也有一副楹联“长喜青葱多带草,遥知呵护有卿云”;陈从周先生特别钟爱书带草:“我爱它的性格,长青不变,处处适应,在待遇上是最低的要求,在服务对象上,没有地位高低的差别,因此我们的祖先用它来作为造园的重要植物,非仅其用,实颂其德。”中国人历来将植物与人的品性联系起来,在造园中加入植物的元素,托物言志,亦起到移情的作用。

(四)园之建筑,重在内涵

园林的建筑如厅、堂、亭、廊等都是园林中不可缺少的元素。东园中建筑所施色彩,在梁枋挂落皆用栗色,屋顶瓦砾用黑色退光,都是些暗色调。无论风雨晦明,在各种环境下,都能于园中景色相宜。园林游廊为园林中的脉络,四周环廊,逶逦相续。其中碑林元素在游廊中的加入是东园的一大书香特色,使游客可以从石碑的内容中了解宁波历史。移建的两个石构亭和若干石兽,矗立一隅,仿佛诉说着它们的历史。园林中的文物古迹,可丰富其文化内容,使人产生更多的兴会、联想。园林与文物相结合,文物赖以保存,园林借以丰富多彩,两者相辅相成,不矛盾而统一,体现出一个有古今文化的中国园林。

(五)园之意境,重在气节

园林是居处、观赏的园林,亦是文人的精神家园。陈从周认为:“造园如缀文,文贵乎气,造园又何独不然。”天一阁东园位于四明一隅,毗邻天一阁,为浙东文风集聚之地,亦为读书养性之所,灰白的江南天色,秀茂的树木,玲珑的山石,柔美的池水,都能相配合调和,予人的感觉是清静淡雅的。陈从周先生感慨:“余惟四明一隅,以藏书闻世,学者文人辈出,信山水钟灵,然不能不归功文风之盛,而文风之盛,又不能与藏书佳处须臾离者。”东园中所体现的藏书文化特色,渗透在一草一木,一物一景中。环廊中的碑林是刻在石头上的“地方史书”,园中建筑的起名,“凝晖堂”①“四明亭”和“鲒埼亭”②,既风雅又具有地方特色,另有为数不多的几处对联匾额点缀,如神来之笔,令人流连光景,心怀舒畅。无怪乎景物宜人的园林被称为“凝固的诗,立体的画”,人临其境便会触景生情,吟出好诗来,“万卷诗书来左右,小园容我一藏身”,“家酿满瓶书满架,山花如绣草如茵”。这些与天一阁及园林有关的诗句,都是文人寄情并陶醉于园林的体现和见证。

---

① 以明代藏书楼名字命名。

② 鄞县古时有鲒埼亭,清代史学家全祖望自号“鲒埼亭长”,其文集名《鲒埼亭集》。

天一阁祠堂建筑风格及特点

——以秦氏支祠为例

吴冠林

宁波市天一阁博物馆

受儒家文化影响,我国古代封建社会对血缘和姓氏的观念非常看重,并为此建立了家庙,以祭祀自己的祖先。这种家庙一般被称为“祠堂”,根据祭祀的规模,又可分为“宗祠”“支祠”和“家祠”。祠堂的起源最早可以追溯到周代,周人建立了以宗庙为核心的完整、系统和规范的祭祖礼制;汉代起,多建祠堂于墓所,称“墓祠”;到唐代发展成“家庙”,是唐代法制上称呼官员依唐制所建立的宗庙,此时,只有五品以上官员才可立庙;宋代,受理学影响,民间开始在家宅居室内或之侧建立祭祖场所,此时“家祠”的概念已经产生;到明嘉靖年,明世宗允许臣民拜祀始祖、联宗立庙,对祠堂的发展产生了巨大的影响,成为了祠堂建筑发展的巅峰时期,宁波现存的祠堂代表建筑,也多始建于此时期,它们建筑风格多样,各具特色,具有鲜明的地方特征。

在1949年前,城区、农村和山区都普遍建有祠堂。之后由于历史和城市改造建设等原因,大多数的祠堂都被拆除了,少数祠堂因为位置偏远或被改造成学校、粮仓等而得以留存。现今,在宁波市区内的祠堂建筑屈指可数,有幸我们天一阁博物馆内保留了三处,分别是秦氏支祠、陈氏祠堂和闻氏祠堂。他们分别对应了支祠、宗祠和家祠这三种类型祠堂。总体上来讲,在建筑选址上都遵循了风水中“负阴抱阳”的原则,三座祠堂皆坐北朝南建于马眼漕之北侧、月湖之西侧;在平面布局上,他们都成中轴对称、主次分明的建筑格局,显示出古代三纲五常伦理教化特征。闻氏祠堂建于清代,是宁波闻氏为纪念闻渊所建,为家祠,是天一阁三个祠堂中体量最小的,前后两进院落,均为一层。闻渊,人称“闻太师”,弘治十八年(1505)中进士,官至南京兵部尚书,与范钦同朝为官,且有姻亲关系。天一阁南和马眼漕北的大块土地曾是闻宅的范围。陈氏祠堂,建于清道光年间，是宁波大族陈氏祭祀祖先的场所，该族人中最出名的是麻将牌创始人陈政钥。陈家祠堂前后三进院落，均为一层。现在陈氏祠堂作为“麻将起源地博物馆”进行陈列展示。秦氏支祠建成于民国十四年，为秦氏族人祭祀祖先而建，是天一阁三个祠堂建筑中形制规格最高，装饰、色彩最为华丽的，在整个宁波城中也是最有代表性的祠堂之一。

一、秦氏族人与秦氏支祠

秦氏支祠为秦君安之子秦际藩、秦际瀚、秦际浩为其父所建。自其父秦君安以上皆在宗祠祭祀。秦家先祖本居于慈溪，在明代中期，其先人秦大川始迁居于鄞县安家，随后便成为鄞县人。秦君安年幼丧父，十二岁在台州学习经商，十八岁在慈北学习钱业，二十四岁丧母后，前往上海经商。在上海他勤学英文，与洋人做生意，吸取了西方人的经营思想。秦君安坚持以诚信为本，采取“人弃我取”的经营策略，在上海以经营颜料而著名。第一次世界大战期间，因运输渠道不畅导致颜料价格大涨，而此时秦君安储货充足，大赚了一笔。在取得了第一桶金之后，秦君安又相继投资了其他生意，逐渐成为了浙东有名的富商。除此之外，他还乐善好施，辛亥年间因时局动荡导致米缺价高，他自掏腰包出巨资购米捐赠百姓，另外，在海防、赈灾上他均慷慨解囊，被清政府授予三品顶戴花翎。秦君安在五十岁引退回归故里，将上海和宁波的生意交给了他的大小儿子打理。其子际藩辈，为了纪念自己的父亲，于是购地于月湖旁建祠。秦祠始建于民国十二年夏正四月，建成于民国十四年夏正十一月，花费白银 20 余万，占地近 2000 平方米。落成时还请清代状元张謇为之撰写了《秦氏支祠记》[①]。

至于为何一座规模浩大、做工精湛的祠堂仅为一座支祠，这里还有一段传说。秦家原本在镇明路章耆巷有一座宗祠，民国初时已经破旧不堪了。适逢秦际藩事业有成回家祭祖，看到了宗祠一副破败不堪的衰败景象后张口便提出了重建宗祠的想法。也许是因为年轻气盛，说话口气过大，族内长辈认为年轻人太过张狂，便以其非秦氏嫡系为由，当即回绝，但又碍于他是浙东有名人士，便给予了“重建宗祠不可，只允许建支祠”的回复。这句话激怒了年轻的秦际藩，他即刻选中了位于月湖西边，东靠陈家祠堂、南临马眼漕的一块风水宝地，请来宁波建筑业界享誉盛名的胡荣记营造厂采用上好的材料和工艺进行建造，这样

---

① 俞福海主编：《宁波市志外编》，北京：中华书局，1998 年，第 848 页。

便有了现在的秦氏支祠。[①]

二、秦祠的平面布局

根据《鄞县秦氏支谱》内及记录的秦氏支祠基地图,我们可以看到,整个秦祠地基方正,布局规则整齐、主次分明。整个场地可分为主、次两个区块。现在主区块保留完整,次区块只有部分建筑现被保留了下来。在秦祠主区的中轴线上,从南向北依次为照壁、门厅、戏台、正厅、后殿,前后共为三进,坐北朝南,左右均设厢房。门厅为三开间,两边连接厢房,每开间设板门一对,明间开间与门扇最宽,只有在祭祀或重大活动时才会打开,平时主要以两次间作为出入口。台门之后便是戏台,戏台与其后檐相接。在支祠内建戏台也可见秦家后人对祠堂建设投入资金不一般。戏台与正厅通过甬道相连接。正厅是秦氏支祠的最主要建筑,虽然与后殿均为七开间,但是其高度和进深均大于后殿。秦祠的次区被分割成了五个院落,以中间院落的建筑为主体。该建筑为两层三开间,坐北朝南设立,与秦祠正殿在同一横轴上,仅一山墙之隔。以该院落为中心,在两旁各设两个院落,院落内建筑为一层三开间,均坐西朝东而立。在次区的最北端还有一处极小的"院落",设一座单层建筑,根据现在保留下来的地基可以判断出该建筑面阔三间进深一间,南面还有一处小天井。在建筑层数上,主区的建筑处正厅外均为二层(含厢房),西侧此区除中间院落的建筑为两层,其余均为一层建筑。虽然正厅为一层建筑,但其建筑高度却略高于其他二层建筑,加上它的面阔宽度和开间深度,给人一种气势磅礴的感觉。秦祠的建筑布局除了体现出主次之分外,还体现出了男女有别。对比正厅和后殿的前后布局,再加上两者层高相近,但后殿被设计成两层,从立面上看去正厅明显高大威武,后殿则秀气玲珑,两者之间相互衬托,凸显出古代封建社会男权为主导地位的特征。而这种男女有别在秦祠的建筑功能、结构和装饰构件上也分别有所体现。

---

① 秦保誉堂的博客:《民国富商秦君安和宁波秦氏支祠》,新浪博客 http://blog.sina.com.cn/s/blog_53c5d2f30102uw4s.html,2014 年。

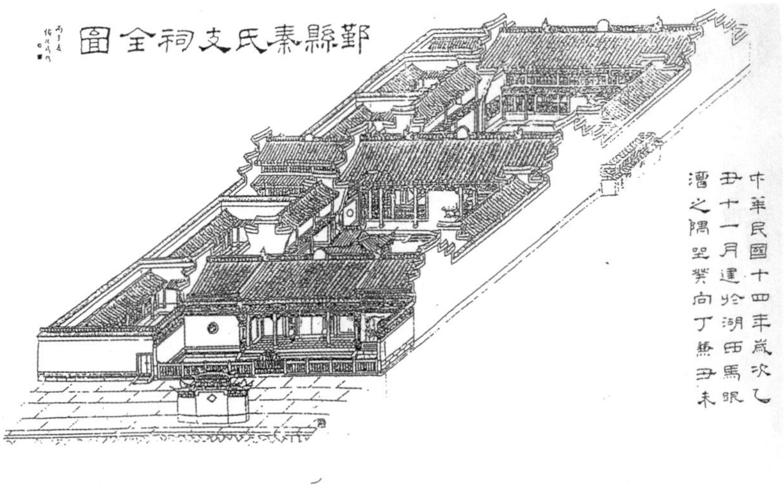

《鄞县秦氏支祠全图》 民国十四年（1925）

《鄞县秦氏支祠全图》

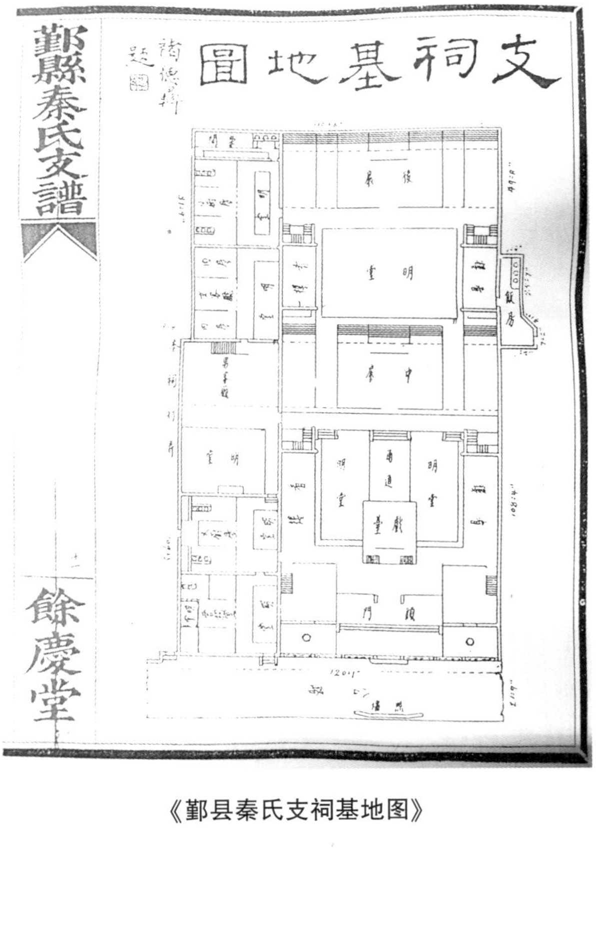

《鄞县秦氏支祠基地图》

三、秦祠的建筑功能判断和猜想

秦氏支祠整体的建筑功能以祭祀先祖为主,也可作为家族社交活动场所,承担各房子孙婚、丧、寿、喜等活动功能。根据民国《秦氏支祠记》记载“前祀翁,后祀翁妃张夫人”可判断:正厅主要是供奉秦际藩父亲秦君安及他之后男性族人牌位之处;而其母亲张氏及之后女性族人牌位则供奉在后殿。由此可见,主区为完成秦祠祭祀功能的区域,而西侧次区建筑则为附属功能用房。结合祠堂建筑一般功能和《支祠基地图》的布局可对秦祠建筑功能作出如下判断和假设:

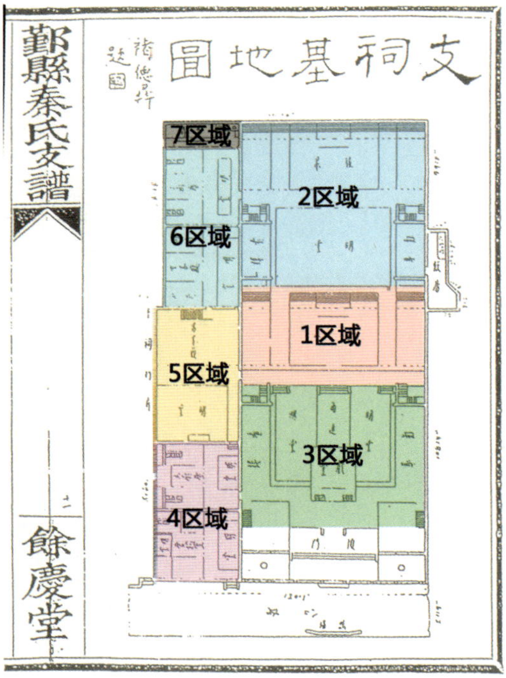

《支祠基地图》

主区:

1 区域:正殿,设神龛用以供奉家族中已故男性成员牌位。

2 区域:后殿,供奉家族中已故女性成员牌位。

3 区域:戏台,进行演戏等文艺活动之所,每逢盛大节日或喜庆日子,都要请戏台班子在上面表演。台下观众则立于甬道两侧,或是两侧厢房内。

次区由于基地图内字迹不清、现有资料有限且部分区域现已不复存在,只能根据秦祠的布局及祠堂的一般功能作出大致的功能假设:

4 区域：其位于秦祠的西南角，靠近马衙街，且对外设单独的门洞。此外秦家人给这两个院落建筑取以“某某堂”作为名称，判断这两座建筑应当用于家族内日常社交活动和小型议事所用，或若进行大型家族活动时，男性族人也可在此进行休息，甚至是用于男性族人逝世后的丧葬活动。

5 区域：位于秦祠中部，与正殿在同一横轴上，且为次区内规格最高的建筑。因为祠堂除祭祀先祖外，族内长辈进行议事或是行使族权，对族人进行教育、惩罚的一些行为也会发生在祠堂内。而正殿、后殿已用于供奉祖先牌位，需要保持安静肃穆的环境，显然不适合进行这些活动。因此判断 5 区域院落及其建筑是承担家族议事等重要功能的场所。

6 区域：因其靠近后殿，判断此处为族内女性进行聚会、活动、休息的场所。此外此处有两个院落，猜测其中一个院落可用作族内女性成员逝世后进行丧葬活动。

7 区域：其位于秦祠西北角最角落区域，且占地面积最小。推断一个祠堂在具备婚、丧、寿、喜等活动聚会功能时，势必需要有房间来承担其他辅助功能，如储藏功能、厕所功能等。

四、秦祠的建筑结构

秦氏支祠的建筑梁架结构采用了抬梁式、穿斗式和抬梁穿斗混合式这三种，多采用抬梁穿斗混合式，以正厅建筑最为代表性。

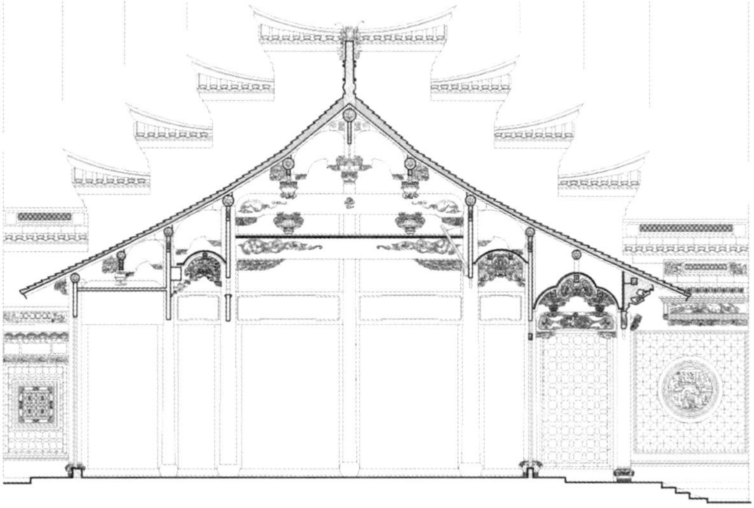

正厅明间横剖面

正厅次间横剖面

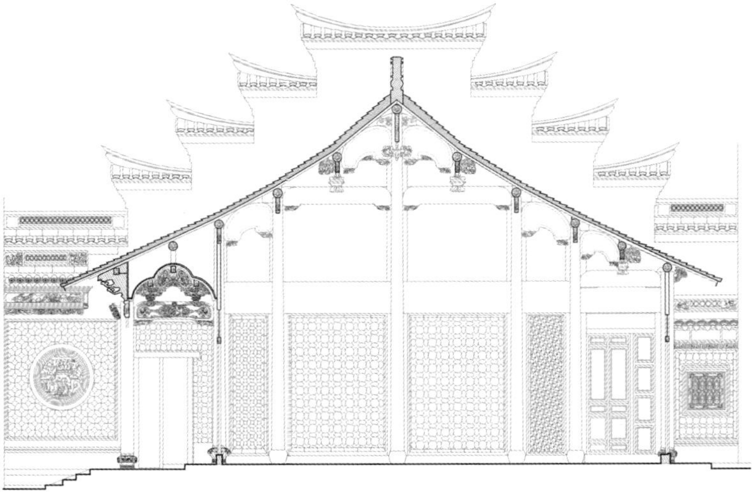

正厅梢间横剖面

正厅明间为十界屋架,内四界采用抬梁式构架,沿着房屋的进深方向在前后步柱上架梁,梁下设随梁枋,梁上设童柱,童柱上再设梁,梁的长度逐层递减,在最上层梁中间立脊柱,最后在童柱和脊柱上架设檩,檩间设椽,最终构成了双坡顶屋面的骨架。在内四界采用抬梁式构架,能够减少房屋中间的柱子,有利于最大程度的利用空间,在视觉效果和空间尺度上满足了正厅明间供奉先祖牌位的需求。次间和梢间采用穿斗式结构,用穿枋把柱子串联起来,形成相连的屋架,在柱头上搁置檩条,沿着柜邻檩条方向铺设椽子,最终形成一个整体的屋架结构。与抬梁式相比,穿斗式结构用料较小,整体性较强,柱与柱之间距离较近,适用于对空间使用需求不高的地方,因此秦祠在次间和梢间采用了此种做法。除此之外,正厅建筑的屋面层次也非常丰富。正厅内四界南侧设内轩和廊轩,内轩设在室内,位于步柱与轩步柱之间,采用的是一枝香鹤胫轩形式;廊轩设于轩步柱与廊柱之间,在双步上设轩梁,采用香菱角轩形式。廊轩上为廊檐,廊檐采用了飞椽的做法,增加了屋檐的伸出长度,同时也使建筑屋面看起来更加大气。正厅北侧不设廊,设置两层内轩,檐柱与轩步柱之间设平顶轩,步柱与轩步柱之间设鹤胫轩。

正殿檐廊处的香菱角轩

北侧的平顶轩和鹤胫轩

秦氏支祠的屋面除戏台为歇山屋面外,其余均为硬山双坡屋面,两侧设山墙,二层建筑部分采用马头墙形式。秦祠马头墙墙脊的角度非常特别,从顶端到尾部呈 30 度角上扬,不同于徽派建筑的马头墙,仅在墙脊的尾端做了一个起翘。如果说徽派的马头墙体现的是一种秀气之美,那么秦氏支祠马头墙则展现出了一种英气十足的美感。

徽派建筑马头墙

秦氏支祠马头墙

除了正厅之外，秦氏支祠还有一处建筑非常特别，那就是戏台，同时它也是整个支祠建筑群中最为华丽的部分。戏台面阔6.1米，进深5.7米，顶上设有一藻井。藻井结构设计精巧，由斗拱花板昂嘴组成的16条几何曲线盘旋而上，在穹顶中央的“明镜”处汇集。①

秦氏支祠藻井图片

五、秦祠的装饰构件

秦氏支祠除了在建筑布局和结构上追求大气威严，在建筑细节上也是要求华丽精美，整个祠堂可以称得上是一座雕刻工艺博物馆。它汇集了木雕、砖雕、石雕等各种工艺形式，采用了透雕和浮雕的手法，并在梁柱、额枋、雀替、美人靠、木门、窗扇等位置利用线条和块面的凹凸，饰以大漆，贴以金箔，使整个秦祠呈现出金碧辉煌的效果。除此之外，祠内还有各式各样雕饰图案约100多幅，有婴戏图、渔樵耕读图、岳飞传、三国演义故事以及龙凤呈祥、喜鹊登梅等吉祥图案。还有漏窗、屋脊、墀头等细节。此外秦祠还巧妙地利用了青石与梅园石的不同颜色进行了搭配。

① 马炳坚：《中国古建筑木作营造技术》，北京：科学出版社，2003年，第134页。

喜鹊登梅图木雕

后殿屋脊上的瓦作以及“淑、慎、世、泽”字样

后殿雀替、美人靠木雕,含有蝙蝠、梅花、龙纹等吉祥图案

秦氏支祠记录了一个宁波商帮家族的兴衰沉浮，具有非常高的历史、艺术价值，称得上南方近代优秀祠堂建筑的代表。希望我们文保人能够前赴后继，为保护这样的优秀历史建筑不断努力。

天一阁稀见史料二则考释

龚烈沸
宁波市天一阁博物馆

明代嘉靖年间创建的天一阁,作为藏书楼这一文化个案现象已经屹立、存在四个半世纪了,但对她进行真正的研究则起步于20世纪30年代,从金陵大学中国文化研究所印行陈登原著《天一阁藏书考》开始,此后的研究专著有蔡佩玲《范氏天一阁研究》、骆兆平《天一阁丛谈》、虞浩旭《嫏嬛福地天一阁》、袁慧《范钦评传》、戴光中《天一阁主——范钦传》及相关论文,但都囿于史料而对范钦创始初期的天一阁了解不多,研究不深。在藏书楼形制方面研究相对较少,且集中在民国时期;研究较多的为藏书增减、版本目录等。近日,笔者阅读所至,发现有关天一阁稀见史料二则,兹公之于众,以飨同好,并求正方家。

一、屠隆《天一阁诗四首》

明代著名文学家屠隆的《由拳集》,明万历八年(1580)冯梦祯刻本,天一阁藏,宁波大学李亮伟、张萍校注,浙江大学出版社2016年10月出版,书名改为《由拳集校注》,内收明人屠隆所作《天一阁诗四首》(图1),俱为此前研究天一阁如陈登原《天一阁藏书考》、蔡佩玲《范氏天一阁研究》、骆兆平《天一阁丛谈》《天一阁藏书史志》、虞浩旭《嫏嬛福地天一阁》等专著所不载。故此移录四诗如后:

《范少司马公》:巨鳞须洪波,劲羽须烈风。自非建大梃,讵发万石钟。士不附青云,零落在枯蓬。怀哉千金骏,委彼大道中。不逢穆天子,行遇司马公①。司马一以盼,飒飒凌秋空。不然垂两耳,俛与凡马同。所以重知

① 《由拳集》卷四《三司马诗》之二前有引云:仆少擅词藻,长负不羁。名与穷俱,才为妒媒。席门蓬巷,跫然不来。独荷张大司马、范少司马、家司马三公深相知,时时游扬,仆以不大汶汶。比居都下,追感畴昔,怒焉兴怀,作《三司马诗》。

己，古人刻深衷。念此多涕泗，忼慨以悲恫。

《范少司马尧卿钦》：司空①雅博物，妙识通人伦。一辨斗间气，宝剑出灰尘。马向伯乐鸣，士为知己伸。乐奏东山伎，门多北海宾。鱼龙夜瀺灂，大湖水粼粼。声名讵一旦，光彩映千春。

《酬范司马公》：乾坤莽荡路漫漫，感激惟将涕泪看。长啸夷门犹未老，高歌易水故应寒。剑开白日芙容色，马借秋风苜蓿盘。不是平生知己在，百年宝瑟向谁弹？②

《范司马公园》：秀木扶疏众草齐，开残红药半香泥。鸟窥青嶂平湖入，人倚朱楼落日低。曲窦暗通花径外，垂杨横过石阑西。坐来麋鹿深深见，不是桃源路已迷。③

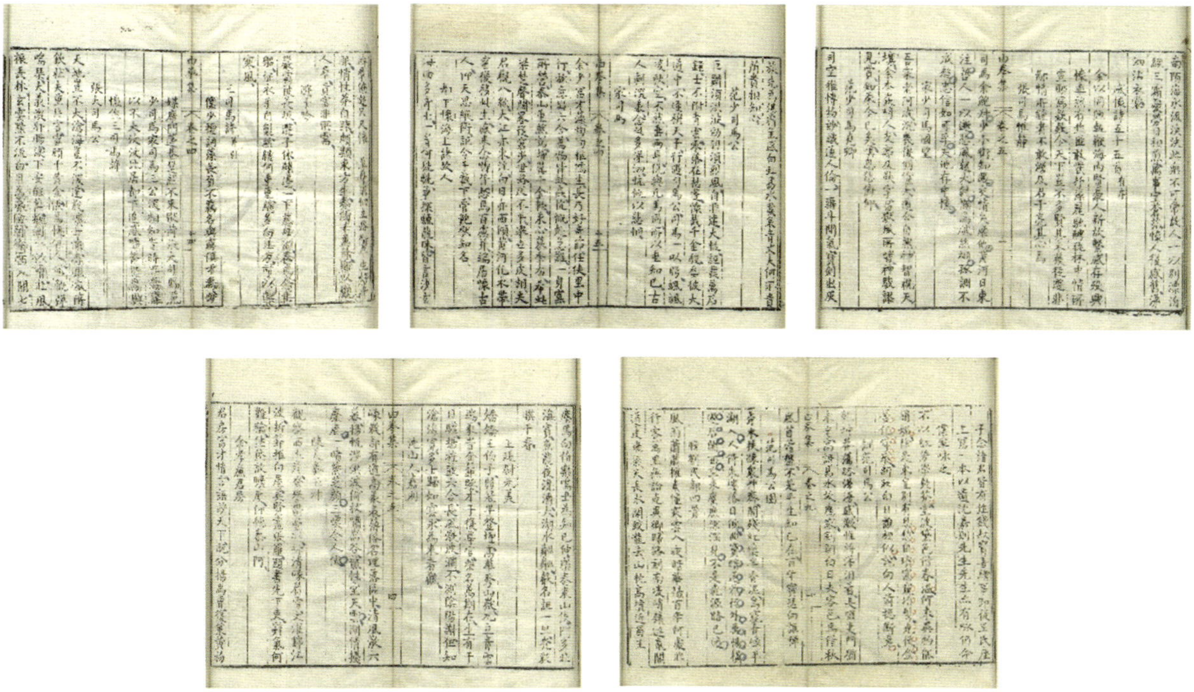

图1　天一阁藏明万历刻本《由拳集》书影

---

① 《由拳集》卷五。原本刻作“司空”，校注本亦作“司空”。司空，职官名。周时有冬官大司空，为六卿之一，掌水土营建之事。范钦31岁任工部员外郎，负责营造、修建等工程，作“司空”似亦有据。

② 《由拳集》卷九。

③ 《由拳集》卷九。

按:屠隆(1541—1605),鄞县人,明代戏曲家、文学家。字长卿,又字纬真,号赤水,别号由拳山人、一衲道人、蓬莱仙客,晚年又号鸿苞居士。早年学诗于沈明臣,落笔数千言立就。族人屠大山、里人张时彻方为贵官,共相延誉,名大噪。万历五年(1577)进士,任颍上知县,修堤治水,有政绩。越两年调任青浦知县,操持加固河堤。时重新清丈田亩,加征税赋,独他仍按原田亩征收,为民所称。为人不拘小节,且不废吏治,自称"仙令"。后升礼部主事,历至郎中。到京后更纵情诗酒,万历十二年(1584)蒙受诬陷,削籍罢官,遂遨游吴越间,寻山访道,说空谈玄。后回鄞定居,卖文为生,潜心戏曲诗词创作,常与女儿瑶瑟唱和。晚年家贫,竟至乞邻度日,仍潜心禅理,沉湎道术,终以潦倒卒。著有《栖真馆集》《由拳集》《采真集》《南游集》《鸿苞集》等。

屠诗中的"张大司马",即为张时彻(1500—1577),字惟静,号东沙,鄞县人。嘉靖二年(1523)进士,历官兵部主事、按察副使、兵备副使、福建右参政、云南按察使、山东右布政使、四川巡抚、兵部右侍郎、江西巡抚、南京刑部侍郎、兵部侍郎、南京兵部尚书,因与严嵩不和罢归,著有《芝园集》等。屠诗中的"家司马",即为屠大山(1500—1579),字国望,号竹墟,鄞县人。嘉靖二年(1523)进士,知四川合州,累迁川湖总督。后改任南京兵部侍郎,应天巡抚兼提督军务,参与抗击倭寇,因军事失利而遭罢黜家居。屠诗中的"范少司马",即为天一阁主人范钦(1506—1585),字尧卿,号东明,鄞县人。嘉靖十一年(1532)进士,历官随州知州、工部员外郎、袁州知府、广西参政、福建按察使、陕西左使、河南副都御史,官至兵部右侍郎,辞不赴。归里储书著述以终,著有《天一阁集》。范钦与屠大山、张时彻并称"东海三司马"。

读此四首诗可见当年天一阁藏书、主人、园林诸景况,属于不多的天一阁创建时期的艺术文献,弥足珍贵。尤其第四首《范司马公园》给后人展示了当年天一阁的园林面貌:"秀木扶疏众草齐,开残红药半香泥。"可见当时天一阁的园林植物种类不少,有树,且是乔木(后面诗句中的垂杨),有草,不止一种,故此写"众草",还有多年生草本花卉红药,后面诗句中的"花径"也是一证。"鸟窥青嶂平湖入",可知当时天一阁树已成林,其上栖鸟不少,并知当时天一阁已有人工堆积的假山——"青嶂"。嶂者,形容高险像屏障的山。青,绿色,黑色,可见当时天一阁的假山上已有苔藓、藤蔓等生长。后面诗句的"曲窦"即是假山的曲折空洞,但也可能指引水入阁的涵洞。"平湖入",则描述了当时天一阁内的水系与阁外的水系——月湖是相通的,水是活的。"人倚朱楼落日低","垂杨横过石阑西",可知当时天一阁有红色的楼,有石阑,此人当是主人范夫子自己。欣赏天一阁园林美景的最佳时间为落日时分、夕阳余晖之际,且有微风吹拂垂杨,这实实在在是一幅当年天一阁园林美景图。从以上描述看,当年的天一阁已具江南园林景观。“天一阁,明兵部侍郎范钦宅之东偏,左瞰月湖,为浙东藏书家第一。旧有张时彻、丰坊二记,康熙己未,元孙廷辅请于姚江黄宗羲,复为之记。”[①]今张、丰二记已佚,屠之诗文献愈发珍稀。

二、严修访天一阁日记

《严修日记》由南开大学出版社于2001年出版,但因缩影版面过小,好多内容无以释读。上年末,笔者请天一阁领导委托南开大学老师专程到手稿原件所藏天津图书馆拍摄《日记》中的有关访天一阁部分,遂得清楚严修访天一阁日记全部,所记乃当时天一阁实际情况,与今日所见天一阁有所不同,也为前人介绍、研究天一阁众多书籍等所不载,可补天一阁史之阙。严修应当时宁波巨商严信厚所邀来祖籍宁波“认宗归祖”,顺道访问天一阁,时在辛亥革命前一年,是天一阁藏书史上的关键节点之一,吉光片羽,宝贵异常。此亦移录于后,由笔者释读并标点,括号内文字原件为双行小字。

《严修日记》(书影见图2)

“二月十五日……到天一阁,主人范尔衣冠迓迎,其他陪客数人,余所识者,汤秉三世叔、洪鞠蒙兄。登阁,上外檐有阮文达书“天一阁”额。[道光廿年,附阮亨跋]内正中有明郡守王君[名忘之,似是原相]书“宝书楼”额。[隆庆五年辛未]阁凡六楹,其左储书板及石刻,[有褚临《兰亭》]其右存木椟等件,似祭祀时所用物也。中间四楹均度书厨,厨凡二十一只,其号之字曰:“日、月、星、辰,仁、义、礼、智、信,温、良、恭、俭、让,角、亢、氐、房、心、尾、箕。”主人以宋元板书示观,因时迫不及细阅。[有《礼记郑注》附释文,有《礼部韵略》]后以范文正、忠宣二公遗像见示。像后附数百类今诰命及胡安国跋语,后以历代帝王名臣名儒像见示,[闻旧有六百余像,今仅存六十有三耳。六十三像,仓颉居首,余所记者,契,咎,陶,周公,伊尹,傅说,太公,老子,孔子,项王羽,司马迁,诸葛亮,王通,房,杜,姚,宋,贾岛,李白,杜甫,柳宗元,白居易,司马光,欧阳修,苏轼,黄庭坚,程颐,朱子,蔡九峰,真西山,许鲁斋,余不尽记矣。]观毕辞出,到公泰当赴陈源水先生约……

---

① 曹秉仁:《宁波府志》卷四十三,慈溪沈氏介祉堂重刻本,清道光二十六年,天一阁博物馆藏。

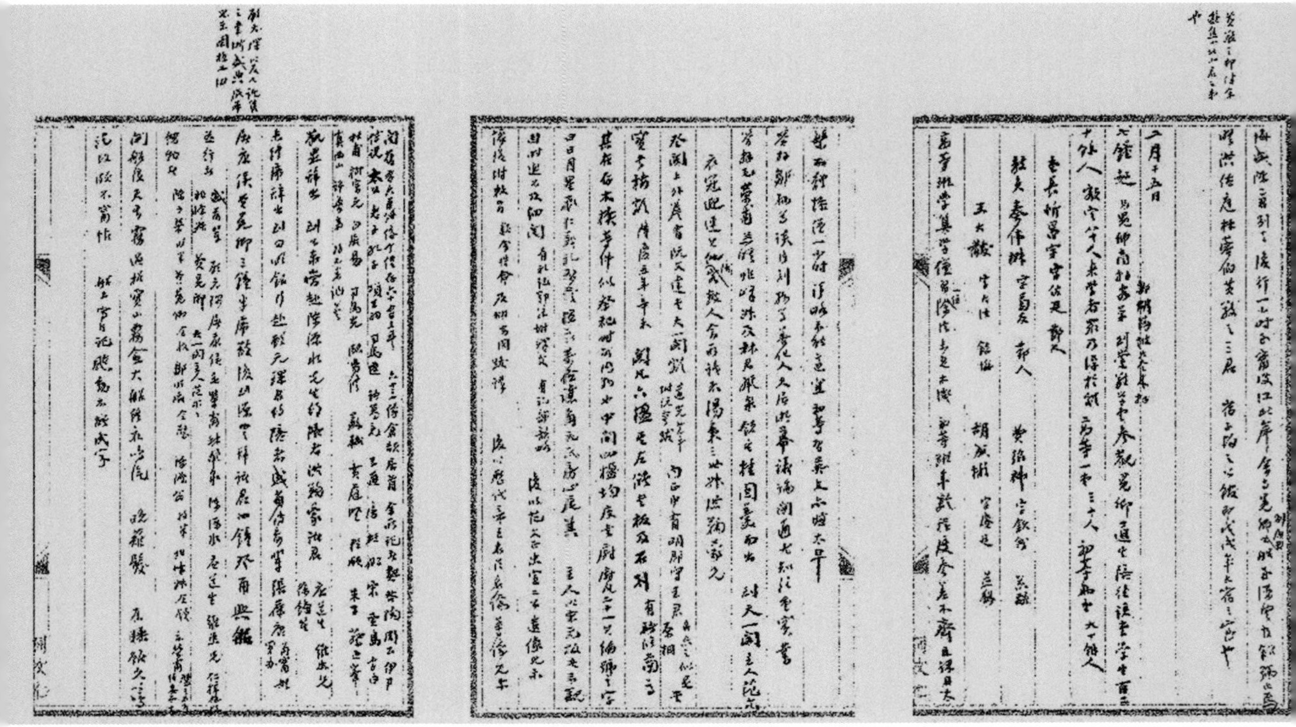

图 2　天津图书馆藏《严修日记》手稿原件书影

按:严修(1860—1929),字范孙,号梦扶,别号偍屚生,原籍浙江慈溪,生于天津。1882 年乡试中举,次年中进士,后入清翰林院任职。做过清朝翰林院编修、国史馆协修、会典馆详校官、贵州学政、学部侍郎,掌管全国的教育。积极倡导新式教育。曾以奏请光绪帝开设"经济特科"借以改革科举制度而传名于世。是近代著名的教育家、学者,也是革新封建教育、推进教育现代化的先驱。创办南开大学,人称"南开之父"。日记中"二月十五日"即清宣统二年农历二月十五日,亦即公元 1910 年 3 月 25 日。《日记》所记汤秉三,生平不详,待考。洪鞠蒙即洪家汭,鄞县县城云石街(今宁波市海曙区)人,字复斋,一字鞠蒙。好词章,工笔札,尤擅楷书,以颜真卿为宗。走游南北,寓天津最久,晚年归里。好收藏,取自苏轼《宝绘堂记》将收藏的聚散譬之"烟云之过眼,百鸟之感耳",署所居曰"过云楼",吟啸其中。其诗卒后多亡佚①。

除现存天一阁书目及黄宗羲、全祖望等藏书记,乾隆谕旨及官府例行巡视

---

① 洪可尧:《四明书画家传》,宁波:宁波出版社,2005 年,第 252 页。

报告文字外,目前可查找到文字记录天一阁藏书详情的最早文献为民国钱南扬所撰《天一阁之现状》,撰于民国十九年(1930)十月二十二日,刊于民国二十年(1931)二月《国立北平图书馆馆刊》第五卷第一号。[①] 严修之访天一阁日记早于钱文整整20年,且在辛亥革命、清王朝被推翻的前一年,处于中国历史的重要节点,其所见所闻实乃天一阁的一个截面史,其珍贵不言而喻。

① 骆兆平:《天一阁藏书史志》,上海:上海古籍出版社,2005年,第334—338页。

中国传统艺术中的模糊性审美

——兼议天一阁藏红木条桌“石画”

邵晓峰
中国美术馆

引言

中国传统艺术思维具有鲜明的特色,在宋代走向成熟并达到了高峰。宋代以来的中国艺术思维体现了一系列模糊性审美特征。例如,对整体性的强调,主张藏而不露、含蓄迂回,欣赏那些似是而非、介于似与不似之间的意境。由此形成的图像的共同特征是抽象的痕迹性程度较高,具象的相似性程度较低。因此,中国传统图像具有抽象性、痕迹性渊源,这些也是色彩迷离的泼彩山水缘起的视觉基础。

一、模糊性审美与中国古代图像表现

中国古代画家在模糊思维的作用下创造了相应的图像表现手法。以游历山水为例,人们在晴天欣赏是无味的,因为景象过于清晰而难以感受山水特有的神秘感与空间感。而在晨、昏或雨、雪天气中则是另一番情形,由于光线和云、雾、雨、雪等因素的交织,大自然抽去了琐碎细节,色彩趋于灰蒙单一,意境变得隐约迷离,山水中的模糊美感倍增。因此,中国文人画家喜爱表现那种晴欲雨,雨欲霁,宿雾晓烟,山在虚无缥缈间的视觉景致。在北宋兴起的米氏云山中(图1),烟雨的迷离惝恍、云雾的空蒙湿润,氤氲之气的虚幻以及水墨的浓淡相生等,都具有所谓抽象的笔墨韵味,而这些均具有模糊的痕迹性特点。

北宋科学家沈括《梦溪笔谈》中的“书画”篇记录了北宋尤善平山远水的著名画家宋迪所论的山水画“活笔”画法。据载,历官度支员外郎的宋迪精工绘画,尤其擅长平山远水。其得意作品有《平沙雁落》《远浦帆归》《山市晴岚》《江

图 1　宋米友仁《潇湘奇观图》,纸本水墨,纵 19.8 厘米,横 289.5 厘米。北京故宫博物院藏

天暮雪》《洞庭秋月》《潇湘夜雨》《烟寺晚钟》《渔村落照》,称为“八景”,传播较广。小窑村陈用之善画,宋迪见其山水画,对他说:你的画确实精工,但缺少自然情趣。用之深深叹服他这话,说:我常担心自己的画不及古人,正在于这一点。宋迪说:这点不难做到。你可先找一堵破败的墙壁,对着墙壁张起一幅白绢,然后倚在败墙上,早晚日出日落时,看败墙在画布上的投影。观看久了,隔着画布就能见到败墙的上部,高低平凹,曲曲折折,能变幻成山水的景象。此时你会心目一体而存想“败墙高处是山,低处是水;凹陷处是山谷,缺口处是山涧;显豁处是近景,模糊处是远景”。神会而意到之时,会忽然发现败墙上都是人物、禽兽、草木飞动往来的景象,历历在目。在这种情况下,随意命笔,就能画出心领神会的意象。画中意境浑然天成,没有人为的造作,这就叫作“活笔”。用之自此以后,绘画格调得以不断进步。——这是中国古代画家灵活地对模糊性艺术思维加以研究与利用的较早案例。

在南宋中后期兴起的以梁楷、法常(牧溪)为代表的大写意水墨简笔画的图像中,无论是人物图像,还是山水图像(图 2),多以神写形,言简意赅,笔精墨妙,简括潇洒,图像中具有介于似与不似之间的痕迹性效果,对以后进一步讲求自我抒发与表现的大写意画派影响深远。

南宋邓椿《画继》卷九还记载了北宋大画家郭熙绘制壁画图像的一种新方法。他让制作壁画墙体的工匠在最后抹平的时候,不用泥掌(泥水匠用来抹平墙面的工具)抹平,而是以手直接把泥抹到壁上,或凹或凸,任其自然形成。干则以墨随其形迹,晕成峰峦林壑,再加上楼阁、人物之类,宛然天成,谓之“影壁”。这种随机进行的“影壁”图像的创作在本质上就是以图像的痕迹性特征为基础的,最终的视觉效果也应居于具象与抽象之间。

苏东坡是一位具有创造力的文人书画家,他甚至尝试过以甘蔗渣画石头,

图 2　南宋牧溪(传)《渔村夕照图》卷局部,纸本水墨,原图纵 33.1 厘米,横 113 厘米。日本根津美术馆藏

可以想象,他画出来的会是何种效果。由于主要是意象的显现,不拘小节,其写实的相似性一定是居于次位了。东坡作画时并不拘泥于工具,敢于大胆挥写,乃至于发明以朱砂来画竹子,这种另辟蹊径的作画方式一度被传为美谈。虽然朱竹在现实中并不存在,缺乏现实客体的参照,但是“东坡朱竹”流传开来之后,画家们纷纷效仿,不但以朱砂画竹子,甚至还以朱砂画佛像。他们传承苏轼的均是文人画家在色彩使用上的写意性,即色彩为我所用,不但可以“墨分五色”,而且可以“朱分五色”,不拘一格,将图像抽象的痕迹性特点发扬光大,进而走入图像艺术的自由王国。

二、模糊性审美与中国古代瓷器图像

宋代的钧窑、建窑、吉州窑等瓷器上的图像也体现了模糊性审美特征。

譬如,河南钧窑的窑变形成了居于青色与红色之间斑斓的色彩变化,它们光怪陆离,若隐若现,灿若云霞,工匠们试图模拟晚霞彩光万道的意味,既有自身的本体语言,又居于具象与抽象之间,显示了宋代文人独特的审美趋向。钧窑成色技术主要用于制作花盆,在北宋晚期的徽宗一朝兴起而特别受到画家皇帝赵佶的喜爱,并使之大放光彩,影响深远。到了清代,民间甚至流传着“家有千贯万贯，不抵钧瓷一片”的说法。福建建窑黑釉窑变时形成了一系列各不相同的结晶釉，在视觉图像上颇似现实生活中人们看到的油滴、鹧鸪斑、玳瑁等的肌理效果，也居于具象与抽象之间，于是就以“油滴”（图 3）“鹧鸪斑”“玳瑁”命名。工匠们通过无数次实验，可以较为有效地把握这些痕迹肌理的形成规律，并进行规模化的生产。它们成了当时最为讲究的饮茶器具，是精英文人斗茶时必不可少的道具，究其原因，正在于瓷器上一系列变化多端、神秘莫测、效果独特的痕迹性图像吸引了文人雅士的审美视线。宋代文人墨客有许多诗句来称颂这一类的瓷器图像，诸如“兔毫紫瓯新”“忽惊午盏兔毫斑”“建安瓷碗鹧鸪斑”“松风鸣雷兔毫霜”“鹧鸪斑中吸春露”“鹧鸪碗面云萦字，兔毫瓯心雪作泓”等。建窑黑釉在南宋还被传到日本，被尊称为“天目盏”，视为日本国宝。譬如，日本东京静嘉堂文库藏的南宋“曜变天目茶碗”（图 4）就有着神奇的视觉艺术效果，其窑变技法介于“油滴”与“鹧鸪斑”之间，呈现出的视觉效果主要是抽象的，星星点点，仿佛是深夜海边看到的星空，玄妙多端，高深莫测，日本人甚至用“碗中宇宙”来形容这个碗，以表达无限敬仰之情。

图 3　北宋至金（12—13 世纪）黑釉鹧鸪斑碗，高 5.8 厘米，口径 20.3 厘米，足径 4.9 厘米。台北故宫博物院藏

图 4　南宋曜变天目茶碗，高 7.2 厘米，口径12.2厘米，足径 3.9 厘米。日本东京静嘉堂文库藏

图5　南宋吉州窑黑釉叶纹碗，高5.2厘米，口径15.2厘米，足径3.4厘米。台北故宫博物院藏

瓷器图像的抽象痕迹性特征还存在于宋代江西吉州窑瓷器上，吉州窑因采用剪纸和贴叶技术而使得瓷器纹理在窑变时产生丰富的艺术效果，既有原来所贴剪纸与树叶的痕迹，又模模糊糊，斑斑驳驳，似与不似，别具意味，形成了著名的“剪纸贴花碗”和“木叶碗”（图5）。“剪纸贴花碗”是吉州窑的一项独创。剪纸是我国颇具民族特色的传统工艺美术，南宋时期的剪纸艺术十分发达，并被开创性地应用到吉州窑的制瓷上，其图案流行双鱼、双凤、喜鹊等。具体制作工艺是先将剪纸贴在施以黑釉的瓷器上，再施以灰釉，在灰釉尚未干透之前将剪纸揭去，待干后再入窑烧造而成，所贴剪纸的图案痕迹被一定程度地留在了瓷器表面，构成虚虚实实的图像意境。由于每次所施的灰釉不尽相同，烧制时出现的窑变使得瓷器表面呈现出黄、绿、蓝、白等釉色，其中以黄色居多。“木叶碗”则是将树叶贴在已施黑釉的瓷器上，经过高温烧制而成，这是吉州窑另一项独创的瓷器装饰工艺。所贴树叶是常见的桑叶、樟叶等，其中有完整的，也有残缺的，有一片的，也有数片的，这些十分普通的树叶在工匠巧手的创造下，化作了神奇的瓷器装饰图像。对于这种工艺的由来，宋代文献中并没有记载。也许是在某一次烧窑时，树叶落在瓷胚上，工匠并没发现而偶然烧制出来，得到的却是意外精彩的视觉效果，工匠们接着再做进一步琢磨与深化，使之成为一种可控的瓷器图像生产技术，一种造福于当时及后世的瓷器艺术。

三、模糊性审美与中国古代家具上的“石画”

由于在中国传统文人审美思想基础上孕育发展起来的中国传统绘画的代表——文人画从诞生之日起便崇尚自然高妙、率意天真、返璞归真，因此取法于似与不似之间，游离于具象与抽象之间，集中体现了模糊性审美特征。这些注定了“文石”“文木”等天然材料与中国传统文人的生活休戚相关，“文石”虽发于天然，但是其中的许多“石画”意象却与中国画殊途同归，不谋而合。正因为如此，人们将它们制成各式挂屏悬于壁上欣赏，或嵌于以“文木”制成的家具上装饰赏玩，使“文石”与“文木”相映成趣，清雅怡人。“石画”的图像不是画出来的，然而却有画难以企及的效果。虽然它出于造化，然而对于它的选择却显示了高度的匠心和蕴涵的美学思想，缺少了这种思想，定会“以夜光为怪石”，而有了很高的审美鉴赏能力，则慧眼独具而“以燕砾为宝珠”。因此人们对嵌石家具的钟爱是文人画审美思想发展的必然结果，而这些中国传统家具上的“石画”被称为“画”也是中国传统文化艺术自然发展的结果。

就化学特征而言，大理石是一种以碳酸钙为主，间含微量氧化硅、镁、铁等金属、非金属杂质的石灰岩。其实世界不少地方均有大理石出产，然而最负盛名的是中国云南点苍山出产的大理石。山川有灵，生于此山的石头，经过打磨后，石质细腻，花纹美观。或玉润明洁，光滑如脂，或苍翠晶莹，含云纳雾，似乎能把大千世界的万般风情均凝结其中而化为永恒。它既可制作精美的工艺品，又是一种上等的建筑装饰材料。其称谓很多，如因石出自点苍山而名“点苍石”，因大理古称榆城而名“榆石”，大理古有“天竺妙香国”之称而名“天竺石”，最终趋向于称“大理石”，应是宋时大理国建立之后命名。到了明代，大理石收藏已进入高品位行列，大理石“石画”成了皇室贡品和人们争相收藏的珍品，用“石画”来填嵌家具颇为盛行。如明成祖朱棣就把一块龙凤图形的大理石“石画”嵌在北京天坛的祈年殿地面上。万历二十一年（1593），陈懋仁在《泉南杂志》中记载了他在乾清、坤宁二宫中所见到的大理石贡品48块，这批石屏被题上各种雅致的名称，如“春云出谷”“玄嶂云收”“江汉朝宗”“奇峰叠出”“锦云碧汉”“雪溪清水”“群峰献秀”“龙翔飞舞”“一碧万顷”“云霞海曙”“万山春晓”“雪岩春雾”“春山烟雨”“百川霖雨”“溪山烟霭”“函光紫气”“祥云绚彩”“海晏河清”等。这些富有诗意的名称多是来自绢本、纸本绘画的名称。到了清代已出现较多痴迷于大理石的收藏家和鉴赏家，也留下了不少嵌有精彩“石画”的家具实物，让我们可以真切体会到“石画”在装饰家具上所具有的独特韵味。如承德避暑山庄“四知书屋”中有一套宽115厘米，高230厘米的挂屏四块，每块中间镶嵌着方、圆彩花大理石各一方，在精美的图案上分别题有“樵岭寒云”“秋山新雨”“云烟叠嶂”“翠微斜晖”“海岳浮云”等，这些名词所蕴涵的意境正是中国山水画家孜孜以求的。

就中国传统家具上的“石画”而言,能见到的实物绝大多数是明清以来的,而明清之前的则只能在古画中见到。比如宋佚名《十八学士图·作书》(图6)上就能见到一件桌面填嵌大理石的桌子。据说此画是模仿唐代著名画家阎立本之同名画而成,一共有琴、棋、书、画四部分,《作书》描绘的是其中第三部分,即李世民召集杜如晦、房玄龄等文人学士在文学馆内看书、作书的情景。由于画法精细,所以桌面“石画”被表现得较为清晰,此“石画”只有黑白二色,中间似有层峦叠嶂起伏于苍茫云天之下,呈现了水墨花大理石石面典型的效果,和后面屏风上的水墨山水相映成趣,为这些文人雅士的燕闲清居增添了些许幽情雅趣。

图6 宋佚名《十八学士图·作书》局部,原画绢本设色,纵173.7厘米,横103.5厘米。台北故宫博物院藏

由于今天无法看到明代以前嵌有“石画”的家具实物，因此论画中的嵌“石画”家具，这幅画中的桌子恐怕是最早的图像之一了。当然就史料而言，这方面的例子也有一些，如宋代文人画理论的奠基人苏东坡曾经在《欧阳少师令赋所蓄石屏》诗中把欧阳修收藏的一件大理石画比喻成水墨稀微的山水画：“何人遗公石屏风，上有水墨希微踪。不画长林与巨植，独画峨眉山西雪岭上万岁不老之孤松。崖崩涧绝可望不可到，孤烟落日相溟濛，含风偃蹇得真态，刻画始信天有工。我恐毕宏韦偃死葬虢山下，骨可朽烂心难穷，神机巧思无所发，化为烟霏沦石中。古来画师非俗士，摹写物象略与诗人同。愿公作诗慰不遇，无使二子含愤泣幽宫。”苏文中以唐代名画家毕宏和韦偃的“神机巧思”来赞叹欧阳修收藏的这幅“石画”的意象可谓深有见地。实际上苏轼是一位“石迷”，在赏石方面也有一些脍炙人口的故事和论述，他对这幅“石画”的独到见解并不是取悦于欧阳修，而是发自肺腑之言。在绘画理论上他“论画以形似，见与儿童邻”的观点对后世文人画理论影响甚大，所以“不求形似”也成为传统写意画的特征之一。这样一来，对大理石的欣赏，若仅以“像什么”论高低则也“见与儿童邻”了。事实上，大理石那万千神奇的色彩与景象是无法用现实中的形象来规范的。艺术贵在似与不似之间，面对神奇的大理石，我们由衷佩服石工的匠心独运。要知道刚采出的大理石和一般的青石差不多，不懂得其中玄机，便会弃之道旁而不予注意，它必须经过切割打磨才能现出天然图画。从平凡中发现神奇，从普通中发现美，这需要何等心智！

四、个案研究——天一阁藏明代红木条桌等家具上的“石画”

值得一提的是，浙江宁波天一阁现藏有一张明代红木条桌（图7），一块大理石嵌于桌面。桌面的“石画”肌理烂漫，意境超然（图8），以至于刻有张梦晋、莫是龙、张凤翼、徐同柏、顾大典、陈以纲、陈崇木、瞿中海（？）、淡篁（？）庄、道行等明清书画家、文人的题记款识（图9）。目睹如此美石，他们的题诗也超凡脱俗，境界幽美，为石面增光添彩而令人回味无穷。

譬如，唐寅好友、书画家张梦晋题：“坐对晴窗忆壮游，参差烟树五湖秋。白云流水知多少，不见鸱夷一叶舟。”

书画名家莫是龙题：“群山出没白云中，烟树参差淡又浓。真意无穷看不厌，天边似有两三峰。”

善书的名士张凤翼题：“云过郊原曙色分，乱山元气碧氤氲。白云满案从舒卷，谁道不堪持寄君。”

图 7　浙江宁波天一阁藏明代红木条桌

图 8　浙江宁波天一阁明代红木条桌桌面“石画”局部

徐同柏题:“生平无计买青山,扑面红尘叹我顽。却羡石翁闲位置,碧溪丹嶂拥双鬟。”

道行题:“数笔元晖水墨痕,眼前历历五洲村。云山烟树模糊里,意梦经行古石门。”

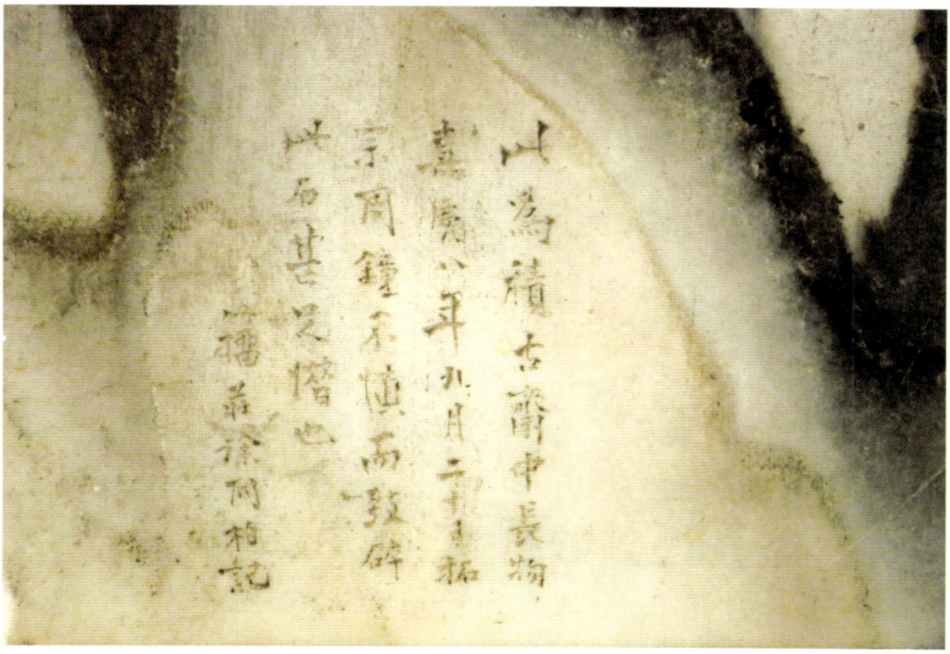

图 9　浙江宁波天一阁藏明代红木条桌桌面“石画”局部

看来它所生发的审美意境深深触动了这些文人雅士由来已久的审美情怀，由这种自然物象产生的无限思绪与想象甚至超出了一些优秀纸本山水画，这真是“石中有画画如诗，诗中有画画为石”。

家具中饰有精美大理石的古代实例还有一些。例如，北京木材厂藏有一件明代黄花梨画桌，其桌心饰有一幅“石画”（图 10），其画面令人拍案叫绝。石面形成层峦叠嶂、奇峰异石的气象，群山之间云气弥漫蒸腾，形成一派“云霞明灭或可睹”之景。黑、白、黄、褐、青灰等色随机生发，奇伟华滋，也真可谓“云青青兮欲雨，水澹澹兮生烟”。这些景象迷蒙恍惚，界于具象与抽象之间，实非画笔所能描绘，能给现代画家们无尽的启示。这种经过人工选择的家具嵌石画面虽非手绘，但在特定的“赏石文化”环境里，从一定意义而言，它也是一种绝佳“绘画”。

图 11 是上海私人收藏的清代晚期嵌大理石红木座屏，其所嵌的“石画”由水墨花大理石形成，纹理精彩，十分罕见。其右下空白处刻有款印，款云：“层峦叠出。翠色丽相照，千峰映碧宵。轻寒催日上，残梦隔萼消。戊辰长至前二日，芸台阮元氏题于小拜石斋之南窗。”其中“层峦叠出”是这幅“石画”的名称。左下刻有白文“伯元”印章一枚。题款者阮元（1764—1849），字伯元，为一代鸿儒，

图 10　明代黄花梨画桌桌心大理石“石画”

官居清道光年间的体仁阁大学士。他非常喜欢收藏大理石,流传于今的一些大理石屏上常见他的名款,不过伪托较多。

对于这一类“石画”之奇,明代大旅行家徐霞客曾说:

> 造物之愈出愈奇,从此丹青一家皆为俗笔,而画苑可废矣!……块块皆奇,俱绝妙。著色山水,危峰断壑,飞瀑随云,雪岩映水,层叠远近。笔笔灵异,云皆能活,山如有声,不特五色灿然而已。①

图 11　清代晚期嵌大理石红木座屏

徐霞客走遍了祖国的名山大川,当他来到大理的时候,本来只想在这儿待上 3 天,可是当他

① 徐弘祖著,朱惠荣校注:《徐霞客游记校注》,昆明:云南人民出版社,1985 年,第 993 页。

看到这些“石画”后流连忘返，结果一下停留了7天。他极力赞叹大理石美在天成，美在自然，美在人工难以企及的奇秀和谐。其语虽稍嫌夸张，然而造化之能事又何尝不令从古到今的画家们三思回味。明代白族学者李元阳对大理石的画境亦深有同感，如其诗《露树石屏七尺》云：“丹青为骨玉为肌，压倒人间老画师。韦偃帧中桥断处，平泉墅里酒醒时。胡床倚玉炎蒸薄，棐几移琴格韵奇。借问子云萧字壁，可能风雨不离披。”今天一些热衷于抽象与表现的画家，享有大名者如赵无极、朱德群和刘国松等人又何尝不在追寻这种超乎想象的境地呢？他们的不少作品，在笔者看来，虽然价格不菲，也是他们呕心沥血的产物，但是就玄妙博大而言，仍距那些由古人苦心搜寻而来嵌于家具上而“沦为工艺品”的“石画”珍品具有的境地较远。对比而言，徐霞客的“从此丹青一家皆为俗笔”和李元阳“压倒人间老画师”论似乎至今也能成立。

“石画”中黑白相生、虚实相随的石纹构成云山雾海缭绕起伏、蒸腾不已之景色，夺人心魄，其间的美学境界难以用语言来表达。陆俨少有一种描绘云气流动于山间的山水画和此“石画”生成的意象颇为神似。其书画的传统功力极为深厚，山水画纵横飘逸、多奇多姿，书法矫逸健厚、洒脱不羁，二者相互生发，均取得了巨大成就。

图12为陆俨少通过对现实情景的仔细观察，然后以其自创的“块云法”兼以“钩云法”画成，画面流云飞动，动感强烈，犹如黑白乐章的混响，极富魅力。关于此种创造性的画法，他曾说：

图12　陆俨少山水示范画稿

> 此画块云法，我前在千岛湖雨中见之，创为是法。积墨成块，中间露出白线，如龙蛇起舞，回环往复，要前后连续，断而不断，首贵自然，切忌做作，无有生意。①
>
> 春山葱茏苍翠，云气朵朵，往来林麓之间，用焦墨点出。山后白云时出时没，用钩云法写出。一幅之中，如得其当，不

① 陆俨少编绘：《怎样画云》，上海：上海书画出版社，1986年，第6页。

妨运用二法,并行不悖。[①]

陆俨少久居上海,上述"石画"也藏于上海,也许他有缘欣赏过它,他的"墨块云山"也说不定在外师真山水的同时,也受到这种"石画"山水气象的感染与启发。笔者收藏的"石画"《层峦叠嶂》(图13)不但具有陆俨少追求的"墨块云山"的视觉效果,而且其间的线条与墨块甚至具有书法用笔的提按顿挫、轻重缓急,在艺境上,山谷间升起的朵朵幽云与墨色山体浑然一体,别具意味与境地。

在近现代的中国画家中,陆俨少长于思考,颇具见地。他曾在其《陆俨少自叙》一书中说到他对于重庆江边卵石上图像中那种介于似与不似之间模糊美的由衷喜爱:

图13 笔者收藏的《层峦叠嶂》,纵18厘米,横18厘米

① 陆俨少编绘:《怎样画云》,上海:上海书画出版社,1986年,第14页。

在重庆，工作之余，无可消遣。而江边一带，卵石平滩，连绵数里不断。此种卵石，只有浸在水中方见色彩花纹。故只有在水陆交界处，沿着水线，细心寻找察看，碰上运气，才有所获。我一有空即至江边捡拾，前后六七年之间，取精汰劣，最后得七枚。最佳一枚，作鸡心形，淡石绿色，上有翠竹一竿，挺然而立，下有兰草一丛，如同天成，极为难得。又一枚质如白玉，墨绿花纹，梧桐之下，一古装仕女独坐吟诗，神情宛肖，栩栩如生。又山水一枚，石质极细，黑色花纹，林峦村舍，曲折可见；背面平沙落雁，平沙一带，秋雁一行。此外尚有秋林夕照、梅雀寒林图等，皆属上品。同时也拾到一些螺纹五色石，皆如南京雨花石所产者，不成物象，虽也可观，但多看乏味。亦犹画中之抽象派，品下一等，终不若有形象可求者为无上神品。我一向主张作画宜在似与不似之间，所以反对完全抽象画派。此虽细物，但可悟到抽象与具象之优劣。此七石我带回上海，置之案头，用作清供。①

五、模糊性审美与雨花石、大理石“石画”鉴藏

雨花石是南京以及江苏的重要文化象征，也是2014年南京青奥会吉祥物。传云：古有高僧金陵说法，讲至精妙处，天降繁花，落于地表，遂成雨花石。雨花石由十多种成分组成，分为玛瑙、水晶、玉髓、蛋白石、动植物化石等，它们的造型与纹理鬼斧神工，堪称绝品。雨花石的审美特征非凡而弥久，以南京北阴阳营出土的76粒“花石子”为据，雨花石赏石文化距今已有六千年的历史。著名雨花石鉴赏家池澄先生为此称其为“洪荒岁月的伟大发现，举世罕见的六千年赏石习俗，在世界范围内具有开赏石时代先锋的意义”。

图14　笔者收藏的雨花石《苍山夕照》，纵4.2厘米，横4.8厘米

图15　笔者收藏的雨花石《大美银杏》，纵3.4厘米，横5.5厘米

图16　笔者收藏的雨花石《壶口浪腾》，纵4厘米，横4.5厘米

① 陆俨少：《陆俨少自叙》，上海：上海书画出版社，1986年，第50—51页。

图 14、图 15、图 16 为笔者收藏的雨花石精品。《苍山夕照》呈现的画面静谧。但见大山沉沉,夕阳之中,山体因逆光而呈现出丰富的色彩关系与冷暖变化,与远景朦朦胧胧的暖色山峦构成鲜明的视觉对比。《大美银杏》活灵活现地展现出一棵银杏古树。其杏黄的色彩,峥嵘的身姿,劲健的枝条以及幽暗的树洞,出神入化。远景则是隐隐约约的银杏林,虚实对比恰到好处。将银杏这种树木中的活化石、中国文化的重要象征表现得别具诗情画意,诚为大美!《壶口浪腾》则撼人心魄地展现了黄河壶口大瀑布的一角,且以点见面,以少胜多,气象壮观。但见大片红黄色的黄河巨浪翻卷,浪花水汽蒸腾,数块冷峻的岩石在其中若隐若现,动感十足。毛泽东七律《长征》诗云"五岭逶迤腾细浪",此颗雨花石上所凝结的壶口巨浪翻腾,也象征着中华民族勇于向前的精神气魄。

一代美术宗师徐悲鸿也喜爱雨花石,在他的收藏中,最爱其中的三枚,两枚分别为《松鼠葡萄》《古松白鹤》,应该是具有神妙形象的佳品,否则难入其法眼。他特意为之题诗赞曰:

> 跃跃松鼠,累累葡萄。何时化石,形不能逃。天施地生,妙到秋毫。(《松鼠葡萄》)
>
> 云里藏踪迹,苍然冰雪姿。清风明月夜,一唳动人思。(《古松白鹤》)

图 17、图 18、图 19 为笔者收藏的大理石"石画"中较为精彩的。《灵山》以雪山、云流构成,云雾升腾而漫于无形,气象万千,与陆俨少云水一类的山水画有异曲同工之妙;《云消万壑》中的云山形象极具动感,块面与线条相互渗透,变化微妙的黄彩、褐彩和墨彩相互升发,得浑厚华滋之美,其间变化寄有形于无形,

图 17 笔者收藏的座屏屏心"石画"《灵山》,直径 61 厘米

图 18 笔者收藏的"石画"《云消万壑》,直径 15 厘米

图 19 笔者收藏的"石画"《山涛万千》,直径 15 厘米

奇妙景象实令人叹为观止，为笔者提供了创作泼彩山水的灵感。《山涛万千》则呈现出山峦、海涛融为一体，亦山峦、亦海涛的奇异世界，既有神奇莫测的画面感，也有十分真实的山峦、海涛的质感，堪称鬼斧神工，神妙至极。

结语

由以上我们所讨论的写意山水、瓷器图像、天然“石画”、雨花石等具有模糊与抽象特征的艺术中，可以认识到模糊思维是艺术思维中的重要一环。

模糊性作为人们认识中的一种不确定性，在许多情况下，模糊是认知的障碍，需要把它明确化，因此，人们往往只意识到它的消极性而对它的积极意义熟视无睹。1956年，美国计算机科学家查德提出了模糊理论。他发现语言中广泛存在模糊概念，如近期、大约、刚好、适中、美丽、基本、差不多等，其外延并不确定，又如长短、大小、黑白、高矮、胖瘦、善恶、真假等，是一些相对概念，在中间区出现中间概念，使对立事物变得模糊起来。如今，模糊理论已在科学界得到了较为广泛的运用。

康德说：“模糊概念要比明晰概念更富有表现力。”模糊诉诸我们的视听器官，美丽的姑娘若再蒙上一层薄纱，将更加楚楚动人，这可谓是模糊性和艺术的模糊思维最深入人心的范例。而我们欣赏迷离的云山、朦胧的月色、氤氲的云气、缥缈的歌声也是感受模糊美。另外，摄影艺术中的远景和剪影，建筑艺术中的流动空间等也是利用这种模糊美。所以模糊是心灵感应的产物，它萌生于人脑的思维机制，还是一种意义的模糊，具有难以言说的丰富性。在艺术作品中，人类对模糊思维的利用由来已久，往往是人们获得了许多模糊性带来的审美恩惠，却从未想到其源泉正是模糊思维。

综上所述，模糊与抽象是泼彩观念形成的基础，不认识到模糊思维也具有创造性，泼彩山水中的抽象元素以及模糊意境的创作、欣赏是无法实现的。由于艺术家的思维是多维的，具有发散性的模糊思维可以自由驰骋，能使艺术家敏锐捕捉到灵感之光而感悟“言外之意”“象外之意”与“味外之旨”。在泼彩山水艺术作品的创作中，由于模糊思维的形成、发展与感应、领悟是瞬间的抽象效果，往往只可意会，不可言传，因此需要艺术家积极地加以有意识的引导。

后　记

第二届“天一阁论坛”的《“中国传统文化中的审美观”国际学术研讨会论文集》终于到了要写编后记的时候了,其中不无感慨。

去年开会的时候,饶师宗颐先生还在,而且精神奕奕。作为天一阁的名誉馆长,他一直很关心天一阁和香港大学饶宗颐学术馆的合作,包括这次研讨会。今年春节前, 先生忽离一切柞,往生极乐;我等自此无从请教,顿生怅然若失之感;但是 先生继往开来的遗志,我们还是必须做下去的。只是我们较之前辈们比较愚钝,因此,恐怕必然地会事倍功半,这点遗憾看来是免不了的了,也只能自勉要更加努力吧。

论文集在天一阁和港大饶馆两方的紧密合作底下,加上广西师范大学出版社同仁的大力协助,终能排除万难,即将付梓了。此刻我等怀着万分感恩之念,要向浙江宁波市人民政府、宁波市文化广电新闻出版局致谢,承蒙他们的信任和看重,把这次第二届“天一阁论坛”的研讨会,列为第十五届亚洲艺术节的重头戏之一,这对我们来说是一和荣誉。也要向合作方和出版社致敬,他们上下各级同仁的任劳任怨,使人印象深刻。

最后,也是最重要的之一:我们要感谢香港饶学研究基金和饶学联汇,如果没有他们的大力支持,今天的成果一定会有所不及的。在这里,衷心地祝愿大家再接再厉,携手共进,为宏扬中国传统文化和饶学而努力。

郑炜明
香港大学饶宗颐学术馆
高级研究员
副馆长(学术)